全国中医药行业高等教育"十二五"创新教材

中药商品学

（供中药学、药学、药物制剂、生物制剂、中药资源与开发、中药市场管理、中药营销、药物分析等专业用）

主　编　卢先明（成都中医药大学）

副主编　（以姓氏笔画为序）

王世清（贵阳中医学院）

王添敏（辽宁中医药大学）

张庆芝（云南中医学院）

蒋桂华（成都中医药大学）

中国中医药出版社
·北京·

图书在版编目（CIP）数据

中药商品学/卢先明主编 . —北京：中国中医药出版社，2014.7 (2015.2重印)

全国中医药行业高等教育"十二五"创新教材

ISBN 978 - 7 - 5132 - 1934 - 1

Ⅰ. ①中…　Ⅱ. ①卢…　Ⅲ. ①中药材 - 商品学 - 中医学院 - 教材　Ⅳ. ①F762.2

中国版本图书馆 CIP 数据核字（2014）第 122878 号

中国中医药出版社出版

北京市朝阳区北三环东路 28 号易亨大厦 16 层

邮政编码　100013

传真　010 64405750

河北省欣航测绘院印刷厂印刷

各地新华书店经销

*

开本 787 × 1092　1/16　印张 25　彩插 0.5　字数 573 千字

2014 年 7 月第 1 版　2015 年 2 月第 2 次印刷

书　号　ISBN 978 - 7 - 5132 - 1934 - 1

*

定价　49.00 元

网址　www.cptcm.com

全国中医药行业高等教育"十二五"创新教材

《中药商品学》编委会

编写说明

为了适应我国高等中医药教育事业的发展，结合当前全国高等中医药院校实际教学工作的需要，本书根据现代商品学、营销学、市场学和普通商业企业管理学的基本理论和方法，结合我国经营管理中药商品的传统经验，在调查研究中药商品经营管理情况的基础上，组织全国12所高等医药院校的有关人员共同编写而成。

本书力求反映我国现代中药商品经营管理的实际，反映市场经济体制和现代企业制度对中药商品贸易的要求，体现我国中药商品贸易的特色，力争做到内容丰富、重点突出、切合实际、操作性强。因此，本书不仅可作为高等中医药院校中药专业、中药营销专业的教材，还可作为中医药工作者、中药商贸工作者、中药商业企业管理者等相关人员很有实用价值的参考书。

全书分为总论和各论，共23章。

总论着重介绍中药商品经营与管理的基本理论、方法和技能；制定药材商品规格等级的依据和方法；制定中药商品价格的依据和方法等，具有较强的理论性。

各论介绍药材商品及中成药，按其主产区不同分为川药、云药、广药等14章，收载药材商品297种。中成药商品收载40种，包括丸剂、片剂、颗粒剂、口服液、合剂等剂型。每章首先概述主产区的地理位置、地形地貌、自然环境条件，及其在该自然条件下主产的代表药材等。然后介绍该区主产药材的药名、别名、产地、采收加工、商品特征、商品规格、品质要求、产销行情、包装贮藏、功效和附注等内容。为满足中药商贸工作者需要，重点突出了其中的道地产地、商品的规格等级、产销行情等，对重点品种全面论述。由于受教材容量限制，中成药商品收载品种较少。每种中成药按药名、品名简释、处方来历、药物组成、剂型规格、质量要求、包装贮藏、功能主治、用法用量、注意事项、附注等项论述。

本版《中药商品学》由卢先明负责总论第1~4章和各论第21章藏药的编写及全书的策划与审定，兰志琼负责总论第5~8章和各论第19章蒙药的编写及协助全书的审定，蒋桂华负责各论第9章川药和第20章维药的编写及图片的拍摄、编辑，费曜负责第10章广药的编写，张庆芝负责第11章云药的编写，王世清负责第12章贵药的编写，侯嘉负责第13章怀药的编写，管家齐负责第14章浙药的编写，王添敏负责第15章关药的编写，敬小莉负责第16章北药的编写，颜永刚负责第17章秦药的编写，李晨负责第18章南药的编写，夏从龙负责第22章进口药的编写，盛琳负责第23章中成药商品、总论第2章部分内容、第5章第4节的编写。

本版《中药商品学》教材在编写过程中，由于参编单位和人员较多，难免有不足之处，欢迎使用单位和读者指正，以便再版时加以修改完善。

《中药商品学》编委会

2014 年 6 月

目　录

总　论

各 论

附 录

总　论

第一章　绪　言

第一节　中药商品学的含义与任务

一、中药商品学的含义

中药商品学是研究中药商品在流通过程中的经营与管理规律的一门应用学科。中药商品学是在继承中药商品传统的经营、管理和质量控制经验的基础上，运用现代科学技术和商品学的理论与方法，研究中药商品的来源、产地、品质规格、产销行情及其经营、管理规律，从而促进中药商品产、供、销、用的发展，保证人民用药需求，不断提高人民的健康水平。中药商品学不仅与中药鉴定学、中药药剂学、中药炮制学和中药化学等中药类学科有密切的关系，而且与商品学、营销学、市场学等经济类学科也有密切联系。因此中药商品学是中药学与经济学两大学科互相渗透形成的一门边缘应用学科。

二、中药商品学的主要任务

中药作为一种特殊商品，从生产领域进入流通领域，除具一般商品的共性外，还具特殊性，即防治疾病、康复保健作用，被动购买性和社会福利性，加上品种规格多而复杂，生产涉及面广，所以对中药商品的经营、管理、质量控制、价格制定等方面都比一般商品复杂。尤其是在建立市场经济，搞活商品流通领域的今天，中药商品学的任务特别繁重，主要任务如下。

（一）研究中药商品的管理规律，实现管理现代化

在市场经济条件下，现代商业企业的经营与管理是以经营为中心，管理为关键。

管理在现代商业企业中占有头等重要的地位，所以有"三分经营、七分管理"的说法。因此研究中药商业在市场经济条件下的管理规律，实现管理现代化是本学科的首要任务。为此必须在总结我国几十年管理经验的基础上，借鉴发达国家对药品的管理经验，结合我国国情和药品经营管理实际，按现代商业企业要求，尽快研究适用于我国中药商品经营的管理规律，利用科学的管理手段，不断提高管理水平、管理效益。

（二）研究中药商品的经营规律，实现经营现代化

随着经济体制改革的深入发展，市场经济体制的逐步建立，研究在市场经济条件下中药商品经营规律，实现经营现代化就成了本学科的主要任务。这就必须在总结我国几十年经营经验的基础上，结合我国经营实际情况，借鉴发达国家经营药品的经验，按现代商业企业的药品经营要求，研究适用于我国中药商品的经营规律，实现中药商品经营的现代化，提高经营效益。

（三）制订和完善中药商品规格、等级标准

目前中药商品，除中成药和部分药材及饮片有全国统一的质量标准外，大部分药材及饮片都无统一的商品规格、等级标准。就是已有的标准，有的也需要补充或修订。所以制订和完善全国统一的中药商品规格、等级标准，提高中药商品质量是本学科又一重要任务。制订、完善和修订中药商品规格、等级标准总的要求是要有利于发展生产、保证供应、提高质量、保证疗效和符合按质论价的原则。同时应逐步以中药商品内在质量指标和临床疗效的好坏作为制订、完善和修订中药商品规格、等级标准的主要依据，以克服单纯地把外观质量作为主要依据的缺点。其主要方法是在深入调查分析和广泛征求意见的基础上，组织有关科研、教学单位协作攻关，有计划地分期分批地进行中药商品规格、等级标准的研究，在取得大量外观和内在质量指标数据后，制订出试行标准，并经过一段时间试用、修改补充后，以法定标准的形式颁布执行，实现全国各类中药商品的规格、等级标准的规范化和标准化。

（四）研究中药商品的价值规律，制订合理的价格

长期以来，由于忽视价值规律的作用和一些历史原因，出现中药商品的价格体系严重偏离其药用价值的不正常现象。这种不正常现象表现在质量差价没拉开，优质不优价；不同药材商品之间的比价不合理；道地与非道地药材商品的价格差别不大，同种药材商品价格大起大落等。所以研究中药商品的价值规律，改革不合理的价格体系，促使价值与价格的统一，制订合理的药品价格是本学科又一重要任务。

制订合理的药品价格，应本着以下原则，即有利于中药商品生产的发展，有利于中药商品的流通和保证人民用药的需要，有利于遵守国家的物价政策，减轻患者的负担，有利于执行按质论价的原则等。

（五）加强中药市场的调查与预测，不断开拓新市场

中药市场是指中药商品交换的场所或中药商品交换关系的总和，市场调查是指对市场信息的收集、整理、传递和贮存。市场预测是指在市场调查分析的基础上，运用数学或逻辑学的方法，对未来市场发展变化趋势作出的估计，是中药商业企业制订经营决策和经营计划的科学依据。

在市场经济蓬勃发展的今天，中药经营企业已成为独立核算，自负盈亏的经济实体，经营的成败与企业和企业职工的经济收入直接相关，所以中药经营企业要千方百计地搞好经营，提高效益。进行和加强市场调查与预测是企业制订经营决策与经营计划的依据，是企业增加经营效益的重要途径，是利用价值规律，发挥市场调节作用的前提和条件，也是企业经营现代化的标志，因而加强市场调查与市场预测，不断开拓新市场不仅是中药商业企业急需解决的问题，也是本学科的重要任务之一。

第二节　商业的概念及其产生的条件

专门从事商品交换的行业，称为商业。用来交换的劳动产品，称为商品。从事商品交换的人，称为商人。商业的基本要素有商人、商品和相应的物资技术设备，习称商业的三大基本要素。其中商人是商业的主体，商品是其物质基础，相应的物资技术设备是其必备条件。三者相互制约，相互依存，缺一不可。只有商人，没有商品和相应的物资技术设备，商人就无经营的对象和条件；只有商品而无其他二者，商品就不可能流通，不能实现其价值的转移，也就不称其为商品；只有相应的物资技术设备，没有商人和商品，相应的物资技术设备就不能发挥应有的作用。总之，三者任缺其一，就不称其为商业。

商品具有价值和使用价值。商品的价值是指人们在生产商品时，凝结在商品里的劳动。商品的使用价值是指它能满足人们某种需要的效用，如衣服的使用价值是用来保暖御寒；药物的使用价值在于防病治病、保健强身等等。商品可以用来交换，具有交换价值。商品的价值决定其交换价值，是交换价值的前提和基础；交换价值则是价值的表现形式。商品的价值体现了商品生产者的关系，是商品的社会属性。

商业是人类社会发展到一定阶段的产物，是随商品交换和商品生产的发展而产生的。早在原始社会很长时期内，由于生产力水平极其低下，人们共同劳动，没有社会分工，没有剩余产品，没有商品交换和商品生产，因而也没有商业。直到原始社会后期，随着社会生产力的发展，出现了畜牧业和农业的第一次社会大分工，形成了专门从事农业或畜牧业的生产部门。在生产中，有的部落有了剩余产品，产生了以物换物的简单商品交换。

随着社会生产力的进一步发展，特别是农业的发展，促进了手工业的发展，出现了农业与手工业的第二次社会大分工，使简单的商品交换不仅在部落之间进行，逐渐深入到部落内部，开始出现了私有制，并有了以交换为目的的商品生产。随着商品生产的扩

大，商品交换的发展，出现了货币。这样由直接的物物交换发展为以货币为媒介的商品交换，即为简单的商品流通。

在奴隶社会里，随着私有制的确立，商品生产与商品交换进一步发展，引起第三次社会大分工，出现了专门从事商品交换的商人阶级。商人作为一个阶级出现后，产生了专门从事商品交换的商业。

商业是商品流通的表达形式，是复杂的商品交换，是生产者与消费者的媒介，它将自己的货币转化为商品，再将商品卖掉后转化为货币，这时货币的值比原来货币的值增加了，增值的部分称为利润。

从上可见，社会分工和私有制的出现是商业产生的两个必备条件。社会分工是商品生产与商品交换的前提。如果没有社会分工，大家都生产同样的产品，就不需进行商品交换；私有制是进行商品生产和商品交换的决定条件，如果只有社会分工，没有私有制，大家生产的不同产品都属同一个所有者，也不需要商品交换。如在原始社会里，劳动产品属全社会公有，就不需要交换。所以社会分工和私有制的出现是商业产生的两个必备条件。

商业产生后，在奴隶社会和封建社会都得到了较大发展，但由于受当时历史条件的限制，自然经济始终占统治地位。只有到了资本主义社会，商品经济取代了自然经济，商业才得到高度发展。商品交换关系深入到了一切领域，不仅各种劳动产品是商品，连人的劳动也成了商品。在社会主义社会，商品生产和商品交换得到更全面发展，与此相联系的社会主义商业也以崭新的面貌为社会主义现代化建设服务。

商业是社会经济的重要组成部分，上缴的利润是国家财政收入的主要来源，因而是国家的主要经济命脉之一。同时，商业的繁荣昌盛也是一个国家兴旺发达、国富民强的重要标志，因此商业在现代社会里，在国民经济中占有很重要的地位。

在中医药理论指导下，用于防病治病、康复保健的传统药物商品，称为中药商品，包括药材商品、饮片商品、提取物商品和中成药商品。前者为农副产品，后三者为工业产品。

经营中药商品的行业，称为中药商业。从事中药商品生产的企业，称为中药生产企业；从事中药商品经营的企业，称为中药经营企业。中药商品具有防病治病、康复保健的特殊作用，是人们在患病或受伤或康复保健期间必须购买使用的商品，与一般商品不同，中药商品具有特殊性和被动购买性，这就要求中药商品必须是货真质优，安全有效的；也要求中药商品的生产者、经营者和使用者（医生）必须具备良好的职业道德、业务素质和服务态度，不准生产、销售、使用伪劣药品，也不能错产、错销和错用。一经查获，即按照有关法律法规的规定，受到相应的处罚。

我国的中药经营企业与一般商业企业相比，具有特殊性。这是由中药商品的特殊性和我国社会主义制度的优越性所决定的。我国中药商业企业虽然是社会主义商业的一部分，但又带有社会福利事业性质。因此在中药经营企业管理中，应坚持社会效益与经济效益并重的原则。在经营中采取薄利多销、微利经营的方针，人民需要的药品，盈利的要经营，保本甚至亏损的药品也要经营，尽量保证总体上取得利润。盈利的主要目的是在维持企业经营活动正常进行的前提下，求得中药商业企业的发展。

随着中医药事业的发展，人民消费水平的提高和我国商品经济的发展，中药商品的生产、销售规模不断扩大，国内外中药商品市场也有较快发展，中药商品品种不断增多。据有关资料统计，目前中药商品品种已达九千多种，其中药材商品一千多种，中成药商品七千多种。这些中药商品除满足国内需要外，还出口到一百三十多个国家和地区。这对繁荣我国经济、增加财政收入等都起了积极作用，并成为我国的经济支柱之一。因而中药商业在我国国民经济中占有一定的地位。

目前世界各国人民强烈要求"回归大自然"，积极服用天然药物。因此来自天然药物的中药更具广阔的市场，美好发展的前景。今后中药商品生产与经营发展必将为我国经济腾飞，为世界卫生保健事业的发展作出更大贡献。

第三节　中药商品学的起源与发展概况

中药作为商品在市场上进行交换已有几千年的历史。随着社会的发展，中药商品交换日益频繁，研究中药商品交换为主要内容的中药商品学也应运而生，并在各个历史时期都有不同程度的发展。

早在原始社会的末期，就开始出现了以物易物的商品交换。到了夏商时期（公元前2070年~公元前221年），我国由原始社会进入奴隶社会，商品交换进一步发展，并出现了市场。如《史记》中有"日中有市，至天下之民，聚天下之货，交易而退，各得其所"的记载，说明那时的商业已相当发达。同时在"至天下之民，聚天下之货"的商品交换中，中药作为人们生活中的特殊用品，也必在其中了。

货币的出现，极大地推动了商业的发展，中药商品贸易也随之日益发展起来。并受其他商品（农业、畜牧业、手工业商品等）在交换中分等分级、按质论价的影响，中药商品也开始分等分级，按质论价出售，于是中药商品学开始萌芽。

秦汉时期（公元前221年~公元220年），我国由奴隶社会进入封建社会，经济、文化的发展促进了祖国医药学的发展。医药学家辈出，医药著作增多。如《伤寒杂病论》《神农本草经》等先后问世。《神农本草经》是我国最早的药学专著，在序录中始有"土地以出，真伪新陈，并各有效"的论述，对药物强调产地、鉴别真伪、究其新陈，对后世本草学的发展有深远的影响。同时书中引录了《范子计然》一书论及的药价，谓："柏子仁出三辅，上等一斗七千，中等三千；桑螵蛸上等价三佰；皂角上等一枚一钱。"同时其他典籍也记载了中药或中药采集与销售的情况。如《诗经》记载了菟丝子、远志、泽泻等几十种中药；《后汉书》记载了韦彪、张楷等采药和卖药的情况；东汉恒帝时霸陵人韩康（字伯林）常采药于名山，在长安卖药三十多年；三国时期名医华佗既行医诊病又配方售药，在其故居今安徽亳州还保有华佗当时诊病售药的"元化堂"。

综上所述，中药商品学于夏商时代开始萌芽，在秦汉时代有较大发展。

晋唐时期（265年~960年），特别是唐代，是我国封建社会的鼎盛时期，政治、经济、文化高度发展，祖国医药学也发展很快。加上对外贸易和中外医学的频繁交流，医药学著作不断增多。如雷敩的《雷公炮炙论》，论述约 300 种药物的炮制加工方法和药材商品真伪鉴别，发展了药材加工技术，提高了饮片商品的质量。葛洪的《肘后备急方》是我国早期的方书专著，书中记载了硬膏、干浸膏、蜡丸、锭剂、条剂、饼剂等多种剂型，并将成药列为专章论述。这些都说明饮片、成药已成为中药商品的组成部分，是中医临床用药方法的发展，为中药商品学的形成与发展提供了依据。

梁代陶弘景编著的《本草经集注》，是魏晋以来 300 多年药学发展的总结。书中首次记载了火试、对光试等中药商品鉴别方法，增加了中药商品的质量控制手段。书中还记载了一些中药商品的价格，如在牛黄项下谓："药中之贵，莫复于此，一子二三分，好者值五六千至一万也。"这些记载也为中药商品学的形成和发展提供了宝贵的资料。

唐代李勣、苏敬等 22 人奉命编著的《新修本草》(《唐本草》)由唐政府颁发全国，是我国也是世界上最早的国家药典。书中增加了药图，附以文字说明。这种图文对照的编著方法，对后世本草影响深远。特别是该书极为重视道地药材商品，对此有精辟的论述："离其本土，则质同而效异。"此外，书中还收载了外来药物，如血竭、安息香、龙脑、诃黎勒、阿魏等，说明国内外中药商品贸易开始活跃。为中药商品学的形成与发展积累了丰富的资料。

宋元时期（960 年~1368 年），中药商品贸易在晋唐时代的基础上，又有较大的发展。宋开宝四年（971 年），宋政府在广州设置了"市舶司"，统管对外贸易。据《宋会要》记载，通过市舶司由阿拉伯商人运往西方（包括今亚洲西部、非洲和欧洲）各国的中药商品有朱砂、人参、牛黄等 58 种。

1076 年，北宋太医局在京城开封设立太医局卖药所，除为患者配方外，还制备丸、散、膏、丹等成药商品对外销售，这是我国现知最早的官办中药经营机构。1103 年又增设专门制造成药的"修合药所"，1114 年改卖药所为"惠民局"，改修合药所为"和剂局"，并下令各地州县，凡有集市贸易的地方都可设立卖药机构。自此全国各地出现了许多民办中药经营机构，仅开封就有民营药铺数十家。

南宋迁都杭州后，在杭州正式挂牌的民营药铺就有二十多家，并有生药铺、熟药铺和"川广生药市"之分。这说明当时的中药商业活动有较大发展，出现了专营川广道地药材的批发市场。南宋高宗绍兴二十一年（1151 年），在以前《太平惠民和剂局方》的基础上，朝廷诏令陈师文等再次校订《太平惠民和剂局方》，颁发全国。此时全书已达 10 卷，载方 788 首，剂型 10 余种，并收载了 185 种中药饮片的炮制方法。这是我国现知最早的成药和饮片制药规范，其中的紫雪丹、至宝丹、牛黄清心丸、苏合香丸等一直沿用至今，对成药和饮片商品的发展起了较大作用。

北宋元丰五年（1082 年），唐慎微编著《证类本草》，载药 1746 种，是我国自唐《新修本草》后五百多年药学发展的又一次总结。该书比以往任何时代的本草都强调道地药材的质量和效用，记载的药物和附图大多冠以产地名称，以示质量上的差异。如"神州半夏""银州柴胡"等。该书不仅有较高的学术价值，为道地药材商品的生产、销售、应用提供了依据，而且为后世保存了宋以前许多珍贵的医药史料，在中医药史上占有重要地位。

元代疆土幅员广大，地跨欧亚大陆，各民族接触频繁，促进了东西方医药交流，中药商品贸易也有所发展。在《元史》上还记载有一些中药商品的价格，如矾价 30 斤值（银）五两，白药 14 锭值（银）二十五两等。

综上所述，宋元时代中药商品学随中医药事业和中药商业的发展而有较快发展，并为本学科的形成和发展提供了新的依据。

明清时期（1369 年～1911 年），尤其是明代，郑和七次奉命率领船队下南洋，与所到之国建立了外交和贸易关系，打通了我国海上通道，促进和扩大了医药的对外交流和外贸的发展。这一时期，医药人才辈出，中医药著作很多，达 100 种以上，其中最著名的是李时珍编著的《本草纲目》。李时珍在集思广益、博览群书、深入实地考查的基础上，结合他丰富的医药知识，花了三十余年的时间和精力，编成了《本草纲目》这部药学巨著。该书集我国前代本草之大成，载药 1892 种，其中新增药 374 种，附药图 1109 幅，附方 11096 首，剂型 40 余种。动植物药按自然属性、生长环境、形态特征分成 16 部 62 类。对中药商品质量与产地、水土、采收时节的关系也有精辟论述，谓："性从地变，质与物迁……沧卤能盐，阿井能胶。""生产有南北，节气有早迟，根苗异采收。"《本草纲目》还记载了当时新进口的药物，如曼陀萝、番木鳖、阿芙蓉等。这些记载都为中药商品学的形成和发展积累了丰富的资料。

继明代李时珍的《本草纲目》之后，清代赵学敏对民间药物进行了广泛的收集和整理，编著了《本草纲目拾遗》，不仅补充了《本草纲目》的不足，纠正了其中记载的一些错误，本书载药 921 种，其中新增药物 716 种，极大地丰富了我国传统的药学宝库。书中又记载了新进口的药物如番红花、丁香油、金鸡纳、西洋参等，收载了浙贝母、川姜、银柴胡等新增的道地药材。这些记载都反映了中药贸易的发展。

自 1840 年鸦片战争后，中国沦为半殖民地半封建社会，中医药学的发展受到了极大阻碍。但由于广大人民对中医药的需要和众多中医药学工作者的极力抗争，中医药学才得以幸存。我国人口逐年增加，用药量随之加大，中药商品贸易也有一定的发展。中药经营性商号在清末的基础上有所发展，如天津的达仁堂、北京的同仁堂在全国各大城市建立了分号；具有一定规模的药市如河北安国、江西樟树、安徽亳州等都有所扩大；较大型的中药厂如重庆桐君阁、云南白药厂也有一定的发展，中药商品生产、市场的发展，促进了中药商品贸易的发展。这些都为中药商品学的形成与发展提供了条件。

中药商品学自夏商时代开始萌芽至清代，各个时期都有一定的发展和特点，而且历代相承，日渐成熟，开始具备形成的条件。

新中国成立后，国家极为重视祖国医药的继承和发展，制订了一系列有关政策，推动了中药商品产、供、销、用的快速发展。1954 年后，从中央到地方先后成立了中药材公司和药检机构，对中药商品的产、供、销、存及其质量都进行了统一经营、统一管理，从此使中药商品贸易走上了正轨。因而国内外市场不断发展，科研成果层出不穷，有关著作不断涌现，如《中药材商品知识》《七十六种药材商品规格标准》《中国道地药材原色图说》《中国药材商品学》《中华道地药材》《药材商品》和《四川道地药材志》《辽宁道地药材》《广西道地药材》等。中药经营管理和药检机构的建立、中药市场的发展和有关著作的出版发行，促进了中药商品学的形成。

六十多年来，随着我国经济体制改革和市场经济的逐步建立，中药商品贸易发展很快，为了适应中药商品贸易发展对专门技术人才的需要，我们根据商品学的基本理论和方法，结合中药商品经营与管理的规律和经验，参考有关资料，编写了全国高等中医药院校《中药商品学》教材。中药商品学虽然起源很早，又经过历代的发展，但与相关学科相比，仍是一个不成熟的年轻学科。因此还必须用现代科学手段和方法，特别是用现代商品学手段和方法，进一步总结经验，提高水平，使它能更好地为中药商品的经营管理、质量控制、人才培养、临床应用等服务，从而不断提高本学科的学术水平，促进本学科的不断发展。

第二章　我国丰富的中药资源

我国幅员辽阔，地跨寒、温、热三带，受第四纪冰川影响较小，加上地形错综复杂，气候、土壤条件多种多样。从北部寒冷的黑龙江到南部炎热的南海诸岛，从西部的帕米尔高原到东部的沿海之滨，从高山到平原，从陆地到江河湖海，都蕴藏着极为丰富的天然中药资源，其种类之多、贮量之大，均为世界之冠。

根据我国第三次中药资源普查（1983～1988 年），我国中药资源（包括民族药和民间药）有 12807 种，其中，植物药 11146 种，动物药 1581 种，矿物药 80 种。

第一节　药材资源

药材资源是中药资源的主体，道地药材又是药材资源的重要组成部分，药材资源与道地药材有极为密切的关系。同时药材是制造和加工中成药、中药饮片及中药提取物的原料，所以药材资源是中成药、中药饮片与中药提取物的源泉。若没有药材资源开发和保护，就不可能发展道地药材，开发出更多更好的新型中成药，也不可能保证中药饮片供应临床配方的需要。

药材资源按生产方式和来源不同，分为野生资源和家种养殖资源两大类。这两类资源属于再生资源，只要管理、保护得好，可循环开发，永续利用。

一、野生资源

野生资源又叫天然资源，是药材资源的重要组成部分，其品种占药材资源总数的80%，产量占总产量的 60%，如冬虫夏草、重楼、麻黄、羌活、朱砂等药材多属野生资源，其中不少是有名的道地药材。

随着医疗保健事业的发展和药材出口量的增加，野生资源日益减少，不能完全满足市场需要，国家为了解决中药供需矛盾，一方面制订药源开发利用和保护计划；另一方面组织了几次全国性的大普查，加强了药源开发利用研究，以寻求新药源。全国通过普查和研究，已查清我国药材资源在 10000 种以上，贮量较大的也在 6000 种以上。仅四川、云南的药源就有 5000 多种，以前一贯依靠进口的马钱子、胡黄连、安息香、血竭、阿魏等也分别在广西、广东、海南、云南、新疆、内蒙古等省区发现了国产资源，有的已引种成功，并已开发利用，供应市场，摆脱了全依赖进口的局面。

通过药源普查和开发利用研究,部分紧缺药材商品找到了基原相近、功效相似的新药源,保证了市场供应。如冬虫夏草,通过调查研究,在湖南发现的亚香棒虫草 *Cordyceps hawkesii*,四川发现的凉山虫草 *C. liangshanensis* 的主要成分、药理作用、功效与正品虫草 *C. sinensis* 相似,分别在湖南、四川以亚香棒虫草和凉山虫草药用。

二、家种养殖资源

我国家种养殖药用动植物已有几千年的历史,近几十年来,为了发展药材商品生产,进一步扩大了家种家养的面积和场所,目前全国种植药材多为大宗药材,如三七、茯苓、天麻、鹿茸、珍珠等。这些药材除内销外,还出口外销,为国家积累了不少资金。家种养殖资源对保护和增加药源,保证市场供应,发展农村经济都起到了积极作用。

第二节　道地药材

长期的历史优势演变过程中,经过先辈不断地人为选择和培育,各地不同种药材逐渐形成了其有的道地性药材,称为道地药材。即指那些产地较为固定、生产历史悠久、品种优良、疗效显著、规范化生产和加工的中药材。

一、道地药材的形成

道地药材是我们先辈在长期的生产和医疗实践中,以中医药理论为指导,经过多次反复考察不同产地的同种药材,治疗同种疾病后,根据其疗效的好坏,筛选出来的优质药材。成书于东汉时期的《神农本草经》收载的365种药物中,不少从药名上就带有道地性,如巴戟天、蜀椒、秦艽、秦皮、吴茱萸、代赭石等。巴、蜀、秦、吴、代都是周朝前后的古国地名,间接地界定了这些药物的道地产地。同时代的中医专著《伤寒杂病论》在书中论述了药物使用的道地性,书中的巴豆、代赭石、阿胶等均属道地性药材。

南北朝时期,在前人的基础上,进一步论述了道地药物的重要性。陶弘景所著《本草经集注》中谓:"诸药所生,皆有境界……多出近道,气力性理,不及本邦,所以疗病不及往人,亦当缘此故也。蜀药及北药,虽有去来,亦复非精者……上党人参,始不复售。华阴细辛,弃之如芥。"第一次阐述了道地药材与非道地药材对临床疗效的影响。隋唐时代更加重视道地药材的研究。《新修本草》中谓:"离其本土,则质同而效异。"《千金翼方》中,最先按当时行政区划的"道"来归纳药材的产地,特别强调"用药必依土地",这些论述为道地药材的研究奠定了基础。

宋元时期的医药学家,对药材的道地性有了进一步的研究。《证类本草》中连附图的图题都冠以产地名称,如"神州半夏""银州柴胡"等。《本草衍义》谓:"凡用药必须择州土所宜,则药力具,用之有据。"《用药法相》谓:"凡诸草木昆虫,产之有地,失其地则性味少异。"

明清时期,对道地药材的研究更深入。《本草品汇精要》收载的药物中有268种记载了道地产地，其中川药 32 种，广药 27 种，怀药 8 种。《本草蒙筌》谓："各有相宜产地，气味功力自异寻常……一方土地出一方药也。"《本草纲目》谓："性从地变，质以物迁……沧卤能盐，阿井能胶。"许多药物项下记载了其最佳产地，如麦冬强调了以浙中来甚良，薄荷以苏州为胜。汤显祖《牡丹亭》中首次出现了"道地药材"一词。到这一时期，对道地药材的研究，无论从生产、流通、临床用药等均日趋成熟，基本形成了其理论体系。

此后，道地药材的概念及理论贯穿整个中医药的生产、流通、临床用药中，如《药性变迁论》中指出："当时初用之始，必有所产之地，此乃本身之土，故气厚而力全。以后移种他方，则地气移而薄矣。"

新中国成立以后，道地药材受到广大医药学者、专家的推崇，不少学者对道地药材科学性相关问题展开研究。

二、道地药材的形成因素

（一）优良品种的选育

优良品种是道地药材形成的基础。优良品种是道地药材的遗传资源，主要包括栽培品种、类型、野生品种和选育的良种等。如东北的人参，其栽培品种根据茎果色泽分为紫茎红果、青茎黄果、紫茎黄叶红果；以根形状分为大马牙、二马牙、长脖、圆膀圆茎。其中，大马牙植株高大，茎秆粗壮，人参产量高，被选为主要栽培品种。道地药材优良的种质资源，多数为野生种，栽培品种仅占 20%～30%。物种的优良特性是人们在长期栽培、养殖、选育和环境条件的影响下逐渐形成的，但内在的遗传特性是重要因素，如能长期保存物种的优良遗传基因载体，则可为研究和维护物种的优良遗传特性提供先决条件。建立道地药材种质资源库，将物种优良的遗传物质基因及其本身进行收藏保存，不仅有利于保持道地药材的优良性状，提供丰富的遗传资源和研究材料，而且有利于培育新的优良品种。

（二）适宜环境的选择

环境是影响生物有机体生存与发展的所有外部条件的总体。每一种生物都依赖于周围环境，并有其最佳生长环境。不同的学科和对象，环境的内涵不同。对生物学而言，环境是指生物生活的气候、生态系统、周围群体和其他种群。环境系统构成复杂，按不同的分类标准，可作不同的划分。按属性环境可分为自然环境、人工环境和社会环境；按性质可分为物理环境、化学环境和生物环境；按要素可分为大气环境、水环境、地质环境、土壤环境和生物环境；按层次结构可分为聚落环境、地理环境、地质环境和星际环境等。每一层都包含了各种不同的环境性质和要素，并由自然环境和社会环境共同组成。生态环境是指影响生物生存与发展的一切外界条件的总体，包括影响生物生存与发展的气候资源、土壤资源、水资源和生物资源等。

道地药材的生长、发育、繁殖都离不开生存的环境条件。特定的生态环境条件，是形成道地药材重要的外在因素，中药材对特定的生态环境能够适应，又因其适应特点而产生获得性遗传的种内变异。如著名的广药道地药材阳春砂，系热带、亚热带雨林植物，喜温暖潮湿的气候，适宜生长的温度为22℃ ~28℃，相对湿度为75% ~90%，土壤含水量为25% ~35%。忌阳光照射，苗期荫蔽度以70% ~80%为宜，开花结果荫蔽度以50% ~60%为宜。对土壤要求不严，多种类型的土壤都能种植。但以土层肥沃、疏松、富含腐殖质，保水保肥能力强，pH值为4.8 ~5.6的中性或微酸性黑色砂质壤土或黏质壤土为佳，适宜生长在一面开阔、三面环山的坡地，广东阳春县为其道地产地。

目前，我们要加强生态环境的保护。生态环境得到了保护，也就直接或间接保护了生态系统。生态系统得到了保护，生物的多样性也就得到了保护，道地药材优良种质遗传特性也就得到了保护。

（三）生产加工的规范

规范的生产、加工是道地药材形成的重要技术保障。千百年来，我国人民在道地药材的生产实践中，不断总结道地药材在育种、种植、田间管理、病虫害防治、采收、加工、炮制、贮藏、养护的规范技术方法。如江油附子的栽培，分为两个阶段：第一阶段选择海拔较高、气候凉爽的山区栽培乌头以培育栽培附子的种源"乌头"，这一过程称为"乌药生产"；第二阶段将"乌药"运到海拔较低、气候相对温暖、地势平坦、向阳、土层深厚、肥沃、灌溉排水方便的坝区栽培以生产附子，这一过程称为"附子生产"。附子道地产区江油，从生产技术、选地整地、种植、田间管理、病虫害防治、采收、加工等为附子的优质、高产提供了技术保障。

规范的生产技术和加工技术，是影响道地药材的重要因素。道地药材优良品质的形成依赖于物种基因的完全表达、遗传性的充分发挥，这些都需要规范的生产技术。因此，道地药材的生产应根据不同物种及其不同发育期的要求，为其提供规范的生产技术，以调控其生长发育，使其达到优质高产的目的。

三、道地药材的分类

历史形成的道地药材约200余种，分布于全国各地，几乎各省都有。根据各种道地药材分布省区在我国所处的地理位置不同，按照历史习惯形成的分类方法，参考有关资料，分为以下十三大类。

1. 川药类　指分布于四川、重庆的道地药材。主要有川贝母、冬虫夏草、川黄连、川芎、川乌、川木香、川木通、川牛膝、川射干、川续断、干姜、丹参、乌梅、半夏、白芷、花椒、附子、郁金、姜黄、厚朴、独活、莪术、银耳、黄柏、羌活、麝香等。

2. 广药类　指分布于广东、广西、海南等省区的道地药材。主要有广巴戟、广地龙、广豆根、广陈皮、广藿香、广金钱草、肉桂、砂仁、金钱白花蛇、蛤蚧、化橘红、石决明、青蒿、珍珠、穿心莲、益智仁、佛手、鸡血藤、槟榔、高良姜、海马等。

3. 云药类　指分布于云南的道地药材。主要有云三七、云木香、云茯苓、木蝴蝶、诃子、重楼、苏木、草果、余甘子、香橼、珠子参等。

4. 贵药类 指分布于贵州的道地药材。主要有天麻、杜仲、吴茱萸、天冬、白及、冰片、猪苓、通草、黄精、朱砂、石斛等。

5. 怀药类 指分布于河南的道地药材。主要有怀山药、怀牛膝、怀地黄、怀菊花、金银花、红花、连翘、全蝎、辛夷、何首乌、旋覆花、款冬花等。

6. 浙药类 指分布于浙江的道地药材。主要有白术、白芍、麦冬、浙贝母、山茱萸、乌梢蛇、玄参、延胡索、前胡、蜈蚣、菊花等。

7. 关药类 指分布于东北三省的道地药材。主要有人参、五味子、鹿茸、关黄柏、升麻、龙胆、防风、桔梗、蛤蟆油、细辛等。

8. 北药类 指分布于河北、山东、山西的道地药材。主要有党参、黄芩、黄芪、甘草、北沙参、远志、阿胶、板蓝根、知母、柏子仁、麻黄、葶苈子、紫菀、酸枣仁、柴胡、西洋参、小茴香等。

9. 西药类 指分布于陕西、甘肃、青海的道地药材。主要有大黄、当归、枸杞、秦艽、牛黄、沙苑子、秦皮、银柴胡、藁本、淫羊藿、茵陈等。

10. 南药类 指分布于长江以南的湖南、湖北、江苏、安徽、江西、福建、台湾等省区的道地药材。主要有牡丹皮、蕲蛇、蟾酥、土鳖虫、大青叶、天花粉、木瓜、太子参、玉竹、龟甲、明党参、百部、苍术、泽泻、虎杖、香薷、枳壳、枳实、栀子、射干、莲子、葛根、蜂蜜、决明子、薄荷等。

11. 蒙药类 指分布于内蒙古的道地药材。主要有甘草、冬葵果、肉苁蓉、赤芍、苦杏仁、郁李仁、刺蒺藜、锁阳、黄芪、麻黄等。

12. 维药类 指分布于新疆的道地药材。主要有伊贝母、阿魏、罗布麻叶、雪莲花、紫草、黑种草子、锁阳、肉苁蓉、孜然等。

13. 藏药类 指分布于西藏的道地药材。主要有手掌参、甘松、胡黄连、桃儿七、藏菖蒲、藏茴香、雪莲花、红景天、冬虫夏草、麝香、硼砂等。

第三节　成方资源与名优中成药

一、成方资源

我国的中成药商品绝大多数来源于历代方书著作和民间单方、验方及秘方。这些方书著作和民间的单方、验方与秘方成了中成药生产的源泉。这与药材商品多来源于天然药源的情况相似，是我国中药资源的重要组成部分，特称为成方资源。

成方资源与药材资源构成了中成药的两大来源。药材是生产中成药的主要原料，而成方是生产中成药的依据，二者缺一不可。我国的成方资源经过历代发掘与发展，也极为丰富。它与天然药源不同之处在于它是一种非再生资源，但随着社会的进步、科技的发展，中医药理论和医疗技术水平的提高，以及现代科学技术手段的应用，也具很大的开发利用潜力。我国历代方书著作繁多，浩如烟海。从汉代《伤寒杂病论》的 113 方发展到明代《本草纲目》的 11096 方，再发展到清代《圣济总录》的 61739 方。1983 年出版的《中药制剂汇编》收载实用的成方制剂 4000 个，剂型 30 种。历代方书收载的中成药品种繁多，剂型多样，进一步开发利用潜力很大。现代中成药是在继承祖国医药遗产的基础上，应用现代药剂学理论、方法和技术设备，不断改进生产工艺，改革剂型，使成方药生产逐渐现代化，为国内外中药商品市场提供了许多质优高效的中成药商品，成为畅销的名优产品。

二、中成药的含义与特点

中成药是中药的重要组成部分，是在中医药理论指导下，以中药饮片为原料，按照国家药品管理部门规定的处方、生产工艺和质量标准制成一定剂型的药品，可直接供临床辨证使用，防治疾病。中成药的制备生产与应用有悠久的历史，近年来其剂型、制备工艺技术、质量标准都得到了较大的发展。由于疗效显著、便于携带、使用方便、副作用小，中成药越来越受到广大临床医师和患者的青睐。

中成药的生产、销售与药材、饮片相比有很大的区别。主要具有以下特点。

1. 处方组成固定　中成药多由疗效确切的汤剂改进而来，对治疗相应的病证具有处方组成固定、针对性强的特点。其处方有来自古典医籍的传统方，如出自《小儿药证直诀》的六味地黄丸；也有民间的有效经验方，如白带丸；还有现代研究的科研方，如穿心莲片、双黄连口服液等。

2. 治疗病种多，应用范围广　中成药治疗的病种遍及临床各科，常见病、多发病，甚至一些疑难杂症都可选用相应的中成药治疗。如痈肿疮毒、蛇虫咬伤等疾病可选用片仔癀治疗；热性的高热、惊厥、昏迷等，可选用紫雪丹或至宝丹治疗；糖尿病可选用玉泉丸治疗；白血病可选用当归芦荟丸或靛玉红制剂治疗等。

3. 剂型多样，品种规格繁多　目前我国批准生产、使用的中成药已达 40 余种剂型，9000 余个中成药品种。除丸、散、膏、丹等传统剂型外，还有合剂（口服液）、酊剂、胶囊剂、颗粒剂、片剂、气雾剂、注射剂，以及巴布剂、缓释制剂等新剂型。不同剂型产生的疗效、持续的时间、作用特点有所不同，进一步扩大了中成药的使用范围。

4. 安全有效，疗效持久　中成药通过组方成分的综合作用发挥疗效，经长期或反复的临床验证，疗效确切，毒副作用小，只要遵照医嘱或按说明书要求服用，既安全又有效。如六神丸是清代前期使用的著名成药，对热毒郁结所致的咽喉肿痛（如急性扁桃体炎、咽喉炎、白喉等）都有显著疗效，按规定服用十分安全，在国内外久负盛名。

除注射剂等少数剂型外，大多数成药在人体内吸收缓慢，血液中有效成分的浓度能维持较长时间，疗效持久，适于多发病、慢性病的治疗。据统计，近年来在临床应用较多的中成药依次是心脑血管疾病用药、肿瘤用药、呼吸系统疾病用药、骨骼肌肉系统疾病用药四个品类。

5. 使用方便、及时　药材和饮片，患者一般不能直接选用，而中成药则不同，除医师使用外，患者可根据自己病情需要，按照成药说明书中功能主治、用法用量的要求直接选用非处方药。选用得当，能获得较好的治病效果。作为包装好的现成药品，中成药携带方便，可及时服用，方便急危重症患者和需要长期治疗的患者使用，深受广大患者欢迎。近年来，成药每年销售总额占中药商品销售总额的 70% 以上。

6. 不能随意生产　为了保证中成药的质量，达到安全有效的用药要求，按照《中华人民共和国药品管理法》规定，中成药的生产企业必须经药品监督管理部门批准，取得《药品生产许可证》，并具备与生产的药品相适应的《药品生产质量管理规范》（GMP）认证证书，按批准的处方、生产工艺和质量标准等进行生产。生产的中成药还要给予特定的名称、批准文号、适宜的包装、附有标明该药功能主治、用法用量、规格、贮藏等内容的说明书，以指导患者选用。

三、中成药的应用

中成药疗效确切，使用方便，应用日益广泛。但中成药剂型多样，组方药性各异，主治病证各不相同，故使用方法、使用剂量亦不相同，如不正确应用，可能造成不良反应。大量的研究和临床实践表明，合理使用的情况下，中成药的安全性是较好的。

中成药应用时，参考并正确使用说明书非常重要。虽然目前我国中成药说明书尚存在一些问题，例如功能主治表述不规范，用法用量不详细，不良反应不客观，禁忌和注意事项混杂不清，药物相互作用、药理毒理、药动学缺乏等，但它仍然包括了品名、规格、处方成分、功效和适应证、用法用量、禁忌、注意事项、生产批号、有效期等项目，是使用药品的重要参考，对于安全、有效用药起着决定性作用。因此在医疗实践中，临床医师、药师以及患者都应高度重视药品说明书作为用药依据的重要地位，仔细阅读药品说明书给出的各项信息，学会使用药品说明书，正确地辨证选药，掌握中成药的使用方法及使用剂量、禁忌证、合并用药等多个方面，以保证安全、有效、合理地用药，尽可能避免和减少药物不良反应。

在应用中成药时，应注意以下方面。

1. 辨证施治，正确选用　辨证论治是中医诊断和治疗疾病的基本原则，只有对证治疗才能达到最佳疗效。每种中成药都有其特定的功效和适用范围，所以使用中成药时坚持辨证用药、注意证候禁忌，至关重要。在实际生活中，有的人选用中成药后的效果很好，有的人的效果差，其根本原因就是前者掌握了辨证施治理论，并以此为指导，再根据所患疾病的寒、热、虚、实等不同情况，选用相应的成药，使药证相符，故效果良好，后者不懂得或者没有按辨证施治的要求，没有根据所患疾病的性质选用中成药，因药不对证，因而效果不好。由此可见，只有掌握辨证施治理论，并以此为指导，再结合患者所得疾病的不同性质，才能正确选用中成药，达到药到病除的目的。如二陈丸、二冬膏、清气化痰丸、三子养亲丸都是治疗咳嗽有痰的中成药，由于功效不同，主治各异，其中二陈丸以燥湿化痰为功，主治痰色白易咯，湿痰咳嗽；二冬膏养阴润肺，主治燥咳痰少，痰中带血；清气化痰丸清热化痰，主治咳嗽痰多、痰黄黏稠；三子养亲丸温肺化痰，主治吐痰清稀，寒痰停饮咳嗽，各有专攻，不能混淆。

在选用中成药时，还应正确辨识成药的名称与组成。中成药品种规格复杂，剂型多样，名称近似的种类不少，有的名称上仅一字之差，但功能主治、用法用量区别很大，在选用时应细加区别，防止误用。如人参归脾丸与人参健脾丸一字之差，但功能主治各异。前药有益气补血、健脾养心的功效，主要治疗由心脾两虚、气血不足所致的心悸、失眠、食少体倦、面色萎黄或脾不统血引起的便血、崩漏、带下等；后药有健脾益气、和胃止泻的功效，主要治疗脾胃虚弱所致的饮食不化、恶心呕吐、腹痛便溏、不思饮食、体弱倦怠等。如选用时稍不注意，就易选错，影响疗效。又如中成药骨刺丸与骨刺片的组成药味是不同的，前者祛风止痛，后者散风邪，祛寒湿，舒筋活血，通络止痛。生脉饮有人参方和党参方两种制剂，药性亦有不同。因此对成药应仔细鉴别后，才能选用。

2. 合理配用　由于临床证候是复杂多变的，在中成药的临床应用中，常需采用联合用药的形式。合理的配伍常能增强疗效。常用的配伍形式有中成药与中药的配伍、中成药与西药的配伍。

中成药与中药的配用可以弥补成药处方组成固定、不能灵活加减的不足。配伍规律也遵循中药"七情"的原则，即相须、相使者可同用。如单用四神丸治疗长期五更泻的病人，虽然四神丸能温补脾肾以止泻，但因它无补中益气的作用，愈后易复发，若用补中益气丸或人参健脾丸与四神丸配用，既能温肾止泻，又能补中益气或健脾补中，标本兼治，愈后不易复发，效果更好。又如外感风寒或脾胃虚寒之呕吐泄泻，常用生姜、大枣煎汤送服中成药，以增强散风寒、和脾胃之功。此外，为了满足某些疾病在治法上的特殊需要，如妇科、外科、皮科、五官科、骨伤科等许多疾病常采用内服与外用两种不同使用方法的中成药配合应用才能取得良好的治疗效果，如筋骨折伤，可内服跌打丸，外敷七厘散，合奏活血伸筋、疗伤止痛之效；火毒上攻，咽喉肿痛，可内服六神丸、喉症丸，外用冰硼散吹喉，共奏清热解毒、消肿利咽之效。

中成药配伍应用时，应注意中药的配伍禁忌，如含"十八反""十九畏"的中成药尽量避免同用。两种具有相似功效的中成药配伍，可能出现某种成分重复使用；含有毒成分的中成药亦应慎用，尤其避免重复用药，以免加大毒性成分的剂量，发生不良反应。如附子理中丸与金匮肾气丸均含有附子（主要成分为乌头碱），二者配合应用，相当于增加了附子的用量，可能引起毒副作用。

中成药与西药配伍方面，在取得与西药配用经验的基础上，谨慎地选用一些西药与成药配用，也能提高疗效或减轻西药的毒副作用。如灵芝冲剂与雷米封、利福平配用，能提高治疗肺结核的效果；用济生肾气丸与强的松配用，不仅能加速水肿和尿蛋白的消退，还能降低强的松的副作用。但中成药所含药味多，化学成分十分复杂，在没有充分的科学依据或丰富的临床经验的情况下，中成药与西药不能随意配用，以免产生毒副作用或降低疗效。如牛黄解毒片与四环素同时服用，牛黄解毒片中石膏含的钙，易与四环素类药物形成络合物，使其溶解度降低而影响疗效。一般说，含有还原性成分的西药如溴化钾、碘化钾、硫酸亚铁等不宜与含有朱砂的成药配用，以防止产生溴化汞、碘化汞等引起肠鸣腹痛、下痢脓血等副作用；含有酸性成分的成药如乌梅丸、大山楂丸和六味地黄丸等不宜与碱性西药如氨茶碱、胃舒平等配用，否则因酸碱中和而降低疗效。如果病情需要成药与西药配用时，成药与西药可间隔2～3小时分开服用。总体来说，由于中成药的成分复杂，二者合用的方法、规律等方面的研究目前尚不充分，一般应尽量避免配伍使用，若必须合用，建议间隔使用，同时注意药物的相互作用，避免发生不良反应。

中成药的配用虽有较长历史，也积累了不少经验，但比起单味中药的配伍应用，还处于起步阶段。到目前为止，这方面的研究报道不多，因此对中成药的配伍应用应十分谨慎，特别是与西药的配用更应小心，没有足够的经验，不要随意配用。

3. 注意选用适当的剂型　目前随着成药生产的发展，同一处方名称的成药有多种剂型，如藿香正气散，有丸剂、片剂、酊剂、合剂（口服液）等多种剂型。在应用时，应根据病情的轻重缓急和年龄、性别的不同选用适当的剂型。一般来说，病情急重的，应选用液体制剂（酊剂或合剂等），其中儿童、妇女选用合剂，成年男子选用酊剂；病情轻者，可选用固体制剂（丸、散、丹、片等）。老人、儿童服药有困难的，可将固体制剂研末用温开水调服或冲服。

中药注射剂是现代药物制剂技术与传统中医药相结合的产物，是传统中药的一个创新剂型，在继承传统中药疗效的基础上，拓展了中药的使用范围，成为临床治疗危重急症的独特武器。安全使用中药注射剂应重点把握中药注射剂的质量管理和临床使用两个环节。原卫生部颁布的《国家基本药物目录》（2012 年版）中共收录 8 个中药注射剂品种，包括柴胡注射液、参麦注射液、生脉注射液、清开灵注射液、血栓通注射液（注射用血栓通冻干粉）、血塞通注射液（注射用血塞通冻干粉）、丹参注射液、脉络宁注射液。中药注射剂必须凭医师处方才能购买、使用。

4. 注意成药的使用方法　中成药有内服法、外用法、注射法等多种不同的使用方法，应根据药物制剂及主治病证特点，恰当选择用药方法。一般内服的中成药，宜空腹服用，但特殊疾病应特殊对待，根据病情而定。如补益类中成药宜饭前服；对胃肠有刺激的或欲使药力停留上焦较久的宜饭后服；驱虫药最好清晨空腹服；安神药睡前服效果佳；呕吐者应少量多次服用；调经药宜在临近经期前数日服用；对于急性病，须遵医嘱，视病情及药物特点决定用法。有些成药在服用时需加药引以助药效，如藿香正气片在治疗呕吐时，宜用生姜煎汤送下，以增强祛寒止呕作用。

外用中成药中除少数疗伤止痛、息风止痉的药物，如七厘散、玉真散可内服外用外，绝大多数外用药均不能内服，尤其含有汞、铅、砷等有毒成分的外用药，切忌入口。外用中成药由于剂型多样，治疗目的各异，用药方法也不完全一样，如生肌散、珍珠散、紫草膏、生肌玉红膏等，系将药粉或药膏直接均匀地置于患处；如意金黄散、七厘散、青蛤散等，需用适当液体制成糊状外敷；锡类散、冰硼散、红棉散等五官科散剂类药物采用吹入的治疗方法；眼、耳、鼻科外用药则多用点入法；膏药或中成药膜剂直接贴敷患处，可使药物在局部或全身发挥治疗作用，如狗皮膏、养阴生肌散膜等。

中药注射剂的应用主要分为皮下、肌内、静脉、穴位及患处局部注射等不同给药方法，病灶局部注射给药的，如消痔灵用于痔核内注射的枯痔疗法，莪术注射液用于宫颈癌或皮肤癌肿的局部注射疗法等。运用注射法的无菌操作要求与西药注射剂完全相同。

5. 注意成药的使用剂量与使用人群　由于病情轻重、病势缓急、病程长短、病人体质强弱、发病季节不同，医生要因病、因药、因人、因时制宜，合理确定中成药的使用剂量，才能取得良好的治疗效果，达到安全有效的用药目的。中成药的说明书中明确规定了使用剂量，应按规定剂量用药。

有的人认为中成药的毒副作用小，为求速效擅自加大剂量服用，这种错误看法应予纠正。事实上，超量使用是中药发生不良反应的主要原因之一。"以毒攻毒"或"以偏纠偏"是中医治病的基本原理，广义上讲，凡是药物都有一定的毒性，只是毒性的大小不同而已。过量饮食都会致病，何况药物！临床报道由于医生用量过大，或长期连续用药而引起中成药中毒的病例屡见不鲜。如云南白药按规定剂量服用安全有效，但有过量服用引起流产的报道。所以服用成药时，一定要按规定的剂量服用。对含有砷、汞、铅及斑蝥、蟾酥、马钱子、乌头、巴豆等有毒成分的中成药更要严格控制使用剂量，中病即止，不可过服，以免引起过量或蓄积中毒事故的发生；对于作用猛烈，易伤正气的品种，也要严格控制使用剂量，如破血消癥的鳖甲煎丸，破气导滞的开胸顺气丸，峻下逐水的舟车丸、十枣散等。

不同性别、年龄、体质、生理状况的患者，对药物敏感性、反应性、耐受性不同，小儿、老人、孕妇、乳母这类特殊人群较一般人更易发生不良反应，该类人群用药也应特别注意其敏感性和反应性，严格掌握服用剂量。儿童应根据体重或年龄计算用药剂量和给药途径；避免滥用滋补类药物和注射液；尽量避免使用含有较大毒性成分的中成药；尽量缩短用药疗程，及时减量或停药。小儿用药剂量要适当减少，除经临床试验确定的小儿用药剂量应严格按其规定服用外，一般情况3岁以内服1/4成人量，3～5岁的可服1/3成人量，5～10岁的可服1/2成人量，10岁以上与成人量相差不大即可。老人因机体器官组织衰老，对药物的吸收、代谢速度减慢，避免使用对心脏、肝脏、肾脏、血管等组织有损害的药物。

运动员因其职业特殊性，应避免使用含有兴奋性成分的药物。原国家食品药品监督管理局2009年公布了"含兴奋剂目录所列物质的中药品种名单"，含有相应物质的中成药品种的说明书中均已标明"运动员慎用"的警示语，对这些中成药品种应避免使用。

四、名优中成药

中成药商品历来都是中药商品的重要组成部分。随着医疗保健事业的发展，医药卫生知识的普及和人民生活水平的提高，中成药商品的销售量与销售额已超过药材商品，因此，中成药商品在防治疾病、保健强身和增加国民经济收入方面都起到积极作用。

名优中成药是指某一种或在不同厂家生家的同种产品中，具有质量优良、疗效突出、产量较大、销路较广的传统或新研制的著名中成药。如北京同仁堂的乌鸡白凤丸，天津达仁堂的速效救心丸，原广州奇星药厂的华佗再造丸，苏州雷允上的九芝图牌六神丸，原云南白药厂的茶花牌云南白药，原重庆桐君阁药厂的天麻丸等都是响誉中外的名优中成药。

中成药商品具有携带方便、服用安全、疗效确切、选用自由等特点，深受国内外消费者的欢迎。随着社会的进步，人们健康长寿欲望的增长和经济收入水平的提高，国内外对名优中成药的质量和数量要求越来越高，因此必须采用一切现代的科学手段，开发利用我国丰富的成方资源，加快中成药生产的现代化步伐，向着高（质量高）、精（生产工艺精）、少（服用量少）、好（疗效好）、便（携带、使用方便）的方向发展，从而生产更好更多名、优、新、特的中成药商品，来满足国内外消费者的需要。

名优中成药的品种繁多，在市场上竞争异常激烈，因而变化较大。其具体品种详见二十三章，在此从略。

第四节　中药资源的开发利用与保护

我国的药材资源虽然十分丰富，但随着医疗保健事业的发展，以及世界各国中医药热的兴起，对药材品种和数量的需求不断增加，现有的药源已不能满足国内外市场的需要，所以必须在对我国药材资源全面调查、摸清家底的基础上，制订出切实可行的药材资源开发利用和保护计划与措施，达到保证药材供应，扩大外销、增加效益与保护药源的目的。

一、药材资源的合理开发利用

几十年来，我国在药材资源合理开发利用方面做了大量工作，取得了可喜成绩，并总结出不少合理开发利用药材资源的经验。

1. 根据生物化学成分与生物亲缘系统的相关性，在药源调查中，各地发现了大量新药源。如灵猫香，根据本草记载，通过调查研究，发现我国小灵猫 *Viverra indica* 资源丰富，其分泌物的药理和疗效与麝香类似，可以灵猫香之名药用，现已研究驯养。

2. 扩大药用部位是开发药源的又一途径和方法。如国产西洋参 *Panax quinquefolium* 先是只药用主根，通过对其根系和茎、叶、果的成分分析结果表明，主根中未能检测出人参皂苷 Rd、Rc、Rg、Rb$_3$ 和假人参皂苷 F$_{11}$，在地上部分可以检出；同时西洋参各部位总皂苷的含量，主根为 4.05%，侧根 4.80%，须根 8.57%，根茎 8.76%，茎 2.18%，叶 11.79%，果实中人参总皂苷的含量均高于主根。这些都是有待开发利用的新药源。又如国产人参，通过对人参植株的分析研究，人参茎、叶、花蕾、果肉、种子均含有与根近似的人参皂苷，含量比根部高，也可开发利用。

3. 老药新用，也是开发药源新的途径和方法。如枳壳是一种使用了两千多年的老药，用于脾胃气滞、痞满等症，近几十年来的研究发现，枳壳除了具有行气导滞的作用外，还有升提中气的作用。其他如大黄、龙胆、栀子等在国外作苦味健胃药使用已有悠久历史，而我国只作泻下或清热燥湿药使用，忽视了它们的健胃作用，如能开发利用，也不失为一种开发药源的途径和方法。我国传统中药的品种繁多，这方面有很大的开发潜力。

4. 综合利用也是一条很好的药源开发途径和方法。从药材中分离提取单体成分用于研制新西药的原料药。如从毛冬青中分离到疗效满意的抗血栓药毛冬青甲素；从青黛中分离到治疗白血病的靛玉红，具有研究周期短、效率高的特点，是一条多、快、好、省地开发药源的途径。同时从药材中分离得到的单体成分或复合成分也是其他工业的原料，如用于香精生产的有白芷、款冬花、独活等；用于烟草生产的有白芍、丹参等；用于食品生产的有茯苓、薄荷、当归、木瓜、五加皮、乌梅等；用于化妆品生产的人参、珍珠、当归、生地、白及、首乌等；用于滋补药膳的有虫草、银耳、燕窝、海参、茯苓、川贝母等。开展的这些综合利用研究，不仅可以充分利用药材资源，也为药用量小而贮量丰富的药材资源找到了新的出路；为药材商品生产的调控增强了活力；还为繁荣农村经济、山区农民脱贫致富提供了条件。

搞好药材资源的开发利用，一是除国家要有足够的投入外，还要在国家有关部门的领导下，制订统一的开发利用目标和计划，组织有关部门和有关学科人员进行协作攻关，一旦取得成果，及时推广应用，以便尽早获取经济效益和社会效益。二是各省、市、地、县根据本地药材资源情况，在有利于药源保护的前提下，制订药材的采收计划，加强管理，使计划和管理措施层层落实，责任到人，以保证按计划采收药材，提高开发利用药源的效果。

二、药材资源的保护

我国中药资源虽然丰富，但各地分布不均，开发利用也很不平衡。加上长期以来，人们对药源保护的认识不足，缺乏计划和管理，只顾眼前利益，或乱采乱捕，或只挖不育，只采不护，只捕不养，造成生态系统平衡失调，资源日益减少；由于森林过度砍伐，造成气候失常，水土流失严重，自然灾害频繁，致使药材生产与生态进入恶性循环，药材资源遭到严重破坏。医、药、农、林部门以及整个社会，对此应予以高度重视。在提高认识的基础上，制定发展规划，把药源保护作为重要内容，并采取法律、行政和经济措施保护药源，做到有力保护与合理开发利用并重，使药源常在，永续利用。

1. 开展资源普查与科学评价　科学的考察和评价中药资源的现状，是进行中药资源可持续利用开发的前提条件。迄今为止，我国已进行过 3 次全国性的中药资源调查。但是随着时间的推移，亟待进行新一轮的资源普查与科学评价工作。

2. 积极参加有关生物资源保护的国际公约、制订我国药源保护法规　我国的生物资源破坏十分严重，与 80 年代前没有制定相应的保护法规有密切关系，故应积极参加有关生物资源保护的国际公约，制订我国药源保护法规。

目前，我国已加入《国际植物保护公约》（International Plant Protection Convention，IPPC）、《濒危野生动植物种国际贸易公约》（Convention on International Trade in Endangered Species of Wild Fauna and Flora，CITES）、《生物多样性公约》（Convention on Biological Diversity）等。且已制订相关药材资源保护法规及目录，如《国家重点保护植物名录》《野生药材资源保护管理条例》《中华人民共和国森林法》《国家重点保护野生药材物种名录》《中华人民共和国自然保护区条例》《中国生物多样性保护行动计划》《中华人民共和国野生植物保护条例》《中华人民共和国植物新品种保护条例》《国家重点保护野生植物名录（第一批）》《西藏自治区冬虫夏草采集管理暂行办法》《黑龙江省野生药材资源保护条例》等。

3. 建立半封闭式的药源保护区　为执行国家《野生药材资源保护条例》和根据各

省、市、自治区的情况，在原有保护区的基础上，对本省区道地药材资源建立轮休的半封闭式保护区，以保证道地药材的生产与药源保护的实施，落实国家采、护结合的原则。

4. 加强药材生产基地建设　对市场需求量大、本地资源又少或药源贮量日益下降的各类药材及其道地药材如厚朴、黄柏、黄连、川贝母、鳖甲、龟板等，除有计划控制采猎量外，还要加大投入，加强基地建设，以保护药源，增加产量，提高质量。

5. 严格禁止高价诱购、套购　对列入国家药源保护的品种，如甘草、鳖等，当地政府应颁布法令，除当地药材部门按计划收购外，其他单位或个人不得收购，以防高价诱购、套购，导致砍尽杀绝。当地医药部门也应以大局为重，严格执行国家规定的收购价格。

6. 严格实行科学合理的采猎　对野生药材的采猎，应严格实行科学合理的采猎。以不破坏生态平衡，不超越生态系统的负荷能力为采猎的总原则。具体原则是根茎类药材要挖大留小，如射干、升麻；花叶、果实、种子类药材不伤其茎枝，不要采尽；对茎木、皮类药材要长至一定树龄，达到采集标准时方可采收，并注意轮采、轮育、采育结合，如黄柏、沉香等；动物类药材要在产卵后捕采，注意捕大留小，不影响正常的繁殖等。

第三章 中药商品的采收与产地加工

第一节 中药商品的采收

药材的质量优劣和规格等级的划分与药材的采收时节和产地加工有密切的关系。所以在药材商品生产中，必须十分注意药材采收时间和产地加工方法对质量的影响。

中药材品种繁多，家种、野生不一，产地分散，加上药用部位各不相同，其成熟期也不一样，采收时节也不一致，因此合理适时采收药材对保证药材质量，保护和扩大药源均有重要意义。

我国历代医药学家对药材的采收时节都极为重视，认为采收时节对药材的质量与疗效都有直接影响。如唐代孙思邈在《千金翼方》中指出："夫药采收，不知时节……虽有药名，终无药实。"元代李东垣在《用药法象》中也指出："根叶花实，采之有时……失其时则性味不全。"这些论述，都说明适时采收药材的重要。

在长期的采药实践中，药农对此积累了不少经验，如药农说："当季是药，过季是草。"这些来自采药实践的经验也说明适时采收药材是非常重要的。

现代科学研究的结果表明，适时合理采收药材对保证其质量是十分重要的，如丹参的有效成分是丹参酮，每年11月丹参酮ⅡA等的含量最高，为其他季节的2~3倍，所以丹参的采收期应为11月。由此可见，药材合理适时的采收期应是其有效成分含量最高时期。但绝大多数药材的有效成分或有效成分含量的最高期目前还不清楚，不能据此决定所有药材的最佳采收期。现大多数药材的采收期仍根据传统经验，结合药用动植物生长发育过程中营养物质消长的一般规律和不同产地来确定较合理的采收期。不同地区的气候、土壤、耕作条件不同，同种药材的采收期也不一样。如大同的麻黄，其麻黄碱以9月份含量较高；而生长在赤峰的麻黄以8月份麻黄碱含量较高，所以两地麻黄的采收期相差1个月。

除特殊的种类外，一般药材的采收期按药用部位的不同而异，现分述如下。

一、植物类药材

1. 根及根茎类 根及根茎类药材一般在秋冬季地上部分刚枯时或新春刚发苗时采收。这时植物生长缓慢，基本上处于休眠状态，各种营养物质大部分贮存在根或根茎内，有效成分含量较高，所以此时采收的药材质量好。如天麻冬末春初采收的"冬麻"比春末夏初茎秆出土再采收的"春麻"质量优。其他如黄连、木香、当归、前胡等也都在秋季或冬季采收；植物体枯萎较早的，就在夏季采收，如浙贝母、川贝母、延胡索等，所以这类药材的采收期应具体分析，区别对待。

2. 茎木类　茎木类药材一般在秋季或冬季采收，如川木通、大血藤等；若与叶同用的，则应在生长旺盛时采收，如银花藤、络石藤、夜交藤、海风藤等；木类药材一年四季可采或结合伐木工作进行，如苏木、降香等。

3. 皮类　根皮类药大多在秋末冬初挖根后剥取，如地骨皮、牡丹皮等；茎皮类药则以清明到夏至间采收最好，此时皮部与木部易分离，如厚朴、杜仲、黄柏等；但肉桂宜在秋分前后采收，此时采的气香味甜，质量好。

4. 叶类　叶类一般在花将开放时至刚结果时采收，此时植物生长旺盛，叶的光合作用强，叶内养分丰富。如荷叶，在其花蕾含苞欲放或盛开时采收，其叶片肥厚、清香气浓郁，质量较好。又如薄荷，在小暑至大暑的盛花期选晴天采收的，叶大香气浓郁，薄荷脑和油的含量最高，在阴雨后 2~3 日采收的，挥发油含量下降1/4。但少数叶类药材在霜降后叶落时采收的质量较好，如桑叶、枇杷叶。

5. 花类　花类药材一般在花蕾含苞欲放时或初开时采收。盛开后采收的花不但有效成分含量降低，而且花瓣易脱落，气味较弱，影响质量。如金银花，其清热解毒的有效成分是绿原酸，测定同种同朵数金银花的花蕾及开放花的重量和绿原酸含量，结果表明以花蕾质量好，绿原酸的含量高。所以金银花应在花蕾期或刚开时采收。其他如红花、菊花、洋金花、旋覆花在花盛开时采收。

6. 果实种子类　果实类药材一般在自然成熟或近成熟时采收，此时营养物质或有效成分的含量相对来说较高，药材的质量好，如山楂、枳壳、香橼、五味子、枸杞、车前子、菟丝子等。有的则在果实未成熟时采收，如枳实、青皮、覆盆子、藏青果等。种子类药材需在果实成熟时采收，如决明子、牵牛子、苏子、白芥子、牛蒡子等。

7. 全草类　全草类药材一般在植物生长旺盛、枝繁叶茂的花前期和花期采收。此时是植物新陈代谢旺盛的时期，有效成分含量高。如益母草的主要有效成分为生物碱，测定生物碱的结果表明，花蕾期为 0.93%，花盛期为 1.26%，而果熟期为 0.39%，所以益母草应在春末夏初花盛开时采收。其他如穿心莲、仙鹤草、薄荷、藿香等也在花期采收。

8. 树脂类　树脂类药材的种类不同，采收的部位与时间也不一样。如安息香多在 4 月至秋末，于树干上切一倒三角形的口子，其汁凝固后采收；松香多在秋冬采收，新疆阿魏是割取根头的皮层部分，榨取汁液，置通风处干燥即得。

二、动物类药材

动物类药材根据药用动物生长习性和活动规律不同，进行适时合理的捕取。如蛤蚧在夏、秋二季捕取成体；全蝎宜在春、夏、秋三季捕取；有翅昆虫如斑蝥应选早晨露水未干时捕捉；桑螵蛸应在二月中旬前采收，过时卵已孵化，失去药效；动物生理或病理产物应在宰杀时收集，如牛黄、鸡内金等。

三、矿物类药材

矿物类药材一年四季均可采收，但大多应结合开矿或兴修各种工程收集，如石膏、滑石、龙骨、琥珀等。

第二节　中药商品采收注意事项

采收药材的主要目的是为了保证供应，满足人民的用药要求，但同时也应注意以下几点。

一、注意扩大药用部位，尽量做到充分开发利用药源

如杜仲，以树皮入药，但通过药化、药理研究表明，其枝、叶与树皮的功效相似，可代树皮药用，故在采皮时，应同时采其枝、叶；又如柴胡，药用根，但经分析和部分地区长期习用的实践说明，其茎叶所含成分、功效与根相同，故在采根的同时，应采茎叶以供药用或采带根全草入药。在这方面，一些地区和单位进行了较多的研究，为综合利用药源做出了贡献。

二、注意采收方法，保持药材的完整性

在采挖根及根茎药材时，要注意其地下的走向和生长深度，以免挖断挖烂，如人参、玉竹、黄精、山药、金果榄等。在挖取根皮类药材时，要先将根挖出后，再剥取根皮。采收花类药材时，应摘取或将花剪下，不要留有花梗。采收果实种子类药材时，要注意防止压破和散落丢失；一般不用水洗，以防腐烂或变色失味，如五味子、枸杞等。

三、注意保护药源，永续利用

中药资源，尤其是野生资源是可永续利用的再生资源，故有计划的合理采收是采收药材的基本原则，决不可滥采乱伐，应着重注意以下几点。

1. 要合理采药　采收时要做到有计划采收，用多少，采多少；用什么，采什么。采收根及根茎类药材应注意挖大留小或有意留一些，任其开花结果以利繁殖；采收花类、果实种子类药材时也要如此，以防绝种；采收皮类药材时，尽可能纵剥部分，以利树皮再长；采叶或枝叶药材时，在一棵植株上不可采得过多，应留一部分以利继续生长。

2. 充分利用药材资源　同一植物或动物有不同部位同时入药的，要分别采，使物尽其用。如栝楼的根、果实、种子均可入药，则应在果成熟时先采果实，再挖其根；又如梅花鹿，全身都是宝，其茸角、蹄、尾、四肢筋腱、阴茎等都可入药，捕杀时应先取

其茸角，再分别收集，加工入药；采收麻黄时，除取其嫩枝和粗根入药外，留下的根头部和细根加以栽培，可继续繁殖生长，以保护药源。

第三节　中药商品的产地加工

一、药材产地加工的目的和要求

药材产地加工是指药材采收后，在产地进行净选、清洗、切制、干燥等初步加工。这种加工与使用前的炮制加工不同，所以称为产地加工。除少数药材要求鲜用外，绝大多数药材均需在产地进行不同的加工，其目的一是除去杂质和非药用部位，保持药材的干净；二是进行初步的蒸、煮、熏、燎，杀死虫、菌，利于干燥，防止进入流通领域后产生虫蛀、霉变等变质现象，确保药材质量；三是便于对药材进行分等分级、包装和贮运工作。

药材的品种繁多，药用部位各不相同，其形、色、气、味、质地及所含物质差异很大，因而对加工的要求各异。但一般都要达到外形完整、含水量适度（安全水分）、色泽鲜艳、气味正常、有效物质损失少（如槐米中芦丁的含量，若不经过蒸煮处理，其含量由7%降至4%）的要求，从而确保药材商品规格的质量。

二、常用的产地加工方法

（一）修整法

将采回的药材，用水洗去泥沙，除去杂质和非药用部位，如牛膝去芦头、须根，桔梗、白芍去皮，丹皮去心，枇杷叶去毛，蛤蚧、乌梢蛇去内脏，整理加工成型等。但多数直接晒干或阴干的药材，不用水洗，以免损失有效成分，影响质量，如木香、白芍、白芷、薄荷等。

（二）去壳法

这是对种子类药材的加工方法。一般把果实采回后，有些先去果皮，取出种子后干燥，如桃仁、杏仁、郁李仁等；有些是先连果实干燥后再去壳取出种子，如车前子、连翘心、菟丝子等；有些为了不损失种子的有效成分，利于贮存，连壳干燥，待用时再去壳，如白果、白豆蔻、草果等。

（三）切制法

对一些外形粗长的药材，为了便于干燥和包装，常需进行切制加工，如佛手、香橼切成薄片；木瓜纵切成瓣；鸡血藤、大血藤横切成片；大黄、何首乌、葛根、朱砂莲等也要切成厚片或段、块等。产地趁鲜切制药材，优点是降低加工成本，减少有效成分的损失，缩短干燥时间，有利于包装和贮运，应大力推广。缺点是切制后药材外形不完整，给商品鉴别带来不便；同时对含挥发性成分的芳香药材或有效成分易氧化变质的药材不宜切制，如川芎、当归、白芷、槟榔等。否则反而会增加有效物质的损失，影响其质量。

（四）蒸煮法

含浆汁、糖分、淀粉多的药材，一般难于干燥，蒸煮处理后，其细胞组织被破坏，酶被杀死，易于干燥，利于贮存。如天麻、明党参要蒸透心；五倍子、桑螵蛸蒸后杀死了虫卵，防止孵化变质；天冬煮烫后易去皮，不空心；其他如盐水煮全蝎，碱水煮珍珠母，蒸馏法制冰片，水煮硼砂、朴硝以去杂质，促进重结晶等。使用该法加工药材时要注意掌握火候，火力不足，达不到加工目的和要求；火力过大，又常损失有效成分，影响质量。

（五）熏燎法

为了达到商品和药用要求，有利于贮存，保证药材质量，有些药材需用此法加工，如乌梅、乌梢蛇要用烟熏至乌黑色；香附、狗脊、骨碎补等需用火燎去表面的毛须等。用火燎法处理药材时，以燎尽表面毛须为度，防止烧焦。

（六）发汗法

有些药材在加工过程中，需堆积起来或经微煮后堆积起来发热，使内部水分外溢、变软、变色，增加气味，以利干燥和提高质量。这种方法习称"发汗"。如厚朴、杜仲、玄参等必须用此法加工，才具特殊的色泽；山药、川芎、白术、茯苓、大黄必须经过发汗处理，才能完全干燥，内外一致。但在堆积发汗时应注意检查，做到发汗适度，防止堆积发霉变质。

（七）盐渍法

盐渍法是指将药材放入饱和食盐溶液中进行浸渍的加工方法。其主要目的是防止药材生虫、霉变。如将肉苁蓉、附子、全蝎等放入饱和盐水中浸泡一定时间后，取出干燥。

（八）撞搓法

有些药材为了除去表面的须根、粗皮、泥沙等，将经过干燥的药材装入特制的撞笼或撞袋中，进行反复的撞击，通过药材间和药材与撞笼间的反复碰撞摩擦，使之表面洁白、光滑。如黄芩、姜黄、贝母、三七、麦冬等。

有些药材在干燥过程中，皮肉易分离或易空心，影响质量。为了保证药材质量，在干燥过程中必须进行反复揉搓，使之油润饱满、柔软坚实，如党参、麦冬等。

（九）干燥法

干燥法是指利用天然的或人工热能除去药材中过多水分的加工方法，是药材产地加工最普遍最主要的加工方法，各类药材都要用此法加工。对防止药材变质，保证药材质量有很重要的意义。

用干燥法处理药材时，要根据药材的性质和数量，各地的气候和设备条件，因地制宜地选择不同的干燥方法，使药材的含水量达到 10% ~ 15% 的安全范围。总的要求是干得快，干燥透，温度不能过高，以保持药材固有的气味和色泽。常用的方法有以下几种。

1. 晒干法　是利用太阳光的热能干燥药材的方法，也是最常用而经济、简便的干燥方法。但应根据药材的不同性质，采用不同的晒法。如含水量多的药材应放在阳光下曝晒，力求迅速干燥；易变色失气的药材，应适当遮蔽后再晒或阴天晾晒，如当归、川芎、白芷、红花、羌活、独活等；含油分多，糖质重的药材，应反复晾晒，使之慢慢干燥；外形粗大的药材，应经反复发汗后，再曝晒至干；有的药材宜晒与搓揉结合，使表面光滑、质地饱满、柔软。

2. 烘干法　是利用人工或电器加热使药材干燥的方法。其方法是将药材置于烘房、炕灶、烤炉或电烘箱内加热干燥。采用此法应注意根据药材的大小和性质，选择和控制不同的温度范围，一般药材烘烤温度为 50℃ ~ 60℃；芳香性药材应控制在 30℃ ~ 40℃；对含维生素 C 的多汁果实类如山楂、木瓜等可用 70℃ ~ 90℃ 的温度烘烤，以迅速干燥。同时注意适时翻动，以防烘枯烤焦，影响药材质量。此法的优点是不受天气变化的影响，可及时干燥药材，缺点是费电，加工成本高。

3. 阴干法　是把药材放置或悬挂在阴凉通风处，使之慢慢干燥的方法。此法避免了阳光直晒，药材的水分在空气中自然蒸发而干燥。主要适用于含挥发性成分而不宜烘、晒的花叶类、全草类和果实种子类，如荆芥、薄荷、紫苏、香薷、玫瑰花、红花、花椒、荜澄茄等。

此外，目前在产地加工中，开始运用远红外干燥法、微波干燥法和冷冻干燥法，这些现代干燥的新技术，具有简便、迅速和热效率高的特点，但需要较多的投资购置设备，干燥成本较高，故产地加工中应用不多。

（十）挑选分级

挑选分级是指对经过以上加工后的干燥药材，按药材商品区分规格等级标准，进行挑选的分等分级加工方法。这是产地加工的最后一道工序。挑选的标准是按药材的长短、大小、色泽、完整程度或规定重量中支头数等进行。从而区别同种药材的不同质量，便于贯彻商品按质论价的原则。

第四章 中药商品的包装

中药商品的包装是实现其商品价值和使用价值，以及增强市场竞争能力的有效手段。包装质量的好坏，商标图案及其装潢是否精美，有无吸引力，直接影响中药商品的价格和市场竞争能力，直接关系到中药商业企业经营工作成败的大事，所以中药商业企业和生产企业应把中药商品的包装质量视为产品质量的一部分，把为适应市场需要而改进药品包装，提高到是改进药品质量的高度来对待，花大力气把中药商品的包装搞好，以适应国内外市场的需要。

第一节 中药商品包装的含义与作用

一、中药商品包装的含义

包装的概念分狭义和广义。我国国家标准 GB/T4122.1 – 1996 中规定，包装的定义是："为在流通过程中保护产品、方便贮运、促进销售，按一定技术方法而采用的容器、材料及辅助物等的总体名称"，即是包装的狭义概念。广义的包装是指一切能改变事物的外观形象的方法和手段等。本章所讲的是狭义的包装概念，即盛装商品的容器、材料及辅助物品。

药品包装必须适合药品质量的要求，方便储存、运输和医疗使用。

二、中药商品包装的作用

中药商品包装作用较多，主要作用如下。

1. 确保中药商品的质量 中药是防治疾病和卫生保健的特殊商品，如不加包装，易受空气、日光、温度、湿度等自然条件和虫霉等污染的影响。因此必须进行严密的包装。包装后，有密封、防潮、隔热、避光和防虫、防霉等作用，从而确保中药商品的质量。如党参，若不包装，在夏天一月之内就会霉烂或被虫蛀空，不能药用。应按贮存要求，处理后包装于厚型塑料袋内，置阴凉干燥处。

2. 防止损耗，保持数量 中药商品需尽可能减少流通过程中的损耗，如不加包装，在流通中的损耗过大，必然影响市场供应，降低经营效益。因此对中药商品必须进行严密的包装，从而达到减少损耗，保证供应，提高经营效益的目的。为此国家有关主管部门规定了中药商品流通中各个环节的损耗比例。

3. 美化外观，指导消费，促进销售　中药商品的种类繁多，形态多样，大小不一，如不包装或包装外观不美，难以达到商品包装标准化、规范化和美观化的质量要求，因此必须有精美的包装。并要求在包装上有美观的商标装潢图案，附有必要的说明，使药品的名称、功效、主治、用法用量及其他注意事项一目了然。这样的包装外形美观、整齐，又指导了消费，方便消费者识别、选购，从而促进销售，提高经营效益。

4. 方便运输，有利于贮存　中药商品包装成一定的包件后，同类商品的外形、大小、重量都是固定的，便于在运输、转运中进行装卸、搬运和清点，也便于在贮存中进行计量、堆码、出库、转仓倒垛、盘点等工作，以及在销售中进行计量管理。

总之，对中药商品进行包装后，为整个流通环节的规范化管理提供了有利条件，减少了差错事故的发生，省时省力，降低了管理费用，对提高中药商业企业的经营效益起着重要作用。

第二节　包装材料的分类

中药商品的包装必须与药品性质相适应，直接接触药品的包装材料，必须符合药用要求和保障人体健康、安全的标准，并经国务院药品监督管理部门批准注册。中药商品的包装材料种类繁多，性能不一，规格不等，各有其适用范围。同时各类中药商品对包装材料的要求差异很大。现分类简介如下。

一、药材及其饮片商品的包装材料

1. 布袋和麻袋　布袋和麻袋是传统的包装材料，其质地细软，有一定的耐压耐磨性能和防潮、避光作用。除贵重药品外，都可选用。布袋适用于粉末状药材的包装，如蒲黄、松花粉、海金沙、珍珠母粉、海蛤壳粉及矿物药粉末等；细麻袋适用于包装细小的果实种子类药材商品，如苏子、白芥子、茺蔚子、车前仁、青葙子、葶苈子、菟丝子等；粗麻袋适用于大部分药材或中药饮片的包装，如何首乌、苍术、白术、常山、山楂、金樱子、厚朴、黄柏、桑寄生及其饮片等。

2. 化纤袋　化纤袋是近二十多年开发的包装材料，质地坚韧，具良好的耐磨耐压和抗腐蚀性能，有好的密封、避光作用，是较理想的外包装材料，适用于大多数药材和饮片包装，尤多用于芒硝、大青盐等矿物药材和极易吸潮变质药材如盐附子、盐苁蓉、生地、黄精、天冬、制何首乌等的包装。

3. 筐、篓和苇席　筐和篓为竹类编织品，质量粗韧、耐压耐磨、透气性能好，适用于条形或块段状药材的包装，如黄芪、甘草、赤芍、白芍、大黄、黄芩、牛膝等。苇席是苇茎的编织品，质地较柔软，弹性弱，易打包成型，适用于花、叶、全草类等轻泡药材的机械包装，如菊花、金银花、旋覆花、桑叶、枇杷叶、大青叶、番泻叶、金钱草、紫花地丁、蒲公英、藿香、佩兰等。此类材料不仅可使包件大小一致，外形整齐，而且可增加车船仓库的容量，节约费用。

4. 木箱和纸箱   木箱质地坚实，密封性能好，耐压耐磨，有较好承压能力。多在内壁衬垫防潮纸或塑料袋作内包装，有良好防潮、避光、密封作用，适用于细贵药材如天麻、鹿茸、人参、阿胶、龟胶、贝母等药材的包装，也适用于绝大部分中药商品的外包装。纸箱的包装性能较木箱差一些，但造价低，较轻便，适用于一般细贵药材和中成药的外包装。

5. 厚型塑料袋   质地薄韧，轻便，有良好的密封防潮作用，除作细贵药材和中成药的内包装或中包装材料外，主要适宜作为中药饮片的定量包装材料，也适用于果实种子类药材的中、小定量包装材料，如大枣、枸杞、五味子等。

6. 铁器制品（铁桶、铁箱、铁盒）和陶瓷制品（瓷缸、瓷罐）   这类制品质地坚重，耐磨耐压，密封性能好，主要适用于液体和浸膏状药品如水银、蜂蜜和芳香药材如麝香、苏合香、冰片、樟脑、薄荷脑、阿魏的包装。

二、中成药商品的包装材料

（一）外包装材料

中成药商品的外包装材料主要是木箱和纸箱，其性能与上述相同。近几年来也有用塑料桶、盒作外包装材料的。

（二）内包装材料

中成药商品的内包装材料又分为盛装材料与装潢包装材料两种。

1. 盛装包装材料   是指直接盛装药品的包装材料，再分为中包装和小包装两种，常见的有以下几种。

（1）玻璃瓶和塑料瓶：玻璃瓶和塑料瓶规格繁多，大小不一，广泛用于片剂、丸剂、胶囊剂、散剂、丹剂、露剂、酒剂、糖浆剂等固体或液体药剂的盛装。如银翘解毒片、补中益气丸、七厘散、银花露、活血酒、川贝枇杷止咳糖浆、鲜竹沥等。

（2）安瓿：有玻璃和塑料两种。安瓿的密封性能好，塑料安瓿又不易打碎，适用于注射剂、口服液等液体药剂的盛装，如银黄注射液、柴胡注射液。

（3）易拉罐：为铝制的圆柱形筒罐，抗压力较强，质地轻，适用于液体药剂或保健饮料的盛装。

（4）塑料袋：质地轻软，密封性能好，大小规格多，广泛适用于冲剂、片剂、丸剂、散剂等的盛装，是较理想的中、小包装材料。所谓中包装是较大袋内盛装若干小包装，如牛黄解毒片，每一小包装12片，每一中包装内盛装50个小包装。常用塑料袋盛装的药剂如感冒冲剂、银柴冲剂、牛黄解毒片、银翘丸、参苏丸、如意金黄散等。

（5）小瓷瓶：质地坚厚、抗压力强、密封性能好，适用于小丸剂的盛装，如六神丸、救心丸、金灵丹等。

（6）铝塑板：是近年来开发的新的盛装材料，质轻便坚实，封闭性能好，便于包装和携带，适用于片剂、胶囊剂等的盛装，如感冒通、速效伤风胶囊、银翘解毒片等。

2. 装潢包装材料　装潢包装材料多选用精致的软、硬纸片或纸板，套在内包装外面。要求设计一定式样的商标图案，附在装潢包装或外包装上，以美化、宣传成药商品。宣传的内容一般是药品的名称、功能和适用范围及该药品的科学性、新颖性、特殊性等，以此指导消费、促进销售。同时还有保护内包装，确保药品质量和数量的作用，如六神丸、人参酒、洋参丸、云南田七花粉口服液等。

第三节　包装的分类

包装的分类法有多种，按包装的方式分为直接包装和间接包装两种。药材和饮片商品多属直接包装，成药商品多属间接包装；按包装程序分内包装和外包装两种；一般药材和饮片商品多属外包装，成药商品二者兼有；按中药商品流通需要分为运输包装和销售包装两种。现按后者分类简介如下。

一、运输包装

运输包装属外包装，是选用较坚实或坚韧的包装材料如木箱、纸箱、铁皮、麻袋、布袋、化纤袋等进行的包装。其作用是保证中药商品的运输安全，便于运输、装卸、堆码、贮存和计量管理。运输包装要注意一是根据中药商品的性质，合理选择包装材料；二是包装外面要用绳带、化纤带或铁皮捆紧扎牢，防止在运输中松散。

二、销售包装

销售包装多属内包装，是指直接同消费者见面并随同药品一道销售的包装。其作用除保证商品安全外，还有美化、宣传商品，指导消费的作用，即便于消费者识别、选购、携带和服用。在销售包装上，一般都要附有装潢。销售包装注意一是要根据中药商品的性能合理选择包装材料，二是装潢形式要新颖，图案要美观、清晰，便于陈列、展销和识别，对树立企业形象有积极作用。

第四节　包装的标志

中药材商品的包装上要有明显的标志，在每件运输包装上必须注明品名、产地、日期、调出单位，并附有质量合格标志。

中药饮片商品的标签必须注明品名、规格、产地、生产企业、产品批号、生产日期，实施批准文号管理的中药饮片还必须注明药品批准文号。

中成药商品包装必须按照规定印有或者贴有标签并附有说明书。标签或者说明书上必须注明药品的通用名称、成分、规格、生产企业、批准文号、产品批号、生产日期、有效期、适应证或者功能主治、用法、用量、禁忌、不良反应和注意事项。

麻醉药品、精神药品、医疗用毒性药品、放射性药品、外用药品和非处方药的标签，必须印有规定的标志。

第五章 中药商品的贮藏与养护

保管养护库存中药商品是贮藏工作的中心任务，中药商品种类繁多，规格、等级复杂，如保管方法不当，措施不力或责任心不强，极易在自然条件变化等外界因素影响下，产生多种变质现象，引起质量下降或失去药用价值。因此搞好保管养护工作，是贮存管理中的关键环节，必须倍加重视。为此保管人员必须掌握贮存中影响中药商品变质的因素及其变异现象，并能运用科学的预防措施和保管养护方法来确保贮存药品的安全。

第一节 中药商品贮藏中常见的变质现象

一、中药材及饮片商品贮存中常见的变质现象

1. 虫蛀 是指中药商品被仓虫蛀蚀的现象。生虫的药品，由于内部组织被破坏，轻的结块结串或有蛀蚀的孔洞，重则被蛀空成粉，造成药效降低或完全丧失药效而报废，因此预防是防治的重点。易被虫蛀的中药有白芷、北沙参、党参、前胡、大黄、川芎、婆罗子等。

2. 发霉 是指药品受潮后，在表面或内部有霉菌生长引起的霉败现象。发霉的药品因长霉或被霉菌污染，轻的变色，重则霉烂，不能药用。是防止中药贮藏过程中变质的又一防治重点。最易霉变的中药有马齿苋、车前草、陈皮、川牛膝、独活、紫菀等。

3. 泛油 泛油又称走油，是指药品受潮或受热变软或黏结而呈现油状物质外溢的现象。泛油后的药品轻的改变原有气味和性质，降低了药效，严重的则不能药用。最易泛油的中药有丁香、当归、桃仁、杏仁、柏子仁、牛膝、天冬、麦冬、熟地黄、黄精等。

4. 变色 是指药品固有色泽的改变。色泽是中药商品质量好坏的标志之一，一旦其色泽发生变化，则降低了质量，影响药效。如黄柏在不避光的条件下久贮，由鲜黄色变至无色，就丧失了原有的药效。最易变色的中药有白芷、山药、泽泻、天花粉、黄芪、黄柏、红花、菊花、金银花、腊梅等。

5. 气味散失 中药商品的气味是其质量标志，由所含成分决定。如果在贮存中散失了固有气味，说明降低了质量，也降低了药效。如广藿香不香，则失去了其芳香化湿

的药效。最易气味散失的中药有肉桂、沉香、砂仁、豆蔻等。

6. 风化潮解　结晶性药品因受风吹、潮湿空气或高温影响，逐渐失去结晶水而成粉末的现象称风化；逐渐溶解成液体或表面潮湿的现象称为潮解。风化或潮解后，改变了药品的某些性质，造成药效变化或药品数量的损失。最易风化的中药有胆矾、芒硝、硼砂等。最易潮解的中药有青盐、芒硝、咸秋石、盐附子、盐苁蓉等。

7. 腐烂　是指新鲜或盐渍的动、植物药品，因受细菌污染或温湿度影响而腐烂变质的现象。腐烂的药品一律不能药用。最易腐烂的中药有鲜生地、鲜生姜、鲜石斛、鲜芦根等。

8. 粘结融化　是指胶类或树脂类药材，因受高温或高湿影响，而发生粘连结块或融化的变质现象，由此改变外观质量，给药用带来不便。最易粘结融化的中药有乳香、没药、芦荟、阿魏、鹿角胶、龟甲胶等。

二、中成药商品在贮藏中常见的变质现象

中成药在贮存中也会发生变异，往往与剂型有关，最常见的变质现象有虫蛀、霉变、酸败、挥发、沉淀等。

1. 虫蛀　易虫蛀的常见剂型有蜜丸、水丸、散剂、茶曲剂等。

2. 霉变　易霉变的常见剂型有蜜丸、膏滋、片剂等。

3. 酸败　易发生酸败的剂型有合剂、酒剂、煎膏剂、糖浆剂、软膏剂等。

4. 挥发　易挥发的常见剂型有酊剂、芳香水剂等。

5. 沉淀　易沉淀的常见剂型有药酒、口服液、针剂等。

第二节　引起中药商品变质的主要因素

引起中药商品变质的主要因素有以下几个。

一、温度

外界气温对中药商品内在成分和外观形态的影响很大，许多理化反应都是在一定温度下才能发生或加速发生，如柏子仁在 30℃ 左右易泛油；青蒿中的青蒿素随温度升高而挥发等，一般中药商品在气温 15℃ ~40℃ 时最易生虫发霉。所以控制仓储地温度或进行低温保存是较好的养护方法。

二、湿度

中药商品都含有一定水分，称为安全水分。能否保持安全水分，与空气中的湿度有密切关系。空气中的相对湿度高，中药商品易吸潮，产生潮解、发霉等变质现象；反之，则易失水，产生风化、干裂等变质现象。所以控制库房的湿度变化，是安全保管药品的有效方法之一。一般把库房内相对湿度控制在 70% 左右，药品不易变质。

三、空气

空气是由氧、臭氧、二氧化碳和水蒸气等组成的混合物，其中氧是一切害虫、霉菌等大多数微生物生存的前提条件。同时空气中的氧气和臭氧是一种强氧化剂，它的存在加速了中药商品中成分的氧化、还原、缩合、聚合等理化反应，使药品的色泽和气味改变，引起变质。如红花、大黄、黄柏的色泽改变都是空气作用的结果，所以降氧（气调养护）和真空贮存是保管养护中药商品的科学方法。

四、日光

日光中含有大量热能，可使药品和库房的温度升高，同时日光中的紫外线具很强的穿透能力，能破坏细胞组织，加速理化反应，引起药品泛油、变色等变质现象，因而避光（密封）保存是药品养护的传统方法之一。

五、虫、霉的污染

虫、霉污染是造成药品生虫、发霉变质的主要因素，是危害最大的变质现象。大多数中药商品都含有淀粉、脂肪、蛋白质、糖类物质及多种微量元素等营养物质，是虫、霉生长繁殖的物质基础，在适宜的温度、湿度等自然条件下，导致虫、霉的生长繁殖，引起药品变质。因此搞好库房及药品的消毒工作，防止虫、霉污染，是养护药品最重要的可以进行人为控制的有效方法。

此外，中药商品本身所含的水分及其成分的性质，库房的质量及相关的设备以及保管人员的素质也是影响药品贮存质量的因素。因此，保管养护药品应采取以防为主，防治结合的综合治理方法，才能确保药品贮存的质量与安全。

第三节　中药材及饮片商品贮藏养护方法

中药商品的保管养护是指采用科学的方法与技术，防止库存中药商品质量变化的有效措施。其目的是维护中药商品在贮存中的安全，保证其质量的稳定和数量的完好。常用方法如下。

一、清洁养护法

清洁养护法，又称卫生养护法，是各种保管养护法的基础。总的要求是要经常打扫库内外环境卫生，定期或不定期对库房、货架、设备进行消毒，以保持清洁，切断污染源。此法具有简便易行、安全有效的特点，应受到高度重视和推广应用。

二、物理养护法

采用物理学原理，控制中药商品的含水量和其贮存环境温、湿度的养护方法，称为物理养护法。一般中药饮片商品的含水量（安全水分）应控制在 7% ~ 13%，贮存环境温度控制在 25℃ 以下，相对湿度控制在 70% 左右，多数中药商品都能安全贮存，故在养护学上称此为安全贮存条件。

物理养护根据控制药品及其贮存环境的温、湿度的能源方式不同，常分为干燥法（包括日晒、烘烤、热蒸、红外线及微波干燥法等）、吸潮法（常用的吸潮剂有生石灰、木炭、无水氯化钙、碳酸钙和硅胶等）、低温法（包括冰箱、冰柜、冷藏柜、冷库等）和真空法等。

三、对抗养护法

对抗养护法是一行之有效的传统养护方法。它是利用中药商品之间特殊的对抗特性（气味等）来养护药品。常用的对抗剂有花椒、荜澄茄、白酒、医用酒精等。如一定量的白酒或医用酒精与枸杞、大枣等同贮，可防止枸杞、大枣等变色、生虫、干枯失重。这种方法不需特殊设备，简便易行，零售企业和医疗单位都可应用。

四、气调养护法

气调养护法是近几十年研制养护中药商品的新方法，是利用一定的设备，在密封的条件下，降低贮存环境空气中氧的浓度，增加惰性气体（二氧化碳、氮气等）的浓度，来抑制药品自身的呼吸作用和毒杀或抑制害虫及微生物繁殖的养护方法。此法对药品、工作人员和环境无不利影响，安全有效，应大力推广。

五、化学养护法

化学养护法是指采用化学药剂来预防或杀灭仓虫的方法。常用的杀虫剂有氯化苦、磷化铝等。由于此法所用药剂毒性较人，对操作要求高，对环境会造成污染，故现已不单独使用。

六、双低养护法

双低养护法是指化学养护法与气调养护法有机结合应用的一种物理 - 化学养护法，它既减少了化学有毒药品的用量，减少了对药品、环境的污染，又降低了气调养护中对氧气浓度减少的要求，节约气调养护的成本，是目前较理想的养护方法，故被广泛采用。

七、生物养护法

生物养护法又称为生物防治法，是利用中药商品害虫和霉菌的天敌，如病毒、真菌或昆虫来消灭或抑制其生长繁殖的养护法。这是一种先进有效、安全、无污染的养护方法，是我们今后研究和发展中药商品养护的方向。

附：易变质中药饮片分类

中药商品在贮存养护中，根据不同季节及饮片的不同性质确定重点养护品种，对中药饮片商品实施分类保管养护。见表 5 - 1。

表 5 - 1　中药饮片分类保管养护品种表

分类	品种
易生虫饮片	川芎、白芷、党参、人参、南沙参、当归、独活、冬虫夏草、防风、板蓝根、甘遂、生地、泽泻、瓜蒌、桑椹、龙眼肉、核桃、莲子、桃仁、杏仁、薏苡仁、枸杞、大皂角、青风藤、桑白皮、鹿茸、蕲蛇、鸡内金、菊花、金银花、凌霄花、北沙参、山药、防己、莪术、贝母、金果榄、佛手、半夏、陈皮、砂仁、酸枣仁、红花、闹羊花、葛根、丹参、何首乌、蒲黄、芫花、蝉蜕、黄柏、狗肾、地龙、甘草、黄芪、天花粉、桔梗、灵芝、猪苓、茯苓、水蛭、僵蚕、蜈蚣、乌药、赤芍、苦参、延胡索、升麻、草薢、大黄、柴胡、肉豆蔻、淡豆豉、地榆
易霉变饮片	车前草、马齿苋、独活、紫菀、天冬、牛膝、玉竹、黄精、白果、橘络、瓜蒌、山茱萸、莲子心、枸杞、大枣、桑叶、大小蓟、大青叶、哈蟆油、鹿筋、狗肾、水獭肝、蛤蚧、黄柏、白及、白鲜皮、川楝皮、人参、党参、当归、知母、菊花、红花、金银花、五味子、木香、洋金花、蟋蟀、地龙、蕲蛇、蜈蚣、甘草、葛根、山柰、青皮、芡实、薏苡仁、栀子、羌活、紫菀、黄芩、远志
易泛油饮片	桃仁、杏仁、柏子仁、独活、火麻仁、榧子、千金子、当归、川芎、牛膝、巴豆、狗肾、木香、龙眼、橘核、蟋蟀、紫河车、前胡、白术、苍术
易变色饮片	玫瑰、月季、梅花、款冬花、红花、金银花、橘络、佛手、通草、麻黄
易散失气味饮片	藿香、佩兰、香薷、紫苏、薄荷、荆芥、细辛、肉桂、花椒、玫瑰、月季、吴茱萸、八角茴香、丁香、檀香、沉香、当归、川芎、厚朴、独活
易融化饮片	乳香、没药、芦荟、阿魏、松香、白胶香、猪胆膏、安息香、柿霜、苏合香、鹿角胶、龟甲胶
易潮解饮片	绿矾、胆矾、芒硝、硼砂、大青盐、咸秋石、全蝎、海藻、昆布、盐附子、盐苁蓉
易风化饮片	硼砂、白矾、绿矾、芒硝、胆矾
易升华饮片	冰片、樟脑、薄荷脑

第四节　中成药的贮存保管

目前，在我国上市的中成药纳入国家药品标准管理。中成药的质量与不良反应关系密切，是否符合国家标准的要求，贮存期间能否保持稳定，是保证用药安全的要素。中成药在贮存中受到外在和内在因素的影响，常见的变异现象包括虫蛀、霉变、酸败、挥发、沉淀等。在应用中成药时，要认真检查药物，注意检查其质量的优劣和有无变质现象。若发现成药已变色、变味或虫蛀、发霉，则已变质；中药注射液如出现浑浊、沉淀、变色、漏气、破损等情况，也不能使用。中成药常见剂型的一般质量要求以及贮存养护要求如下。

1. 丸剂　丸剂是中成药应用最广泛的剂型，可分为蜜丸、水蜜丸、水丸、糊丸、蜡丸和浓缩丸等类型。丸剂外观应圆整均匀、色泽一致。蜜丸应细腻滋润、软硬适中。蜡丸表面应光滑无裂纹，丸内不得有蜡点和颗粒。丸剂一般应密封贮存，蜡丸应密封并置阴凉干燥处贮存。

2. 散剂　应干燥、疏松、混合均匀、色泽一致。散剂一般应密闭贮存，含挥发性药物或易吸潮药物的散剂应密封贮存。

3. 颗粒剂　应干燥，颗粒均匀，色泽一致，无吸潮、结块、潮解等现象。颗粒剂一般应密封，在干燥处贮存，防止受潮。

4. 片剂　以口服普通片为主，还有含片、咀嚼片、泡腾片、阴道片、阴道泡腾片和肠溶片等。片剂外观应完整光洁、色泽均匀；有适宜的硬度。一般应密封贮存。

5. 锭剂　应平整光滑、色泽一致，无皱缩、飞边、裂隙、变形及空心。一般应密闭，置阴凉干燥处贮存。

6. 煎膏剂（膏滋）　应无焦臭、异味，无糖的结晶析出。一般应密封，置阴凉处贮存。

7. 胶剂　应为色泽均匀、无异常臭味的半透明固体。应密闭贮存，防止受潮。

8. 糖浆剂　含蔗糖量应不低于45%（g/mL）。除另有规定外，糖浆剂应澄清。在贮存期间不得有发霉、酸败、产生气体或其他变质现象，允许有少量摇之易散的沉淀。一般应密封，置阴凉处贮存。

9. 贴膏剂　包括橡胶膏剂、凝胶膏剂（巴布膏剂）和贴剂等。贴膏剂的膏料应涂布均匀，膏面应光洁，色泽一致，无脱膏、失黏现象；背衬面应平整、洁净、无漏膏现象。一般应密封贮存。

10. 合剂（口服液）　合剂若加蔗糖，蔗糖量一般应不高于20%（g/mL）。除另有规定外，合剂应澄清。在贮存期间不得有发霉、酸败、异物、变色、产生气体或其他变质现象，允许有少量摇之易散的沉淀。一般应密封，置阴凉处贮存。

11. 滴丸剂　应圆整均匀，色泽一致，无粘连现象，表面无冷凝介质黏附。一般应密封贮存。

12. 胶囊剂　包括硬胶囊、软胶囊（胶丸）和肠溶胶囊等。应整洁，不得有黏结、变形、渗漏或囊壳破裂现象，并应无异臭。一般应密封贮存。

13. 酒剂　一般应密封，置阴凉处贮存。在贮存期间允许有少量摇之易散的沉淀。

14. 膏药　包括黑膏药、白膏药。膏药的膏体应油润细腻、光亮、老嫩适度、摊涂均匀、无飞边缺口，加温后能黏贴于皮肤上且不移动。黑膏药应乌黑、无红斑；白膏药应无白点。膏药一般应密闭，置阴凉处贮存。

15. 软膏剂　应均匀、细腻、具有适当的黏稠性，易涂布于皮肤或黏膜上并无刺激性；应无酸败、变色、变硬、融化、油水分离等变质现象。一般应遮光、密闭贮存。

16. 栓剂　包括直肠栓、阴道栓和尿道栓。除另有规定外，栓剂应在30℃以下密闭保存，防止因受热、受潮而变形、发霉、变质。

第六章 中药市场

市场的概念有广义和狭义两种。广义的概念，市场是指在一定的时间和空间条件下，商品交换关系的总和。即把市场看成是商品交换的总体，或者是商品生产、流通、消费的全过程。狭义的概念，市场是商品交换的场所。一般都设在交通发达、人口稠密的城镇。所以狭义的市场是一个有限的区域，但在通讯技术发达的今天，狭义市场的区域已不断扩大，买卖双方除面对面地进行交易外，还可利用电话、电报、传真、网络等现代通讯技术进行联系或交易，故市场的范围可遍及全国和全世界。

中药市场是以中药商品交换为内容的经济联系形式，主要功能是以中药商品为媒介，实现中药商品的流通及其价值的转移，以满足人们用药需要。同时，中药商品通过市场交换，把药品转变成货币，为我国经济建设积累一定的资金，因此中药市场在国民经济中占有一定的地位。

本章所述中药市场的概念属于狭义市场的概念，即是指中药商品交换的场所。

第一节 国内主要中药材市场

我国中药材市场发展很快，数量不断增加，截至 1996 年，国内中药材市场增至 110 多家。新老市场的相继发展，对广泛开展中药商品交流，促进中药生产发展，搞活市场经济，以及在中药企业内引入竞争机制，改善中药生产和经营管理都起到积极作用。但也应该看到，中药市场的无序发展，加上一些地方市场管理混乱，中药市场上产生了一些不容忽视的问题，如违规经营严禁药品，伪劣药材累查不绝，危害了人民群众的身体健康，甚至威胁到人民群众的生命。因此近年来国务院、卫计委、国家食品药品监督管理总局、国家中医药管理局和工商行政管理局不仅联合发出整顿中药市场的通知，而且多次组织联合检查组到各地中药市场检查验收整顿结果。经整顿，仅批准保留了河北安国、安徽亳州、山东舜王城、哈尔滨三棵树、湖北蕲春、江西樟树、广州清平、广东普宁、成都荷花池、湖南廉桥、河南禹州、西安万寿北路、广西玉林、重庆解放西路、昆明菊花园、岳阳花板桥、兰州黄河 17 家中药材专业市场。现选有一定代表性的中药材市场简介如下。

一、江西樟树中药材专业市场

江西樟树地处江赣，京九、浙赣铁路、105 国道、赣粤高速公路、赣江等水陆交通便捷。樟树素以"药都"著称，具有 1700 多年的药业史。

新药市兴建于 1991 年 5 月，1992 年 11 月投入使用，占地面积 4.17 万平方米，建筑面积 3 万平方米，布局规范合理，场内有中药材店面 360 间，固定摊位 440 个，仓储面积 7880 平方米，交易面积 19800 平方米，可容纳 1.2 万人进行交易。药材市场辐射全国 21 个省、市、自治区，132 个县、市，已形成集中统一的中药材交易中心。

二、河南禹州中药材专业市场

禹州被人们公认为我国亘古中药发祥地，是历史上有名的古药都之一。相传唐代孙思邈曾在这里采药行医，著书立说，终老禹州后，当地人厚葬城西关外，为他建庙，尊为药王。药材新市场即禹州"中华药城"。占地 300 亩，由中心交易大厅、经商楼房、服务小区、公共设施等四部分组成，总建筑面积 25 万平方米。其中中心交易大厅占地 15 亩，可容纳摊位 5000 个；3 层以上的经商楼 1600 余间，建筑面积 20.16 万平方米。

河南禹州中药材专业市场门店固定，常年经营，商户稳定；药材商品品种较为齐全，且注重经营道地药材中冠以"禹"字头的道地品种，如禹南星、禹白附、禹白芷、禹余粮等。

三、安徽亳州中药材专业市场

亳州位于安徽的西北部，三面与苏、鲁、豫毗邻，涡河从西而东贯城而过。亳州的地理、气候条件得天独厚，又因这里是华佗故里，神医华佗遗风在亳州经久不衰，所以名医辈出，药师济济。传统的中药材栽培、炮制技艺更是高人一筹，是有名的"药材之乡"。

亳州中药材专业市场交易中心于 1994 年竣工，1995 年 9 月正式开业。交易中心占地 300 亩，建筑面积 10 万平方米，拥有 1009 套商住经营为一体的复式铺面房。经营面积为 3.2 万平方米的交易大厅，拥有摊位 6000 多个，经营者 2 万多人。

四、河北安国中药材专业市场

安国地处京、津、石中心地带，古称祁州，是全国重要的中药材集散地。安国药市历史悠久，素有"天下第一药市"之称。

安国中药材专业市场又称"东方药城"，占地 15 亩，建筑面积 60 万平方米，总投资 6 亿元。整个药城由 4 条"井"字形大街构成，分为 9 个区，拥有商楼 1100 多座，经营品种 2300 多种，经营销售已辐射全国各地，远销港澳台、东南亚及欧美等 20 多个国家和地区。中心交易大厅是东方药城集中交易场所之一，经营面积 1.2 万平方米，拥有固定商位 4000 多个，分为个子货杂药区、企业饮片展销区、精细药材区。

五、成都荷花池中药材专业市场

成都荷花池中药材专业市场历经 30 年风雨，经过 4 次产业升级，现位于成都市北新大道旁，交通便利。市场占地 142 亩，建筑面积 20 万平方米，拥有 4000 多个商位。

市场常年经营户有 1700 多户，5000 余人，主要来自省内外 100 多个县（市），经营中药材品种 4500 余种，常见药材约 2000 种，其中川产药材 1300 余种，如道地药材川贝母、黄连、冬虫夏草、川芎、川乌、附片、麦冬等。也有许多四川草药医生习用的地方药，如大菟丝子、理塘黄芪等。

六、广州清平中药材专业市场

广州清平中药材专业市场坐落于广州市中心，东临广州文化公园，西接黄沙火车站和地铁站，北面是商业步行街，南对沙面风景区，拥有庞大的交通网络，是得天独厚的商业旺铺。药材市场中药材品种齐全，货源充足，有名贵的中药材如人参、西洋参、巴戟天、海马、海龙、砂仁等，大宗批发的品种有当归、川芎、黄芪、党参、白术、红花、金银花、菊花等，又有小额零售的普通中草药，客商更是天南地北，交易十分活跃。商品销往全国各地、港澳台地区及东南亚等地，名副其实地成为中药材在华南地区的重要集散地和境外药材贸易的转口地。

七、哈尔滨三棵树中药材专业市场

哈尔滨三棵树中药材市场是我国东北唯一的中药材专业市场，位于黑龙江哈尔滨三棵树火车站右侧，毗邻公路客运站，与哈尔滨港口隔南直立交桥相望，铁路、公路、水路和空运四通八达，十分方便。

哈尔滨三棵树中药材专业市场充分体现东北高寒地区药材交易市场特色。现中药材交易品种已达到 580 余种，其中 107 种量大质优，具地方特色。东北是关药的道地药材主产区，销量居全国之首，如人参、关防风、龙胆、关黄柏、北五味子、刺五加、鹿茸、黄芪、北山楂、平贝母等名贵药材，特别是人参，80% 出口到俄罗斯、日本、韩国、东南亚、西欧等国家和地区，药材边境贸易十分活跃。

第二节　国际及港澳台地区主要中药市场

加强中药商品对外贸易，积极巩固和开辟国际市场，是我国中药商业对外贸易的战略决策。经营的基本原则是在保证国内市场供应的前提下，实行合理组织，分工经营，联合一致，统一对外的购销原则。在坚持这些原则的基础上，积极组织适销对路的中药商品出口和进口，以增加外汇，积累资金，促进我国医药卫生事业的不断发展。

相关资料统计，入世后我国中药出口覆盖到六大洲、159 个国家和地区，规模呈不断扩大的趋势。主要国际市场分为东南亚及华裔市场、日韩市场、西方市场、非洲及阿拉伯市场。东南亚市场主要包括东南亚诸国及港、澳、台地区，占世界草药市场的 26%；日韩市场是我国中草药出口稳步发展的市场，但日韩也是我国竞争国际草药市场的主要对手，约占世界草药市场的 21%；西方市场主要包括西欧和北美等国；非洲及阿拉伯市场随着 20 世纪 60 年代初我国多批医疗队的进驻，中医药和当地草药治病的热潮正在形成，是一个正在崛起的中草药国际市场。

一、台湾市场

目前台湾的中药市场有一定的发展，全台有 300 多家药商经营中药商品，经营品种 500 余种。近年来多从福建入境，不再从香港转口。市场上冬虫夏草、天麻、川贝母等品种较为畅销。

二、香港市场

香港也是我国中药的主要贸易市场，主要的中药商品多从香港转口外销。但近年随着我国对外开放的发展，中药的转口贸易因日本、韩国、台湾地区等地都直接由大陆发货而大幅度下降，贸易额减少。

三、日本市场

我国医药学对日本的影响最大，时间最长。早在秦汉时期我国医药学就开始传入日本，经日本人民较长期的努力，形成了"汉方医学"。从此他们有使用汉方汉药治病的习惯，使之成为我国中药的主要国际市场。近年来，日本政府对汉方汉药的使用放宽了控制，使药材的需求量大幅度增加。据日本汉方生药制剂协会报道，日本国内汉方制剂的年生产总额为 10 亿美元，其生药原料的 70% ~ 80% 从我国进口。中国人参在日本大受欢迎，2006 年对其出口额高达 985.8 万美元，其他出口额超过 100 万美元的产品依次为半夏、甘草、茯苓、杜仲、白芍、肉桂、地黄、黄芪、枸杞子、冬虫夏草、白术和黄连等。

四、越南市场

自中越关系正常化以来，越南也实行对外开放政策，放宽了对中药商品贸易的限制，进入越南的中药商品品种和数量大大增加，已占越南药品市场的 50% 以上。主要出口越南的药材商品有人参、黄芪、白术、川芎、党参、桔梗等。

五、韩国市场

韩国是我国销售中药商品的国际市场之一，是随着近年制药企业不断研制开发新药的需要，人们生活水平的提高，需求药材商品的量不断增加。目前韩国市场需要的主要药材商品有麦冬、当归、熟地、白芷、枸杞、白术、栀子等。

六、其他市场

其他的国际市场如美国、法国、加拿大等随着中药零售企业的增加，需求量也日益增加。同时随着中俄、中缅、中越等边境贸易的发展，药品的边境贸易也发展很快，出口的主流药品是中成药。

第三节　中药市场的研究

中药市场研究的内容包括市场调查与预测两部分。中药市场研究是中药经营企业管理的重要内容，是企业进行正确经营决策的科学依据，也是企业经营管理现代化的标志，是建立市场经济体制和现代企业制度的要求。因此对中药经营企业的发展具有重要意义。

一、中药市场的调查

中药市场的调查是指中药经营企业对市场信息的收集、管理、传递和贮存，是企业了解市场情况的基本手段，对企业进行市场预测和经营管理决策起着主要作用。

（一）中药市场调查的作用和要求

1. 市场调查的作用　调查研究是做好一切工作的基础。随着市场经济体制和现代企业制度的建立，中药商品的品种和数量不断增加，中药市场的调查作用越来越大。主要表现在如下几个方面。

（1）开展中药市场调查，有利于及时了解中药市场供求情况的变化。通过对中药商品货源情况和需求情况的调查，可以及时、多渠道地组织货源，有针对性满足市场需求，保证社会和人民用药需要。

（2）开展中药市场调查，有利于按消费者的需要，组织适销对路的药品，满足他们的用药需求。

（3）开展中药市场调查，有利于提高企业的经营管理水平，取得好的经营效益。如果不开展调查，企业就会盲目经营，货不对路，服务方式也脱离实际，降低了经营管理水平。其结果不仅满足不了人民用药需要，而且造成企业亏损，导致企业经营的失败。

（4）开展中药市场调查，有利于企业进行市场预测。市场调查的目的之一就是为企业进行市场预测提供必要的资料。如不进行市场调查，市场预测也难于进行，就是进行市场预测，预测的结果也因基础资料不足，可信值不高而失去市场预测的意义。

2. 中药市场调查的要求

（1）实事求是：在调查中，必须用科学的态度，求是的精神，客观反映市场的实际情况。对调查收集的各种信息资料要认真地鉴别分析，使调查的数据资料准确无误。

（2）讲究时效：中药市场情况十分复杂，瞬息万变，因此调查行动必须迅速，才能及时地反映市场变化趋势。如果调查行动迟缓，拖的时间较长，收集的情况和资料就会失去时效，没有现实指导意义，所以参加调查的人员要有雷厉风行、连续作战的作风，要有很强的时间观念和敏锐的洞察力及精辟的分析能力，在较短的时间内，完成调查任务。

（3）针对性要强：市场调查的目的是为市场预测和经营决策提供科学依据。因此企业必须根据自身需要，选择针对性强的问题进行重点调查，这样可收到事半功倍的调查效果。

（二）中药市场调查的内容

1. 消费需求调查　调查的目的是要了解市场对中药商品的需求量、需求结构和需求的时间。

（1）调查市场对中药商品的需求量：中药经营企业制订经营决策和计划的依据是市场对中药商品总的需求量，包括现已满足的需求量、潜在的需求量和本企业的市场占有率（本企业的市场销售量占需求量的百分率），从而明确企业开拓市场的可能性。如通过调查，市场对某一药品需求量大，目前这一药品还不能满足需要，则企业在市场预测和经营决策中就应把这一药品列为当年预测和经营的重点，以提高市场占有率。

（2）调查市场对中药商品的需求结构：消费者对药品需求结构随其价格变化、新药品的出现以及社会风气的改变而变化。只有通过市场调查，及时了解这些变化，才能做出经营药品品种、规格等结构决策，才能开拓药品消费的新领域。如通过市场调查，发现消费者以前喜欢购买乌鸡白凤丸，现多改成购买乌鸡精口服液，企业在市场预测和经营决策时就应以后者为重点，从而提高经营效益。

（3）调查市场对中药商品需求的时间：由于常见病、多发病或传染病的发病时间与季节、时月等有密切关系，所以市场对药品需求的时间与疾病发生或流行的时间是一致的。了解需求时间的变化后，企业在市场预测和经营决策中，就可以此为依据，合理利用企业内部的资金、设备等条件更有效地提高经济效益。如夏季消化系统疾病多，冬季呼吸系统疾病多，企业经营药品的重点应随此而变。

2. 市场经营条件的调查　市场经营条件调查是指企业为了解中药经营企业外部的经营环境和内部经营能力所进行的调查，以达到知己知彼、竞争取胜的目的。其调查内容主要有：①各种中药商品流通渠道的情况；②药材商品资源（含野生资源与种养资源）和整个中药商品生产能力，包括品种、数量、质量、成本、时间及新产品开发等的情况；③同行业竞争对手的情况，包括现有的和潜在对手的优势与劣势以及他们制订的竞争策略等；④企业内部的经营能力与管理水平，包括设备、资金、职工和管理人员、领导者的素质、信息网络等，并以此与外部的各种经营环境条件进行比较分析，从而明确企业自身的长处与短处，为下一步进行市场预测和经营决策提供依据。

3. 用户情况调查　调查用户（包括用药单位、团体、处方医生和个人）对药品的需求情况，包括用户的人口组成、经济收入、生活习惯、生活方式等基本情况，以及喜用某些中药商品的原因、购买动机等。

4. 中药市场销售调查　调查市场现在销售药品的情况是市场调查的重要内容。其目的是通过调查，在扩大销售渠道、刺激消费需求、合理组织药品运输、改善库存结构、降低销售成本、加强销售管理等方面提供市场预测和经营决策依据。

5. 中药商品生产情况的调查　主要调查中药商品生产的货源情况，包括在一定地区、一定时间内可供市场销售的药材、饮片、成药商品的数量、质量、品种、规格、价格及其发展变化的趋势，为进一步进行市场预测和企业的经营决策提供基础材料。

（三）中药市场调查的步骤

中药市场调查的步骤是有科学性的，遵循调查的科学性就能使调查工作顺利进行，得到准确的调查结果。这对企业进一步进行市场预测和经营决策有重要意义。一般市场调查的步骤有：

1. 确定市场调查的目的　确定调查目的是进行市场调查的首要步骤，只有调查目的明确，才不会失去调查的方向和重点，同时市场调查的目的也是制订调查计划的依据。

2. 制订调查计划　根据确定的调查目的，把准备调查的问题进行分类，在此基础上，制订详细的调查计划。包括调查的内容、对象、地点、日期和需要收集的资料和选用的调查方法等，并作出调查经费的预算。

3. 编制调查提纲或设计调查表格　在编制调查提纲或设计调查表格时，要突出调查的主题和重点，做到提出的调查提纲或调查表中问题条目清晰、先易后难、简明扼要，便于被调查者准确回答或填写。这是市场调查中的重要步骤，是调查成败的关键。企业领导对此应高度重视。

4. 收集、整理调查资料　按调查工作的时间安排，及时收集调查资料，并加以挑选、分类和整理。挑选的目的在于去劣存真，去粗取精，除去非本质或不确切的资料；分类的目的在于使资料系统化，便于查找使用；整理的目的在于通过归纳、综合、统计，制成统计图表，便于分析使用。

5. 写出调查报告　把调查取得的资料在整理的基础上，先进行客观详细的分析，得出符合市场实际的结论，并根据结论提出有益的建议，然后按序言、调查内容、附件的顺序写出调查报告。序言写明调查的目的、过程和方法；调查的内容是调查报告的主体，写明对主要问题的调查结果及其实事求是的分析和得出的结论，并根据调查结论提出有益建议。序言和调查内容是调查报告的主体，要求简明扼要，重点突出，切合实际，结论客观，切忌主观臆断。附件是调查报告中引用的资料、数据和图表。要求引用的资料要确切可靠，数据统计准确无误，图表清晰，一目了然。

（四）中药市场调查的方法

市场调查的方法有多种，也有不同的分类方法。按调查方式分为通讯调查法（通过信件、电话、电传的调查等）、走访调查法（调查人员直接找调查对象访问调查）和综合调查法（请有关调查对象集体座谈调查）；按调查面的大小和方式分为全面调查法和非全面调查法两类。现以后一种分类方法为例介绍如下。

1. 全面调查法　这是一种通用的调查方法。对调查目标有关联的所有单位进行一次全面的专门调查。这种方法的优点是了解的情况全面，收集的资料齐全，具有较大的可靠性；缺点是耗费的时间、人力、资金较多，一般不轻易采用。

2. 非全面调查法　根据采用方式不同，又分为以下几种。

（1）重点调查法：就是在调查的总体中，选择对企业经营决策影响最大，起决定作用的单位或问题作为调查的重点。这种方法适用于了解主要问题或主要单位时使用，费时少，开支省，又能得到重要的资料，故一般企业多采用。

（2）抽样调查法：这是按随机抽样原则，从调查目标的总体中，随机抽取部分问题或单位进行样本调查。然后将调查结果进行统计学处理，推算出总体的情况。这种方法具有随机性，从样本数量上推算出全体，排除了人们主观因素的影响，调查结果较客观，加上方法简便，省时省钱，所以被企业广泛采用。抽样调查法按抽样的方法不同，又细分为随机抽样法、等距离抽样法、分层抽样法、整体抽样法四种。

二、中药市场的预测

中药的市场预测是指在市场调查和分析的基础上，运用数学和逻辑学的方法，对中药市场未来的发展变化趋势作出正确的分析、预见和判断。市场预测按预测的范围不同分为宏观市场预测和微观市场预测两类。前一类多由国家综合管理部门进行，后一类由中药企业进行。

中药微观市场预测是指中药商品的生产或经营企业对未来中药市场的发展变化趋势进行的分析和判断。一般的预测内容和方法如下。

（一）中药市场预测的内容

中药市场预测的主要内容有市场需求变化预测、市场价格变化预测、中药商品生产变化预测、国内药品企业变化预测和国际市场变化预测等。

1. 市场需求变化预测　是指中药经营企业对未来市场需求药品的品种、规格、数量及其结构变化进行的预测。由于影响药品未来需求的主要因素一是疾病、疫情等的变化，二是社会经济状况，人民收支的变化。所以在进行此项预测时，要根据人口数量变化、构成、分布、民族特点、风俗习惯、地方用药情况及其经济情况来预测对具体药品品种、剂型、规格等的需求变化情况。

2. 市场价格变化预测　商品价格反映了多方面的经济关系，价格变化也相应反映了经济关系的变化。在建立市场经济的今天，价值规律对中药商品的生产与流通起着更明显的调节作用。市场价格变化预测要通过成本预测和供求关系变化预测来实现。

成本预测是预测不同品种药品生产成本的构成及变化，从而预测药品的价格变化；供求关系预测是结合药品生产预测与市场需求预测来判断，在预测期内供求关系变化对药品价格产生的影响。

3. 中药商品生产变化预测　市场预测不仅要分析市场的需求，还要分析药品生产变化的情况。只有把两方面的情况估计准确，才能有正确的经营决策。中药经营企业对药品生产变化的预测，一方面要查清现有药品资源和构成情况；另一方面要查清现有药品生产状况，预测期内新增的生产能力和科技发展对药品生产的影响，特别要着重对易受自然条件变化影响的药材商品生产变化的预测。这是因药材商品是中药饮片和中成药生产的主要原料，对城乡中药商品市场起着重要的制约作用。

4. 国内中药经营企业变化预测　随着市场经济体制和现代企业制度的建立及科学

技术的进步，国内中药经营企业正处在不断发展变化之中，所以加强对国内中药经营企业数量增减、经营技术和设备更新换代情况以及药品生产的品种、结构、质量、规格、数量等变化情况预测，对本企业将来的生存与发展具重要意义。

5. 中药商品国际市场变化预测　中药商品的国际市场是指中药商品在世界各国的交换场所。目前中药国际市场主要有日本、马来西亚、泰国、菲律宾、新加坡等国及我国的香港、台湾、澳门等地区。虽然国际市场的药品经营实质仍是以商品交换为媒介的一种国际经营活动，其预测的内容、方法与国内市场相似，但因国际经营活动是国际大市场，具有难度大、风险多、经营手段变化大、经营复杂等显著特点。因此对中药国际市场变化预测更加复杂。中药经营企业如果不进行国际市场预测或预测结果不准确，那在国际市场更加激烈的竞争中就难以立足。

（二）中药市场预测的步骤和方法

1. 预测步骤　由于市场预测具有广泛性、趋势性、客观性和相对准确性及时间性的特点，所以预测工作的难度大，要求高。必须按照一定的预测工作步骤，才能得到较准确的预测结果，才能为企业的经营管理决策提供科学的依据。预测工作的一般步骤如下。

（1）明确预测目的，制订预测计划：预测的目的不同，所需要的资料和选择的方法也随之不同。目的明确后，据此制订预测计划，包括预测范围、对象、收集资料的种类和工作进程等。

（2）收集资料：在市场调查取得资料和收集相应的宏观预测资料（如国家有关的方针、政策及其执行、发展情况的资料等）的基础上，根据预测的目的要求和计划，再补收所缺资料，包括历史的、现实的、企业内部和外部的有关资料与数据。要求收集的资料齐全，数据准确。

（3）选择预测方法：要根据预测的目的要求，选择最科学的预测方法，否则得不到较准确的预测结果。预测方法选定后，按预测计划实施，然后把收得的资料经过挑选、分类、整理、用数学方法进行计算，统计处理数据，得到预测结果。要力求预测结果与实际情况接近。

（4）分析判断，作出决策：预测结果是以相对稳定自然条件、生产和经营条件及经济条件为前提的，但这些条件都在不断变化，必须对预测结果进行全面深入细致的分析，并依据变化了的情况进行必要修正、补充。在此基础上，作出企业的经营决策与经营计划。只有这样，企业才会在国内外激烈的市场竞争中得以生存和不断发展。

2. 预测的方法　市场预测的方法很多，据有关资料统计已有 150 余种。目前国内外常使用的也有 80 种左右，适用于中药经营企业的可分为定性预测法和定量预测法两类。

（1）定性预测法：定性预测法是依靠预测人员根据历史资料和现实情况的分析判断，对未来市场变化进行粗略估计的一类预测方法。这类预测方法多用于中长期预测，以编制企业的中长期规划。这类预测方法具有简便易行、灵活适用的特点，在市场预测中得到广泛应用。根据参加预测人员的层次不同，又分为以下几种。

①经理及其领导人员判断法：这是由企业的经理或总经理召开由销售、市场研究、计划、财务部门的领导人员参加的市场预测讨论会，进行集体研究分析的一种预测方法。这种方法的优点是简便快速，有利于集中高层管理人员的经验和智慧，利用他们各自的长处，相互启发、评议，因而得出的预测结果较准确。但这种方法有较大的主观随意性，应与其他方法结合使用，才能有较好的预测效果。

②专业人员分析预测法：这是由经理或总经理召开专门从事市场营销工作的专业人员参加的市场预测讨论会，进行市场预测的一种方法。这种方法的优点是各专业人员有丰富的专业知识和实际工作经验，又最熟悉市场的情况，因此预测的结果较可靠。但各专业人员易受知识的局限，不了解市场的总情况和发展趋势，综合分析能力有限，又易受别人意见的影响，故这种方法也要与其他方法结合使用。

③专家意见法（德尔菲法）：这是指企业邀请有关专家在互不见面的情况下，用书面形式，照一定的程序给予专家有关问题的背景材料，逐轮征求专家意见，进行市场预测的一种方法。这种方法虽然费时费事，但预测结果有较大的可靠性，故也被广泛采用。

④顾客意见法：这是通过信件、电话、电传或直接访问的方式，征求顾客对药品的需求意见而进行市场预测的一种方法。这种方法预测的结果虽有一定的准确性，但也有一定的片面性，因此应与其他方法结合使用，以减少误差。此法主要适用于顾客比较了解药品的需求预测。

（2）定量预测法：定量预测法是依据有关的历史资料，按照一定规则和程序，用数学统计方法计算未来特定目标数值的一类预测方法。这类预测方法很多，适用于一般中药经营企业的方法有：

①时间序列法：这是一类最常用的定量预测方法。它是以历史的统计资料数据为基础，按时间先后的序列，计算出均值，或以预测对象（y）为因变量，时间（t）为自变量，以函数形式〔$y = f(t)$〕表示时间的数学模型，计算出未来特定目标数值的预测方法。在实际工作中，常用而简便的有以下几种：

A. 实销趋势分析法：这是根据历史资料数据来推断下期（年、季、月）可能增加的销售量或销售额。这种方法的前提是假定中药经营企业的销售量或销售额是按一定比例逐期增加的，没考虑市场竞争等变化因素的影响，所以预测的结果有一定误差，应与其他定量方法结合使用，予以补正。此法适用于较稳定药品的近期（年、季、月，以下同）预测，其计算公式为：

$$s = c \times c/b$$

式中，s 为下期的预测值，c 为本期的销售值，b 为上期的销售值。

【实例】某市一中药商店上一年度的销售额（b）为 142 万元，本年度（c）为 162 万元，预计下一年度的销售额（s）将是多少？比本年度增加的百分比是多少？

根据上述计算公式，计算如下：

预计下一年度销售额 $s = 162 \times 162/142 = 184.8$（万元）

预计比本年度增加的百分比（184.8/162 −1）×100% =14.07%

B. 简便平均数法：将过去形成的序列数据进行简单平均，以平均值作为下一期预测值的方法。它可以说明某一预测对象在将来一段时间内的发展趋势。此法简单易行，适用于较稳定药品未来需求的预测。其计算公式如下：

$$X = （X_1 + X_2 + X_3 \cdots + X_n）/n = 1/nX_i （i = 1，2，3 \cdots n）$$

式中，X 为平均值，即预测值，X_1，X_2，$\cdots X_n$ 为观察期内实际值，n 为观察的资料数，即总体的单位个数。

【实例】某市药材公司 2012 年 1~6 月份销售药材商品的量分别为 26 万千克、27 万千克、24 万千克、22 万千克、26 万千克和 28 万千克，以此预测 7 月份的销售量将是多少万千克？

据上述公式计算如下：

预计 7 月份的销售量：$X =$（26 +27 +24 +22 +26 +28）/6 =25.5（万千克）

C. 移动平均数法：移动平均数法是改进了的简便平均数法。它不是用全部的历史数据，而是随预测期的移动，只将靠近预测期的一组数据进行平均的一种预测方法。它随预测期的推移，所用数据也相应推移，不断用新数据代替旧数据，消除了随时间移动时，其他因素对预测值的影响，因而提高了预测结果对数据变化的追踪能力。因此被广泛采用。其简化后的计算公式如下：

$$S_t = （X_t + X_{t-1} + X_{t-2} + \cdots + X_{t-n}）/n$$

式中，S_t 为第 t 期的平均数，即当期的预测值，X_t 为预测前一期的实际值，X_{t-1} 为预测前两期的实际值，X_{t-n} 为预测前 n 期的实际值，n 为观察的期数，即使用数据的个数。

【实例】某市药材公司，2012 年 10 月份的销售额为 30 万元，11 月份为 32 万元，12 月份为 34 万元，预计明年 1 月份的销售额将达多少万元？

据上述公式计算如下：

$$S_t = （X_{12} + X_{12-1} + X_{12-2}）/3 = （34 +32 +30）/3 = 32（万元）$$

由数学计算的基本理论与原则可知，如果所取的一组数据无波动或数据有规律的递增或递减或数据前后变动小而中间变动大，则应取较小的 n 值，以减小误差；如果所取的一组数据突增或突减，则应取较大的 n 值，以消除随机因素的影响。

②因果分析法：因果分析法又称相关分析法。它通过分析市场经济变量之间的因果关系，来估计预测对象未来发展变化趋势的一种定量预测方法。市场的发展变化是多种因素变化的综合结果。而引起市场变化的各种因素之间又常存在因果关系。如夏季治疗消化系统疾病药品销售量增加，是因该季消化系统疾病发病率最高的结果。由于市场经济的因果关系普遍存在，预测的准确性较高，所以此法常被广泛采用。

在因果分析法中，如果仅是单一因素的影响，其预测可用一元线性回归方程计算；如果是两个因素以上的影响，且属同等重要并呈线性关系，其预测值要用多元线性回归方程计算。

$$y = b_1x_1 + b_2x_2 + \cdots + b_nx_n$$

一元线性回归方程的计算公式为：$y = a + bx$

式中，y 为因变量，即预测目标值，x 为自变量，a、b 为回归参数。即 a 表示当 $x = 0$ 时的预测目标值；b 为 x 每变动一个单位时，y 随之变动的数值。a、b 可用最小乘法求出。

【实例】某市药材公司 2006～2012 年 7 年药品流通费用水平随销售额的增长呈线性下降，据此预计，2013 年药品的销售额若为 550 万元，流通费用水平将下降百分之几？

首先根据该药材公司 7 年来的资料数据，用一元线性回归方程计算的数值如下表：

年度与年数 项目	销售额（万元）	费用水平（%）	销售额与费用水平的乘积	销售额的平方（万元）	计算结果（%）
n	x	y	xy	x^2	$y = a + bx$
2006 年	250	8.2	2050	62500	7.61
2007 年	280	7.1	1998	74400	7.27
2008 年	320	6.5	2080	102400	6.82
2009 年	350	6.2	2170	122500	6.48
2010 年	390	5.9	2301	152100	6.03
2011 年	460	5.2	2392	211600	5.23
2012 年	500	5.1	2550	250000	4.78
合计 $n = 7$	$\sum x = 2550$	$\sum y = 44.2$	$\sum xy = 15531$	$\sum x^2 = 979500$	

根据上述计算，$n = 7$，$\sum x = 2550$，$\sum y = 44.2$，$\sum xy = 15531$，$\sum x^2 = 979500$ 将这些数据代入下列标准方程组

$\sum y = na + b \sum x$

$\sum xy = a \sum x + b \sum x^2$

即，$44.2 = 7a + 2550b$

$15531 = 2550a + 979500b$

解上述方程组得 $a = 10.43$，$b = -0.0113$

将 a、b 值代入 $y = (a + bx) \times 100\%$，按 2013 年预计的销售额为 550 万元，再计算该年费用水平为

$y = (a + bx) \times 100\%$

$= [10.43 + (-1.0113 \times 550)] \times 100\%$

$= 4.18\%$

市场预测的方法很多，中药经营企业进行市场预测时究竟采用哪些方法，应根据市场预测的目的和企业现有条件来定。一般是在市场调查和取得相关宏观预测资料的基础上，把几种定性、定量方法结合应用，以便相互印证，从而提高市场预测结果的准确性。

第四节　中药商品进出口概况

一、出口中药商品概况

我国出口的中药商品主要是药材商品。药材商品大部分属于天然的"草根树皮"，防治疾病的效果安全可靠，副作用小。在世界各国人民"回归大自然"的呼声越来越大的情况下，不少国外厂商都要求从天然动植物中提取有效成分，代替化学合成成分研制新药。而中国的药材商品属天然药物，在国际市场上占有绝对优势。但很多品种由于长期不能满足国际市场的需要，促使国外开展了试种、引种工作，以获得可靠的货源保障，这对我国增加中药商品出口，开辟新的国际市场极为不利。同时除我国有药材商品等出口外，还有韩国、印度、越南、缅甸、朝鲜等国家出口中药商品，这对我国巩固和扩大国际市场也极为不利。因此我们只有采取有效措施，在大力发展出口中药商品生产，保证出口药品的数量和质量的同时，制订出相应的经营策略与经营计划，才能在激烈的国际市场竞争中取得胜利。

我国出口中药商品中，大部分是药材商品，主要有甘草、党参、地黄、鹿茸、人参、黄连、当归、川芎、白芍、茯苓、菊花、白术、麦冬、黄芪、云木香、枸杞、金银花、山药、延胡索、丹皮、泽泻、桔梗、川贝母、牛膝、玄参、杜仲、山茱萸、三七、厚朴、黄柏、枳壳、天麻、连翘、柴胡、猪苓等；成药商品有天麻酒、云南白药、片仔癀等。

二、进口中药商品概况

我国受各种自然条件的限制，从古至今都有少量药材需要进口，以保证国内人民用药需要。近几十年来，有些品种在国内发现了新资源或引种成功，减少了进口或不再进口，如血竭、砂仁、木香、西洋参等，为国家节约了外汇。

目前，我国主要进口药材品种有儿茶、西洋参、高丽参、西红花、苏合香、安息香、乳香、血竭、沉香、檀香、丁香、母丁香、小茴香、荜茇、豆蔻、肉豆蔻、大风子、西青果、诃子、胖大海、芦荟、猴枣、番泻叶、马钱子、天竺黄、海马、蛤蚧、石斛、砂仁、草果、没食子、木蝴蝶、藤黄、广天仙子、槟榔、胡黄连、石决明、海龙、阿魏、天然冰片（龙脑香）、鸡蛋花、槐花（米）、甘草、伊贝母、穿山龙、肉苁蓉等。

进口的药材中，近几年来质量不稳定、掺杂作伪的现象时有发生，所以要加强质量管理和检验，必须按照《进口药材质量标准》和《药品管理法》的规定，把好质量关。凡不符合质量规定的药材商品不得进口，以维护我国人民的利益。

三、国际市场经营的原则和体制

国际市场经营是企业在国际市场上从事的经营活动。由于国际环境非常复杂，各国间的竞争异常激烈，所以在国际市场上从事中药商品经营应在统一政策、合理分工、联合对外的前提下，调动地方、部门和企业对外贸易的积极性，反对任何损害国家利益的行为。在此方针的指导下，各地方、部门和企业积极开展国际经营活动。国际经营活动的原则如下。

（一）统一领导，归口管理

统一领导，就是实行统一出口产品和国别的政策，严格实行现有的出口许可制度，保证出口药品的质量；统一管理外销药品的价格，保证价格的相对稳定。克服目前各行其是，同行企业之间或地方与地方之间、部门与部门之间相互压价的不良现象。归口管理，就是在统一管理国际市场的前提下，对同类药品的出口划分市场，各有侧重，分头进入国际市场。避免在同一国际市场内，同类药品多头经营，相互竞争，给外商有可乘之机。

（二）合理分工，灵活经营

由于国内的中药商品品种繁多，每个品种都有自己的特点，在联合对外的前提下，各企业可根据自身产品特点，合理分工，采取不同的经营渠道和方式，扬长避短，相互配合，不断开拓新的国际市场，从而获取最大的经济效益和社会效益。

（三）责权利统一，不断提高经营效益

开展国际经营活动，关键在于品种多，质量好，适销对路。同时国际经营环境复杂，企业负有重大责任。因此国家或主管部门应赋予企业对外经营应有的权力，使责权利统一，以调动企业从事国际药品经营的积极性。这样，国家、部门、企业团结一致，共同与对手竞争，而不是企业、部门之间在对外贸易中相互竞争，才能巩固和开拓新的国际市场，才能提高经济效益。

我国在长期的对外贸易中积累了一定的经营经验，形成了国际经营体制。这就是在国家的统一领导下，实行生产企业自营出口，外贸企业或商业企业经销和工贸结合出口的经营体制。

四、国际市场对中药商品贸易的要求

国际市场对中药商品贸易在供货、规格、价格和交货时间等四个方面提出了如下要求。

（一）供货要求

中药商品尤其是药材商品绝大部分属农副产品，既有家种，又有野生，除受自然条件制约外，还受人为因素的影响，致使货源不稳定。为了国家的信誉，一旦签订了供货合同，除不可抗拒的灾害外，必须按合同规定供货。

（二）规格要求

药材商品的规格等级标志着商品的质量。由于近年来有的药材货源不稳定，规

格、质量普遍下降，伪劣药品也时有发现，所以他们要求所供药品的规格质量要好而稳定。

（三）价格要求

价格是市场竞争的一种手段，对生产和消费有一定的制约作用。曾经由于部分药材商品的供求矛盾造成其价格大起大落，影响经营效益，因此要求出口的药品，不管国内市场出现"供不应求"或"供过于求"的矛盾，一旦签订合同，就应保持价格的相对稳定。

（四）交货时间的要求

时间就是金钱，时间出效益是国外药商的普遍观念。由于曾经出现出口的药材商品未按时交货而给对方造成损失，因此外商要求我国企业提供的中药商品，必须按合同规定的时间交货。

以上要求都是中药对外贸易合同中规定的内容，我们对此应予以足够重视，使我国的中药企业在国际市场的激烈竞争中永远立于不败之地。

五、制定新的出口策略，扩大国际市场

为了巩固和扩大中药商品的国际市场，我国有关主管部门除加强出口管理外，应在总结中药商品出口工作经验的基础上，根据国际市场的要求和目前的出口现状，制订新的出口策略，其中重要的有以下两点。

一是出口产品策略。目前我国中药商品出口中，主要是药材商品，基本上属于原料出口的范畴。原料出口，价格便宜，对我们来说经济效益低；对外商来说，进口国需要进行再加工处理，而他们又缺乏这方面的技术和设备，给他们的新产品开发带来诸多不便，使我国的药材商品打入国际市场受阻。有少数国家如日本拥有先进的技术和设备，进口我国药材后，通过再加工，制成新药如救心丹返销国内市场。所以我们在产品策略上希望少出口药材，多出口半成品或成品。这就要求国家加大对新型中药产品研制的投入，更新技术设备，改革剂型和包装，使它成为疗效显著、服用方便、装潢新颖的新型中药产品，从而占领更多的国际市场。

二是建立出口药品基地的策略。为适应国际市场对中药商品的各项要求，有关部门应在重点出口产品的产区，建立专供出口的产品基地，并与有关部门一道，根据传统规格、等级质量要求，结合具体产品所含成分高低，制订统一的规范化质量标准，从而保证稳定的货源，提高产品规格质量，以合理的价格，按时给外商提供中药商品。

只有制订包括以上两项策略在内的新的出口策略，才能保证中药商品在国际市场激烈竞争中获取利润。

第五节　中药市场的竞争

中药市场的竞争是指中药经营企业和中药工业企业在市场经济条件下，为巩固旧市场，开拓新市场，不断增加中药市场占有率的竞争。竞争是商品经济的客观规律。中药企业只有在激烈的市场竞争中不断取得新胜利，才能求得生存和发展。中药市场竞争内容和策略主要有如下几点。

一、品种竞争

中药企业在市场需要的前提下，当取得一定的市场份额后，所生产或经营的品种、规格越齐全，名优新特品种越多，越适销对路，就越能取得市场竞争的胜利。因此中药企业应制订以新取胜的创新策略，生产和销售新产品，保证企业不断取得竞争的胜利。

二、质量竞争

中药产品的质量是中药企业的生命。同种中药产品，在价格、服务等相同的条件下，谁的产品质量高，疗效好，包装精美，谁就能取得竞争的胜利。因此中药企业应制订以优取胜的策略，生产或销售优质的中药产品。

三、价格竞争

两个或两个以上的中药企业，生产或经营同一种中药产品，在产品质量、性能、用途和包装等相同的条件下，谁生产或经营的成本低，谁的价格就低，在国家允许的范围内，就可低于其他企业的价格进行销售，取得竞争的胜利。因此中药企业应制订以低价取胜的策略，保证企业的生存和发展。

四、科技竞争

科技是第一生产力。在激烈的市场竞争中，谁能采用最新的科技成果，创造出优质名牌产品，谁就能获取新的市场份额，开拓新的市场，因此中药企业应制订依靠最新科技成果取胜的策略，来保证企业取得市场竞争的胜利。

五、时间竞争

向时间要效益是当今人们在激烈市场竞争中取胜的宝贵经验。及时生产或销售最新产品或时令产品，适时满足市场需要，是取得竞争胜利的重要保证。因此中药企业应制订快速取胜的竞争策略，切实做到及时生产，按时供货，适时销售，以此保证中药企业取得竞争的胜利。

六、服务竞争

广大消费者是商家和生产厂家的"衣食父母"，是"上帝"，热情周到地为广大医药消费者服好务，是中药企业取得竞争胜利的重要保证。因此中药企业应制订依靠优质服务取胜的竞争策略，切实做好售前、售中和售后服务，树立企业的良好形象，不断提高企业的信誉，从而保证企业的不断发展。

七、宣传竞争

舆论的力量是无穷的。在激烈的市场竞争中，谁能采用各种宣传手段，如实地宣传自己生产或经营的中药产品，谁就能取得竞争的胜利。因此中药企业应制订依靠宣传取胜的策略，不断提高企业及其产品的知名度，保证竞争的胜利。

八、规模竞争

目前我国的中药企业大多规模小，数量多而分散，犹如一盘散沙，经不起市场竞争风暴的袭击。因此中药企业应制订依靠联合取胜的竞争策略，打破地区、部门、行业和所有制度的界限，按照优势互补、互惠互利的原则，联合成规模宏大的生产或经营集团公司，以此保证中药企业在国内外的市场竞争中的胜利。

除上述竞争内容与策略外，还有信誉竞争和依靠信誉取胜策略，经济实力竞争和依靠经济优势取胜的策略等。这些中药市场的竞争内容和相应的策略，不是每一个中药企业都必须同时采用，而是每个企业应根据各自的具体情况和现有条件，根据对中药市场研究的结果，仔细分析它们对企业本身影响的大小和关联程度，选择和确定中药市场竞争的某些内容，并制订相应的竞争策略。这样，中药企业就可立于不败之地，并不断得到发展。

第七章　中药商品的经营

中药商品经营的概念有广义和狭义两种。广义的概念是指中药经营企业开展中药商品购、销、运、存及其相关经济活动。狭义的概念则仅指中药经营企业开展中药商品的购销活动。本书的中药商品经营的概念采用广义的概念。

第一节　中药经营企业

中药经营企业是联系工业与农业、城市与乡村、生产与消费之间的纽带和桥梁，在我国国民经济中占有一定地位。

一、中药经营企业的分类

按在中药商品流通中的职能不同，中药经营企业可分为批发企业、零售企业。

（一）批发企业

批发企业是指专门从事收购或调入中药商品，然后转卖给其他中药企业或业外单位为基本业务的中药经营企业。它是组织产销之间、城乡之间、地区之间药品流通的枢纽，既是中药商品流通的起点，又是中药商品流通的中间环节。其经营特点是进行大宗的经营活动，不直接与消费者发生交换关系。因而在中药商品销售中占有重要地位。

中药批发企业的主要任务是：

1. 进行中药商品市场的调查与预测。

2. 根据市场需求，指导和落实中药商品的生产和收购任务，促进中药商品生产的发展。

3. 根据国家有关的方针、政策和计划，组织好中药商品的分配、调拨和供应工作，保证人民用药需要。

4. 根据中药商品的产销情况，合理贮存中药商品，做好养护工作，保证市场供应。

（二）零售企业

零售企业是指直接供应消费者或社会团体用药的中药经营企业。它是中药商品流通的最终环节，是直接为广大消费者服务的。它的特点是企业规模小，交易次数多，每次销量小，使中药商品随着从流通领域向消费领域的转移而实现其价值。

零售企业的根本任务是根据广大消费者的需要，积极组织适销对路的药品，把好药品质量的最后一关，避免脱销和积压，最大限度地满足人民配方购药的需要，千方百计为他们服务，不断提高服务质量。

零售企业按其业务范围的大小又分为综合性零售企业和专营性零售企业，前者业务范围大，一般经营中药、西药、医疗器械等；后者业务范围小，只经营某一类或几类药品，如虫草商店、成药商店等。

二、中药经营企业经营的特点

中药经营企业的经营除具有一般商业企业的经营特点外，还具独特的经营特点。这些特点主要有：

（一）经营的技术性强、责任重大

中药商品主要是治病救人的特殊商品，要求从业人员既要有高尚的职业道德和高度的负责精神，又要有良好的业务素质，即掌握医药卫生、经营管理和保管养护方面的理论知识和技能，能正确指导消费，否则易发生事故，影响消费者的健康甚至危及生命安全。

（二）货源和销售量不够稳定

中药商品特别是药材商品的货源和销量易受自然条件、灾情、疫情等非人为因素的影响，造成经营的复杂性和多变性，因而货源和销售量不稳定。这就要求中药经营企业做好社会调查和市场预测工作，以保证突发灾情、疫情等的药品供应。

（三）消费者需求弹性小，社会保有量不多

中药商品多是消费者在需要治疗的情况下，才被动购买的特殊商品，从整个社会消费的角度来看，少了不够用，多了又没用；不用则不要，要用时则需立即到手，因此必须加强经营中的计划安排与调节，必须有合理的库存，以保证急需时的供应。

（四）质量第一，优质高效

中药商品具有治病救人、救死愈伤的特殊使用价值，这一特殊使用价值就决定了经营的药品必须是质量第一，优质高效。因此在经营中必须讲究质量，牢固树立质量第一的观点，严禁销售伪劣药品。

（五）薄利多销，微利经营

中药经营企业具有两重性，既是经济事业，又是社会福利事业，因而获取利润不是经营中药商品的唯一目的，而经济效益与社会效益并重是经营药品的总原则，所以薄利多销、微利经营是中药经营企业独特的经营特点。

第二节　中药商品经营的主要环节

中药商品经营主要包括购、销、运、存四大环节。其中购销活动是经营的主体和中心，运存活动是开展购销活动的必备条件，是为购销活动服务的。因而这四个环节关系密切，缺一不可。必须紧密配合，环环相扣，才能使中药商品从生产领域经过流通领域顺利到达消费领域，才能实现其价值的转移。

一、中药商品的收购

中药商品的收购是指中药经营企业根据国家的有关规定和市场需要，从生产者手里购买中药商品的一种经济活动。它是中药商品流通的起点，是组织中药商品货源的有效手段，也是从事药品经营的物质基础和前提。没有收购就没有货源，经营活动就无法进行。因此搞好收购对搞好中药商品经营，满足人民用药需要具有十分重要的意义。

目前，中药商品的收购要遵照《药品管理法》规定，坚持按需生产，以销定进的原则，坚持品种、规格、质量、数量和价格并重的原则，处理好国家、集体和个人三者的利益关系，维护好消费者的利益。

中药商品的收购，包括药材、饮片、提取物和中成药的收购，现简介如下。

（一）药材商品的收购

药材商品的收购关系重大，国家主管部门积极加强对药材收购工作的全面管理，特别是收购药材的质量和价格管理，保护中药资源，保护生产者和消费者的利益，依法严厉打击药材收购中的各种违法行为。为此要充分认识药材收购的特点，掌握药材收购的政策、方针和应注意的问题。

1. 药材收购的特点　药材商品是一特殊商品，生产技术复杂，涉及农、林、牧、副、渔各个方面，所以药材收购与其他商品收购相比，有自己的特点，主要表现在：

（1）明显的季节性：药材商品大都来源于药用动植物，而动植物的种类和药用部位不同，生长周期的长短和各器官成熟的时间差异很大，即所谓适时是宝，过时为草。所以中药经营企业应根据不同的生长规律和采收季节，在采收季节之前提前做好一切准备工作，特别是对大宗药材商品，更应集中力量，突击收购，从而不失时机把各种药材商品收好收足。

（2）复杂的技术性：药材商品种类繁多，规格复杂，质量要求高。而有的真伪难辨，有的规格等级难分，因此药材收购业务有复杂的技术性。据此要求收购人员必须熟练掌握药材商品知识和质量标准及其检定技术，才能准确而快速地分辨真伪，区分规格等级，牢牢把住药材商品进入流通领域的第一关，从而确保质量和按质论价原则的准确执行。

（3）有较强的地区性：药材生产依赖于自然条件。由于各地自然条件不同以及各种药用动植物对雨量、气候、土壤等的不同要求，按照自然条件的特点形成了药材商品的不同产区；同时药材因产地不同，质量和疗效各有差异，如道地药材比非道地药材的质量好，疗效高。因此药材商品生产有较强的地区性。据这一特性，中药经营企业应根据主产区与非主产区等的不同，重点抓好主产区、道地产区、集中产区的收购工作，从而保证药材收购的数量与质量。

（4）较明显的分散性：我国目前药材商品的生产，无论是家种家养的还是野生的，主要由药物种植专业户、个体户进行生产或采集，全国各地均有，因此分散性明显。根据这一特点，中药商业企业对收购网点的设置、收购人员的安排、产地加工与运输等方面都必须与此相适应，才能保证收购任务的完成。

（5）较强的不稳定性：药材商品的生产受自然条件影响很大，常常出现不同年月，不同地区药材的产量和质量时高时低的情况，因而药材的品种、数量和质量都不稳定。根据这个特点，中药经营企业在确定收购任务时，既要从市场需要和药材生产的实际情况出发，又要留有余地，以适应药材生产不稳定的特点。

（6）广泛的群众性：药材商品生产涉及广大农村的千家万户，在收购中除依靠中药经营企业和当地政府外，还要在产区广泛发动和组织群众，取得他们的配合与支持。否则很难完成药材商品的收购任务。

2. 药材收购的方法　在药材收购工作中，除要认真贯彻执行国家的有关经济政策外，还要采用灵活多样的方法，保证收购任务的完成。主要的收购方法有：

（1）突击收购与经常收购相结合：突击收购就是在药材集中的收购期内，集中力量把药材收集起来。它适用于产量大、上市集中药材品种的收购。经常收购是对一些不同产季、分散上市的药材品种，分设若干固定的收购网点，一年四季持续收购，以适应生产者经常交售药材的要求。它适用于产量小、上市分散的小宗药材商品的收购。

（2）固定收购与流动收购相结合：固定收购就是在适当的地点设立固定的收购网点，开展药材的收购工作。流动收购指派专人到产地进行上门收购，所以流动收购适用于数量零星、用量较小品种的收购。

（3）专业队伍收购与发动群众主动交售相结合：专业队伍收购，就是建立一支专业收购的队伍，负责组织经常性的收购工作，并在突击收购中发挥骨干作用。发动群众交售，就是依靠和广泛发动群众，做好野生药材的采集、加工等工作，然后积极交售。

在采用上述各种收购方法的同时，还必须做好收购前的各项准备工作，包括人力、物质、资金、库房、运输、收购网点准备等，以便尽快把应收的药材全部收购起来。

（二）中成药、提取物及饮片的收购

中成药、提取物及饮片是指中药经营企业依据国家的计划指导和市场需要，向中药生产企业收购中成药、提取物及饮片的一种经济活动。这与药材商品收购不同，药材商品收购是农商之间的经济活动，而中成药、提取物及饮片商品收购是工商之间的经济活动。中成药、提取物及饮片收购有以下特点。

1. 集中性　中药工业生产主要集中在城市，有些品种还集中在几个大城市。而中成药、提取物及饮片的消费则遍及城乡广大地区，它的流向规律是由集中到分散，由城市到乡村，由产地到销地，因此形成集中性的特点。

2. 均衡性　由于中成药、提取物及饮片的工业化生产受自然条件影响比较小，生产的周期也较短，组织生产和收购一年四季比较均匀，形成了均衡性的特点。根据这个特点，中药经营企业必须有计划、合理地安排收购工作，对常年生产、常年使用的品种购后即销，减少库存；对常年生产、季节消费的如防暑药类应有必要的库存，以持续不断地满足市场需要。

3. 多变性　随着社会生产的发展和人民生活水平的提高，成药商品特别是滋补保健类商品品种更新换代较快，同类品种之间市场竞争也很激烈，因而成药商品品种具有多变性。根据这个特点，中药经营企业应加强市场调查与预测，掌握消费变化规律，根据这一规律主动做好中成药商品的收购工作，以保证市场需要。

二、中药商品的销售

中药商品的销售，是指中药经营企业进行中药商品买卖的一种经济活动。它是中药商品流通的主要环节，也是中药经营企业获取社会效益和经济效益的基本手段，因此在中药商品流通中占有十分重要的地位。

（一）中药商品销售的主要方法

中药商品销售的方式方法有多种，根据中药经营企业的性质和其在中药商品流通中的不同地位、作用，主要有如下方法。

1. 批发销售　批发销售是指中药经营企业把采购来的中药商品（包括少数分配、调入的中药商品）批量发售给零售企业或医疗单位的一种经济活动。批发企业除了省、地、市、县、区药材公司外，其他经批准的中药经营企业（包括个体企业）也可从事批发业务。各级药材公司是从事批发业务的主体，主要负责本省、地、市、县、区内市场供应，并贮备一定量的中药商品，以供应市场急需。

此外，会议交易销售也是批发销售的另一种方式。这是指各级中药批发企业主办的或派员参加中药商品交易会或展销会的一种经济活动。会议交易销售与一般批发销售不同的是购销关系不固定，是一种临时集中批发销售的方式。但多能获得好的销售效果，并能收集较多新的市场信息。

2. 零售　零售是指中药零售企业把中药商品零星地直接销售给消费者的一种营销活动。零售企业虽然经营规模小，又多分散在广大农村或城镇居民区，但它们点多面广，销售方式灵活多样，方便消费者就近配方购药，所以深受广大群众欢迎，总的销售量很大，对中药商品的销售起到补充作用，是中药商品重要的销售渠道。

（二）中药商品的主要促销方法

促销是促进中药商品销售的简称。是指中药经营企业采用各种激励手段，促使消费者购买中药商品的一种方法。其方法是企业派业务人员向消费者宣传所经营药品的有关信息，使消费者认识到购买的好处或利益，从而激发他们的购买欲望，产生购买行为，达到增加销售的目的。

促销的方法有多种，适用于中药经营企业的有人员推销、营业推广和公共关系等。

1. 人员推销 是通过派出销售人员对消费者作口头宣传或送印刷广告，以促进销售的方法。如上面介绍的上门推销就是促销的一种方法。

2. 营业推广 是通过中药经营企业主办药品交易会、展销会或赠送价格优待卷、纪念品等给消费者，促使消费者购买药品的一种促销方法。

3. 公共关系 中药经营企业派专门从事公关的人员到相关单位，专门协调本企业与相关企业或个人之间的关系，树立企业或商品的良好形象，从而达到促销药品的目的。

三、中药商品的运输

（一）中药商品运输的意义

中药商品的运输，是指中药经营企业利用各种运输手段和方法，实现中药商品在时间和空间上实际转移的经营环节。

中药商品生产有许多特殊性，有的是一地生产，全国使用；有的是一季生产，全年使用，也有的全年生产，一季使用。因而在产地与消费地之间、全国各地区之间、一季与全年之间都存在着地域上和时间上的差异。因此只有通过运输，才能把中药商品从生产地运到消费地，也只有通过运输，才能促进生产的发展，满足人民用药需要，才能实现其价值和使用价值。

对于中药经营企业来说，严密地、合理地组织好中药商品的运输，多快好省地把中药商品从生产领域运到消费领域，对于加快药品流通，保证市场供应；对于节省运费，减少资金积压，加速资金周转以及减少药品在途中的损耗，提高经营效益等方面都具有重要意义。因此中药经营企业应全力以赴抓好中药商品的运输工作。

（二）对中药商品运输工作的基本要求

中药经营企业要按照"及时、准确、安全、经济"的要求，协调好与有关部门的关系，合理地组织好中药商品的运输，做到正确编制运输计划，按药品的合理流向，科学地选择运输路线、运输方法和运输工具，加强运输管理，使中药商品以最少的时间，最短的路线，最少的费用，安全地把药品从产地运达消费地。要防止产生对流（同种药品在同条运输线上进行相对方向的运输）、迂回（绕线运输）、倒流（同种药品由产地运到销售地，再由销售地运回原产地）、重复（同种药品在同条线上多次运输）等不合理的运输现象。所以在满足生产和市场需要的条件下，应按经济区域组织中药商品的流通。除按近产近销的原则外，还要采用直达、直线运输的手段和"四就直拨"的方法，使中药商品不经中药仓库，就产地、就车站、就发货地点、就码头直拨的办法，直接运到目的地，从而减少中间环节，减少装卸、搬运次数，节省运输时间和费用，降低药品在途中的损耗，获取良好的运输效益。

（三）中药商品运输的分类

根据中药商品运输环节的先后顺序和业务范围的不同，一般分为发货运输、中转运输和接货运输三类。

1. 发货运输　发货运输是指由中药商品的生产地或调出地发往消费地的运输，是整个运输环节的开端。发货运输工作的好坏，直接关系到整个运输任务能否圆满完成，所以是整个运输过程中最关键的一环，必须认真抓好。在整个发货运输中，必须做到药品包装牢固、标记明显、凭证齐全、手续清楚、单货同行，否则易发生差错事故。

2. 中转运输　中转运输是指由于受运输条件限制或合理运输需要，中药商品在中途须经中转单位分运或转运的运输。这是整个运输过程的中间环节。中转单位的任务繁重，业务复杂，既要做好接货工作，又要做好发货工作。因此中转单位必须加强收发药品的检查核对和暂时的保管养护工作；必须加强中转的计划安排，缩短药品的待运时间；加强与发货和收货单位的联系，从而节省转运的时间和费用，提高转运效益。

3. 接货运输　接货运输又称收货运输，是指消费地的最终收货单位接收中药商品的运输。这是整个运输过程的最后一环，其运输业务的程序是：①提前做好接货准备，做好有关部门工作的衔接，安排好收货的人力、物力和仓库；②做好接收药品的质量检查和数量的清点查收工作，做到单货相符，准确无误；③做好入仓安排，使药品及时入库；④发现问题，如药品短缺等，应查明原因，明确责任，公正处理。

四、中药商品的贮存

（一）贮存的目的和意义

中药商品从生产领域到消费领域流通中的停留囤积，叫中药商品的贮存。贮存是中药商品经营的重要环节之一，也是保证中药商品连续流通和市场供应的必备条件。如果没有贮存或贮存方法不当，条件不好，措施不力，就要造成中药商品流通的中断，影响市场供应，因此贮存一定量的中药商品具有重要意义。主要目的如下。

1. 贮药备用　贮药备用是贮存的基本目的。中药商品是特殊商品，而生产的特点之一就是产地分散，季节性强。有的是一地生产，供应全国；有的是一季生产，供应全年；有的是全年生产，供应一季。同时药材商品生产受自然条件影响很大，年产量不稳定，有丰有欠，所以必须有一定量的贮备，以满足人民防治疾病的需要。

2. 保证市场供应，稳定药价　中药商品是特殊商品，是防治疾病，保健强身的有力武器。一旦市场脱销，其价格就要猛涨，为了保证市场供应，稳定药价，维护消费者的利益，就必须有一定量的贮备。

3. 保证中药商品流通的连续性　中药商品从产地到销地，都有一个流通过程和调运时间。为了调节生产与消费之间在时间上和地域上的差异，必然需要有一定量的贮存，以起到"蓄水池"的作用，使流通连续进行。

4. 保证特殊的需要　中药商品是防治疾病，救死扶伤的特殊商品，除了满足国内外正常的药用需要外，还要满足突发事件如地震、涝灾、天旱、传染病大流行等灾情、疫情的需要，因此也必须有一定量的贮备。

5. 保证国际市场的需要 中药商品出口销售有着悠久的历史，随着对外开放，科技文化交流的频繁，中药商品出口的品种和数量不断增加。为了满足国际市场的需要，也必须贮备一定量的中药商品，以不断扩大国际市场，换取更多的外汇，为国民经济的发展积累资金。

（二）影响贮存量的因素

影响中药商品贮存量的因素很多，主要有如下几点。

1. 取决于药品销售量的大小 在一般情况下，贮存量与销售量成正比。即销售量越大，贮存量也越多。如常用的大宗药材商品和畅销的名优特新中成药商品销售量大，贮存量也多。

2. 取决于药品生产规模的大小与生产周期的长短 一般说来，药品生产的规模越大，品种越多，贮存也越多；反之，贮存越少。同时与药品生产周期长短成反比，即生产周期长的药品，贮存多；反之，则少。如皮类药材的生产周期长（10 年以上），贮存量要多；苏子、山楂等生产周期短（1 年），贮存量可少。

3. 取决于中药商品的性质 根据中药商品性质包括其物理性质和化学性质是否稳定来确定贮存量的大小。一般药品性质越稳定，贮存量可大，反之，则小。如一般矿物类药品性质稳定，较长期贮存也不易变质，贮存量可大；而柏子仁等性质不稳，极易泛油变质，贮存量应小。

4. 取决于产销的距离和运输条件 药品产销的距离越远，运输条件有限，则贮存量越大，反之越小。这是因为药品的产地与销地相距越远，运输条件有限，药品在途运输的时间就会越长，因而在途药品贮存量也会越大；同时在销售地为了保证市场的及时供应，销售地的贮存量要适当增加。

5. 取决于管理水平的高低 在其他条件不变的情况下，中药经营企业贮存管理的水平越高，药品流通组织越合理，贮存量就可相对减少，反之，则要增加。

（三）确定贮存量的原则和方法

中药商品贮存量的确定，应与正常销售量的大小相适应。过多会造成药品积压，影响资金周转和药品质量；过少，不能保证市场供应，就会导致药品脱销。所以贮存量应随药品销售量的变化而变化。确定贮存量的一般原则是至少要保证一年内药品的供应，加上适量的贮存损耗。由于贮存药品的主要目的不同，确定的原则和方法有以下 3 种。

1. 药品周转贮存量的确定 周转性中药商品的贮存目的，是中药经营企业为了保证正常的市场供应而形成的贮存，其贮存量（C）一般是最高贮存量（A）加最低贮存量（B）的平均量，即 $C=(A+B)/2$；周转药品贮存的平均天数（D）等于周转药品平均贮存量（C）除以每日平均的销售量（E），即 $D=C/E$。

2. 季节性药品贮存量的确定 季节性中药商品的贮存是中药经营企业为了保证季

节性市场供应而进行的。其贮存量的确定是根据中药商品不同的生产周期、药品性质、消费规律和交通运输条件等多种因素来决定的。其原则是既要保证当令药品，重大节日的季节性供应，又不要贮存过多而造成浪费。如银花露是夏季的当令药品、贮存过少不能保证夏季市场的需要，过多，过了夏季销售量大减，又不能久贮，易失效报废，造成损失。所以只能根据其性质、正常的生产周期、消费规律等来确定夏季到来之前的贮存量。

3. 专用药品贮存量的确定　专用药品贮存目的，是中药经营企业为了保证突发病情、灾情等市场的特殊需要，形成的机动性贮存。其贮存量多少由国家主管部门决定和控制。

（四）贮存中的业务管理

中药商品贮存的主要场所是中药仓库，贮存中的业务管理就是中药仓库的业务管理。业务管理的主要任务是做好贮存中药商品的收发和保管养护工作。要求做到贮存多、进出快、养护好、费用省、损耗小、保安全。中药仓库业务管理的环节主要有：

1. 收货　是中药仓库业务管理的第一个环节，做好中药收货工作，是做好其他环节的基础。基本要求是保证入库中药商品的品种、数量准确，规格质量符合要求，包装完整牢固，手续清楚，入库迅速，发现问题要查明原因，分清责任。其业务程序有：

（1）接货验收：接货验收又叫入库验收，是指保管人员根据入库凭证，对将要入库药品的名称、品种、数量、质量、规格、等级、产地（厂家）、包装等逐一核对、清点，检查有无单货不符或漏收、错发等问题。验收的重点是质量验收，检查药品规格、等级、色泽、气味、干燥程度、有无变质现象和掺杂作伪等。验收要从实际出发，应根据供货单位的信誉、运输方法、路程远近、包装好坏、季节气候、价值大小等，区别情况，确定全验、抽验或免验，一般以抽验为主。

（2）分类堆垛：经过验收合格的中药商品，按照不同的品名、规格、等级和产地、性质等选定库房和仓位进行分类堆垛，并保持适当的墙距、货距、柜距、顶距、灯距，垛底要垫货架，垛脚要牢固、整齐，以便通风排潮，保管养护。垛堆的形状和高度，按各种药品的性质、特点与包装，结合气候情况，按照小压大、轻压重、不倒放等原则进行堆码成垛。对贵重和剧毒药材及易燃药品要专人、专库（柜）加锁保管，并建立专用收发账册。分类堆垛要在安全和方便管理的前提下，精打细算地安排垛位，改进堆垛技术，努力提高库房的利用率。

（3）签证记账：签证记账就是在药品堆垛完成后，及时点准数量，做好分层标量，在货垛明显处悬挂货卡。同时，照凭证所列内容，记好中药商品的保管账，盖上"货已收讫"的印章，与随货同行的单据一起及时交业务部门。

2. 发货　发货即药品出库，这是中药贮存管理的最终环节。中药商品一经出库，就结束了它的贮存过程，继续进行流通。因此加强中药商品的发货管理，对于加强药品流通，满足社会用药需要，降低贮存费用等都有重要意义。

发货的基本要求是：①要认真核对所配发药品名称、品种、数量、规格、等级、件数、到货地点等是否与票据相符；②发出药品的包装是否完整牢固，在药品卡上要写明药名、收货单位、到站名称、重量等；③对变质药品或伪劣药品，一律不准出库；④出口药品，必须由专人验发；⑤坚持先进先出，单货同行，手续简便，发货及时和迅速的原则，做到出库的药品质量高、数量足、批次不乱、不出差错。

　　发货的基本程序是：①细心核对。发货必须依据正式的提货单、出库单等凭证，经细心核对，准确无误后，才能交保管人员配货。②配货。保管员按出库凭证的要求，根据先进先出的原则配齐药品，做到数量准确，质量优良，包装完好，堆放有序。③复核。为防止差错，必须进行单、货详细复核，核查无误后，在出库凭证上签字。④出库。凡由买方直接提货的，要出具出门证明交提货人，由门卫点验无误后收证放行；凡由仓库发货的，保管人员要填写磅码单，通过运输部门按规定发运。⑤记账。药品出库后，保管人员根据出库凭证所列内容，在保管账册做发货记录，同时在发货卡上注销已发药品。

第八章　中药商业的管理

　　中药商业的管理，是指中药商业企业的管理者在一定的经营方式下，依据一定的规律、原则、程序和方法，对中药商品的经营活动进行计划、组织、指挥、协调和控制的管理活动。使企业以最小的劳动消耗换取最大的经济效益，完成企业的经营任务。

　　中药商品的经营与管理是既有区别又有紧密联系的两个不可分割的概念。前者是以中药商品购销活动为主体的经济活动；后者是以指挥、控制中药商品经营为根本任务的管理活动，是为中药商品经营活动服务的。二者常常是交织在一起的两种不同的职能。经营的主要职能是进行中药商品的购、销、运、存，从而保证市场供应，满足人民用药需要；管理的主要职能是对中药商品经营的各个环节进行决策、计划、组织、指挥、协调和控制，以最低的消耗换取最佳的经济效益。所以经营是管理的基础，管理是经营的前提，是决定经营成败的首要因素。在实行市场经济体制和建立现代企业制度中，管理的作用更大。要想搞好现代化的经营，必须搞好现代化的管理。所以人们常说，"三分经营，七分管理"，"管理出效益"，"管理是企业的生命"。这些都说明管理在现代企业中占有十分重要的地位。

　　中药商业的管理涉及面十分广泛，中药商品流通领域的每个环节及其相关工作都要涉及管理。如中药商品的收购、销售、运输、贮存；中药商品的品种、质量、市场、价格以及计划、财务、劳动工资、信息等诸多方面都离不开管理。

第一节　中药商业的管理机构与法规

　　药品经营企业包括药品批发企业和药品零售企业，其药品经营条件、经营行为对药品质量、合理用药及群众用药的安全、有效具有重要影响。为了保证药品经营质量、保证人民用药安全，政府必须依据法律规定的条件对药品经营企业的开办进行事前审查批准，并对其日常经营行为进行必要的规范和监管。

　　我国中药经营企业的管理机构是从中央到地方的各级药品监督管理机构。

一、监督管理机构

　　国家食品药品监督管理总局主管全国药品监督管理工作。国务院有关部门在各自的职责范围内负责与药品有关的监督管理工作。其中，有关部门涉及物价主管部门、卫生部门、中医药管理部门、工商行政管理部门、海关、监察部门，在国务院规定的职责范围内分别负责与药品有关的价格、医疗机构执业证书、中药材和中药饮片科研、药品生产经营企业的工商登记、药品广告处罚、药品购销回扣处罚、进口口岸设置、执法违规处理等药品管理法已作出明确规定的与药品有关事项的监督管理工作。

省、自治区、直辖市人民政府药品监督管理部门负责本行政区域内的药品监督管理工作。省、自治区、直辖市人民政府有关部门在各自的职责范围内负责与药品有关的监督管理工作。

二、质量监测机构

药品监督管理部门设置或者确定的药品检验机构即中国药品生物制品研究院，依法承担药品审批和药品质量监督检查所需的药品检验工作。中国药品生物制品研究院是国家食品药品监督管理总局的直属事业单位，是国家检验药品生物制品质量的法定机构和最高技术仲裁机构。

三、经营管理法规

我国中药经营企业的主要管理法规有：

1.《中华人民共和国药品管理法》（简称《药品管理法》） 　《药品管理法》是国家强制执行，具有普遍效力的行为规范，是我国药品生产、经营、使用和药品管理部门必须共同遵守的国家法律。它是药品的最高层次法律，是制订药品监督管理法规和行政规章的"基本法"。

2.《药品经营质量管理规范》（简称 GSP） 　要求药品经营企业在药品购进、贮运和销售等环节实行质量管理，建立包括组织结构、职责制度、过程管理和设施设备等方面的质量体系，并使之有效运行。对药品批发的质量管理主要从管理职责、人员与培训、设施与设备、进货、验收与检验、储存与养护、出库与运输、销售与售后服务等方面明确要求，确保药品经营过程中的质量。对药品零售的质量管理主要从管理职责、人员与培训、设施和设备、进货与验收、陈列与储存、销售与服务六个方面明确了要求，确保药品服务质量。

其他还有《药品经营许可证管理办法》《处方与非处方药分类管理办法》《医疗用毒性药品管理办法》等。

第二节　国家对开办药品经营企业的规定

药品经营企业是指从事药品专营或兼营的企业。在国家对外开放，对内搞活经济的条件下，出现了多渠道多层次的药品经营企业。但由于药品是不同于一般商品的特殊商品，药品经营是一件关系到人民身体健康、生命安危的大事，所以国家对开办药品经营企业的必备条件、申办程序及其他有关方面作了严格的规定。

一、必备条件

1. 具有依法经过资格认定的药学技术人员。

2. 具有与所经营药品相适应的营业场所、设备、仓储设施、卫生环境。

3. 具有与所经营药品相适应的质量管理机构或者人员。

4. 具有保证所经营药品质量的规章制度。

二、申办程序

在具备开办药品经营企业条件的基础上，向有关主管部门申请办理合法证照。申办程序是：

1. 开办药品批发企业，须经企业所在地省、自治区、直辖市人民政府药品监督管理部门批准并发给《药品经营许可证》；开办药品零售企业，须经企业所在地县级以上地方药品监督管理部门批准并发给《药品经营许可证》，无《药品经营许可证》的，不得经营药品。

2. 凭《药品经营许可证》到工商行政管理部门办理《营业执照》。

只有办齐了以上"一证一照"后，才具有开业的合法地位。以上"一证一照"均规定有有效期限。

三、对药品经营企业的有关规定

（一）对药品经营企业经营管理的规定

药品经营企业必须按照国务院药品监督管理部门依据本法制定的《药品经营质量管理规范》经营药品。其主要内容如下。

1. 药品经营企业必须从具有药品生产、经营资格的企业购进药品；但是，购进没有实施批准文号管理的中药材除外。药品经营企业购进药品，必须建立并执行进货检查验收制度，验明药品合格证明和其他标识；不符合规定要求的，不得购进。

2. 药品经营企业购销药品，必须有真实完整的购销记录。购销记录必须注明药品的通用名称、剂型、规格、批号、有效期、生产厂商、购（销）货单位、购（销）货数量、购销价格、购（销）货日期及国务院药品监督管理部门规定的其他内容。

3. 药品经营企业销售药品必须准确无误，并正确说明用法、用量和注意事项；调配处方必须经过核对，对处方所列药品不得擅自更改或者代用。对有配伍禁忌或者超剂量的处方，应当拒绝调配；必要时，经处方医师更正或者重新签字，方可调配。

4. 药品经营企业销售中药材，必须标明产地。

5. 药品经营企业必须制定和执行药品保管制度，采取必要的冷藏、防冻、防潮、防虫、防鼠等措施，保证药品质量。药品入库和出库必须执行检查制度。

6. 城乡集市贸易市场可以出售中药材，国务院另有规定的品种除外。城乡集市贸易市场不得出售中药材以外的药品，但持有《药品经营许可证》的药品零售企业在规定的范围内可以在城乡集市贸易市场设点出售中药材以外的药品。

7. 药品零售经营企业应按剂型或用途以及储存要求分类陈列和储存药品。

（1）药品与非药品、内服药与外用药应分开存放，易串味的药品与一般药品应分开存放。

（2）药品应根据其温湿度要求，按照规定的储存条件存放。

（3）处方药与非处方药应分柜陈放。

（4）特殊管理的药品应按照国家的有关规定存放。

（5）危险品不应陈列。如因需要必须陈列时，只能陈列代用品或空包装。危险品的储存应按国家有关规定管理和存放。

（6）拆零药品应集中存放于拆零专柜，并保留原包装的标签。

（7）中药饮片装斗前应做质量复核，不得错斗、串斗，防止混药。饮片装斗前应写正名正字。

8. 药品经营企业每年应组织直接接触药品的人员进行健康检查，并建立健康档案。发现患有精神病、传染病或者其他可能污染药品疾病的患者，应调离直接接触药品的岗位。

（二）对药品经营企业所经营药品的规定

药品经营企业，应遵照《中华人民共和国药品管理法》和《药品经营质量管理规范》的规定执行，其主要内容有：

1. 药品必须符合国家药品标准。国务院药品监督管理部门颁布的《中华人民共和国药典》和药品标准为国家药品标准。

2. 禁止生产（包括配制）、销售假药。有下列情形之一的，为假药：

（1）药品所含成分与国家药品标准规定的成分不符的；

（2）以非药品冒充药品或者以他种药品冒充此种药品的。

有下列情形之一的药品，按假药论处：

（1）国务院药品监督管理部门规定禁止使用的；

（2）依照本法必须批准而未经批准生产、进口，或者依照本法必须检验而未经检验即销售的；

（3）变质的；

（4）被污染的；

（5）使用依照本法必须取得批准文号而未取得批准文号的原料药生产的；

（6）所标明的适应证或者功能主治超出规定范围的。

3. 禁止生产（包括配制）、销售劣药。药品成分的含量不符合国家药品标准的，为劣药。有下列情形之一的药品，按劣药论处：

（1）未标明有效期或者更改有效期的；

（2）不注明或者更改生产批号的；

（3）超过有效期的；

（4）直接接触药品的包装材料和容器未经批准的；

（5）擅自添加着色剂、防腐剂、香料、矫味剂及辅料的；

（6）其他不符合药品标准规定的。

4. 禁止进口疗效不确、不良反应大或者其他原因危害人体健康的药品。

5. 下列药品在销售前或者进口时，国务院药品监督管理部门指定药品检验机构进行检验；检验不合格的，不得销售或者进口：

（1）国务院药品监督管理部门规定的生物制品；

（2）首次在中国销售的药品；

（3）国务院规定的其他药品。

6. 必须持有《进口许可证》《出口准许证》的麻醉药品和国家规定范围内的精神药品，才能进行进出口药品贸易。

7. 新发现和从国外引种的药材，经国务院药品监督管理部门审核批准后，方可销售。

此外，医药企业经营的药材除执行上述规定和应无虫蛀、霉变、杂质外，根据具体药品品种规格等级不同，对其质量也有不同的要求，应按相应的质量要求经营。

第三节　药材商品的品质与规格、等级

药材商品的品质、规格及等级，是衡量药材商品质量好坏的准则。品质是对药材品种与质量的原则要求；规格是划分药材商品质量，分等分级的具体标准。药材商品的品质与规格、等级标准，也是进行其质量管理的依据。

药材是用来防治疾病、保健强身的特殊物品，质量必须优良，才能保证人民用药的安全有效；同时药材又是一种商品，必须符合商品按质论价的要求。因此药材既具有药用性，又具有商品性。为适应商品性的要求，又必须按质量的优劣，划分规格与等级，制订相应的价格，以便在市场上进行商品交换。

一、制订药材商品规格与等级的一般原则

目前大多数的药材商品没有全国统一的规格、等级标准，仅有 76 种大宗药材的《七十六种药材商品规格标准》，且需要进一步修订；目前制订药材商品规格、等级的标准，仍以外观质量和性状特征为主，其制订的原则有：

（一）按质论价的原则

为了达到商品按质论价的要求，保证药材的质量与疗效，按质论价原则是制订药材商品规格与等级的基本原则。

（二）有利于生产发展原则

为了保证市场供应，满足人民用药要求，必须不断发展药材生产；为了促进药材生

产质量的提高，采用划分药材规格与等级的手段，以优价收购优质药材的办法，来促进高质量药材生产的发展。

（三）不断改革的原则

在不影响药材商品质量和产、供、销、用的前提下，改革那些不合理的或过于繁杂的、不便掌握的规格与等级标准及其相应的加工方法，以减少加工环节，降低成本，提高生产效益。

（四）力求简化原则

在药材商品中，对质量较稳定或不同产地生产的同种药材，只要质量相同或相近，应统一规格，可不再划分等级，统装（统货）即可，以简化规格与等级。

（五）便于量化原则

在药材商品中的同种药材，因产地采收期、生产方式（家种与野生）或加工方法不同，质量和疗效确有明显差异，应划分规格，适当区分等级。但各规格、等级之间要有明显的量化指标，如大小（长短、厚薄、直径）、重量（单个重或每千克或半公斤的个数）或有效成分含量的差异等，以便统一掌握实施。

（六）试用原则

对新制订的或改革后的规格、等级标准，要通过一段时间的试用，在试用中不断修订补充，使之合理、完善，再正式实行。

二、划分药材商品规格、等级的依据和方法

药材商品质量优劣的客观标准应是有效成分含量的多少和疗效的好坏，但目前这方面的资料不多，只能依靠国家药品标准和《七十六种药材商品规格标准》等来划分药材的规格与等级。划分的方法有多种，目前常用的方法如下。

（一）按产地不同来划分

同种药材，其产地是否道地，外在和内在质量是不同的，划分的规格与等级就不一样。如广藿香，按产地不同划分为石牌广藿香与海南广藿香两种规格。前者含广藿香酮，香气浓郁，质量好，为道地药材；后者不含广藿香酮，香气较弱，质量较次。

（二）按采收季节不同来划分

一般药材的采收期只有一个，但有的药材有几个。采收的季节不同，质量差异较大，在中药商品学上常据此划分成不同的规格。如三七，按采收期不同划分为"春三七"和"冬三七"两种规格。"春三七"于花前期采收，体重质坚，质优；"冬三七"于果期采收，体较轻，质较次。两种规格的三七又按每500g的个数再划分成一至十一

个等级。

（三）按产地加工方法不同来划分

有的药材，因产地加工方法不同引起性状上的差异，因而据此划分出不同的规格。如肉桂，按产地加工法不同可划分成板桂、企边桂、桂通、桂碎和桂心。

（四）按药材的外部形态来划分

有些药材的外部形态或完整程度不同，其商品质量不同。如浙贝母，依据外形和完整程度不一分为宝贝和珠贝两种规格。宝贝为单一的外层鳞片，呈"元宝"状，质优；珠贝为较小的完整鳞茎，大小不一，呈扁圆形，质较次。

（五）按药材大小或重量不同来划分

单个药材的大小或轻重与其质量有密切的关系。通常个大体重者质优，个小体轻者质次。如天麻，首先按采收季节不同分为"春天麻"和"冬天麻"两种规格。每种规格又依据单个的大小和重量不同分为四个等级。如每千克26只以内为一等，40只以内的为二等。

（六）按药材的老嫩程度不同来划分

药材的老嫩程度（生长期长，开始衰老的习称为老；生长期短，生长旺盛的习称为嫩）不同，其质量也不同，甚至不能药用。所以常据此来划分规格与等级。如花鹿茸，按茸角的老嫩、分叉的多少划分成"二杠"和"三岔"等规格；每一规格又按茸体粗细长短、色泽、骨化程度不同分成1~3个等级。

（七）按药用部位的不同来划分

有的药材的药用部位不同，疗效有别，据此划分规格。如当归，按不同药用部位疗效的差异分为"全归"和"归头"两种规格。每种规格又按其每千克的支头数再分别划成1~4个等级和1~5个等级。

（八）按药材的基原不同来划分

有些药材因来源的科、属、种不同，内在质量或外形不一，据此划分规格。如麻黄，按其来源的种不同分为草麻黄、中麻黄和木贼麻黄三种规格。

划分药材的规格与等级是一技术性和原则性很强的复杂工作，关系到生产者、经营者和消费者的利益。因此在工作中，除了要按有关标准依法办事外，力求做到实事求是，公平合理。切勿受人事关系和货源情况的影响，才能调动产、供、销、用各方面的积极性，维护消费者的利益。

第四节　中药商品的质量管理

一、中药商品全面质量管理

中药商品全面质量管理是指中药经营企业对中药商品的全部质量和整个流通过程的工作质量都进行全面的管理。中药商品从生产、收购、销售、贮运到使用过程，要经过许多环节。由于药品受到本身和外界诸多因素的影响，容易产生质量变化。因此作为中药商业企业来说，加强中药商品的全部质量和整个流通过程工作质量管理，使药品的质量不发生或少发生变化，减少损失，提高企业的经济效益，就成为中药商业企业管理工作的中心任务之一。从而克服以前质量管理工作中曾一度出现的"见物不见人"，忽视人在质量管理工作中起着能动的决定性作用的错误倾向。

（一）中药商品全面质量管理包含的内容

中药商品是药品，其质量包含的内容较多，主要内容包括有效性、安全性、稳定性、均一性、经济性及其包装和便于服用等特性。

中药商品的有效性，是一种药品对某种或几种疾病的医疗保健作用，能满足人们恢复或保持身体健康的要求。这是药品必须具备的基本特性，舍此就不称其为药品。如果药品在流通中失去这一特性，就不能作药品使用。

中药商品的安全性，是指药品的毒副作用要小，使用后不影响患者的健康。但绝对没有毒副作用的药品是没有的，我们希望药品给人们带来的益处（A）最大，害处（B）最小，使 A/B 的比值趋于无穷大，即 $A/B \to \infty$ 。

中药商品的稳定性，是指药品在一定时间内，外部形态和内部结构都不发生变化，不产生变质现象，其质量和疗效稳定不变。

中药商品的均一性，是指成药丸、散、膏、丹、片等各种制剂，每一丸、片等的组分或有效成分之间的分散比例要均匀一致，其大小重量或容量、硬度、崩解度等均匀一致。中药商品的经济性，是指药品生产成本要低，销售价格合理，以适应人们经济上的承受能力，保证药品价值和使用价值的实现。

此外，药品的包装要美观大方，便于养护、运输、贮存和使用。这是药品质量的组成部分，不能忽视；服用要方便，尽量减少患者，特别是老幼患者服药时的痛苦。

药品质量是个动态的概念，它的内容随着科学技术的进步、生产的发展、人们生活水平的提高而不断发展变化。因此中药商业企业在经营管理中也应随之不断提高对中药商品质量的要求。

（二）对中药商品实行全面质量管理的意义

对中药商品实行全面质量管理与以前的质量管理要求不同，它不仅要求对中药商品的全部质量进行管理，而且要求对它流通全过程的工作质量和企业全体职工都要进行系统的质量管理工作。这就扩大了质量管理的范围，提高了对质量管理工作的要求，对提高药品质量和中药商业企业的经济效益具有重要意义。

1. 能最大限度地满足人民安全有效的用药需要　中药商品是药品，人民对药品的基本要求是它的有效性和安全性。这是因为服用药品的主要目的是防治疾病和保健强身，以恢复和保持自身的健康。中药商业企业的天职就是通过对药品质量的全面管理，保证药品优质、高效、安全，从而最大限度地满足人民安全有效的用药需要。

2. 能促进生产企业提高药品质量　中药商业企业实行药品全面质量管理，择优选购生产企业生产的优质产品，可直接影响生产企业的生产效益，加上目前同类药品的激烈竞争，只有质量优良、价格合理的药品才能在竞争中取胜。这就必然促进生产企业为了自身的生存与发展，千方百计降低成本，提高产品质量，以增加销售量，提高经济效益。

3. 能提高中药商业企业的经济效益　中药商品的质量与中药商业企业的经济效益是一致的。药品质量优，销售量大，企业的经济效益就好。中药商业企业实行全面质量管理后，不仅可以杜绝伪劣药品进入消费领域，全面提高药品质量，而且由于加强了流通全过程的管理并使全体职工参与质量管理，加速了药品流通，减少了药品损耗和积压，也加速了资金周转，因而又可提高企业的经济效益。

（三）对中药商品实行全面质量管理的要求

中药商品具有来源广泛、产地分散、品种多、数量大、规格等级复杂、性质各异等特点，所以实行全面质量管理的任务重，难度大。为了克服全面质量管理中的困难，完成繁重的管理任务，特提出以下要求。

1. 树立"质量第一"的思想，全体职工参与质量管理　中药商业企业各级领导和全体职工必须提高对质量管理工作的认识，真正认识到药品的质量是企业的生命，是企业获取经济效益的源泉。牢固树立"质量第一""质量出效益"的思想。并脚踏实地按质量管理的要求，严格遵守全面质量管理工作制度，运用 PDCA 循环工作法，把全面质量管理工作搞好。

2. 建立健全质量管理工作机构　除了各级药品监督管理部门等的质量管理、监督检查机构外，各省、市、自治区和地（市）药材公司及成药公司等中药商业企业，也应建立健全由经理直接领导的质量管理和质量监督检验机构（处、科或室）；县级药材公司及其批发、零售企业应有专职或兼职的质量管理和质量检验人员。只有机构健全，组织落实，权责分明，才能保证全面质量管理任务的完成。

质量管理机构的主要任务是：①协助经理对中药商品流通中各环节进行日常综合性的质量管理；②帮助各流通环节、岗位，建立健全岗位责任制及其工作标准；③开展质量管理工作的科学研究；④贯彻执行全面质量管理工作制度；⑤贯彻执行《药品管理法》《医药商品质量管理规范》（GSP）等药政法规。

质量检验机构的主要任务是对企业所经营的各类各种药品包括购入的、售出的及进、出口药品的全部质量，按国家药品标准要求进行全面检验，把好药品质量关。

在进行全面质量管理工作中，必须严格执行《药品管理法》和《国家药品标准》《药材商品规格标准》《医药商品质量管理规范》（GSP）以及各省、市、自治区制订的其他药品质量管理规范等。

3. 严格把好各流通环节的质量关　中药商品流通环节主要有购、销、运、存，把好这四大环节的质量关，是搞好全面质量管理工作的关键。

收购是药品流通的开始，把好这第一关，具有重要意义。在收购中，严格进行质量检验，凡不符合质量要求的，一律不得收购。

销售是药品到达用户手中的环节，销售的中药商品质量必须符合国家药品标准的要求，不得销售伪劣药品或虫蛀、霉变严重等变质药品。对有质量问题的药品不得降低价格处理。

运输与贮存是流通的中间环节，相当多的质量问题都出在运输与贮存上，因此必须把好药品及其相关工作的质量关。特别要加强药品入库验收、库存药品质量检查和出库药品质量的验发及其工作质量管理，要做到不符合药用质量要求的药品一律不得入库和出库，库存中一旦发现质量问题要及时处理。

对出口或需方要求（如外宾、华侨、旅游者等）的中药商品，更应把好质量关，按优质优价的原则处理。

4. 培养技术管理人才　中药企业要有专职或兼职的专业技术人员把好质量关，为此要求这些专业技术人员的技术要熟练，责任心要强，办事要公正。同时要保持专业队伍的相对稳定，这是搞好全面质量管理工作的关键。技术力量不足或技术水平低的企业，要通过"以老带新"或举办培训班或送出进修等办法培训技术管理人才，以适应全面质量管理工作的需要。

5. 建立健全奖惩制度　为了搞好质量管理和质量检验工作，严格把好质量关，企业要对有关人员进行定期或不定期的考核。对工作中有显著成绩的单位和个人要给予表扬和物质奖励；对不按规定办事，徇私舞弊者，要予以批评教育或行政的、经济的惩罚，造成重大事故，后果严重，影响恶劣的，应追究刑事责任。

（四）全面质量管理的工作方法

全面质量管理的工作方法就是目前先进国家实行的 PDCA 循环工作法。PDCA 工作方法分为以下四个阶段八个步骤。

1. P 阶段（计划工作阶段）　P 阶段包括四个步骤：①了解质量现状，找出质量上存在的主要问题；②分析产生质量问题的诸多因素，并按人为因素、设备因素、环境因素等进行分类；③在诸多因素中找出主要因素；④针对影响质量的主要因素，制订相应的计划与措施。

2. D 阶段（执行阶段）　第五个步骤是执行计划。把计划中所制订的措施落实到有关科室和人员，分别执行。并要求相关科室和人员按时、按质、按量完成自己分担的任务。

3. C 阶段（检查阶段）　第六个步骤是检查计划执行的情况。检查的主要内容有二，一是采取措施的结果与未实行 PDCA 工作法前的结果进行比较；二是把采取措施的实际结果与计划中预期的结果进行比较，由此分析质量有无提高，提高了多少。

4. A 阶段（总结阶段）　此阶段分为两个步骤，即第七个步骤是把成功的经验进行总结，并把它标准化和规范化后写进岗位职责中，以后按此实行；第八个步骤是通过上一步总结，找出尚未解决的问题，列入下一个循环解决。

PDCA 循环工作法的四个阶段八个步骤是不能截然分开的，只是大体的工作程序和内容。实际上，工作是在相互交叉中进行的。

PDCA 循环是目前先进国家一种科学管理的工作方法，质量管理的各个层次都是适用的。同时这个循环是无限的，每循环一次，解决一个主要问题，使中药商品的质量提高一步，管理工作水平也随之提高一步。

PDCA 循环工作法符合认识问题的总规律，实践—认识—再实践—再认识，如此循环往复，不断提高。因此这种管理工作方法不仅适用于质量管理工作，也适用于其他管理工作，具有普遍的实用意义。

（五）中药商品全面质量管理的制度

为了保证中药商品的质量，国家主管部门制订了全面质量管理的工作制度。这个制度主要内容有：

1. 药品质量档案制　生产企业和经营企业都要建立商品质量档案。中药经营企业所经营药品的质量档案包括药名、产地或厂家生产批号、药品质量标准、购进药品检验的记录、质量变动情况、药品质量问题的处理情况和用户查询意见等。

2. 药品质量分析制　生产企业和经营企业的各级领导都要定期召开药品质量分析会，讨论药品质量问题，实行 PDCA 工作法管理。

3. 药品留样观察制　生产企业和经营企业要认真开展药品留样观察工作。要专人负责，定期复查质量，观察质量变化情况，并作好观察记录，归入留样观察档案。通过留样，观察药品的稳定性。

4. 药品保管养护制　中药经营企业按规定的条件，如避光、通风、干燥、隔热等保管条件进行药品贮存，观察其质量变化情况，做好记录，归入保管养护档案。同时实行药品"先进先出，易变勤查"等办法，严格把好入库、在库养护和出库的质量关，严禁伪劣和变质失效药品进入消费领域。

5. 药品质量统计报告制　中药生产企业要定期向上级主管部门报送药品质量情况统计表，并逐级上报至国家主管部门。报表中要有文字说明和原因分析。

6. 药品质量事故报告制　药品质量事故分为一般事故和重大事故两类。除一般事故要及时向上级主管部门或人员报告外，重大事故要按规定及时逐级上报。重大质量事故包括：

（1）因药品质量问题造成成批报废者；

（2）药品（产品）在负责期内或保养期内由于质量问题造成整批退货者；

（3）在库药品（产品）由于保管不善造成整批虫蛀霉烂变质、污染破损等不能再药用者；

（4）药品（产品）互相混淆或异物混入严重或其他质量低劣，严重威胁人身安全或已造成医疗事故者；

（5）因药品（产品）造成西药在500元/批次以上（含500元/批次），中药在300元/批次以上（含300元/批次）的经济损失者；

（6）出口药品（产品）因质量问题退货、索赔或造成事故影响较坏者。

企业对质量事故要认真从速处理，并及时逐级上报。因质量问题造成人身伤亡或性质恶劣、影响很坏的重大事故，企业应在24小时内报告当地医药主管部门，其余重大质量事故应在3天之内向主管部门逐级上报。

7. 用户访问制　中药企业要树立"一切为了用户"的思想，全心全意为用户服务。要定期走访用户，征求对药品（产品）的意见；对来信来访，要热情接待，认真核实，及时妥善处理。

（六）在流通中出现中药商品质量问题的处理办法

中药商品在流通过程中，由于受到药品本身性质和外界诸多因素的影响，会出现一些质量问题。对出现的药品质量问题，除按中药商品质量管理制度处理外，买卖双方（或甲乙双方）都应本着保证用药安全有效和尽量避免或减少损失的原则，坚持法制观念，采取实事求是和认真负责的态度，分清情况，辨明责任，双方平等协商，妥善处理。常见的有以下三种情况。

1. 验收中发现药品质量问题的处理办法　验收中发现药品质量问题，应按合同或上级主管部门的有关规定，及时向供货方发出查询信件，提出切实可行的处理意见，并要求对方尽快答复解决。在问题未解决之前，进货方仍应认真负责地作好药品的保管养护工作，以减少损失。

2. 销售中发现药品质量问题的处理办法　对已售出中药商品的质量问题，无论单位或个人来信来访，售出方必须热情接待，认真答复处理。凡属重大的用药事故应按有关规定，逐级上报，并通知有关进货单位就地封存，停止销售和使用，听候处理。

3. 库存药品质量问题的处理办法　库存药品在检查中发现质量问题，应根据变质情况和程度，认真寻找原因。针对变质原因，采取相应的有效措施，积极处理，防止变质现象蔓延，尽量减少损失。如确实变质严重，经检查不能药用的，要逐级上报，请求报废。

二、影响中药商品质量的主要因素

影响中药商品质量的因素很多，从品种、产地、种植、采收、加工、运输、贮藏、养护到使用，要经过很多环节。由于药品要受自身和外界诸多因素的影响，容易产生质量变化。其主要因素如下。

1. 品种　品种是影响中药商品质量非常重要的因素。中药有效成分多来源于次生代谢产物，不同品种的植（动）物由于遗传特性不同，合成与积累次生代谢产物的种类和量存在很大的差异。

中药商品中，一药多基原的情况较多，有的来源于不同属不同种，有的来源于同科不同属。如黄芪，在全国各地有多种黄芪属和崖黄芪属植物的根作黄芪药用；柴胡，在全国各地有多种柴胡属植物的根及根茎作柴胡药用。虽然来源于同科或同属，但品种不同，各种品种所含的活性成分不同，其药物的性、味、功效不同。所以品种对中药商品质量非常重要。

2. 产地　中药商品的质量除与品种密切相关外，其药效成分在药用动植物体内的形成和积累与其道地产地关系亦很密切，对其质量优劣影响很大。我国疆域辽阔，中药材产地广布，但因产地不同，地理、气候、土壤不同，水质、生态各异，造成不同产地的同种药材质量存在差异。如地黄是河南的道地药材，曾将其引种到成都龙泉驿栽培，其根逐年变细，与原有的地黄性状特征相差甚远；又如青蒿，在北半球的亚热带至热带均能生长，我国从海南岛到黑龙江均有分布，但其抗疟有效成分青蒿素从南至北含量差异非常大。每一种中药商品，都有适宜的道地产地，其是有科学依据的。

3. 栽培养殖　中药材生产、栽培（养殖）技术的规范与中药商品质量密切相关。我国目前经营的大宗商品药材主要为栽培（养殖）品种，如人参、鹿茸、三七、川芎、附子、白芷等。有的品种栽培技术粗放，不规范，造成种质不佳，品种混杂，种质特性退化。如川牛膝的种质退化导致川牛膝的根越种越小，防风根的分枝变异，当归茎提前抽薹而根木化等。有的品种在栽培中滥施农药、化肥，造成药材农药残存、重金属含量超标，严重影响了中药商品的质量。对中药实施规范化栽培（养殖），是提高药材质量和保证中药商品质量稳定的基础。

4. 采收　中药商品的采收年限、季节、方法等也直接影响中药商品的质量和产量。故谓之"凡诸草、木、昆虫，产之有地；根、叶、花、实，采之有时。失其地，则性味少异；失其时，则气味不全"。如槐花在花蕾期芦丁含量达28%，而在花盛期芦丁含量急剧下降；甘草在生长初期甘草甜素含量为6.5%，开花前期为10.5%，开花盛期为4.5%，生长末期为3.5%。中药材的适宜采收是影响中药商品质量的重要环节。

5. 加工　中药商品加工多在原产地进行，属原药材生产范围，又称中药商品产地加工，是为提供中药商品药材所进行的独特技术，主要按中药商品规格、等级要求进行加工。中药商品产地加工的规范与否，是保证中药商品质量的重要环节之一。如党参在产地加工时，先在日光下晾晒或烘房烘烤，待干至二到三成干时，再将党参放于平板上，用手或小木板平压滚动揉搓，搓后继续晾晒或烘烤，反复揉搓晾晒3~4次，加工出来的党参才会坚实饱满，皮肉紧密相连，晾晒或烘烤至七八成干时，将参头压参尾在日光下晾干。五倍子在产地加工时，将采收的鲜五倍子投入沸水中杀青，边煮边搅拌，3~5分钟后，待五倍子表面由黄褐色变为灰色，取出晾干、阴干或烘干。如不通过杀青处理，直接晒干，易出现爆裂、霉烂，色泽灰暗，质差。对中药材实施规范的加工是保证中药商品质量的重要环节。

6. 贮藏　中药商品的贮藏是中药商品从生产到消费流通中的停当囤积，贮藏是中药商品经营中的重要环节之一，是保证中药商品连续流通和供应的必备条件。如果贮藏方法不当，措施不力，就会造成虫蛀、霉变等，导致中药商品质量下降，造成中药资源浪费，甚至市场流通中断。如党参在高温高湿的梅雨季节，极易吸潮、霉变、走油、虫蛀而变质。川芎在高温、高湿的夏季易吸潮、受热、走油、虫蛀，变质报废。特别是一些含挥发油、油脂的中药商品，由于贮藏不当，回潮、发黏、颜色发浑、质量下降或完全不能药用。中药商品的贮藏养护是保证中药商品质量的重要环节。

第五节　中药商品的价格管理

药品是与人民生活关系重大的商品。中药商品的价格问题，是一个最敏感的社会问题，它关系到中药商品的生产者、经营者和消费者的切身利益，是关系到成千上万人民防病治病、保健强身的大事，因此药价问题历来都受到国家和人民的高度重视。

目前我国的物价按"统一领导，分级管理"的原则，由各级物价管理部门分别进行管理。随着我国市场经济体制和现代企业制度的建立，从中央到地方，从地方到企业，都把过分集中的物价管理权限逐层下放。因此国家对中药商品价格管理的原则也与其他商品一样，实行宏观管理、微观放开的原则，以适应市场经济发展的需要。我国对药品价格实行政府调控和市场调节相结合的管理方式。

一、中药商品价格组成

中药商品价值是由在生产过程中已经消耗的物化劳动转移到产品中的价值，是由劳动者为自己创造的价值、为社会创造的价值组成的。表现在货币形式上就是生产成本、流通费用、税金和利润。这就是组成商品价格的四个要素。这四个要素是制订和调整价格的最基本依据。

生产成本是指生产企业生产某种中药商品所消耗的物质资料费用和职工劳动报酬等的货币额。流通费用是指中药商品从生产领域到消费领域的流通过程中所支付的必要费用的货币额。为了准确计算中药商品价格中的流通费用，国家有关主管部门以正常经营情况下，合理的必要费用为标准，作了综合差率、批零差率、损耗率和倒扣率等的相应规定，分别计算到各流通环节的价格中去。税金是劳动者为社会创造价值的货币表现，是国家通过法令，规定将一部分社会纯收入通过税收的形式上交国家财政部门，是国家积累资金的重要手段，具有强制性、无偿性和相对固定性的特点。根据国家税法规定，税金要计入商品成本。利润也是劳动者为社会创造价值的货币表现，它在价值上等于销售商品的收入和其他收入之和，再扣除成本、税金和其他费用后的金额。

二、中药商品的差价

中药商品的差价，是指同种药品在流通过程中，由于在质量、地区、时间和购销等方面的差别，形成在价格上的差异关系。它反映了中药商品从收购到销售各个环节的经济关系。直接关系到药品的生产者、经营者、消费者和国家的经济利益。形成各种差价的基础，是生产与经营中药商品所支付的劳动耗费不同。合理安排中药商品的差价，对于正确处理中药商品的生产者、经营者、消费者和国家的经济利益有极重要的意义。中药商品的差价主要包括：

（一）中药商品的质量差价

是指同种中药商品，由于品种、规格、等级等质量上的差异产生的价格差额，由于生产不同质量的同种中药商品，所消耗的社会必要劳动和时间是不同的，所以价格也不同。合理安排质量差价，对于保证药品质量，从价格上鼓励优质高效药品的生产和经营，实行按质论价原则，保证人民用药的安全有效和加强药品质量管理等方面起着重要作用。

（二）中药商品的地区差价

是指同种中药商品在同一时间内，在不同地区收购价格或销售价格之间的差额。合理安排中药商品的地区差价，对于正确处理地区之间、城乡之间、生产与流通之间的经济关系，对于促进中药商品生产的合理布局，对于平衡和交流相邻地区之间的药品价格，对于促进边远地区和少数民族地区中药商品生产与经营的发展，满足人民用药要求都有十分重要的意义。

（三）中药商品的购销差价

是指同种中药商品在同一时间同一市场内，购进价格与销售价格之间的差额。它反映了中药商品流通中各方面的经济关系和国家对各种中药商品的政策。合理安排中药商品的购销差价，对于处理好流通中的经济关系，处理好工商关系和国家与农民的关系，提高企业经营管理水平都有重要作用。

（四）中药商品的批零差价

是指同种中药商品在同一时间同一市场内，批发价格与零售价格之间的差额。合理的制订中药商品的批零差价，对于调动批发者与零售者的积极性，搞活中药商品市场有重要意义。

（五）季节差价

是指同种中药商品，在同一市场内的不同季节之间的价格差额。合理安排季节差价，有利于按需安排生产，防止生产过剩造成的损失；有利于"一季生产，供应全年"药品生产的发展。

（六）数量差价

数量差价又称优惠价。是指根据用户购买某种商品达到一定数量或金额后，在价格上给予一定的优惠。一般是用户购买的数量越多，金额越大，价格上优惠就相应大一些。数量差价与其他差价不同，它是一种促销和市场竞争的手段，它的差率不是由国家统一规定，而是由买卖双方协商论定。所以中药商业企业实行合理的数量差价，对于扩大中药商品的销售，战胜竞争对手，提高市场占有率有一定作用。

中药商品的差价（数量差价除外）一般都用差率来表示，如质量差率、地区差率、购销差率，批零差率、季节差率等。这些差率的大小，在一定的条件下，取决于整个价格水平的高低，影响到中药商品的生产者、经营者、消费者和国家的经济利益。因此主要中药商品的各种差率由国家主管部门作统一的具体规定。

三、中药商品的价格体系及其分类

中药商品的价格体系是由相互联系、相互制约的不同类的价格组成。一般根据不同的分类标准，有以下两种不同的分类方法。

（一）按照价格管理的形式分类

根据各类中药商品对国计民生影响的大小和管理权限不同，分为政府定价、政府指导价和市场调节价三种。

1. 政府定价　政府定价是指按照物价管理权限，对列入国家基本医疗保险用药目录的药品，以及生产经营具有垄断性的药品由政府制定价格。其中，国务院价格主管部门负责制定国家基本医疗保险用药目录中的甲类药品，及生产经营具有垄断性的药品价格，省级价格主管部门负责制定国家基本医疗保险用药目录中的乙类药品、中药饮片价格以及医院自制剂价格。根据《价格法》规定，对列入政府定价的药品价格，生产经营企业必须严格执行。

2. 政府指导价　政府指导价是国家依据中药产品的不同特点，在国家物价政策的指导下，由各级政府采用不同的方法制订的指导性价格，并由各级政府的物价主管部门分级负责。列入政府指导价的药品，药品经营者必须在政府规定的指导价范围内制定具体价格。

3. 市场调节价　市场调节价是由中药商品的生产企业、经营企业和医疗机构的生产者和经营者在国家物价政策规定的范围内按照公平、合理和诚实信用、质价相符的原则自行制定价格。其特点是随行就市，自由涨落，具有自发性和不稳定性。但在价格大起大落时，各级物价部门和业务主管部门应及时加强管理，以保护生产者、经营者和消费者的利益。

按照目前建立市场经济体制和现代企业制度的要求，在中药商品价格体系中，属于国家定价和国家指导价的品种会不断减少，属于市场调节价的品种会不断增多，以充分发挥市场的调节作用和价格的杠杆作用。但对国计民生影响大的，药材资源濒于枯竭的药材如麝香等和进口药材的价格实行国家定价或国家指导价也是必要的，这对于保护药源，有计划的进口药材和保证人民用药需要都有重要意义。

（二）按照价格形成的阶段分类

中药商品从生产领域进入流通领域要经过收购调拨销售、批发销售、零售等不同环节，因而形成了收购价、出厂价、调拨价、批发价和零售价组成的价格体系。

1. 收购价　是指药材的经营者向生产者收购药材的价格。它一般由生产成本、税金、生产纯收益构成。收购价格涉及工农之间、国家与农民之间的经济利益和生产与消费的关系，有的药材品种还关系到药源保护问题，因此，制订和调整中药材收购价格必须十分慎重。

2. 出厂价　是指中药生产企业出售产品的价格。中成药出厂价格一般由生产成本、税金和工业利润构成；中药饮片出厂价格一般由生产成本、税金、加工损耗费、加工费和工业利润构成。中药工业产品出厂价也是中药商业企业的收购价格。它涉及工商双方的利润分配，反映工商企业之间的经济关系。同时中药工业产品出厂价格是其进入流通领域第一个环节的价格，是其他环节价格的基础，决定着零售价格水平。因此制订或调整出厂价格也要十分慎重。

3. 调拨价　是指中药商业企业内部调拨销售中药商品的价格，也是企业之间调拨销售药品后结算的价格，一般是依据主产地或中转地的市场批发价格，按规定的计算方法、倒扣率制订的。有的也由上级业务部门制订。它涉及中药批发企业间的经济利益。所以合理制订或调整这一价格，有利于各批发企业之间的密切协作，促进各地区之间的药品交流，保证中药市场的正常供应。

4. 批发价格　是指中药批发企业销售给零售企业或医疗单位的价格，也是零售企业或医疗单位的购进价格。一般由购进价、流通费用和批发利润构成。它反映了批发者与零售者之间的经济关系，又是零售价格计算的基础，直接影响中药商品市场零售价格水平，因此制订或调整中药商品的批发价格，也要十分慎重，否则极易引起零售价格波动。

5. 零售价　是指中药零售企业或医疗单位向人民群众或社会集团销售中药商品的价格。它一般由当地的批发价格、零售的流通费用、税金、零售利润构成。中药商品的零售价格是其流通领域中最后一个环节的价格，直接与消费者见面，体现了国家与广大消费者的利益关系，积累与消费的关系，是中药商品价格体系中政策性最强的一种价格，因此制订或调整中药商品的零售价格，更要十分慎重。为了维护广大消费者的利益，有关部门应将零售价的监管作为价格检查、监督的重点。

四、中药商品价格的制订及其计算方法

中药商品价格的制订与调整是关系到国计民生的大事，是一件政策强、涉及面广而十分复杂的经常工作，因此应严肃对待，认真做好。

中药商品价格的制订必须服从国家的宏观管理和计划指导，在物价管理的权限之内，本着有利于中药商品生产的发展，质量的提高；有利于药价的基本稳定和合理调整方针的执行；有利于调动生产者和经营者的积极性；有利于坚持按质论价、优质优价的原则；有利于药源保护和减轻消费者的负担等原则，来制订或调整中药商品的价格。

在中药商品价格体系中，商品流通环节不同形成的价格不同，其价格构成各异，所以制订的方法差别较大。现把各种价格制定的一般方法和计算公式简介如下。

（一）药材商品价格的制订和计算方法

1. 收购价格   中药材收购价格制定的方法是主产地根据生产成本、税金和收益、国家产销计划指导和市场需求情况，参照其他农副产品和药品，结合其生产的难易、技术水平的高低、生产年限的长短和抗灾能力的强弱以及药源保护方面的要求等来制订药材的收购价格。一般要略高于同地同期农副产品的价格。次产地的收购价格，是在主产地收购价格的基础上，加上与主产地的地区差价加以制订。流转到销售地的收购价格也是在产地收购价格的基础上，加上流转费用来制订。

2. 批发价格   中药材的批发价格具体有以下几种，其制订和计算公式分别是：

（1）省内产地县公司批发价格 =（收购价格 + 代购手续费 + 包装费 + 挑选整理费 + 药材集中费）×（1 + 综合差率）

综合差率的含义是经营管理费、损耗费、利息、利润等的和所占收购价格的百分比。

（2）省内产地二级站批发价格 =（产地县公司批发价 + 综合运杂费）×（1 + 综合差率）

（3）省内销地县公司批发价格 =（产地二级站批发价格 + 实际运杂费）×（1 + 综合差率）

（4）省外销地二级站批发价格 =（产地二级站批发价格 + 实际运杂费）×（1 + 综合差率）

（5）省外销地县公司批发价格 =（销地二级站批发价格 + 实际运杂费）×（1 + 综合差率）

3. 调拨销售价格

（1）国内中药材的调拨价格 = 调出地当日牌价 ×（1 - 倒扣率）（倒扣率一般为3%）

（2）进口药材调拨价 = 调出口岸当日牌价 ×（1 - 倒扣率）（倒扣率一般为5%）

（3）进口药材口岸之间调拨价格 = 调出口岸当日牌价 ×（1 - 倒扣率）（倒扣率一般为10%）

（4）中药材零售价格 = 批发价格 ×（1 + 批零差率）

（二）饮片商品价格的制订与计算方法

1. 批发价格

（1）中药饮片批发价格 =〔原药材的批发价格 ÷（1 - 损耗率）+ 各项费用〕×（1 + 利润率）

（2）复制饮片批发价格 =〔饮片的批发价 ÷（1 - 损耗率）+ 辅料费 + 各项费用〕×（1 + 利润率）

2. 零售价格   零售价格 = 饮片批发价格 ×（1 + 批零差率）

（三）成药商品价格的制订与计算方法

1. 出厂价格　出厂价格＝生产成本×（1＋税利率）

2. 批发价格

（1）产地批发价格＝出厂价格×（1＋购销差率）

（2）销地批发价格＝产地批发价格×（1＋地区差率）

3. 调拨价格

（1）产地对二级站批发价格＝调出地当日批发牌价×（1－倒扣率）（倒扣率一般为12%）

（2）产地对销地三级站批发价格＝调出地当日批发牌价×（1－倒扣率）（倒扣率一般为7%）

4. 零售价格　零售价格＝批发价格×（1＋批零差率）（批零差率一般为16%）

中药商品的价格制定或调整后，要按照物价管理的权限，报上级主管部门批准，批准后才能执行。不能任意乱提价，乱涨价。同时物价管理部门要配合有关部门加强定期或不定期的检查与监督，对违反物价政策的部门或个人，应按有关规定严肃处理，以保护消费者的利益。

五、影响药材商品价格的主要因素

药材商品是生产中成药、中药提取物和饮片的原材料，药材商品价格的变化是引起中成药、中药提取物和饮片商品价格变化的基本因素。所以我们着重介绍影响药材商品价格的主要因素。

药材商品的价格（元/千克，下同）是其药用价值的货币表现。在产销平衡的正常情况下，受价值规律的制约，价格随其药用价值大小的不同而变化。但由于药材商品生产的特殊性和经营管理的复杂性，其价格除受价值规律制约外，还受到药材商品生产、经营外部和内部诸多因素的影响，使其价格变化大，常产生价格背离价值的逆反现象。因此每种药材商品的价格在一定时期内难以稳定。只能根据市场调查和预测结果的分析，粗略估计一定时期内价格变化的范围。所以在各论具体药材商品项下，不便标明具体的价格。

药材商品价格变化的结果，尤其是大起大落的结果，常常造成与其他工农业产品的比价失调，影响药材和相关工农业产品的发展，也直接影响人民用药的需要。所以分析和控制中药商品价格变化的各种主要因素，对于保证人民的各种需要，协调工农业生产的发展都具重要意义。

（一）影响药材商品价格的外部因素

影响药材商品价格的主要外部因素有药材价格与其他农副产品的比价失调、药源的减少和天灾人祸的出现。

1. 药材价格与其他农副产品的比价失调　制订或调整药材商品价格的依据之一就

是药材价格与其他农副产品的比价。若其价格与其他农副产品的比价失调，就直接影响药农种植药材的积极性，造成药材产量的增加或减少。产量增加，供大于求，价格下降；产量减少，供不应求，价格上升。如菊花，1985 年由于产量减少，价格上升达 30 元/千克。在高价刺激下，1986 年产量大增，供过于求，价格下降至 0.60 元/千克。药材价格与其他农副产品比价严重失调，会挫伤药农的生产积极性，导致药农弃药种粮。

2. 中药资源的减少　药材商品中，有 60% 左右的药材品种靠采集野生药源。长期乱挖乱采，造成药材资源枯竭，产量逐渐下降，产不足销，价格上升。如甘草，1982 年前资源丰富，价格平稳。但 1983 年后，许多企业云集产地，抢购乱挖，造成资源枯竭，供不应求，价格猛涨。国家为了保护甘草资源，将其列为国家定价品种，近年来又调为国家指导价品种。其他如蛤蚧、猪苓等药材商品都因资源减少而价格上升。

3. 自然灾害或大的疫情出现　药材商品生产，特别是野生药材生产目前还处于"靠天吃饭"的境地，一旦受旱涝灾害或病虫害的影响，产量减少，产不足销则价格上升。如太子参，2010 年受到霜冻、干旱、强降雨等多重因素的影响，当年的产量严重受损，加之外资的介入，价格扶摇直上，在 2011 年年初暴涨至 400 元/千克以上。其他如川牛膝、甘遂等曾都因天灾价格上升。

此外，突发性传染病流行，需求量的增加也可引起价格上涨。如 2003 年非典大流行，板蓝根需求量猛增，使价格飙升至 100 元/千克以上。

在以上影响药材商品价格的外部因素中，除天灾人祸难以预料和控制外，其余两种因素是可采取措施加以控制，以消除对药材商品的影响。

（二）影响药材商品价格的主要内部因素

影响药材商品价格的内部因素很多，但起决定作用的是货源、销售量、库存量和质量。这些因素又常相互联系和制约，其结果都可影响药材商品的价格。

1. 货源　在药材商品销售量和库存量基本不变的情况下，货源的多少是影响价格的主要因素，而货源的多少又取决于产量的大小。一般规律是货源多，供大于求，则价格下降；货源少，供不应求，则价格上升；供求平衡，价格稳定。如太子参，因 2010 年太子参受到霜冻、干旱、强降雨等多重因素的影响，当年的产量严重受损，加之外资的介入，价格扶摇直上，在 2011 年年初暴涨至 400 元/千克以上。

2. 销售量　在货源和存量基本不变的条件下，销售量多少也是影响价格的主要因素。一般规律是销量增加，价格上升；销量减少，价格下降。如三七，从 1980～1983 年，销售量逐年增加，每年销售量平均增加 12.6%，引起价格从 65 元/千克上升至 88 元/千克。又如随着"火锅热"的盛行，其必用的山柰、八角茴香、灵香草、排草等的销量猛增，价格也随之直线上升。其中排草的价格由 3～4 元/千克上升至 1993 年的 110～120 元/千克。其他如鳖甲、龟板、桑椹等都因销售量增加引起价格上升。

3. 库存量　为调节市场供应，保证中药商品流通的连续性和满足人民用药需要，中药商品都有一定量的库存。在产销平衡时，库存量的大小对价格影响不大，但如出现产不足销时，库存量的大小对价格就会产生明显影响。一般规律是库存量大，可以解决供销矛盾，但由于库存增加了药品成本，价格也有一定幅度的上升；如库存量小，不能解决供销矛盾，使药品供不应求，价格上升的幅度就大。如川郁金，1993年上半年销售量比1992年同期增加73%，库存量下降58%，而1993年购进量仅为销售量的45%，所以价格由10元/千克左右上升至15~16元/千克。由于库存量减少了一半多，预计今后价格还可能上升。其他如黄连、白术等都因库存量的减少或增加，其价格也相应上升或下降。

4. 质量　中药商品是治病救人的特殊商品，其质量的优劣不仅关系到人民生命的安全，而且是生产、经营和使用单位生存与发展的关键。在其他条件相同的情况下，质量的优劣是决定价格高低的主要因素。一般规律是质优则价高，质差则价低。因而药品质量的高低自然是影响药材商品价格的主要因素之一。

对于药材商品，其规格与等级是质量优劣的标志。规格好、等级高的质量好；反之，质量差。如人参，在药材商品上首先分为野山参和园参两大类。野山参的价格十分昂贵，是后一大类的成百上千倍。园参按加工方法不同又分为晒参、红参和糖参等几类。每一类又分几小类，每一小类再分为若干个规格，每一规格再分几个等级。这些类别、规格和等级之间价格各不相同。如25支生晒参的价格420元/千克（2013年4月，成都），而80支生晒参的价格为330元/千克，两者差异较大。

影响中药商品价格的四个内部因素都可通过价值规律制约，发挥市场的调节作用加以控制或消除。即可通过按需生产、以销定购、以优促销、合理库存的办法来控制或消除这些因素对中药商品价格的影响，达到宏观调控、微观搞活、保证供应、稳定药价的目的。

第六节　中药市场的管理

中药市场的管理，是指国家有关部门，遵循客观经济规律的要求，按照国家有关法规，运用科学的方法，对中药市场的药品流通活动进行的行政管理，管理的对象包括中药商品的经营者，中药商品的品种、规格、质量、合同、税金和利润等各个方面。对这些方面进行协调组织、有效控制、检查和监督是市场管理的主要职责。

中药市场管理的主要任务是坚持中药市场的社会主义经营方向，协调产销之间的关系，维护中药商品流通的正常经济秩序，为中药商品的生产者、经营者和消费者服务。

一、中药市场管理的意义

进行和加强中药市场管理，对企业坚持社会主义方向，实现企业的经营目标，合理组织中药商品流通，打击违法犯罪活动，维护市场秩序和消费者利益等方面都具有重要意义。

（一）有利于中药商业企业坚持社会主义经营方向

中药商业企业经营中药商品的根本目的是要组织品种齐全、优质高效的药品来满足人民用药的需要，促进我国卫生保健事业的发展，不断提高人民的健康水平。如果中药经营企业违背了这一宗旨，就偏离了社会主义的经营方向。因此中药商业企业必须自觉接受国家主管部门对中药市场的管理，按《药品管理法》和《药品经营质量管理规范》的规定，进行中药商品的经营。任何时候、任何情况下都严禁购销伪劣药品。

（二）有利于中药商业企业组织中药商品流通

中药市场的经济活动涉及面很广，出现多种经济成分、多种经营方式和多条流通渠道相互交叉的复杂情况，反映农、工、商、医等多方面的经济关系。这就要求中药经营企业在国家计划指导下，合理组织中药商品的流通。因此要加强中药市场管理，坚决取缔非法经营单位和个人，取缔一切非法经营活动，坚决打击投机倒把分子，维护中药市场正常秩序，保证中药经营活动的正常进行。只有在这样的条件下，中药商业企业才能组织好中药商品的流通，才能保证药品流通的顺利进行。

（三）有利于贯彻执行《药品管理法》《药品经营质量管理规范》等药政法规

《药品管理法》是我国第一部药政法规，是加强中药市场管理的法律依据，使卫生、医药、工商、公安、司法等部门在处理药品问题时有法可循。而中药市场是药品问题比较多的地方，因此加强中药市场管理，可以促进中药商品的生产者和经营者认真贯彻执行《药品管理法》等药政法规，提高药品质量。

此外，进行和加强中药市场管理对于稳定药价，促进购销双方履行经济合同等也有积极意义。

二、中药市场管理的主要内容和方法

中药市场管理的主要方法有经济方法、行政方法和法律方法，而以经济方法为主，相互结合进行。中药市场管理和行业管理的内容是多方面的，主要内容是中药商品的经营方向、中药商品流通渠道和流通结构等，促使中药商品供需的基本平衡。具体的主要内容如下。

（一）对中药商品经营者的管理

对在市场从事药品经营的单位和个人进行管理，是中药市场管理的首要内容。这有利于促使经营者坚持社会主义经营方向，有利于保护、支持和鼓励经营方向正确，遵纪守法的经营者；制止和取缔从事非法经营活动的经营单位或个人；对严重违法，造成恶劣后果的要配合公安、司法部门予以法律制裁。

（二）对中药商品的管理

对中药商品进行严格管理是中药市场管理的基本内容。通过中药市场管理，可以保证药品的正常供应，满足人民的用药需要；可以保持中药市场的稳定，繁荣中药市场。

同时也有利于按《药品管理法》的规定，对药品的品种、质量进行检查与监督，确保人民用药的安全有效。

（三）对中药价格进行管理

药品价格问题是社会最敏感的问题。加强中药市场物价管理的目的，是为了贯彻执行国家保持物价基本稳定的方针，在维护消费者利益的前提下，兼顾中药商品生产者、经营者和消费者的经济利益，正确处理企业之间、地区之间、产销之间等方面的关系。

药价管理的主要内容有二，一是及时了解并掌握中药市场供需变化的情况和发展趋势，按物价管理权限及时调整不合理的药品价格。二是加强市场药价检查，发现问题，及时纠正处理。

此外，中药市场管理的内容还有计量管理、商标管理等。

进行中药市场管理的有各级药品监督管理部门、中药材公司、药政部门、工商管理部门和银行、财政部门等。

第七节 中药商业的信息管理

一、信息的概念与特征

（一）信息的概念

信息一词，出自英语 information。它的含义各说不一，至今还没统一的定义。但目前多数人仍赞同英语大辞典的解释，即信息是"以任何方式所取得的知识"。

信息从古至今都是普遍存在的，对生物的进化发展和社会的进步都起着极大的作用。从古代生物寻食求生到当代人类各种社会活动，无不涉及信息的交流与利用。如生物利用触角、眼睛或其他感觉器官，从周围的生活环境中获得必要的信息，以指导自身的行动；当代人类社会更有赖于信息的收集、传递与利用，才能得到迅速的发展。所以英国技术预测专家马丁认为当代社会是一个生产、处理与利用信息的社会。

信息虽然从古至今都普遍存在，无处不及，但认识到人类社会对信息的依赖性，而受到普遍重视还是本世纪的事。

（二）信息的特征

信息与一般物质相比，具有许多特征。

1. 知识性 从信息的含义得知，信息就是知识。人们获得某种信息，就意味着他获得了某种知识，提高了对某种客观事物的认识。

2. 扩散性和延续性 一般物质不能为多数人同时掌握耗用。而信息则不然，可供多数人共同享受，并且可通过微机系统、卫星系统或电视、电话等不断扩散和延续，使更多的人掌握和利用。

3. 反馈功能　信息一旦输出后，可将其与实际情况比较的结果再输出来，以调整未来的行动。所以信息反馈是控制一个系统的重要方法。

4. 继承性　信息是人类在改造世界中所得到的认识与经验的总和，它不仅可以收集和贮存，而且可供他人继承、应用和发展。

5. 创造性　人类改造世界，是一个不断探索，不断发明创造的过程。在这个过程中，产生了大量的新信息，体现了它的创造性。这一特征在促进社会进步的同时，反过来又促进了信息的产生和发展。

6. 时效性　信息与一般物质不同，是不会磨损的，但有明显的时效性，容易过时。这是因为客观事物都在不断地发展变化，每次变化都要产生新的信息。原来的某些信息就可能被新的信息代替，而且客观事物变化越快，时效性就越强。因此及时收集、整理、传递和应用信息是现代社会最显著的特征。

二、中药商业信息的作用

中药商业信息是指经过加工、整理后，对接受者具有某种使用价值，或影响其某种行为的有关中药商业的数据、消息和情报等的总和。

中药商业信息指导和规划着中药商业企业整个经营的目标、数量和速度，控制着企业经营的方向，在企业的经营管理中，起着极重要的作用。

（一）信息是企业进行正确决策的基础

中药商业企业的经营决策是企业经营成败的关键，而可靠的信息是经营决策的基础。实际上，经营决策的过程就是收集、分析信息的过程，也是根据信息分析的结果，利用信息作出抉择的过程。所以信息是经营决策的基础。如果没有信息或信息的可靠性差，企业就不能有正确的决策，就会导致经营的失败。因此企业的经营管理只有通过准确的信息收集与传递，利用信息把企业的人、财、物和商品等要素有机的联系和组织起来，从而对企业实行科学管理，才能提高企业经营管理水平。

（二）信息能为企业进行科学管理提供依据

中药商业企业经营管理每个环节都要依靠相应的可靠信息。没有这些信息，企业就失去了经营管理的依据，就无法进行科学的管理。我国中药商业企业的经营管理水平与世界发达的国家的差距主要表现在信息利用方面。所以要从我国的国情出发，吸收外国收集、处理和利用信息的先进经验，努力实现经营管理现代化，以不断缩短这方面与国外的差距。

（三）信息是企业发挥各种管理职能的有效手段

中药商业企业管理中有计划、组织、指挥、协调和控制五大职能，这些职能的充分发挥和对人、财、物及商品等经营要素合理流动的管理都离不开信息。如企业在对人、财、物和商品经营要素的流动管理中，商品流动管理是中心，其他经营要素的流动都是为商品流动服务的。而信息除是重要的经营要素外，又对诸要素的流动管理起着协调和控制作用。又如企业的种种管理手段和职能也离不开信息。信息既是管理的前提条件，又是管理的有效手段，是贯穿于管理全过程的"神经"。计划职能就是从事信息收集和处理的活动，没有对大量信息的加工处理，就不可能形成符合企业实际情况的计划；作为计划的信息有赖于指挥职能的推动，经组织职能建立的信息沟通渠道，按一定的顺序和层次，传递到各级管理机构，指导企业运转；监督职能所获得的信息为协调职能提供了资料，并为评价经营结果提供依据。所以中药商业内部之间的信息交流与外部环境的信息交流，是企业实施各种管理职能和对经营各要素进行管理的有效手段。

（四）信息是企业与外部环境保持协调统一的条件

中药商业企业与生物体一样，必须依赖有关信息，与外部环境条件保持相对的协调统一，才能生存与发展。经营实践证明，凡是经营成功的企业，都与及时有效的收集、处理和利用信息，同外部的经营环境保持相对协调统一有密切关系。所以信息是企业与外部环境保持相对协调统一的条件，是企业经营成败的关键因素之一。

（五）信息是企业提高经济效益的保证

信息不仅可提高企业人员尤其是上层管理和科技人员的科技水平，增强他们的经营管理能力，而且可给企业提供各种商业情报，提高企业的计划、调节、控制和应变能力，使企业增加经济效益。如1991年，成都荷花池中药材市场信息中心为其成员单位提供的中药商品价格信息，就增加经济效益数十万元。由此可见，信息是企业提高经济效益的保证。

二、中药商业信息的分类

中药商业信息分类的目的一是加深对中药商业信息的认识，提高运用信息的自觉性；二是加强对信息的管理，为建立多功能、高效率的信息管理系统，实现信息管理的科学化和现代化创造条件，以适应社会主义市场经济发展和实行现代企业制度的要求。

中药商业信息按照不同的分类标准有不同的分类方法。如按信息产生的过程可分为原始信息与外部信息；按信息发出的时间可分为历史信息、现时信息和将来信息；按信息来源的稳定性可分为固定信息、流动信息和偶然信息；按信息的作用分为决策信息、控制信息和作用信息；按信息的内容可分为指令性信息、市场情报信息、企业经营信息、营销环境信息和科技信息。现按后者分类简介如下。

（一）指令性或指导性信息

是指企业的最高领导部门以通知或文件等为载体下达给下属各级经营管理部门和全体职工的指挥命令。它具有较高的权威性，一般采用行政方法在企业内部传递。这样有利于统一指挥，及时贯彻；有利于提高管理水平和管理工作效率。所以都被中药商业企业广泛采用。

（二）市场情报信息

是指企业及时向市场收集需要的市场动态和商业情报或向市场发出有关营销情况的信息。市场情报一般通过广告、商情动态、药价行情和销售分析等的图表或文字资料反映出来。市场情报信息是企业进行计划、协调、控制等管理的主要依据。对企业搞好经营与管理工作起决定性作用，因而是企业收集、利用的重点信息。

（三）企业经营管理信息

是指用于中药商业企业经营管理全过程的信息。主要包括计划信息、合同信息、定额信息、价格信息和统计信息等。是企业进行经营管理的依据，对企业经营与管理也起着重要作用，因而也是企业收集和利用的重点信息。

（四）营销环境信息

是指企业外的，影响经营活动的各种因素形成的信息，包括市场环境信息、经济环境信息、政治环境信息和社会环境信息等。是属于企业外部不可控因素形成的信息。企业只有及时的适当的调整经营条件，与之协调一致，才能适应外部营销环境的变化。否则中药商业企业的经营就要遭到失败。因而企业应高度重视这方面信息的收集与利用。

（五）科技信息

是指国内外有关中药商业的科学技术发展趋势和新成果的信息。包括中药生产机械方面的信息、改革经营管理方面的信息、新技术信息和新产品信息等。是企业及时调整经营方向、目标、结构和开拓市场等的重要依据。因此中药商业应十分注意收集和利用这些信息。

四、中药商业信息管理系统

中药商业信息管理系统是指用既定的程序和方法，把从企业内部和外部获得的信息材料，进行加工、整理、分析和筛选等的管理系统。其主要目的是向企业的领导者提供有用的准确信息，帮助他们决策。

系统论认为，系统是指由相互作用和相互依赖的若干部分组合而成的、具有特殊功能的有机整体。同时一个系统又是更大系统的组成部分。如中药商业企业信息管理系统是中药商业企业这个较大系统的组成部分，而中药商业企业又是中药商业系统的一个组成部分等。

（一）建立信息管理系统的目的和意义

中药商业企业的领导为了适应市场经济发展的需要，适应现代企业制度的要求，都十分重视信息的作用，加强了信息工作的管理，认识到建立信息管理系统对企业发展具有重要意义，所以普遍要求建立企业的信息管理系统。其目的是要提高企业决策的准确性，提高企业对市场变化的应变能力和企业的竞争能力。建立中药商业信息系统具多方面的意义。

1. 有利于达到企业对信息管理的要求　建立人－机结合的信息管理系统，把手工与电子计算机管理结合起来，可达到企业对信息管理及时、准确、适用和经济的要求，满足企业各管理层次和部门对不同信息的需要，以提高企业各项决策和计划的准确性。

2. 有利于对大量复杂信息的科学处理　当代处于知识爆炸的时代，各级政府的有关文件资料，各种报刊、杂志、书籍，各种学科技术团体和信息中心都提供了种类繁多、数量极大的有关信息材料。对这些数量惊人的信息资料进行科学处理，从中筛出准确有用的信息，没有现代的信息管理系统是难以办到的。所以建立现代信息管理系统，正是适应时代的要求。同时用计算机科学处理量多复杂的信息材料，能使企业的经营管理者把主要精力和时间放在分析、使用信息和企业的决策上，从而提高企业的经济效益。

3. 有利于达到信息管理现代化的要求　过去的信息管理是手工管理系统，多呈分散的管理状态。企业的各管理层次和部门都承担着信息管理任务，都管理着自身所需要的信息。这虽然也给企业提供了不少信息，但这些信息一是大量重复，二是企业决策需要的信息不多，不能满足企业决策的需要。所以这种分散的手工管理系统已不能适应现代企业对信息的要求。为此必须建立人－机结合的新的信息管理系统，把以前分散的管理集中统一起来，经过统一的科学分类和加工处理，满足企业及企业内部各管理层次和部门的不同需要，从而大幅度地提高信息管理水平。

（二）企业对信息管理系统的要求

中药商业企业为了实现经营管理的科学化和现代化，要求中药商业信息管理系统全面利用各种信息源，收集信息，并经过科学地精心处理，提高信息的准确性，使原始信息成为企业经营管理决策和计划管理不可缺少的信息。为此在处理信息时，必须坚持及时性、准确性、适用性和经济性的原则。

1. 及时性　就是要求信息处理和传递的速度要快。信息的时效性很强，其价值与提供的时间成反比。传递越快，价值越大；时过境迁，就失去了使用价值。所以要求信息管理系统在收集、加工、传递、反馈方面都要及时。

2. 准确性　就是要求信息要如实地反映客观情况。所以要求信息管理系统在处理信息时，应筛去失真的或模棱两可或过时的信息，只把能真实反映客观实际的信息提供出来。这样企业决策才有真实、可靠的依据。因此也要求信息管理系统要从实际出发，必须以原始的数据和资料为基础。

3. 适用性　就是要求提供的信息要符合实际需要。企业不同管理层次和部门对信息需要的类型和形式是不同的，因此要求信息管理系统要按不同的需要提供不同的信息。

4. 经济性　就是要求信息处理的手段、方式和程序都尽可能节约费用，尽量使信息给中药商业企业带来更大的经济效益。当信息处理费用与效益发生矛盾时，要权衡利弊，取利弃弊，尽可能采用综合利用信息的方法，以增收节支。

（三）中药商业现代信息管理系统的特征

中药商业现代信息管理系统与企业其他系统比较起来，具以下主要特征。

1. 明确的目的性　建立中药商业现代信息管理系统就是要把来自企业内部和外部的繁杂、零星和原始的信息集中起来，运用先进的设备，按不同的要求进行科学的加工处理，并把处理的结果迅速传递到相关部门和人员手中，使他们能及时地利用这些信息，为企业创造最好的经济效益。

2. 高度的集中统一性　过去手工管理信息系统，不仅管理分散、费时费事，很不经济，难以达到及时、准确、适用和经济的管理要求。现代信息管理系统把人－机结合起来，把企业所获得的一切信息集中在一起，按不同需要统一进行处理，大大提高了信息的质量和使用效率，为企业实行现代化的经营管理奠定了基础。如对有关数据进行统一处理，可发挥一个数据多功能、多用途的作用，为全面实行准确的经济核算打下良好基础。

3. 信息处理的快速性　过去的手工管理系统，一切数据处理主要靠手工计算，工作量大，费时且效率低。而人－机结合的管理系统，是用电子计算机处理数据，省时省事，很快就可得到处理结果，工作效率高，不仅适应了信息具时效性的特点，而且为企业赢得了及时利用信息的时间。这无疑对企业减少损失、提高经济效益起着重要作用。

4. 最优化的服务性　中药商业现代信息管理系统，通过人－机的有机结合，把中药商业企业需要的商情信息、数据信息、科研信息及有关文件、报刊等资料，按照既定的程序和方法，按不同的需要，进行快速处理，使企业的各管理层次和部门能及时获得所需信息。

第八节　中药商品的广告管理

药品是一种不同于一般商品的特殊商品。每一种药品都有自己特定的功能主治和使用对象，药品广告的内容对指导合理用药、安全用药起着至关重要的作用。所以，对其广告内容的审核发布和监督管理较之其他产品更为严格。药品广告必须经过药品主管部门的审核批准后才能发布。

一、中药商品广告审批管理

1. 为保证人民用药安全、有效，为防止和杜绝某些药品广告夸大疗效、误导患者的宣传，药品广告须经企业所在地省、自治区、直辖市人民政府药品监督管理部门批准，并发给药品广告批准文号；未取得药品广告批准文号的，不得发布。

2. 处方药可以在国务院卫生行政部门和国务院药品监督管理部门共同指定的医学、药学专业刊物上介绍，但不得在大众传播媒介发布广告或者以其他方式进行以公众为对象的广告宣传。

3. 省、自治区、直辖市人民政府药品监督管理部门应当对其批准的药品广告进行检查，对于违反《药品管理法》和《中华人民共和国广告法》的广告，应当向广告监督管理机关通报并提出处理建议，广告监督管理机关应当依法作出处理。

4. 经国务院或者省、自治区、直辖市人民政府的药品监督管理部门决定，责令暂停生产、销售和使用的药品，在暂停期间不得发布该品种药品广告；已经发布广告的，必须立即停止。

二、中药商品广告内容管理

中药商品广告的内容是否真实，对正确指导患者合理用药、安全用药十分重要，与患者的生命安全和身体健康关系极大，因此，中药商品广告的内容必须真实、准确、对公众负责，不允许有欺骗、夸大情况。不切实际的广告宣传不但会误导患者，而且延误治疗。所以，中药商品广告内容必须实行严格管理，主要规定如下。

1. 药品广告的内容必须真实、合法，以国务院药品监督管理部门批准的说明书为准，不得含有虚假的内容。

2. 药品广告不得含有不科学的表示功效的断言或者保证；不得利用国家机关、医药科研单位、学术机构或者专家、学者、医师、患者的名义和形象作证明。

3. 非药品广告不得有涉及药品的宣传。

各 论

药材，是指仅经过产地简单加工的药物。它是中药的重要组成部分，又是生产饮片和中成药的主要原料，在中药商品的经营管理中占有重要地位。

药材的分类方法有多种，按各学科的要求不同而各异。有的按科属分类（如药用植物分类学），有的按植物化学成分分类（如植物化学分类学），有的按性味功效分类（如中药学），有的按入药部位分类（如中药鉴定学）等。

中药商品学为了适应市场经济的要求，便于药材商品的经营与管理，采用产地分类法。此法是在传统道地药材分类的基础上，根据近代药材商品主产地或集散地变迁的不同情况，把药材商品分为川药类、广药类、云药类、贵药类、怀药类、浙药类、关药类、北药类、西药类、南药类、蒙药类、维药类、藏药类和进口药类等十四类。以下分列专章介绍。

第九章 川 药

凡以四川和重庆为主要产区或集散地的大宗商品药材均称为川药。

四川地处中国西南，长江上游，位于东经 97°22′～110°10′，北纬 26°03′～34°20′。北邻陕西、甘肃、青海，东连湖北，南接云南、贵州，西与西藏交界，宋代置川峡四路，四川之名由此而来。春秋时期，四川为"巴""蜀"之地，故简称蜀。

四川境内山峦重叠，地形复杂。美丽富饶的四川盆地，为我国著名的四大盆地之一，海拔 100～7000 米。西部属青藏高原，山高谷深，地势崎岖，平均海拔为 3000～4000 米。全省主要河流有长江、雅砻江、大渡河、岷江、沱江、嘉陵江、乌江等，水利资源十分丰富。

四川气候复杂多样。东部属亚热带湿润东南季风气候，具有冬暖、春早、夏长、气温高的特点；西南山地属亚热带干湿交替的西南季风气候，具有冬无严寒、夏无酷暑的特点；四川高原气候寒冷，长冬无夏。全川年降雨量多数地区约1000毫米，西北高原约400~700毫米。由于秦岭大巴山阻挡了寒流，夏季南方热带气流越过大娄山下沉，使四川盆地冬暖夏热，霜日极少，几乎全年皆为动植物的生长期。年均气温16℃~17℃，无霜期长达300天，积温5000℃~6000℃，风力弱，雾多消散慢，日照少（多在1400小时以下），雨季漫长，年降雨量约1200毫米，蒸发量小，湿度极大，旱季极少。

由于四川地形复杂，又未受第四纪大陆冰川的侵袭，生态环境和气候多样，使药材资源极为丰富，并呈明显的区域性和地域性分布，如高山的冬虫夏草、川贝母、麝香等；岷江流域的干姜、郁金等。其他如江油的附子，绵阳的麦冬，都江堰的川芎，遂宁的白芷，中江的白芍、丹参，汉源的花椒，天全、金口河的牛膝，重庆石柱的黄连，合川的使君子、补骨脂等不仅分布有明显的地域性，而且这些药材在国内外久负盛名。

四川道地的药材除上述外，还有川乌、川木香、天麻、厚朴、杜仲、黄柏、金钱草、银耳等。

干 姜
ZINGIBERIS RHIZOMA

本品为姜科植物姜 *Zingiber officinale* Rosc. 的干燥根茎。始载于《神农本草经》，列为中品。后代本草将生姜独立成项，自此干姜与生姜分别入药，均为栽培。姜能御百邪，性同疆，故名。为常用中药。

【别名】均姜、川姜、白姜。

【产地】主产于四川的犍为、沐川，贵州的兴义、兴仁，云南的罗平、师宗，广西的西林、隆林，山东的沂南、苍山、平邑等地。此外，浙江、湖北、广东、陕西也产。其中以四川、贵州的产量大，品质好。

【采收加工】多在冬季采收。挖出后，除去须根和泥土，晒干或低温干燥，或选肥嫩者趁鲜切片晒干或低温干燥入药。

【商品特征】呈扁平块状，有指状分枝。表面平坦，淡黄白色（去皮者）或皱缩，灰黄棕色（未去皮者）。质硬，气香味辣。

【商品规格】干姜系老姜。商品上有干姜个和干姜片两种。

【品质要求】以质地坚实、色白、粉性强、气香浓、味辛辣者为佳；质松、粉性差者质次。其中以四川产者质量优，尤以四川犍为产品质量最优，特称为"犍干姜"。本品含挥发油不得少于0.8%（mL/g），含6-姜辣素不得少于0.60%；水分不得过19.0%；总灰分不得过6.0%；水溶性浸出物不得少于22.0%。

【包装贮藏】篾席或麻袋装。置阴凉干燥处保存，防蛀。

【性味功效】性热，味辛。温中散寒，回阳通脉，温肺化饮。

川 贝 母
FRITILLARIAE CIRRHOSAE BULBUS

本品为植物川贝母 *Fritillaria cirrhosa* D. Don、暗紫贝母 *Fritillaria unibracteata* Hsiao et

K. C. Hsia、甘肃贝母 *Fritillaria przewalskii* Maxim. 、梭砂贝母 *Fritillaria delavayi* Franch. 、太白贝母 *Fritillaria taipaiensis* P. Y. Li 或瓦布贝母 *Fritillaria unibracteata* Hsiao et K. C. Hsia var. *wabuensis*（S. Y. Tang et S. C. Yue） Z. D. Liu，S. Wang et S. C Chen 的干燥鳞茎。按性状不同分别称为"松贝""青贝""炉贝"和"栽培品"。始载于《神农本草经》，列为中品。野生或栽培。因形似聚贝子，故名。为常用中药。

【别名】川贝、知贝。

【产地】我国西南、西北地区多产，著名的有：①炉贝，主产于四川、青海、云南一带，产量极大。四川产品多集散在打箭炉，故名炉贝。②松贝，主产于四川北部的松潘、马尔康等阿坝一带。③青贝，主产于青海玉树，云南德钦，新疆木叠河、缓空，四川西部及甘肃岷县等地。④太白贝母分布于湖北、陕西、甘肃、四川等地，瓦布贝母分布于四川西北部的北川、黑水、茂县、松潘、重庆城口等地。

【采收加工】因各地气候、季节不一，采收季不同，过晚茎叶枯萎不易寻找；栽培者多于下种 3 年后秋季茎叶枯萎时采收，此时浆汁多，产品质量好。四川、云南大约在 6~7 月为盛采期；青藏高原则约在 8 月；甘肃省约在 5~6 月。

加工方法各地不一，主要的方法如下。

1. 晒干法 一般将川贝母挖回后，去净泥土和须根，置烈日下曝晒至干透。如遇阴雨天气，可用微火烘干，以防变色、泛油。

2. 撞击法 将挖回的贝母晒至二至三成干，表面变硬时，放入布袋或竹筐内，加入大量麦麸，再振摇撞击去粗皮，用麦麸吸去撞击时渗出的水分。再晒干。

【商品特征】呈圆锥形、扁圆形或卵圆形，大小不一。类白色，外层两枚鳞叶相互抱合形似怀中抱月，顶端不开口（松贝），或对合形似观音合掌（青贝），或错合，形大，表皮有斑纹（炉贝），顶端尖或钝，一般有开口。栽培品呈类扁球形或短圆柱形，颗粒大，表面稍粗糙，有的具浅黄色斑点，鳞叶大小相近，顶部多开裂而较平。质坚实，富粉性，对剖后内有鳞叶和心芽。（见彩图 1）

【商品规格】商品上分松贝、青贝、炉贝（知贝）和栽培品四种规格。松贝分为一、二等；青贝分为一至四等；炉贝分为一、二等；栽培品为统货。其规格等级标准如下。

1. 松贝 一等：呈类圆锥形或近球形，鳞瓣两枚，大瓣紧抱小瓣，未抱合部分呈新月形，顶端闭口，底部圆平。表面白色，体坚实，质细腻。断面粉白色。味甘微苦。每 50g 在 240 粒以外，无黄贝、油子、破碎。

二等：顶端闭口或开口，基部平或略平，每 50g 在 240 粒之内。间有黄贝、油子、破碎，余同一等。

2. 青贝 一等：扁球形或类圆形，两枚鳞瓣大小相似。顶端闭口或微开口，基部较平或圆形，表面白色、细腻，体结实。断面粉白色。味淡微苦。每 50g 在 190 粒以外。对开瓣不超过 20%。无黄贝、油子和破碎。

二等：顶端闭口或开口，每 50g 在 130 粒以外。对开瓣不超过 25%。间有花子，但不超过 5%，无全黄贝、油子、碎贝。余同一等。

三等：每50g在100粒以外。对开瓣不超过30%，间有油子、碎贝、黄贝，但不超过5%。余同二等。

四等：顶端闭口或开口较多，表面牙白色或黄白色。大小粒不分。兼有油子、碎贝、黄贝，余同三等。

3. 炉贝　一等：呈长圆锥形，贝瓣略似马牙。表面白色，体结实，断面粉白色，味苦。大小粒不分，间有油子和白色破瓣。

二等：表面黄白色或淡黄棕色，有的具棕色斑点。大小粒不分。间有油子、破瓣，余同一等。

【品质要求】均以质坚实，色白、粉性足，个完整不碎者为佳。本品总生物碱以西贝母碱计，不得少于0.050%；水分不得过15.0%；总灰分不得过5.0%；醇溶性浸出物不得少于9.0%。

【产销行情】全国每年生产约600吨，纯购约400吨，纯销约400吨。供应出口约30～40吨。其中四川每年纯购约80吨，湖北约100吨，甘肃约30～40吨，青海约30吨，陕西约25吨，其他地区约50吨。川贝母市场长期紧缺，供不应求，价格不断上涨，各地正在积极研究野生变家种的工作。

【包装贮藏】麻袋或塑料袋包装。本品在贮存中易虫蛀、发霉、变色。应防潮，置干燥处保存。

【性味功效】性微寒，味苦、甘。清热润肺，化痰止咳，散结消痈。

【附注】川贝母为国家重点保护的野生植物药材品种。

川　乌

ACONITI RADIX

本品为毛茛科植物乌头 Aconitum carmichaelii Debx. 的干燥母根。始载于《神农本草经》，列为下品。主根晒干作川乌入药，子根经加工后作附子入药。因其根形如乌鸦之头，多产于四川，故名。为较常用中药。

【别名】乌头。

【产地】主产于四川江油、安县、布托，陕西汉中、城固。销全国，并出口。目前全国大部地区已引种栽培。

【采收加工】夏至至小暑间采收。挖出后，将附子摘下，洗净泥土，晒干即可。或放缸中，用热水泡12小时后捞出，拌上草木灰，白天摊晒，夜里堆放，反复多次，直至晒干即成。

【商品特征】形似乌鸦头，棕褐色，有摘去附子的疤痕。体质饱满，显粉性，味辣麻舌。

【商品规格】商品分为川乌个和川乌片两种。

【品质要求】个子货以身干、个匀、饱满坚实、无空心者为佳；片子货以厚薄均匀、片面粉质洁白者为佳。本品按照《中国药典》法测定含乌头碱、次乌头碱和新乌头碱的总量应为0.050%～0.17%；水分不得过12.0%；总灰分不得过9.0%，酸不溶性灰分不得过 2.0%。

【包装贮藏】麻袋包装。置通风干燥处保存，防蛀。

【性味功效】性热，味辛、苦，有大毒。祛风除湿，温经止痛。

【附注】川乌生品为毒性中药，应加强管理。

川 芎
CHUANXIONG RHIZOMA

本品为本品为伞形科植物川芎 *Ligusticum chuanxiong* Hort. 的干燥根茎。始载于《神农本草经》，列为上品。均为栽培。功能上行，专治头脑诸疾。因人头穹窿穷高，天之象也，故名芎䓖。四川产者质优，习称川芎。为常用中药。

【别名】芎䓖、抚芎。

【产地】大量栽种于四川都江堰市、彭州、什邡、新都、崇州、彭山等地，江西武宁、瑞昌、德安及湖北阳新、崇阳、通山。其他地区如甘肃、云南、贵州、吉林、江苏、贵州等省区亦产，但产量较小，多自销。

【采收加工】平坝栽种者于 5～6 月（小满前后）采挖；山地栽种者于 7～8 月，当茎部在节盘处显著膨大，并略带紫色时采挖。挖出全株，除去茎苗，去净泥土，晒 4～5 天再用小火炕干，撞去须根即成。

【商品特征】呈不规则的结节状团块，黄褐色，有突起的平行节纹。质坚实，气芳香，味苦辛、微甜带麻。

【商品规格】商品中分川芎（四川产者）和抚芎（又称茶芎，江西、湖北、湖南产者）两种。二者气味稍有不同。川芎优于抚芎。川芎分为一、二、三等。其规格等级标准如下。

1. 家川芎 一等：呈结节状，质坚实。表面黄褐色，断面灰白色或黄白色，有特异香气，味苦辛，麻舌。每千克 44 个以内，单个重量不低于 20g。

二等：每千克 70 个以内，其余同一等。

三等：每千克 70 个以上，个大空心的也属此等。余同一等。

2. 山川芎 统货。呈结节状，体枯质瘦。表面褐色，断面灰白色。有特异香气，味苦辛，麻舌。大小不分。

【品质要求】以个大、肉多、外皮黄褐而内有黄白色菊花心者为最优。本品含阿魏酸不得少于 0.10%；水分不得过 12.0%；总灰分不得过 6.0%，酸不溶性灰分不得过 2.0%；醇溶性浸出物不得少于 12.0%。

【产销行情】目前川芎国内年产量达 5000～6000 吨，四川占了全国产量的 90% 以上。

【包装贮藏】用麻袋或编织袋包装。本品易虫蛀、发霉、泛油。应在原产地日晒或微火炕干，以免受潮生虫。在贮存中，特别是梅雨季节，应经常检查，必须置阴凉干燥处保存，切忌受潮、受热。

【性味功效】性温，味辛。能活血行气，祛风止痛。

川 木 香
VLADIMIRIAE RADIX

本品为菊科植物川木香 *Vladimiria souliei*（Franch.）Ling 或灰毛川木香 *Vladimiria souliei*（*Franch.*）Ling var. *cinerea* Ling 的干燥根。载于《中国药学大辞典》，野生。因本品气香，故名。为常用中药。

【产地】主产于四川阿坝州的松潘县，甘孜州，雅安的宝兴、芦山，凉山州的西昌等地。此外，西藏亦产。

【采收加工】于 9～10 月采收。挖后去净泥土和根头上的膜质状物及须根。粗根可纵向剖开，在晒干或烘干过程中去掉粗皮，晒至全干。但不宜用大火烘烤，否则影响质量。

【商品特征】呈长圆柱形或带沟槽的半圆柱形，黄褐色或灰褐色。栓皮脱落处有网纹。体轻质脆，气微香，味苦。

【商品规格】商品分铁杆木香（长圆柱形者）和槽子木香（带沟槽者）两种。

【品质要求】均以根条粗壮、均匀，体重质坚、香气浓郁、油性足、无须根者为佳。本品总灰分不得过 4.0%。

【产销行情】全国年均生产约 1800 吨，纯购约 1600 吨，纯销约 1600 吨，供应出口约 300 吨，其中云南每年纯购约 400 吨，四川约 700 吨，陕西约 50 吨，湖北约 80 余吨，其他地区约 300 吨。

【包装贮藏】用麻袋或竹篓装。本品易虫蛀、发霉、泛油，应置阴凉干燥处保存。若受潮，可晾晒。

【性味功效】性温，味辛、苦。行气止痛。

川 木 通
SALVIAE MILTIORRHIZAE RADIX ET RHIZOMA

毛茛科植物小木通 *Clematis armandii* Franch. 或绣球藤 *C. Montana* Buch. – Ham. 的干燥藤茎。始载于《证类本草》。多为野生。功能通利行水，故名。为常用中药。

【产地】小木通主产于四川都江堰、彭州、雷波、天全等；绣球藤主产于四川理县、康定、泸定等。

【采收加工】春、秋两季采收。除去粗皮，切成 50～70cm 的段，晒干，或趁鲜切薄片，晒干。

【商品特征】呈长圆柱形，略扭曲。表面黄棕色或黄褐色，有纵向凹沟及棱线；节处多膨大，有叶痕及侧枝痕。残存皮部易撕裂。质坚硬，不易折断。

切片呈类圆形厚片，边缘不整齐，残存皮部黄棕色，木部浅黄棕色或浅黄色，有黄白色放射状纹理及裂隙，其间布满导管孔，髓部较小，类白色或黄棕色，偶有空腔。气微，味淡。

【商品规格】分个子货和切片。不分等级，统货。

【品质要求】均以干燥、条粗、均匀、内外色黄、无黑心者为佳；本品水分不得过12.0%；总灰分不得过3.0%；醇溶性浸出物不得少于4.0%。

【产销行情】除四川使用外，还销往安徽、贵州、湖北、湖南、广东、香港等长江以南省份及甘肃、陕西、河北等部分北方地区。年产销量1000吨以上。

【包装贮藏】编织袋包装。置通风干燥处，防潮。

【性味功效】性寒，味苦。利尿通淋，清心除烦，通经下乳。

川 牛 膝
CYATHULAE RADIX

本品为苋科植物川牛膝 *Cyathula officinalis* Kuan 的干燥根。始见于明代《滇南本草》。野生和栽培均有。因节似牛膝，主产于四川，故名。为常用中药。

【别名】甜牛膝。

【产地】主产于四川天全、金口河、宝兴、乐山、峨眉，重庆奉节，云南大理、楚雄、昭通、下关、丽江、维西，贵州毕节、盘县等地。近年来，陕西、湖北、湖南、河南也有栽培。

【采收加工】秋、冬两季采挖。野生以9~10月采挖较好，栽培的在11~12月采挖。栽培年限以三年为宜，过早质量差，过迟有烂根现象。挖出根后，抖净泥土，切掉芦头，剪去周围的支根及稍大的侧根。然后按大小分别捆把，烘或晒至半干，堆放回润，再进行一次修剪、捆把，至晒干或烘干即可。

【商品特征】长圆柱形，棕黄色或灰褐色，有横长皮孔和扭曲纵皱纹，质坚韧，横切面上有浅色筋脉点排成的3~8个同心环纹。味甜。

【商品规格】栽培品比野生品质优。商品过去有头拐、二拐等规格。目前按大小分成一、二、三等和等外、统货。其规格等级标准如下。

一等：呈曲直不一的单一长圆柱形。表面灰黄色或灰褐色，质柔韧。断面棕色或黄白色，有筋脉点。上中部直径1.8cm以上。味甘微苦。

二等：上中部直径1.0cm以上，余同一等。

三等：上中部直径1.0cm以下，但不小于0.4cm，长短不限。余同一等。

【品质要求】均以身干、条大柔软、油润、色黄棕者为佳。本品含杯苋甾酮不得少于0.030%；水分不得过16.0%；总灰分不得过8.0%；水溶性浸出物不得少于65.0%。

【产稍行情】全国年均生产约3000吨，纯购约3000吨，纯销约2500吨，供应出口约60~70吨。其中四川每年纯购约600吨，河北约200吨，河南约300吨，山东约300吨，湖南约150吨，广东约100吨，其他地区约1000吨。

【包装贮藏】本品易霉蛀、泛油，应贮于阴凉干燥处。

【性味功效】性平，味甘、微苦。逐瘀通经，通利关节，利尿通淋。

川 明 参
CHUANMINGSHINIS RADIX

本品为伞形科植物川明参 *Chuanminshcn violaceum* Sheh et Shan 的干燥根。始载于

《饮片从新》明党参项下。多为栽培，亦有野生。因功似明党参，主产四川，故名。为常用中药。

【别名】明参、明沙参、土明参。

【产地】主产于四川金堂、青白江、苍溪、巴中、简阳、威远、北川、平武，湖北宜昌、当阳等地。

【采收加工】移栽后第二年的清明前后采挖，除去泥沙及须根，洗净，刮去外皮或用粗糠搓至色白，并分大、中、小三级，在清水中洗净，再置沸水中煮至无白心，取出，浸漂，晒干或烘干。

【商品特征】呈长圆柱形或长纺锤形，略扭曲。表面黄白色或淡黄棕色，较光滑。质坚硬，易折断，断面半透明，有角质样光泽，可见 2~3 个白色断续同心环纹。味淡，嚼之发黏。

【商品规格】商品上按照长短、粗细分为大中小三个等级。

【品质要求】均以条粗、质地坚实、外皮黄白色、细致光滑、有光泽、断面半透明者为佳；本品水分不得过 12.0%；总灰分不得过 18.0%，酸不溶性灰分不得过 1.5%；水溶性浸出物不得少于 10.0%。

【产销行情】四川年均生产约 2500 千克，主销四川本省及广东、广西、湖南、湖北、江西、福建、贵州、云南等省及台湾地区，并出口东南亚国家。

【包装贮藏】竹篓或编织袋包装。置阴凉干燥处保存。防受潮发霉和虫蛀。

【性味功效】性平、凉，味甘、微苦。滋阴补肺，健脾。

【附注】川明参与明党参是同科不同属的品种，西南、华南地区颇为适销，出口量亦大。因其功能与明党参近似，很多地区以川明参作明党参使用。

川 射 干
IRIDIS TECTORI RHIZOMA

本品为鸢尾科植物鸢尾 *Iris tectorum* Maxim. 的干燥根茎。射干始载于《神农本草经》，列为下品。《植物名实图考》记载的鸢尾即为四川省习用的川射干。多为栽培。历代本草多有射干和川射干两种植物形态差异的记载，因功似射干，主产于四川，故名。为常用中药。

【别名】蛇头知母。

【产地】主产于四川绵阳、甘孜、阿坝等地。重庆、广东、广西、云南、江苏、浙江等亦产。

【采收加工】种植两年后采挖。春季或秋季挖出根状茎，除去茎叶和须根，可掰下带芽的根状茎作种栽用，其余的洗净，晒干或炕干。总黄酮含量测定的结果表明川射干的最佳采收期为 5~8 月。

【商品特征】呈不规则条状或圆锥状，略扁，似蛇头，有分支。表面灰黄褐色或棕色，有环纹和纵沟。常有残存的须根及凹陷或圆点状突起的须根痕。断面黄白色或黄棕色。

【商品规格】商品均为统货，以四川绵阳、阿坝、甘孜的质量最好。

【品质要求】均以完整、色灰黄、断面黄白色、味浓者为佳；本品含射干苷不得少于3.6%；水分不得过15.0%；总灰分不得过7.0%；醇溶性浸出物不得少于24.0%。

【产销行情】四川全省年产近100吨，销省内外。

【包装贮藏】编织袋包装。置阴凉干燥处保存。

【性味功效】性寒，味苦。清热解毒，祛痰，利咽。

丹 参
SALVIAE MILTIORRHIZAE RADIX ET RHIZOMA

本品为唇形科植物丹参 *Salvia miltiorrhiza* Bge. 的干燥根及根茎。始载于《神农本草经》，列为上品。多为野生，也有栽培。因色红，似参，故名。为常用中药。

【别名】血参、赤参、紫丹参。

【产地】主产于四川中江、平武，河北安国抚宁、迁西、卢龙、平泉，天津蓟县，上海崇明，江苏射阳、兴化、高邮、句容，安徽亳州、太和，山东莒县、平邑、沂水、栖霞、莱阳、日照，陕西洛南、商州，河南嵩县、卢氏、洛宁及辽宁、浙江、湖北、甘肃、云南等地亦产。

【采收加工】春、秋、冬三季均可采收。以秋冬两季采收者浆汁充足，质量较佳。一般将根挖回后，剪去茎叶和须根，去净泥沙，晒干即可。但江苏有些地区将鲜货堆放在阴凉处，经发汗使内部变紫后再晒干。

【商品特征】根茎较粗短，根细长，有的分枝，表面红棕色。质脆，断面白色（家种品）或紫褐色（野生品），有黄白色筋脉点。

【商品规格】商品上分为野生与家种两种规格，以四川栽培的丹参质量最好。其规格等级标准如下。

1. 野生统货 呈圆柱形，条粗短，有分枝，外形扭曲。表面红棕色或红黄色，皮粗糙呈鳞片状，易剥落。质轻脆。断面红黄色或棕色，疏松有裂隙，有白色筋脉点，气微，味甘微苦。

2. 家种 一等：呈圆柱形或长条状，偶有分枝。表面紫红色或黄红色，有纵皱纹，皮细而粗壮，质坚实。断面灰白色或黄棕色，无纤维。气微，味甘微苦。多为整枝，头尾齐全，主根上中部直径在1.0cm以上。

二等：主根上中部直径在1.0cm以下，但不低于0.4cm。有单枝及碎节。余同一等。

出口商品按条粗细大小和品质优劣分等出售。

【品质要求】均以条粗壮、色紫红、质坚实、无破碎者为佳：外皮脱落、色灰褐者质次；本品含丹参酮ⅡA不得少于0.20%；水分不得过13%；总灰分不得过10.0%，酸不溶性灰分不得过3.0%；水溶性浸出物不得少于35.0%，醇溶性浸出物不得少于15.0%。

【产销行情】全国年均生产约7000吨，纯购约6000吨，纯销约5500吨，供应出口约 100 吨。其中四川每年纯购约 3000 吨，河南约 800 吨，甘肃、陕西约 500 吨。

【包装贮藏】篾席包装，打成方包。置干燥处保存。本品易受潮发霉，应注意检查翻晒，使之保持干燥。

【性味功效】性寒，味苦。活血祛瘀，消肿止痛，养血安神。

【附注】在商品经营中同属多种植物的根及根茎在部分地区或民间作丹参入药，如小丹参、毛丹参、南丹参、云南丹参、白花丹参、甘肃丹参等，经营中注意鉴别。

乌 梅
MUME FRUCTUS

本品为蔷薇科植物梅 *Prunus mume*（Sieb.）Sieb. et Zucc. 的干燥近成熟果实。始载于《神农本草经》，列为中品。多为栽培。本品来源于梅，制后色黑，故名。为较常用中药。

【产地】主产于重庆江津、綦江，四川邛崃、岳池，福建永泰、上杭、崇安、莆田、清流，贵州修文、息烽、威宁，湖南常德、郴县、衡阳，浙江长兴、肖山，湖北襄阳、房县，以及广东等地。此外，云南、陕西、安徽、江苏、江西、河南亦产，以四川的产量大。

【采收加工】5 月摘取近成熟的绿色果实，按大小分开，分别炕焙。火力不能过大，焙灶温度保持在 40℃ 左右。一般炕焙 2 ~ 3 昼夜可干。焙好后再闷 2 ~ 3 天，使色变黑即得。

【商品特征】形圆色黑，皱缩肉质。果核硬，棕色，核上密布针眼状凹点。具烟熏气，味酸。

【商品规格】商品按产地不同有合溪梅、建梅、广东梅、川梅之分。规格有统装和乌梅肉（去核）两种。

【品质要求】以个大、肉厚、核小、外表乌黑、酸味浓者为佳。素以产于浙江长兴者质量最优。本品含枸橼酸不得少于 12.0%；水分不得过 16.0%；总灰分不得过 5.0%；水溶性浸出物不得少于 24.0%。

【产销行情】全国年均生产约 4500 吨，纯购约 3500 吨，纯销约 3800 ~ 4000 吨，供应出口约 50 吨。其中四川每年纯购约 1000 吨，福建约 350 吨，贵州约 200 吨，湖南约 200 吨，浙江约 150 吨，湖北约 230 吨，广东约 400 吨，安徽约 130 吨，其他地区约 1000 吨。乌梅为常用中药，不仅供药用，也作食品。

【包装贮藏】装于编织袋或麻袋内。本品易发霉，应置干燥处保存，并注意防潮。

【性味功效】性平，味酸、涩。敛肺，涩肠，生津，安蛔。

半 夏
PINELLIAE RHIZOMA

本品为天南星科植物半夏 *Pinellia ternate*（Thunb.）Breit. 的干燥块茎。始载于《神农本草经》，列为下品。野生或栽培。李时珍引《礼记·月令》谓："五月半夏生，盖当夏之半也。"故名。为常用中药。

【别名】三步跳、麻芋子。

【产地】我国大部分地区有野生。主产于四川南充、武胜、安岳、内江、简阳、昭觉、喜得，重庆大足，贵州金沙、大方，云南文山、砚山、丘北，甘肃西和、清水，山西新绛，山东高密、昌邑，湖北钟祥。以四川南充、武胜等地所产的品质较佳，并有出口。

【采收加工】一般夏、秋茎叶倒苗时采挖，挖回后除去外皮和须根，洗净、晒干。或将其放入竹筐内，用扎有稻草的木棒在流水中反复推搓，除去外皮，冲洗干净，晒干。也可将其放入盛清水的缸内，加适量谷糠或玉米心碎块，用木棒反复搅拌，除去外皮，冲洗干净，晒干。

【商品特征】类球形，白色或浅黄色。顶端窝眼偏斜，周围密布针眼；底端钝圆光滑。味辛辣，麻舌刺喉。

【商品规格】商品半夏一般按大小分为三等及统装。其规格等级标准如下。

一等：干货。呈圆球形或偏斜不等，去净外皮。表面白色或浅黄白色，上端圆平，中心凹陷（茎痕），周围有棕色点状根痕，下端钝圆、光滑。质坚实，断面白色，粉质细腻。气微，味辛、麻舌而刺喉。每千克 800 粒以内。

二等：每千克 1200 粒以内，余同一等。

三等：每千克 3000 粒以内，余同一等。

统货：干货。形状多样，大小不分，去净外皮。表面类白色或淡黄色，略有皱纹，并有多数隐约可见的细小根痕。上端有突起的叶痕或芽痕，呈黄棕色。有的下端略尖。质坚实。断面白色，粉性。气味同上。颗粒直径不得小于 0.5cm。

出口商品按颗粒大小，品质优劣分等出售。

【品质要求】以粒大、色洁白、粉细、无粗皮、质坚实，无花子、麻子、油子者为佳。本品含琥珀酸不得少于 0.25%；水分不得过 14.0%；总灰分不得过 4.0%；水溶性浸出物不得少于 9.0%。

【产销行情】全国年均生产约 3000 吨，纯购约 2600 吨，供应出口约 50 吨。其中四川年均纯购约 500 吨，河南约 250 吨，安徽约 200 吨，山东约 150 吨，湖北约 150 吨，其余地区约 1200 吨。半夏资源日趋减少，市场一直供不应求，价格上涨。

【包装贮藏】经麻袋或编织袋包装。本品应置干燥通风保存，防蛀。生半夏有毒，应炮制后使用，保管中应注意安全。

【性味功效】性温，味辛；有毒。燥湿化痰，降逆止呕，消痞散结。

【附注】生半夏是毒性中药品种。近年来许多地方以水半夏代半夏使用。在购销中，应注意区别。若水半夏充半夏销售，应作半夏的伪品处理。

石 菖 蒲
ACORI TATARINOWII RHIZOMA

本品为天南星科植物石菖蒲 *Acorus tatarinowii* Schott 的干燥根茎。始载于《神农本草经》，列为上品。多为野生。李时珍谓："菖蒲，乃蒲类之昌盛者，故曰菖蒲。"为常用中药。

【别名】山菖蒲、白菖。

【产地】主产于四川雅安、荥经、洪雅、峨嵋、夹江、彭州、大邑、邛崃、宜宾、筠连、珙县、叙永、古蔺、金口河、峨边、马边等。其中以雅安、荥经、洪雅、峨嵋等地为最适宜种植区。浙江、江苏等地也产。以四川、浙江产量大，销全国。

【采收加工】栽后 3~4 年即可采收。秋、冬两季挖出根茎，剪去叶片和须根，洗净，晒干。如遇阴雨天气，可以烘干，得到干品后，把药材装入有碎瓷碗片的撞笼内，撞去毛须，即可。

【商品特征】呈扁圆形，多弯曲，棕褐色，环节密。质硬，断面坚实，色白带红。气芳香，味苦辛。

【商品规格】商品上不分等级，统货。以四川、浙江产的石菖蒲品正质优。

【品质要求】均以条粗大、断面色类白、香气浓者为佳；本品含挥发油不得少于 1.0%；水分不得过 13.0%；总灰分不得过 10.0%；醇溶性浸出物不得少于 12.0%。

【包装贮藏】麻袋装。本品受潮易霉蛀，应置干燥通风处保存。若发现受潮身软，应及时晾晒；生霉的可经撞刷法除霉，再晒干。

【性味功效】性温，味辛，苦。开窍豁痰，醒神益智，化湿开胃。

仙　茅
CURCULIGINIS RHIZOMA

本品为石蒜科植物仙茅 *Curculigo orchioides* Gaertn. 的干燥根茎。始载于《雷公炮炙论》。栽培或野生。为少用中药。

【产地】主产于四川宜宾、三台、遂宁等地。江苏、浙江、江西、福建、台湾、湖南、广东、广西、贵州、云南等地亦有分布。

【采收加工】秋、冬两季采收。仙茅移栽后生长 2 年，即可采挖，一般在 10 月倒苗后至春季末发芽前采挖。采挖时把根茎全部挖起，抖净泥土，除尽残叶及须根，晒干，如遇阴雨天气，可烘干。

【商品特征】呈圆柱形，略弯曲。表面棕色至褐色，粗糙，有细孔状的须根痕及纵横皱纹。质硬而脆，易折断，断面不平坦，灰白色至棕褐色，近中心处色较深。气微香。

【商品规格】不分等级，统货。

【品质要求】均以条粗壮、色棕褐、质坚实、无破碎者为佳；本品含仙茅苷，不得少于 0.10%；水分不得过 13.0%；总灰分不得过 10.0%，酸不溶性灰分不得过 2.0%；醇溶性浸出物不得少于 7.0%。

【产销行情】四川省年产量约 50 吨，销往全国各地。

【包装贮藏】麻袋或编织袋装。置阴凉干燥处，防霉，防蛀。

【性味功效】性热，味辛。补肝肾，强筋骨，祛寒湿。

白 芷

ANGELICAE DAHURICAE RADIX

本品为伞形科植物白芷 *Angelica dahurica*（Fisch. ex Hoffm..） Benth. et Hook. f. 或杭白芷 *Angelica dahurica*（Fisch. ex Hoffm.） Benth. et Hook. f. var. *formosana*（Boiss.） Shan et Yuan 的干燥根。始载于《神农本草经》，列为中品。多为家种。因其色白气香，初生根杆为芷，故名白芷。为常用中药。

【别名】杭白芷、香白芷。

【产地】产于四川遂宁者习称川白芷；产于安徽亳州者，习称亳白芷；产于河南长葛、禹州者习称禹白芷；产于河北安国者习称祁白芷；产于浙江、福建者习称杭白芷。此外，重庆大足、南川亦产。

【采收加工】夏、秋间叶黄时采收，除去地上部分及须根，洗净泥土，晒干或烘干。

【商品特征】白芷芳香圆锥形，灰黄皮上疙瘩疗，断面粉质心纹显，香气浓烈味苦辛。

【商品规格】商品按产地不同分为川白芷、禹白芷、杭白芷、祁白芷、亳白芷，均分为 1~3 等。规格等级标准如下。

一等：呈圆锥形。表面灰白色或黄白色，体坚。断面白色或黄白色，具粉性。有香气，味辛微苦。每千克 36 支以内。无空心、黑心、芦头、细条。

二等：每千克 60 支以内，其余同一等。

三等：每千克 60 支以外，顶端直径不得小于 0.7cm。间有白芷尾、黑心、异状、油条，但总数不能超过 20%。其余同一等。

【品质要求】均以支条粗壮、体重、质硬、粉性足、香气浓者为佳；条瘦小、体轻泡、粉性小、香气淡薄者次；本品含欧前胡素不得少于 0.080%；水分不得过 14.0%；总灰分不得过 6.0%；醇溶性浸出物不得少于 15.0%。

【产销行情】全国年均生产约 15000 吨，纯购约 4000 吨，纯销约 2000 吨，供应出口约 30~50 吨。其中四川纯购约 2400 吨，河南约 400 吨，河北约 300 吨，浙江约 100 吨以下，安徽与四川相当，其他地区 500 吨。川白芷占全国商品白芷的 70%。

【包装贮藏】麻袋包装，置干燥通风处。本品为芳香粉性药材，极易虫蛀、发霉、变色，必须保持通风干燥。大批贮存应先对仓库彻底消毒，将潜伏在壁缝里的虫及卵杀死，密封仓库。如量小，经炕或晒干，热退后置于密封容器内。

【性味功效】性温，味辛。解表散寒，祛风止痛，宣通鼻窍，燥湿止带，消肿排脓。

冬虫夏草

CORDYCEPS

本品为麦角菌科真菌冬虫夏草菌 *Cordyceps sinensis*（Berk.） Sacc. 寄生在蝙蝠蛾科昆

虫幼虫上的子座和幼虫尸体的干燥复合体。始载于《本草从新》。均为野生。因其冬季为虫，夏季长出干枯的子座，似草，故名。为较常用中药。

【别名】虫草、藏草、川草。

【产地】主产于四川阿坝州的松潘、理县、壤塘，甘孜州的德格、石渠、白玉、理塘、巴塘、色达、九龙，青海玉树、果洛、同德、同仁，云南香格里拉、德钦、丽江，西藏的那曲、昌都等地。以四川的产量大。此外甘肃、新疆亦产。

【采收加工】夏初子实体出土、孢子未发散时挖取。晒至六七成干，除去似纤维状附着物及杂质，晒干或低温干燥即成。

【商品特征】虫体似蚕，头色红棕，体表深黄色至黄棕色，具环纹20~30条，腹面4对足明显。子座如草，从头部长出，棕褐色，气微腥。

【商品规格】商品有按产地分有炉草（四川打箭炉集散）、灌草（四川都江堰集散）、滇草（滇西北所产），以炉草质量最佳。有按大小分为虫草王、散虫草、把虫草三等。现市场上主要分藏草和川草。等级上以每千克的条数分为若干个等级。商品分散装和分装两种规格。出口商品按大小、品质优劣分等分装出售。（见彩图5）

【品质要求】均以条丰满肥大、外形完整无碎节、色泽黄亮、断面黄白色、子座深棕色者为佳；本品含腺苷不得少于0.010%。

【产销行情】全国年均生产约30000千克，年均纯购约10000千克，纯销约1800千克，供应陆路出口约2000千克，水路出口约2000千克。其中四川纯购约3000千克，云南约1200千克，青海约1000千克，甘肃约1500千克，西藏约800千克，其他地区约2000千克。

【包装贮藏】以纸包装，再装于纸箱内。本品易虫蛀、发霉、变色，应密封后，置阴凉干燥处保存。为防虫蛀，在装箱时可放入一些牡丹皮碎块。

【性味功效】性平，味甘。补肾益肺，止血化痰。

羌 活
NOTOPTERYGII RADIX ET RHIZOMA

本品为伞形科植物羌活 *Notopterygium incisum* Ting ex H. T. Chang 或宽叶羌活 *Notopterygium franchetii* H. de Boiss. 的干燥根茎及根。历代本草多将羌活与独活混载，未能分开。羌活之名，始见于《神农本草经》独活项下，视为独活之别名。直到唐代的《药性本草》始将二者分开，单列。主要为野生。因本品始见于羌地，功似独活，故名。为常用中药。

【别名】川羌活、西羌活。

【产地】以四川为主产区者称川羌，主产于四川松潘、茂县、理县、小金、丹巴、康定、甘孜、德格，云南腾冲等地。川羌活以蚕羌为多，主要供出口。

以西北为主产区者称西羌，主产于甘肃迭部、卓尼、舟曲、玛曲、天祝、岷县、西和等地，青海黄南州、果洛州、玉树州等地。西羌中以大头羌、竹节羌为多。主销国内。

【采收加工】春、秋两季采收。挖取地下部分，除去细根及泥土，晒干或低温烘干。

【商品特征】圆柱形，表面棕褐色或黑褐色，环节紧密或稀少。体轻质脆，香气浓郁而特异，味辛而苦。

【商品规格】商品分为川羌活和西羌活两大类。按性状不同，可分为蚕羌、条羌、竹节羌、疙瘩头和大头羌等。一般认为蚕羌质优；条羌和竹节羌次之；大头羌、疙瘩头最次。其规格等级标准如下。

1. 川羌　一等（蚕羌）：呈圆柱形，全体密被环节，外形似蚕。表面棕黑色，体轻质松脆。断面具棕紫、黄白色相间的纹理。气清香浓郁，味微苦。长 3.5cm 以上，顶端直径 1.0cm 以上。

二等（条羌）：呈长条形，表面棕黑色，多有纵纹。体轻质脆，断面有棕紫、黄白色相间纹理。长短、大小不分，间有破碎。

2. 西羌　一等（蚕羌）：全体似蚕，圆柱形，有紧密环纹。表面棕黑色，体轻质脆，断面有棕色、断面紧密分层，呈棕紫、白色相间的纹理，气微，味微苦辛。

二等（大头羌）：呈不规则的团块状，具瘤状突起，无细须根。余同一等。

三等（条羌）：呈长条形，表面暗棕色，多纵纹，香气较淡，间有破碎，无细须根。

出口商品按品质分等出售。

【品质要求】均以条粗长、表面色棕褐、断面菊花纹和朱砂点多、香气浓郁者为佳；体轻松、节间长、表面黑褐色、断面朱砂点少、香气淡者质次；本品含挥发油不得少于 1.4%，含羌活醇和异欧前胡素的总量不得少于 0.40%；总灰分不得过 8.0%，酸不溶性灰分不得过 3.0%；醇溶性浸出物不得少于 15.0%。

【产销行情】全国年均生产约 3000 吨，纯购约 2700 吨，纯销约 2500 吨，供应出口约 25～30 吨。其中四川年均纯购约 800 吨，云南约 500 吨，其他地区约 700～1000 吨。

【包装贮藏】篾篓或麻袋包装。本品易虫蛀、发霉和散失香气，应置阴凉干燥处保存。如受潮，可晾晒至干，但不宜曝晒，以免走失香气。

【性味功效】性温，味苦、辛。解表散寒，祛风除湿，止痛。

【附注】羌活属于国家重点保护野生药材品种。

补　骨　脂
PSORALEAE FRUCTUS

本品为豆科植物补骨脂 *Psoralea corylifolia* L. 的干燥成熟果实。始载于《开宝本草》。均为栽培。因其能补肝壮肾，益精填髓，故名。为较常用中药。

【别名】破故纸、黑故子。

【产地】主产于重庆合川、江津，四川西昌、简阳、金堂、仁寿，河南商丘、新乡、博爱、沁阳、信阳，陕西兴平，安徽阜阳、六安等地。重庆合川、四川西昌、河南怀庆为最适宜产区。

【采收加工】秋季采收。因果实成熟期不一，应随熟随采。将果枝剪下，晒干，搓出果实，除尽杂质。

【商品特征】肾形略扁，色黑，表面具网纹，果皮薄，与种子不易分离，味辛微苦。

【商品规格】历史规格按产地分为怀故子和川故子。怀故子（主产于河南、安徽）扁圆形，外面黑色，内仁老黄，味辛；川故子（主产于四川）粒较小。现行规格均为统货。以重庆、四川产的质量较好。

【品质要求】均以身干、颗粒饱满、色黑褐，纯净、无破碎者为佳；本品含补骨脂素和异补骨脂素的总量不得少于 0.70%；水分不得过 9.0%；总灰分不得过 8.0%，酸不溶性灰分不得过 2.0%。

【产销行情】全国年均生产约 3500 吨，纯购约 2700 吨，纯销约 2300 吨，供应出口约 30~40 吨。其中四川纯购约 1000 吨，河南约 1000 吨，安徽约 250 吨，陕西约 260 吨，其他地区约 300 吨。

【包装贮藏】麻袋或编织袋装。本品吸潮后易虫蛀、发霉，故应置干燥处保存。为防虫蛀，少量药材可在入夏前晒后放入石灰缸内保存。

【性味功效】性温，味辛，苦。温肾助阳，纳气平喘，温脾止泻；外用消风祛斑。

花　椒
ZANTHOXYLI PERICARPIUM

本品为芸香科植物花椒 *Zanthoxylum bungeanum* Maxim. 或青椒 *Zanthoxylum schinifolium* Sieb. et Zucc. 的干燥果皮。商品称前者为红椒，后者为青椒。本品原名蜀椒，始载于《神农本草经》，列为下品。野生或栽培。因外形似花，味似秦椒，故名。花椒之名首见于《本草纲目》。为较常用中药。

【别名】蜀椒、川椒、秦椒。

【产地】红椒主产于四川汉源、汶川、茂县、石棉、雅安、冕宁、越西、甘洛、西昌等地；青椒主产于辽宁海城、凤城、岫岩、安东、庄河、缓中、木溪等。

【采收加工】在 8~10 月果实成熟后，自树上剪下果枝，晾晒至干，除去枝叶及果梗等杂质，将果皮与种子分开，果皮为花椒，种子为椒目。

【商品特征】球形，多对裂成两瓣，单个或 2~3 个相连。表面紫红色（红椒）或暗绿色（青椒）。气香，味麻辣。有时可见黑色光亮的球形种子。

【商品规格】商品中分红椒和青椒两种。以川产红椒为主流商品，按大小、色泽、果皮厚薄分 1~3 等。川椒中按照不同产地分正路花椒（又称南路花椒，古称蜀椒），主产于汉源、雅安、冕宁、西昌等地；大红袍（又称西路椒，古称秦椒，四川习称小路椒），主产于汶川、茂县、金川等地；贡椒（又称清椒或黎椒）是正路花椒中的一个品种。

【品质要求】青椒以色绿、皮厚、香气浓、无果梗、无种子者为佳；红椒以身干、色红、大小均匀、香气浓烈、麻辣味重而持久、无果梗和种子者为佳。以四川汉源所产红椒最为驰名；本品含挥发油不得少于 1.5% 。

【产销行情】全国一般年均生产约 10000 吨，纯购约 2400 吨，纯销约吨 1900~2200 吨，供应出口约 250 吨。其中辽宁纯购约 750 吨，江苏约 350 吨，河南约 200 吨，河北约 400 吨，山西约 270 吨，陕西约 150 吨，四川等省约 300 吨。花椒为少常用中药，药食两用，历史上供应正常。

【包装贮藏】麻袋或纸箱装。本品易散失气味，应密封后置阴凉通风干燥处保存。

【性味功效】性温，味辛。温中止痛，杀虫止痒。

附 子
ACONITI LATERALIS RADIX PRAEPARATA

本品为毛茛科植物乌头 *Aconitum carmichaeli* Debx. 子根的加工品。始载于《神农本草经》，列为下品。均为栽培。因附子系乌头子根，如子附母，故名。为常用中药。

【别名】川附子、淡附子、炮附子。

【产地】主产于四川江油、安县、平武、青川、布拖，陕西汉中、城固。销全国，并出口。目前全国大部地区已引种栽培。

【采收加工】夏至到小暑间采收。挖取后，将附子与母根分开，擦去泥土，称为泥附子或生附子。一般要及时加工，以免腐烂。按不同的规格要求，采用不同的加工方法。

1. 盐附子 附子挖回后，选取较大的泥附子洗净，浸入盛有食盐和胆巴混合液的缸中，十数日后取出晾晒，晾干水气又放入缸中浸泡，如此反复晾晒与浸泡交替进行，直至附子表面出现大量盐霜，质地变硬。

2. 黑附片（黑顺片） 选取大的泥附子，洗净后泡入盐水液中，数日后，一同煮沸，捞出以清水漂净，纵切成 0.5cm 厚的顺片，再浸入稀胆水液中，加入黄糖和菜油等调色剂，使附片染成茶色。取出蒸至片面出现油样光泽，口尝不麻舌，炕至半干后再晒干即成。

3. 白附片 选择大小均匀的泥附子，加工方法与黑附片略同，剥去外皮，纵切成 0.3cm 厚的顺片，不加调色剂，晒干。

【商品特征】完整的盐附子呈圆锥形，具瘤状突起。色黑有盐霜。附片是横切或纵切成类圆形、长卵圆形的切片，片面黄白色或白色、暗黄色、黄褐色、黄色，有光泽。

【商品规格】过去商品中有盐附子、黑顺片、白附片、卦附片、熟附片、黄附片、刨附片、柳叶片和鼓片等数十种，是一套很复杂的规格名称，现经简化后，只保留了盐附子、黑顺片、白附片、熟附片、卦附片、黄附片六规格。前两种规格均分为 1~3 等。其规格等级标准如下。

1. 盐附子 一等：呈圆锥形，上部肥圆有芽痕，下部有支根痕，表面黄褐色或黑褐色，附有食盐结晶。体重，断面黄褐色。味咸而麻，刺舌。每千克 16 个以内。

二等：每千克 24 个以内，余同一等。

三等：每千克 80 个以内，间有小个的扒耳，但直径不小于 2.5cm。余同一等。

2. 白附片　一等：为一等的附子去净外皮，纵切成厚 0.2～0.3cm 的薄片。片面白色，半透明。片大而均匀。

二等：为二等附子去净外皮，纵切成厚 0.2～0.3cm 的薄片，片张较小。余同一等。

三等：为三等附子去净外皮，纵切成厚 0.2～0.3cm 的薄片。片张小。余同一等。

3. 熟附片　统货：为一等附子去皮去尾，横切成厚 0.3～0.5cm 的圆形厚片。片面冰糖色，油润光泽，半透明。无盐软片。

4. 卦附片　统货。为二、三等附子各半，去皮纵剖成两瓣。片面冰糖色或褐色，油润光泽，半透明。块瓣均匀，味淡或微带麻辣。每千克 160 瓣左右。无白心、盐软片。

5. 黄附片　统货。为一、二等附子各半，去皮去尾横切成厚 0.3～0.5cm 的厚片。片面黄色，厚薄均匀。味淡。无白心、尾片、盐软片。

6. 黑顺片　统货。为二、三等附子不去外皮，纵切成 0.2～0.3cm 的薄片。边缘黑褐色，片面暗黄色。片面光滑油润。片张大小不一，厚薄均匀。

出口商品按其大小、品质优劣分等出售。

【品质要求】均以身干、肥大、坚实，无须根，不空心者为佳，盐附子以表面色灰黑，起盐霜者为佳；黑顺片以片大，厚薄均匀，表面具油润光泽者为佳，白附片以片大、色白、半透明者为佳。本品含生物碱以乌头碱计不得少于 1.0%，苯甲酰新乌头原碱、苯甲酰乌头原碱和苯甲酰次乌头原碱的总量不得少于 0.010%；水分不得过 15.0%；双酯型生物碱以新乌头碱、次乌头碱和乌头碱的总量计，不得过 0.020%。

【产销行情】全国年均生产约 500 吨，纯购约 400 吨，纯销约 750 吨，供应出口约 60 吨。其中四川年均纯购约 210 吨，陕西约 30 吨，云南约 25 吨，山东约 15 吨，其他地区约 100 吨。附子历来产销平衡，未有脱销现象，其用量不大，经营中应注意控制库存数量。

【包装贮藏】麻袋或箱装。本品易虫蛀、发霉，应置干燥处保存。为保持附片完好，应防压。同时加工干燥时应控制其温度不超过 70℃，以免脆裂。盐附子因用盐加工，宜置阴凉干燥处保存，注意防潮。

【性味功效】性大热，味辛、甘，有毒。回阳救逆，补火助阳，散寒止痛。

【附注】生附子是毒性中药品种，需特殊管理。

郁　金
CURCUMAE RADIX

本品为姜科植物温郁金 *Curcuma wenyujin* Y. H. Chen et C. Ling、姜黄 *Curcuma longa* L.、广西莪术 *Curcuma kwangsiensis* S. G. Lee et C. F. Liang 或蓬莪术 *Curcuma phaeocaulis* Val. 的干燥块根。前两者分别称为"温郁金""黄丝郁金"，其余按性状不同习称"桂郁金"或"绿丝郁金"。始载于《药性论》。均为栽培。因内色金黄，功能行气解郁，故名。为常用中药。

【别名】玉金、黄郁金、黑郁金。

【产地】黄丝郁金主产于四川双流和乐山地区；温郁金主产于浙江温州、瑞安；桂郁金主产于广西南宁、柳州、合浦和广东等地；绿丝郁金等主产于四川双流、崇州、新津等地。

【采收加工】冬季茎叶枯萎后采挖。挖出后，摘取块根，除去根茎及细根。洗净泥土，按大小分别蒸或煮至透心，以无白心为度。取出晒干即可。切勿烘烤。否则内外分层脱离，影响质量。

【商品特征】纺锤形或长圆形，表面黄棕色或灰绿色，有皱缩的网纹。质坚实，断面黄色、灰白色、灰棕色或灰黑色。味辛或淡。

【商品规格】商品按产地和其断面的色泽不同，分为川郁金、温郁金和桂郁金三类。川郁金中又分为黄丝郁金、绿丝郁金和白丝郁金三种。每一种又为分几个等级或为统货。其规格等级标准：

1. 川郁金（黄丝郁金） 一等：呈类卵圆形，表面灰黄色或灰棕色。有细皱纹。质坚实，断面角质状，有光泽，外层黄色，内心金黄色。有姜辛气，味辛。每千克600粒以内，无残蒂。

二等：每千克600粒以外，直径不小于0.5cm，间有刀口、破瓣。余同一等。

2. 川郁金（绿白丝郁金） 一等：呈纺锤形、卵圆形或椭圆形。表面灰黄色或灰白色，有较细的皱纹。质坚实而稍松脆，断面角质状，淡黄白色。微有姜气，味辛苦。每千克600粒以内，无残蒂。

二等：每千克600粒以外，直径不小于0.5cm。间有刀口、破瓣。余同一等。

3. 桂郁金 统货。呈纺锤形或不规则形，略弯曲。质坚实，表面灰白色，断面黄白色或淡白色，角质发亮。略有姜辛气，味辛苦。大小不分，但直径不小于0.6cm。

4. 温郁金 一等：呈稍扁的纺锤形，多弯曲，较不饱满。表面灰褐色，具纵直或杂乱的皱纹。质坚实，断面角质状，多呈灰黑色，略有姜辛气，味辛苦。每千克280粒以内。

二等：每千克280粒以外，直径不小于0.5cm。间有刀口、破碎。余同一等。

出口商品按其大小、品质优劣分等出售。

【品质要求】均以个大、质坚实、外表皱纹细、断面黄色者为佳。习以川郁金中黄丝郁金质量最优。本品水分不得过15.0%；总灰分不得过9.0%。

【产销行情】全国年均生产约2000吨，纯购约1700吨，纯销约1800吨，供应出口约20~30吨。其中四川纯购约500吨，浙江约250吨，广西约200吨，广东约200吨。

【包装贮藏】用麻袋或编织袋装。易虫蛀、发霉，应置干燥处保存。

【性味功效】性寒，味辛、苦。活血止痛，行气解郁，清心凉血，利胆退黄。

使 君 子
QUISQUALIS FRUCTUS

本品为使君子科植物使君子 *Quisqualis indica* L. 的干燥果实。始载于《开宝本草》。多系栽培。为纪念古人郭使君用此物治疗小儿疾病有神效，故名。为常用中药。

【别名】川君子、五棱子。

【产地】主产于重庆合川、铜梁，四川井研，福建邵武、蒲田，广东边县、罗定、信宜、阳春，广西百色、桂林以及江西等。以四川合川的产量最大。

【采收加工】9~10月果实成熟，果皮由绿转为棕色时，摘下果实晒干，即为壳君子，除去果皮即为君子仁。

【商品特征】果实椭圆形，具5条纵棱，质硬，种子纺锤形，味微甜。

【商品规格】商品有壳君子（果实）和君子仁（种子）之分。均为统货。其规格等级标准如下。

1. 壳君子　统货。呈椭圆形，具纵棱5条，表面黑褐色或紫褐色，平滑有光泽。质较硬，剖开后有种子1枚。间有瘪仁、油子，但不得超过20%。

2. 君子仁　统货。种子纺锤形，表面棕褐色或黑褐色，有多数纵皱纹。种皮薄而易剥落。种仁黄白色，显油性，微甜。间有瘪仁、油子，但不得超过15%。

【品质要求】均以个大、颗粒饱满、种仁色黄、味香甜而带油性者为佳；本品含胡芦巴碱不得少于0.20%。

【产销行情】全国年均生产约7000吨，纯购约6000吨，纯销约5500吨，供应出口约100吨。其中四川每年纯购约3000吨，河南约800吨，甘肃、陕西约500吨。

【包装贮藏】麻袋或纸箱装。本品易虫蛀、发霉、泛油，应防潮、防热，置阴凉干燥处保存。为防变质，入夏前可行晾晒。

【性味功效】性温，味甘。杀虫消积。

金 钱 草
LYSIMACHIAE HERBA

本品为报春花科植物过路黄 *Lysimachia christinae* Hance 的干燥全草。始载于《本草纲目拾遗》。均为野生。因其叶如铜钱，故名。为常用中药。

【别名】大叶金钱草。

【产地】主产于四川井研、乐山、青神，江苏、广西、浙江、湖北、湖南等省亦产。以四川的产量大，质量好，习称四川金钱草。

【采收加工】栽后当年可收割，以后每年夏、秋两季均可采割。采收后，除去杂质，晒干。

【商品特征】全草卷缩。叶卵圆如钱，对生，全缘无毛，主脉明显，侧脉不明显，展开对光透视，有黑色或棕色短线纹。

【商品规格】商品上不分等，均为统货。

【品质要求】均以完整、叶多、色绿、杂质少者为佳；本品含槲皮素和山奈素的总量不得少于0.10%；杂质不得过8%；水分不得过13.0%；总灰分不得过13.0%，酸不溶性灰分不得过5.0%；醇溶性浸出物不得少于8.0%。

【包装贮藏】篾席包或麻袋装。本品受潮易生霉，应置阴凉干燥处保存。

【性味功效】性微寒，味甘、咸。利湿退黄，利尿通淋，解毒消肿。

姜 黄
CURCUMAE LONGAE RHIZOMA

本品为姜科植物姜黄 *Curcuma longa* L. 的干燥根茎。始载于《唐本草》。为栽培品。因外形似姜而色黄，故名。为较常用中药。

【别名】黄姜。

【产地】主产于四川犍为、沐川、崇州及双流，福建的武平、龙岩，广东佛山、花县、番禺，江西的铅山等地。此外，广西、湖北、陕西、台湾、云南等地亦产。

【采收加工】秋冬两季采收，以冬至前后采收质量较好。挖出根茎后，洗净泥土，煮或蒸至透心，晒至八九成干，置竹笼或撞筐内撞去外皮及毛须，晒干即成。

【商品特征】呈纺锤形或圆柱形，略弯曲，有的具指状分枝。表面棕黄色，有环节。质坚实，断面深黄棕色，气香，味辛微苦。嚼之唾液被染成黄色。

【商品规格】商品按产地及形态分为川姜黄、建姜黄、广东长形或圆形姜黄、片姜黄等。

【品质要求】均以色黄、干燥、无杂质者为佳。习以四川、广东产者为佳。本品含挥发油不得少于 5.0%，姜黄素不得少于 0.09%；水分不得过 16.0%；总灰分不得过 7.0%；醇溶性浸出物不得少于 12.0%。

【包装贮藏】以麻袋装。置阴凉干燥处保存。

【性味功效】性温，味辛、苦。破血行气，通经止痛。

厚 朴
MAGNOLIAE OFFICINALIS CORTEX

本品为木兰科植物厚朴 *Magnolia officinalis* Rehd. et Wils. 或凹叶厚朴 *Magonlia officinalis* Rehd. et Wils. var. *biloba* Rehd. et Wils. 的干燥树皮。始载于《神农本草经》，列为中品。野生与栽培均有。因其木质朴而皮厚，故名。为常用中药。

【别名】赤朴、烈朴、紫油厚朴。

【产地】主产于四川都江堰、彭州、荥经、雅安、乐山、广元、青川、平武、通江、南江，湖北利川、恩施、建始，浙江庆远、景宁、云和、龙泉，福建浦城、松溪，湖南道县、江华等地。以四川、湖北的量大质优。此外，江西、广西、甘肃、陕西等地亦产。

【采收加工】4～6月剥取 15 年以上的树皮直接阴干。其中干皮应入沸水中微煮，取出堆放发汗，待内表面变成紫褐色或棕褐色时，再蒸软卷成筒状，晒干或低温炕干即成。

【商品特征】呈卷筒状或不规则条片状，表面灰棕色或灰褐色，具类圆形突起的皮孔。内表面紫棕色或紫褐色，显油性。断面用放大镜观察，有亮星。气香，味辛微苦。

【商品规格】商品按产区分为川朴（四川、湖北、陕西等）、温朴（浙江、福建）、潜山朴、湖南朴等。以川朴质优，称紫油厚朴。其规格有根朴、筒朴、蔸朴（靴朴）和枝朴等。筒朴分1~4等，根朴、枝朴分统装和1~2等。其规格等级标准如下。

1. 川筒朴　一等：单或双卷筒，两端平齐。表面黄棕色，有细密纵纹，内表面紫棕色，平滑，划之显油痕。断面外侧黄棕色，内侧紫棕色，油润而纤维少。气香，味苦辛。筒长40cm，不超过43cm，重500g以上。

二等：筒长40cm，不超过43cm，重200g以上，余同一等。

三等：筒长40cm，重不小于100g，余同一等。

四等：凡不符合以上等级者及其碎片、枝朴，不分长短大小，均属此等。

2. 温筒朴　一等：半筒状或双卷筒状，两端平齐。表面灰棕色或灰褐色，有纵皱纹。内表面深紫色或紫棕色，平滑，质坚硬，断面外侧灰褐色，内侧紫棕色，颗粒状。气香，味苦辛，筒长40cm，重800g以上。

二等：筒长40cm，重500g以上，余同一等。

三等：筒长40cm，重200g以上，余同一等。

四等：凡不符合以上等级的，以及碎片、枝朴，不分长短大小，均属此等。

3. 蔸朴　一等：为靠近根部的干皮和根皮，呈靴筒形。大小不一。表面粗糙，灰棕色或灰褐色，内表面深紫色，下端喇叭状，纤维性不明显。气香，味苦辛。块长70cm以上，重2000g以上。

二等：块长70cm以上，重2000g以下，余同一等。

三等：块长70cm，重500g以上。余同一等。

4. 耳朴　统货。为靠近根部的干皮。呈块片状或耳状半筒形，大小不一。表面灰棕色或灰褐色，内表面淡紫色，断面紫棕色，油润，纤维少。气香，味苦辛。

5. 根朴　一等：呈长条卷筒形，表面土黄色或灰褐色，内表面深紫色。质韧，断面油润。气香，味苦辛。条长70cm，重400g以上。

二等：长短不分，单条重400g以下。余同一等。

出口商品按品质优劣分等出售。

【品质要求】均以皮厚肉细、内表面色紫褐、油性足、断面有小亮星、香气浓者为佳。习以四川、湖北产者质量优。本品含厚朴酚与和厚朴酚的总量不得少于2.0%；水分不得过15.0%；总灰分不得过7.0%，酸不溶性灰分不得过3.0%。

【产销行情】全国年均生产约3500吨，纯购约3000吨，纯销约2200吨，供应出口约100吨。其中浙江纯购约1000吨，福建约400吨，湖北约250吨，四川约250吨，广东约200吨，其他地区约500吨。厚朴为大宗商品，历来质优者畅销偏紧，质次者滞销。同时本品规格复杂，产地较多，价格悬殊；伪品不断出现，故在商品交易中应特别注意真伪优劣的鉴别。

【包装贮藏】打捆、编织袋或麻袋装。本品易失油润干枯，散失香气，应置阴凉、避风、干燥处贮存。注意防潮、防热和避光。

【性味功效】性温，味苦、辛。燥湿消痰，下气除满。

【附注】厚朴属于国家重点保护的野生植物药材品种。

独 活
ANGELICAE PUBESCENTIS RADIX

本品为伞形科植物重齿毛当归 *Angelica pubescens* Maxim. f. *biserrata* Shan et Yuan 的干燥根。商品称为川独活（肉独活）。始载于《神农本草经》，列为上品。古代独活、羌活不分，至唐代《药性本草》始将二者分列。野生、栽培均有。由于此茎独立直上，不为风摇，故名。为常用中药。

【别名】川独活、香独活、肉独活。

【产地】川独活主产于重庆奉节、巫溪、巫山，四川平武，湖北巴东、长阳、鹤峰、五峰、兴山、神农架、房山、竹山、竹溪，陕西安康地区等。此外，甘肃岷县、天水等地也有栽培。本品以四川、重庆产者量大质优。

【采收加工】春初或秋末挖取根部，除去地上茎叶、须根及泥沙，烘至半干，堆置2～3天，发软后，再烘至全干。烘时严格控制温度，一般以30℃～40℃为宜，否则易散失香气，影响质量。

【商品特征】外形似当归，但根头较粗短，色略深，气闷浊，麻味明显。

【商品规格】统货。

【品质要求】均以根条粗壮、质坚实、油润、香气浓者为佳。本品含蛇床子素不得少于0.50％，含二氢欧山芹醇当归酸酯不得少于0.080％；水分不得过10.0％；总灰分不得过8.0％，酸不溶性灰分不得过3.0％。

【产销行情】全国年均生产约3000吨，纯购约2700吨，纯销约2500吨。其中四川年均纯购约500吨，甘肃约250吨，湖北约180吨，浙江约150吨，贵州约100吨，其他地区约800～1000吨。

【包装贮藏】麻袋包装。本品易虫蛀、发霉、泛油，除置阴凉干燥处贮存外，要常检查，定期晾晒。

【性味功效】性微温，味辛、苦。祛风除湿，通痹止痛。

莪 术
CURCUMAE RHIZOMA

本品为姜科植物蓬莪术 *Curcuma phaeocaulis* Val.、广西莪术 *Curcuma kwangsiensis* S. G. Lee et C. F. Liang 或温郁金 *Curcuma wenyujin* Y. H. Chen et C. Ling 的干燥根茎。商品依次称蓬莪术、桂莪术（毛莪术）和温莪术。原名蓬莪术，始载于《药性论》。栽培与野生均有。为常用中药。

【别名】文术。

【产地】蓬莪术主产于四川双流、新津、崇州，福建建阳、安乐等地；温莪术主产于浙江瑞安、温州等地；桂莪术主产于广西上思、贵县、横县、大新、邕宁等地。

【采收加工】秋、冬两季采收。以冬至前后采者质量较佳。挖出后除去茎叶、泥土，取根茎煮或蒸透心为度，取出晒干，放入筐内撞去毛须，筛去杂质即可。

【商品特征】圆锥形或卵圆形，灰黄色至深棕色，有节纹。体重质坚，断面角质状，筋脉点散在，内皮层环纹明显，气香，味微苦辛。

【商品规格】商品按来源和产地不同分为蓬莪术、温莪术和桂莪术三种。习以产于广西贵县的质量最佳，除内销外，还供出口。

【品质要求】均以个大、质坚实、断面淡绿色者为优。本品含挥发油不得少于1.5%；用分光光度法测定，在242nm波长处有最大吸收，吸光度不得低于0.45；水分不得过14.0%；总灰分不得过7.0%，酸不溶性灰分不得过2.0%；醇溶性浸出物不得少于7.0%。

【包装贮藏】用编织袋或麻袋装。置干燥处保存。本品易虫蛀、发霉。为防虫，入夏前晾晒。

【性味功效】性温，味辛、苦。行气破血，消积止痛。

桃　仁
PERSICAE SEMEN

本品为为蔷薇科植物桃 *Prunus persica*（L.）Batsch 和山桃 *Prunus davidiana*（Carr.）Franch. 的干燥成熟种子。始载于《神农本草经》，列为下品。野生或栽培均有。李时珍谓："桃性早花，易植而子实，故字从木、从兆，十亿曰兆，言其多也，药用其仁，故名。"为常用中药。

【别名】山桃仁、光桃仁。

【产地】主产于四川三台、叙永、宜宾、犍为，云南昭通、文山、丽江，陕西延安、维南、延长，山东安丘、泰安、莒县，北京密云、怀柔，河北承德、易县，山西黎城、壶关，河南嵩县、栾川、卢氏、洛宁等地。

【采收加工】秋季果实成熟时采收。取成熟果实除去果肉，将其果核放在早已挖刻好的有许多小洞穴的木板上或砖块上，再用锤逐个敲破，取出桃仁，除去破碎者，晒干即得。以秋桃或野桃的种子肥大饱满者为优。夏桃种子干瘪，多不药用。

【商品特征】呈扁卵状椭圆形，表面黄棕色或红棕色，有纵行的弧形脉纹，两侧边较薄。味微苦。

【商品规格】商品分桃仁和山桃仁两种，一般为统货。（见彩图25）

【品质要求】均以粒饱满完整、外皮色棕红、内仁白者为佳。本品含苦杏仁苷不得少于2.0%；酸败度和黄曲霉毒素检查要符合《中国药典》要求。

【产销行情】全国一般年均生产约1700吨，纯购约1200吨，纯销约1300吨，供应出口约50吨。其中四川纯购约300吨，陕西约180~200吨，云南约150吨，河南约120吨，山东约200吨，河北约100吨，其他地区约150吨。桃仁为常用中药，也是主要出口药材之一。

【包装贮藏】麻袋或编织袋装。本品易虫蛀、发霉、泛油，应置阴凉干燥处保存。并要经常检查，及时晾晒。最好能将破碎的挑选出来，分开保存。破碎者应先销售，以减少损失。

【性味功效】 性平，味苦，甘。活血祛瘀，润肠通便，止咳平喘。

桑 椹
MORI FRUCTUS

本品为桑科植物桑 *Morus alba* L. 的干燥果穗。始载于《神农本草经》，列为中品，记述于桑的项下。野生或栽培均有。为较常用中药。

【别名】 桑果。

【产地】 全国大部分地区均产，主产于四川南充，重庆合川、涪陵，江苏南通、镇江，浙江淳安、开化，山东临朐、菏泽，安徽阜阳、芜湖、蚌埠，辽宁彰武、绥中、凤城，河南商丘、许昌，山西太原等地。

【采收加工】 4~6月果实近成熟时采收，晒干或烘干，或稍蒸后再晒干，则易于干燥和保存。

【商品特征】 聚合果长圆球形，由多数小瘦果组成。表面黄棕色或暗紫，小瘦果卵圆形，外被4枚肉质花被片，味甘微酸。

【商品规格】 统货。

【品质要求】 均以个大、完整、肉厚、色紫红、糖质多、无杂质者为佳；本品水分不得过 18.0%；总灰分不得过 12.0%；醇溶性浸出物不得少于 15.0%。

【包装贮藏】 纸箱或木箱装。本品易虫蛀、发霉，应置于阴凉干燥处保存，以防潮、防热。

【性味功效】 性寒，味甘、酸。滋阴补血，生津润燥。

续 断
DIPSACI RADIX

本品为川续断科植物川续断 *Dipsacus asper* Wall. ex Henry 的干燥根。始载于《神农本草经》，列为上品。野生和栽培均有。由于本品功能续接已断的筋骨，故名。为常用中药。

【别名】 川续断、川断、六汗。

【产地】 主产于四川木里、盐源、西昌、德昌、会理、泸定，重庆涪陵，湖北鹤峰，湖南桑植，贵州毕节等地。此外，云南、陕西等省亦产。以四川、重庆、湖北产量大、质量好。

【采收加工】 秋季采挖，除去根头、须根及泥土，用微火烘至半干，堆置"发汗"至内心变绿时，再烘至全干。加工干燥时，不宜日晒，否则质硬、色白、影响质量。

【商品特征】 呈类圆柱形，表面黄褐色或灰褐色，有扭曲纵纹，质较软，断面绿色或棕褐色，味苦。

【商品规格】 商品按其长短粗细分为 1~4 等。

一等：长 6.7cm 以上，围径 4.6cm 以上。

二等：长 6.7cm 以上，围径 2.3cm 以上。

三等：长6.7cm以上，围径2cm以上。

四等：围径在1.3cm以上。

【品质要求】均以条粗、质软、断面带墨绿色者为佳。本品含川续断皂苷Ⅵ不得少于2.0%；水分不得过10.0%；总灰分不得过12.0%，酸不溶性灰分不得过3.0%；水溶性浸出物不得少于45.0%。

【产销行情】以四川产者质量好，湖北产量最大。四川全省年产约400吨，畅销全国，并出口。续断用量较大，据估计，年需求量约在6000～7000吨，为大宗药材。

【包装贮藏】以竹篓或麻袋装。置阴凉干燥处保存。本品易虫蛀、发霉，但不宜日晒。应常检查，及时摊晾至干。

【性味功效】性微温，味苦、辛。补肝肾，强筋骨，续折伤，止崩漏。

银 耳
TREMELLA

本品为银耳科真菌银耳 *Tremella fuciformis* Berk 的干燥子实体。原包括在木耳之中，始载于《神农本草经》，列为中品。《本草从新》载有白木耳，即今之银耳。多为栽培。因本品外形似耳而色白，故名。为少常用中药。

【别名】白木耳。

【产地】主产于四川通江、万源、南江、巴中、平武、宣汉、青川，贵州等地。此外，福建、江苏、浙江、湖北、陕西等地亦产。

【采收加工】4～9月采收，以5月和8月为盛产期，或者以成熟度而定，没有固定的采收期。采摘宜在早、晚或阴雨天进行，用竹刀将银耳割下，去掉耳根发黄部分，用水漂洗，拣去杂质，晒干或烘干，烘烤温度为40℃～60℃。

【商品特征】呈团花状，由不规则的条片卷缩而成。全体黄白色或黄褐色，微有光泽。质硬脆，水泡有黏滑感。

【商品规格】商品中按质量差异，分等内销或出口。

【品质要求】均以朵大、色黄白、体轻、发头大、易煮烂者为佳。习以四川通江产品质量最优，特称通江银耳。注意鉴别硫黄熏者闻之具有酸味。

【包装贮藏】多用塑料袋封装后，装于硬纸板箱内。本品易吸潮发霉、变色，也易破碎。故应置于阴凉干燥处保存或冷藏。并注意防潮、防压、避光。

【性味功效】性平，味甘、淡。滋阴润肺，益气养胃，生津润燥。

黄 柏
PHELLODENRI CHINENSIS CORTEX

本品为芸香科植物黄皮树 *Phellodendron chinense* Schneid. 的干燥树皮。习称川黄柏。原名檗木，始载于《神农本草经》，列为上品。野生和栽培均有。为常用中药。

【别名】川黄柏。

【产地】主产于四川荥经、洪雅、绵阳、通江、南江、都江堰、茂县、南充，贵州毕节、遵义、安顺、兴义，陕西凤县、洋县、雒南、安康、紫阳，湖北竹溪、崇阳，云南昭通、腾冲等地。四川、贵州的产量大。

【采收加工】立夏到夏至采收。用利刀将10年左右树龄的树横向割分若干段，再纵向割裂，将皮剥下。将树皮晒至半干，压平后刮净粗皮，以显黄色为度，再用竹刷刷去皮屑，晒干。

【商品特征】呈板片状或浅槽状，表面黄褐色或黄棕色，内表面暗黄色或淡棕色，质较硬，断面纤维性，呈裂片状分层。味极苦，嚼之发黏。

【商品规格】商品川黄柏分为1~2个等级，其规格等级标准如下。

一等：呈平块状，去净粗皮，表面黄褐色或黄棕色，内表面暗黄色或淡棕色，体轻，质较硬，断面鲜黄色，味极苦。长40cm以上，宽15cm以上。

二等：树皮呈卷筒状或板片状，长宽大小不分，厚度不得低于0.2cm，间有枝皮，余同一等。

【品质要求】以色鲜黄、粗皮去净、皮厚、皮张均匀、纹细、体洁者为佳。四川、贵州黄柏质量最佳。本品含小檗碱以盐酸小檗碱计不得少于3.0%；含黄柏碱以盐酸黄柏碱计不得少于0.34%；水分不得过12.0%；总灰分不得过8.0%；醇溶性浸出物不得少于14.0%。

【产销行情】全国年均产量约1300吨，纯购约1000吨，纯销约1000吨，供应出口约80吨。其中四川约200吨，湖北约150吨，湖南约120吨，陕西约50吨，其他地区约200吨。

【包装贮藏】打捆，以篾席包装。本品易虫蛀、发霉、变色，应置干燥通风处，避光保存。

【性味功效】性寒，味苦。清热燥湿，泻火除蒸，解毒疗疮。

【附注】黄柏属于国家重点保护的野生植物药材品种。

黄 连
COPTIDIS RHIZOMA

本品为毛茛科植物黄连 *Coptis chinensis* Franch、三角叶黄连 *Coptis deltoidea* C. Y. Cheng et Hsiao 或云连 *Coptis teeta* Wall. 的干燥根茎。商品依次称为味连、雅连和云连。始载于《神农本草经》，列为上品。多为栽培。因其根茎呈连珠状而色黄，故名。为常用中药。

【别名】川连、味连、鸡爪连。

【产地】味连主产于重庆石柱、南川，湖北来凤、恩施、建始、利川、宣恩等地者名南岸连，产量较大；主产于重庆城口、巫山、巫溪，湖北房县、巴东、竹溪等地者习称北岸连，产量不如南岸连，但质量好。现在四川的峨眉、洪雅、彭州也大量种植。陕西、湖南、贵州、甘肃亦产。

雅连主于四川峨眉、洪雅、乐山、雷波等地。

云连主产于云南德钦、维西、腾冲、碧江等地。

【采收加工】1. 味连　栽培 5～6 年后即可采收。一般在 10～11 月下雪前采挖。挖起根茎后，除去地上部分及泥土，然后用烘干法干燥。应注意烘时温度应慢慢升高，每隔半小时翻动一次，烘至最小根茎干脆时即可取出，按大小分档，再分别烘，每隔 3～5 分钟翻动一次，温度比初烘时略高，但也需缓慢升温，防止烘焦。取出前几分钟，可增加温度，并不断翻动。然后取出，撞去须根及灰渣，即得。

2. 雅连　采制方法同味连。

3. 云连　秋季采挖根茎，除去茎叶及泥土，晒干或烘干后，撞去须根，筛去灰渣，用水喷，使其表面湿润，晒干即得。

【商品特征】呈鸡爪形（味连）或鼓槌状（雅连）或弯曲的细柱形（云连）。表面黄褐色，粗糙，有过桥。质硬，断面深黄色或黄棕色，味极苦。

【商品规格】商品因产地和来源不同，分为味连（鸡爪连）、雅连、云连三类。各分 1～2 等。其规格等级标准如下。（见彩图 6、彩图 7）

1. 味连　一等：多聚成鸡爪形，少有单枝，表面黄褐色，间有过桥，但长不超过 2cm。体肥壮坚实，易折断，断面金黄色或黄色。味极苦。无短于 1.5cm 的碎节、残茎。

二等：条较一等瘦小，有过桥，但长不超过 2cm，间有碎节、碎渣、焦枯，余同一等。

2. 雅连　一等：单枝，圆柱形，略弯曲，粗壮，过桥少，长不得超过 2.5cm，质坚硬，表面黄褐色，断面金黄色，味极苦。

二等：条较一等瘦小，过桥较多，间有碎节、毛须、焦枯。余同一等。

3. 云连　一等：单枝，圆柱形，微弯曲，顶端有些褐绿色鳞片，残叶。条粗壮，质坚实，直径在 0.3cm 以上。表面黄棕色，断面金黄色，味极苦。

二等：条较瘦小，间有过桥，表面金黄色。直径在 0.3cm 以下。余同一等。

本品出口，按其品质优劣分等出售。

【品质要求】味连和雅连以身干、粗壮、连珠形，无残茎毛须，体重质坚，断面色红黄者为佳；云连以身干、条细坚实，曲节多，须根少，色黄绿者为佳。味连以盐酸小檗碱计，含小檗碱不得少于 5.5%，表小檗碱不得少于 0.80%，黄连碱不得少于 1.6%，巴马汀不得少于 1.5%；雅连以盐酸小檗碱计，含小檗碱不得少于 4.5%；云连以盐酸小檗碱计，含小檗碱不得少于 7.0%；水分不得过 14.0%；总灰分不得过 5.0%；醇溶性浸出物不得少于 15.0%。

【产销行情】全国年均生产约 700～900 吨，纯购约 750 吨，纯销约 700 吨，供应出口约 40 吨，其中湖北纯购约 240 吨，四川约 350 吨，云南约 10 吨，陕西约 15 吨，甘肃约 5 吨，广东约 20 吨，湖南约 40 吨，其他地区约 60 吨。

【包装贮藏】以篾篓或麻袋包装，置干燥通风处保存。本品不易虫蛀，但易发霉，故贮存时应保持干燥。

【性味功效】性寒、味苦。清热燥湿，泻火解毒。

【附注】1. 商品除上述几种外，还有野连，为毛茛科植物峨眉野连（凤尾连）*Coptis omeiensis*（Cen）C. Y. Cheng 的根茎。野生，主产于峨眉山一带。产量极小，市场上少见。不同于上述几种黄连的是根茎粗短，微弯曲似蚕，带有叶柄。质量最优。

2. 黄连属于国家重点保护的野生植物药材品种。

常 山
DICHROAE RADIX

本品为虎耳草科植物常山 *Dichroa febrifuga* Lour. 的干燥根。始载于《神农本草经》，列为下品。野生与栽培均有。李时珍谓："恒亦常也，恒山乃北岳名，在今定州；常山乃郡名，亦今真定。"因该药始产于此地而得名。为较常用中药。

【别名】黄常山、恒山。

【产地】主产于四川川南地区，湖北湘西土家族苗族自治州、常德、黔阳，贵州毕节、铜仁等地。

【采收加工】以秋季采收者质佳。挖出根后，除去茎叶及须根，洗净泥土，晒干或趁鲜切成片，再晒干。

【商品特征】呈圆柱形，多弯曲扭转。质坚硬，状如鸡骨。切面黄白色，有放射状纹理，味苦。

【商品规格】商品一般不分等级，为统货。以四川产量大，质量最佳。形弯曲而光滑者习称"鸡骨常山"。

【品质要求】均以体重质坚、表面光滑、断面色淡黄者为佳。根顺直粗长，质轻而松泡，色深黄，无苦味者不可入药。本品水分不得过 10.0%；总灰分不得过 4.0%。

【包装贮藏】竹篓或编织袋包装，置干燥通风处保存。

【性味功效】性寒，味苦、辛；有毒。涌吐痰涎，截疟。

鱼 腥 草
HOUTTUYNIAE HERBA

本品为三白草科植物蕺菜 *Houttu cordata* Thunb. 的新鲜全草或干燥地上部分。载于《名医别录》。野生或栽培。因其叶气腥，故名。为较常用中药。

【别名】折耳根。

【产地】主产于四川广元、广汉、德阳、绵阳、雅安、巴中、成都，湖北恩施、襄樊，陕西汉中等。

【采收加工】鲜品全年均可采割；干品夏季茎叶茂盛花穗多时采割，除去杂质，晒干。

【商品特征】茎呈圆柱形，扭曲，表面黄棕色，具纵棱数条；质脆，易折断。叶片卷折皱缩，展平后心形。穗状花序黄棕色。

【商品规格】均为统货。

【品质要求】均以茎粗壮、色黄棕、叶多、碎渣少者为佳；本品水分不得过 13%；

总灰分不得过 15.0%，酸不溶性灰分不得过 2.5%；水溶性浸出物不得少于 10.0%。

【包装贮藏】编织袋包装，打成方包。置干燥处保存。鲜鱼腥草置阴凉潮湿处。

【性味功效】性微寒，味辛。清热解毒，消痈排脓，利尿通淋。

麝 香
MOSCHUS

本品为鹿科动物林麝 *Moschus berezovskii* Flerov、马麝 *Moschus sifanicus* Przewalski 或原麝 *Moschus moschiferus* Linnaeus 成熟雄体香囊中的干燥分泌物。始载于《神农本草经》，列为上品。过去均为野生，现已有家养。李时珍谓："麝之香气远射，故名之麝。"为常用中药。

【别名】寸香、元寸。

【产地】麝是一种分布于温带及亚寒带的高山动物，大多生长在海拔 1000～4500m 的高原地带。按产地不同，分为川麝香、西麝香和口麝香。

川麝香主产于四川都江堰、阿坝州的松潘、茂县、汶川、理县、凉山州西昌地区，贵州东北部，云南横断山脉、丽江地区、中甸、维西、腾冲、大理、贡山及西藏等地。

西麝香主产于陕西秦岭山脉如汉中、安康、石泉等地，甘肃祁连山、夏河、文县、武都、两当、武威、酒泉、永昌，青海大通、湟源等地。

口麝香主产于内蒙古及东北兴安岭等地。

此外，安徽大别山、霍山山区，河南伏牛山，山西阳城、晋城，湖北、湖南等地亦产。同时四川都江堰、马尔康、理县、陕西镇平、安徽佛子岭等地有养殖。

【采收加工】家养的麝采用"活体取香"法取香，取出后去除杂质，阴干或置干燥器内密闭干燥。

【商品特征】1. 壳麝香　为扁圆形或类椭圆形的囊状体，直径 3～7cm，厚 2～4cm。开口面的皮革质，棕褐色，具短毛，中间有囊孔。另一面为棕褐色略带紫色的皮膜，微皱缩，略有弹性。内含颗粒状、粉末状的麝香仁。

2. 散香（麝香仁）　呈颗粒状或粉末状，棕黄色或紫黑色，疏松油润，搓之成团，轻揉即散。火烧起泡如珠，香气浓烈四溢，无火焰、火星，无明显毛焦臭气，灰烬白色。

【商品规格】1. 壳麝香　统货。以饱满、皮薄、有弹性、无皮肉附着、香气浓烈者为佳。（现家养麝，多活体取香，壳麝香极难见到）

2. 净香（麝香仁、散香）　统货。去净外壳的净香仁。呈颗粒状或粉末状。颗粒状者表面光滑、油润，黑褐色；粉末状者棕黄、紫红或棕褐色，间有银皮（内层皮膜，呈小块的薄膜状）和短毛。香气浓厚，味微苦辛。无杂质、霉变。

【品质要求】以颗粒色紫黑、粉末色棕褐、质柔、油润、香气浓烈者为佳。本品含麝香酮不得少于 2.0%；干燥失重不得过 35.0%；总灰分不得过 6.5%。

【包装贮藏】壳麝香可置小铁盒内。净香置小口瓷瓶盛装，以蜡密封，布包裹。本品易发霉和散失香气，应置阴凉干燥处，密闭、防潮、避光、防蛀保存。壳麝香置当归中保存较好。有条件最好冷藏。

【**性味功效**】性温，味辛。开窍醒神，活血通经，消肿止痛。

【**附注**】麝香属国家重点保护的野生动物药材品种。

第十章 广 药

凡以两广、海南为主要产区或集散地的大宗商品药材均称为广药。

本地区位于东经104°29′~119°59′，北纬3°28′~26°23′。北邻贵州、湖南、江西，东连福建，南临南海，西与云南、越南接壤。该地区气候温暖，雨量充沛，土壤为强酸性，植被覆盖良好，典型植被是常绿的热带雨林、季雨林和亚热带季风常绿阔叶林，适宜热带、亚热带药用动植物的生长。本区生物种类丰富，高等植物就有7000种以上，药用植物5000种，药用动物近300种。

桂南地区，东西均为山地，海拔1000米，年平均气温22℃，≥10℃的年积温达7500℃，年降雨量达1800~3000毫米，全年几乎无霜。这种气候环境对鸡血藤、山豆根、肉桂、石斛、广金钱草、桂莪术、三七等药材的生长极为有利。

珠江流域，属于亚热带湿润季风气候。年平均气温在20℃~25℃之间，年积温在6000℃左右，年降雨量1500~2000mm，相对湿度80%。此地区的气候条件适于广藿香、砂仁、高良姜、广防己、化橘红等的栽培。

海南，按纬度论地处于热带，但由于中部有海拔1000m以上的高山，把岛分为南北两种不同的气候，降雨量甚大。要求湿、热、少风的槟榔等药用植物主要栽培于海南南部。

台湾岛地跨北回归线，北部属于亚热带气候，南部属热带气候，中部则为两气候型过渡带。全岛高温、多雨、多风，年平均气温在22℃左右。台湾是我国降水量最多的地区，平原地区年降水量2000mm以上。台湾产的道地药材有青果、槟榔、樟脑等。

本区主产的药材有广东高要、德庆的巴戟天、广地龙、广豆根；广东新会的广陈皮；广东高要和海南万宁的广藿香、广金钱草、肉桂；广东阳春、阳江的砂仁；广西百色和广东汕头的金钱白花蛇；广西龙津、大新的蛤蚧；化州的化橘红；广西合浦的珍珠、穿心莲、益智仁、佛手、鸡血藤；广东阳江、潮汕的海马；海南和台湾的槟榔、高良姜；台湾花莲的青果等。

广金钱草
DESMODII STYRACIFOLII HERBA

本品为豆科植物广金钱草 *desmodium styracifolium*（Osb.）Merr. 的干燥地上部分。因主产于两广地区，为与金钱草区别，故名。

【别名】铜钱草、落地金钱。

【产地】主产于广东遂溪、饶平、云浮、吴川、阳春、阳江、博罗、河源、平远、揭阳、汕头、五华、东莞、惠来、顺德、普宁、惠州，广西的玉林、金秀、北海、桂平，海南的万宁、临高等。福建、湖南、云南省部分地区也有产出。

【采收加工】夏、秋两季采割，除去杂质，晒干。

【商品特征】茎呈圆柱形，密被黄色短柔毛。叶互生，小叶1或3，圆形或矩圆形，先端微凹，基部心形或钝圆，全缘；上表面无毛，下表面具灰白色紧贴的绒毛。

【商品规格】统货。

【品质要求】以叶多、色绿者为佳；本品含夏佛塔苷（$C_{26}H_{28}O_{14}$）不得少于0.13%；水分不得过12.0%；总灰分不得过11.0%；酸不溶性灰分不得过5.0%；水溶性浸出物不得少于5.0%。

【包装贮藏】竹席或麻袋包装，置干燥处贮藏。

【性味功效】性凉，味甘、淡。利湿退黄，利尿通淋。

广 藿 香
POGOSTEMONIS HERBA

本品为唇形科植物广藿香 *Pogostemon cablin*（Blanco）Benth. 的干燥地上部分。始载于《嘉祐本草》。野生与栽培均有。豆叶曰藿，其叶似之，香气浓厚，主产广东，故名。为常用中药。

【产地】主产于广东石牌、高要、湛江、肇庆、徐闻、吴川、海康、廉江、电白，海南万宁、屯昌、琼山、琼海。

【采收加工】5~6月枝叶繁茂时采收。除去根，日晒2天，堆起，用草席覆盖2天，摊开再晒，至全干。

【商品特征】茎多曲折，叶较少；茎部上方下圆，多分枝，均被毛茸；断面有白色髓心，香气特异，味微苦。

【商品规格】因产地不同分石牌广藿香、海南广藿香和高要广藿香，均为统货。规格等级标准如下。

1. 石牌广藿香 统货。除净根，枝叶相连，老茎多呈圆形，茎节较密；嫩枝略呈方形，密被毛茸。断面白色，髓心较小。叶面灰黄色，叶背灰绿色。气纯香，叶微苦而凉。散叶不超过10%。

2. 高要广藿香 统货。枝干较细，嫩枝方形，髓心较大。气清香，味微苦而凉。散叶不超过15%。余者同石牌广藿香。

3. 海南广藿香 统货。枝干粗大，近方形，茎节密；嫩枝方形，具稀疏毛茸。断面髓心较大，叶片灰绿色，较厚。香气浓，味微苦而凉。散叶不超过20%。余者同石牌广藿香。

【品质要求】均以茎枝粗壮、色青绿、叶多、香气浓者为佳；本品含百秋李醇（$C_{15}H_{26}O$）不得少于0.10%；含杂质不得过2%；水分不得过14.0%；总灰分不得过

11.0％；酸不溶性灰分不得过4.0％；醇溶性浸出物不得少于2.5％；叶不得少于20％。

【产销行情】全国年均生产4000～5000吨，纯购约3000吨，纯销2500吨，供应出口130～150吨。其中广东年均纯购约1000吨，江苏约200吨，浙江约450吨，云南约150吨，四川约600吨，辽宁约150吨，其他地区约400吨。

【包装贮藏】竹席或编织袋包装，或按不同规格捆压成把，用竹席或草席封装。本品易散失气味，受潮易霉变，应置阴凉干燥处保存，并防光照和风吹，以免气味散失，且不宜贮藏过久。

【性味功效】性微温，味辛。芳香化湿，和中止呕，发表解暑。

土 茯 苓
SMILACIS GLABRAE RHIZOMA

本品为百合科植物光叶菝葜 *Smilar glabra* Roxb. 的干燥根茎。始载于《名医别录》，均为野生。因其形似茯苓，故名。为常用中药。

【产地】主产于广东、湖南、湖北、浙江、四川、安徽等省。

【采收加工】春、秋两季采挖，除去须根，洗净，干燥，或趁鲜切成薄片，干燥。

【商品特征】多为切片，有红白两种，切面具粉性，对光照有小亮点，水试有黏滑感。

【商品规格】统货。

【品质要求】以断面色淡棕、粉性足者为佳；本品含落新妇苷（$C_{21}H_{22}O_{11}$）不得少于0.45％；水分不得过15.0％；总灰分不得过5.0％；醇溶性浸出物不得少于15.0％。

【包装贮藏】竹席或麻袋装。本品易受潮发霉，应置干燥处保存。

【性味功效】性平，味甘、淡。解毒，除湿，通利关节。

山 豆 根
SOPHORAE TONKINENSIS RADIX ET RHIZOMA

本品为豆科植物越南槐 *Sophora tonkinensis* Gagnep. 的干燥根及根茎。始载于《开宝本草》，均为野生。因其蔓如大豆，多产于两广，故名"广豆根"。为较常用中药。

【别名】广豆根、南豆根。

【产地】主产于广西百色、田阳、凌乐、大新、那坡、靖西、德保、田林、龙州、武鸣、凤山、南丹，及广东、江西、贵州、云南等地。

【采收加工】9～10月采收。将根及根茎挖出后，除残茎、泥沙及须根，晒干即可。

【商品特征】根茎下着生数条根，皮色灰褐，皮孔横生，质地坚硬，断面淡黄棕色。其豆腥气，味极苦。

【商品规格】统货。

【品质要求】以质硬难折断、断面略平坦、浅褐色、具豆腥气、味极苦、粗长条匀者为佳；本品含苦参碱（$C_{15}H_{24}N_2O$）和氧化苦参碱（$C_{15}H_{24}N_2O_2$）的总量不得少于0.70％；水分不得过10.0％；总灰分不得过6.0％；醇溶性浸出物不得少于15.0％。

【包装贮藏】席包或竹篓装，置干燥处，防霉蛀。

【性味功效】性寒，味苦，有毒。清热解毒，消肿利咽。

巴 戟 天
MORINDAE OFFICINALIS RADIX

本品为茜草科植物巴戟天 *Morinda officinalis* How 的干燥根。始载于《神农本草经》，列为上品，野生与栽培均有。本品昔产巴国，故名。为常用中药。

【别名】广巴戟、巴戟。

【产地】主产于广东高要、德庆、郁南、禄步、五华、新丰、广宁、紫金，广西百色、平乐、贺县、苍梧、凭祥、钦州、上思，福建平和、永安、南靖等地。以广东德庆、郁南县栽培的巴戟天品质最优。

【采收加工】全年均可采挖。一般栽培 5～10 年后才可采收。采收后先洗净泥沙，除去须根，晒至六七成干，轻轻捶扁，将粗条者切成 9～13cm 的段，中细者切成 6～10cm 的段，晒干。

【商品特征】形似鸡肠，稍扁，结节状，木心相连。肉厚色紫，木心小，味甜、略涩。水试之，水显淡蓝紫色。

【商品规格】统货。

【品质要求】以条大、粗壮、肉厚色紫、木心细者为佳；本品含耐斯糖（$C_{24}H_{42}O_{21}$）不得少于 2.0%；水分不得过 15.0%；总灰分不得过 6.0%；水溶性浸出物不得少于 50.0%。

【产销行情】年均生产约 450 吨，纯购约 300 吨，纯销约 300 吨。其中广东年均纯购约 200 吨，广西约 60 吨，福建约 50 吨。全国年需求量 1500～2000 吨。

【包装贮藏】麻袋或编织袋装。本品易虫蛀、发霉、泛油，应置阴凉干燥处保存。入夏为防霉蛀、泛油，可晾晒干燥，也可用药物熏蒸。

【性味功效】性微温，味甘、辛。补肾阳，强筋骨，祛风湿。

化 橘 红
CITRI GRANDIS EXOCARPIUM

本品为芸香科植物化州柚 *Citrus grandis* 'Tomentosa' 或柚 *Citrus grandis* （L.）Osbeck 的未成熟或近成熟干燥外层果皮。前者习称"毛橘红"，后者称"光橘红"。

【别名】橘红、化红。

【产地】主产于广东化州、廉江、电白、海康、信宜、遂溪等县，广西柳州、桂林等地。以广东化州产者为佳。

【采收加工】夏季果实未成熟时采收，置沸水中略烫后，将果皮割成 5～7 瓣，除去果瓤和部分中果皮，压制成型，干燥。

【商品特征】呈对折七角或展平的五角星状，单片呈柳叶形，外表绿色或绿黄色，内表面淡黄色，具点状或短线状突起。气香，味苦、微涩。

【商品规格】 果皮被有细密茸毛的称"毛橘红",表面无毛的称为"光橘红"。

1. 毛橘红 根据果皮上柔毛的密集程度及加工方法分为"正毛七爪""副毛七爪"等品级。"正毛"者柔毛密集,果皮青绿,为上品。

由于果实采摘时间不同,如采摘未成熟果实,外表皮青绿色,称"绿毛七爪";采摘近成熟果实,外表皮呈黄色,称"黄毛七爪";如将未成熟较小的果实切成6裂,基部相连,不去内果皮,将尖头折进,压平,烘干,每10片扎成1把,称"毛六爪",此为毛橘红中之次品,为统货。

2. 光橘红 均为统货,一般不分等级,根据表面颜色不同分为"光青"及"光黄",或根据切割瓣数不同,分为"光七爪"(果皮切割成七瓣)或"光五爪"(果皮切割成五瓣)。

3. 橘红边 指光青、光黄、大五爪及尖化红加工所裁剪下的边料亦作药用。

【品质要求】 正毛七爪、副毛七爪以毛绒细密、色青、果皮薄者为佳。光青七爪以色黄、果皮厚薄均匀者为佳。本品含柚皮苷($C_{27}H_{32}O_{14}$)不得少于3.5%。水分不得过11.0%,总灰分不得过5.0%。

【包装贮藏】 置阴凉干燥处,防蛀。

【性味功效】 性温,味辛、苦。理气宽中,燥湿化痰。

石 决 明
HALIOTIDIS CONCHA

本品为鲍科动物杂色鲍 *Haliotis diversicolor* Reeve、皱纹盘鲍 *Haliotis discus hannai* Ino、羊鲍 *Haliotis ovina* Gmelin、澳洲鲍 *Haliotis ruber*(Leach)、耳鲍 *Haliotis asinina* Linnaeus 或白鲍 *Haliotis laevigata*(Donovan)等动物的贝壳。始载于《名医别录》,野生与家养均有。因本品附石而生长,功为去翳明目,故名。为常用中药。

【别名】 九孔石决明、鲍鱼壳。

【产地】 杂色鲍药材主产于广东雷州、徐闻、湛江、阳江、新会、台山,福建平潭、漳浦,以及越南、澳大利亚、印度尼西亚、菲律宾、日本等地。

皱纹盘鲍药材主产于辽宁大连,山东长山,江苏,以及朝鲜、日本等地。

羊鲍药材主产于台湾、海南,以及澳大利亚、印度尼西亚、菲律宾等地。

澳洲鲍药材主产于澳大利亚、新西兰。

耳鲍药材主产于台湾、海南。国外多从印度尼西亚进口。

【采收加工】 夏秋间捕捉,捕捉后剥去肉,取其贝壳,洗净黏附的杂质,晒干即可。

【商品特征】 石决明来源有六种之多,有大有小。商品上分为光底和毛底两类。

1. 光底石决明 个中等,耳状,壳面无石灰层,纹理清楚,孔6～9,孔口与壳面平。内面光滑,有珍珠光泽。

2. 毛底石决明 个大,壳面有石灰层,纹理不清,孔口多高于壳面。余同光底石决明。

【商品规格】商品按来源分光底石决明和毛底石决明两种；按产地分真海决（主产于广东、海南岛等地）、关海决（主产于东北及山东渤海等地）、大洋石决明（主产于山东）。一般不分等级。

【品质要求】均以体形中等大小、壳厚、无破碎、无臭、无残肉、九孔或七孔者为佳；本品含碳酸钙（$CaCO_3$）不得少于 93.0%。

【产销行情】全国年均生产约 550 吨，进口年均约 50~80 吨，最高年约 1000 吨，纯购约 500 吨，纯销 600 吨。其中广东年均纯购约 160 吨，山东约 100 吨，福建约 50 吨，辽宁约 100 吨，其他地区约 100 吨。

【包装贮藏】麻袋或竹篓包装，防尘。

【性味功效】性寒，味咸。平肝潜阳，清肝明目。

地 龙
PHERETIMA

本品为钜蚓科动物参环毛蚓 *Pheretima aspergillum*（E. Perrier）、通俗环毛蚓 *P. vulgaris* Chen、威廉环毛蚓 *P. guillelmi*（Michaelsen）或栉盲环毛蚓 *P. pectinifera* Michaelsen 的干燥体。前一种习称"广地龙"，后三种习称"沪地龙"。始载于《神农本草经》，列为下品。野生与人工养殖均有。为常用中药。

【别名】蚯蚓、地龙干。

【产地】主产于广东湛江、茂名、阳江、江门、佛山、惠州、河源等地以及广西的玉林、钦州、百色、梧州、北海等近河边的地方。湖南、四川、福建及台湾等省也有分布。以广东产最好，为道地药材。沪地龙主产于上海奉贤、南汇、松江等郊区各县以及江苏。

【采收加工】广地龙春季至秋季捕捉，沪地龙夏季捕捉。捕捉后及时剖开腹部，洗去内脏及泥沙，晒开或低温干燥即可。

【商品特征】1. 广地龙　条片状，棕红色，具环节，白颈明显，肉较厚，气腥、味微咸。

2. 沪地龙　体小、肉薄，灰棕色，无白颈，常带泥土。

【商品规格】统货。

【品质要求】以条大肥满、肉厚者为佳；本品杂质不得过 6%；水分不得过 12.0%；总灰分不得过 10.0%；酸不溶性灰分不得过 5.0%；水溶性浸出物不得少于 16.0%；重金属不得过百万分之三十。

【产销行情】全国年均生产约 2000 吨，纯购约 1500 吨，纯销约 1300~1500 吨，供应出口约 30 吨。

【包装贮藏】编织袋或硬纸箱包装。本品易虫蛀、发霉，应密封，置干燥通风处保存。少量药材可与花椒同放用以防蛀。

【性味功效】性寒，味咸。清热定惊，通络，平喘，利尿。

红 大 戟
KNOXIAE RADIX

本品为茜草科植物红大戟 *Knoxia valerianoides* Thorel et Pitard 的干燥块根。始载于《神农本草经》，列为下品。多为野生，少有家种。其根辛、苦，如戟入咽喉，故名。为较常用中药。

【别名】红芽大戟、大戟。

【产地】主产于广西石龙、邕宁、上思、隆安、扶绥、平乐、永福、昭平、贺县、恭城，云南弥勒、文山、个旧，广东阳江、电白、阳春等地。

【采收加工】秋冬两季采挖，除去须根，洗净，置沸水中略烫，干燥。

【商品特征】形似续断而色红棕。断面肉红褐色，木心棕黄色，味甘、微辛。

【商品规格】统货。

【品质要求】以身干、根长肥壮、红褐色、质坚实者为佳。

【包装贮藏】用竹篓或编织袋包装。本品受潮易发霉，应置通风干燥处保存。

【功效】性寒，味苦，有小毒。泻水逐饮，消肿散结。

红 豆 蔻
GALANGAE FRUCTUS

本品为姜科植物大高良姜 *Alpininia galangal* Willd. 的干燥成熟果实。始载于《本草纲目》高良姜项下。均为栽培。因其形似豆蔻而色红，故名。为较常用中药。

【别名】红扣、红蔻。

【产地】主产于广东惠阳、博罗、东蔻、增城、信宜、阳春、伏化，广西上林、上思、大新、隆安、武鸣、邕宁，云南临沿、凤庆等地。

【采收加工】于秋后果实发红时采收，除去杂质，阴干。

【商品特征】果实长圆形，红棕色，中部内缩成腰。有宿萼。种子6粒，腰上下各3粒。种子三角状多面体。气香，味辛辣。

【商品规格】统货。

【品质要求】以外表红棕色、颗粒饱满、气味辛辣、无杂质者为佳。本品种子含挥发油不得少于0.40%（mL/g）。

【产销行情】全国年生产约20～30吨，年销约20～30吨。

【包装贮藏】用麻袋包装。置阴凉干燥处保存。

【功效】性温，味辛。燥湿散寒，醒脾消食。

肉 桂
CINNAMOMI CORTEX

本品为樟科植物肉桂 *Cinnamomum cassia* Presl 的干燥树皮。始载于《神农本草经》，列为上品。野生与家种均有。因其色似肉，故名。为常用中药。

【别名】紫油肉桂、玉桂、牡桂。

【产地】主产于广西桂平、容县、平南、大瑶山、上思、宁明、贵县，广东广义、德兴、信宜、钦县、防城、高要、罗定等地。广东、广西产量占全国的95%以上。国外主产于越南、印度、老挝、印度尼西亚。以广西产量最大。

【采收加工】9~10月份采收。采收时选取适龄的肉桂树，按一定的长、宽剥下树皮，放于阴凉处，按各种规格修整，或置于木制的"桂夹"内压制成型，阴干或先放置阴凉处2~3天，于弱光下晒干。根据采收加工方法的不同，有如下加工品。

1. 桂通 为剥取栽培5~6年幼树的干皮或粗枝皮，或老树枝皮，不经压制，自然卷曲成筒状，长30cm，直径2~3cm。

2. 企边桂 为剥取10年以上生的树干皮，将两端削成斜面，突出桂心，夹在木制的凹凸板中间，压成两侧向内卷曲的浅槽状。长40cm，宽6~10cm。

3. 板桂 剥取老树最下部近地面的干皮，夹在木制的桂夹内，晒至九成干，经纵横堆叠，加压，约1个月完全干燥，成为扁平板状。

4. 桂碎 为桂皮加工中的碎块，多供香料用。

5. 桂心 即刮去外皮者。

【商品规格】肉桂商品分为企边桂、板桂、桂通、桂心、桂碎等五个规格，以企边桂质最优。其规格等级标准如下。（见彩图8）

1. 企边桂 呈两侧向内卷曲的浅槽状，两端成斜面而露出桂心，外表面灰棕色，有细皱纹及横向突起的皮孔；内表皮红棕色，较平滑，用指甲刻划可见油痕；质硬脆，断面外侧呈棕色，较粗糙，内侧红棕色而油润，中间有一条黄棕色的线纹。气香，味甜而辛辣。长约40cm，宽6~10cm。

2. 桂通 双卷筒或单卷筒。长约30cm，直径2~3cm，余者同上。

3. 桂板 呈扁平的板状，表面略粗糙，有的可见灰白色地衣斑。

4. 桂碎 为加工桂皮过程中的碎块，大小不等，余者同桂通。

5. 桂心 为刮去外皮者，表面红棕色。

【品质要求】以大小整齐、外形美观、皮细而坚实、质厚而沉重、断面紫红色、油性足、香气浓厚、辛辣味大、嚼之无渣者为佳；本品含桂皮醛（C_9H_8O）不得少于1.5%；挥发油不得少于1.2%（mL/g）；水分不得过15.0%；总灰分不得过5.0%。

【产销行情】全国年均生产约1000吨，纯购约700~900吨，进口约5吨，纯销约1000吨，其中广西纯购约600吨，广东约100吨。

【包装贮藏】一般板桂用木箱装，上等货用铁箱或铁盒装。本品易失油润、干枯，应密封置阴凉处贮存。如有条件最好冷藏。

【性味功效】性大热，味辛、甘。补火助阳，引火归元，祛寒止痛，温通经脉。

【附注】**1. 黄瑶桂** 原系大瑶山区所产之野桂制成，或为屯县家桂制成，主销福建、浙江等省。

2. 进口桂 分为清化桂、企边桂、桂楠、夹桂、筒桂五个规格，以清化桂质量最优。

（1）清化桂：系越南清化野生，皮质细薄，有青白色大型花斑（地衣斑），饱含紫油，经久不干，肉细滑如玉，故称"清化玉桂"，为桂类佳品。其加工多将平板状的桂皮两边拗拢，名为"企边"；横撑竹片如梯子状，两头用刀扦去外皮，露出长 1cm 左右桂心，称"杆口"，全体长 30 ~ 45cm，宽 4 ~ 7cm，每条约重 60 ~ 120g。

（2）企边桂：产越南中圻、会安，多系家种，形状与清化桂相似，质量稍次。皮厚体重，表面较平坦，皮孔圆而小，内面及断面发乌，油足、香浓。分为 1~4 等。

（3）桂楠：企边桂剔下的次桂，皮纹粗，多残破，油性稍差。

（4）夹桂：体重皮厚，一般称"大板桂"。

以上四种属"平板类"，统称玉桂。

（5）筒桂：又称"安桂"。用枝皮卷成筒状，长 30 ~ 40cm，用篾扎成圆把，每把重 400 ~ 450g，以品质分"三品桂"（12 支、16 支、20 支各 6 把合装 1 箱），"30 枝油桂""30 枝把桂"等。

肉 豆 蔻
MYRISTICAE SEMEN

本品为肉豆蔻科植物肉豆蔻 *Myristica fragrans* Houtt. 的干燥种仁。载于《开宝本草》。其内有斑纹如肉，气香如蔻，故名。为少常用中药。

【别名】肉蔻、肉果、玉果。

【产地】主产于广东、广西、海南、台湾、云南、福建。

【采收加工】冬、春两季果实成熟时采收。

【商品特征】呈卵圆形或椭圆形，表面灰棕色或灰黄色，全体有浅色纵行沟纹和不规则网状沟纹。质坚，断面显棕黄色相杂的大理石花纹。

【商品规格】呈卵圆形或椭圆形，表面灰棕色或灰黄色，有时外被白粉，断面显棕黄色相杂的大理石花纹，气香浓烈，味辛。

【品质要求】本品含去氢二异丁香酚（$C_{20}H_{22}O_4$）不得少于 0.10%；水分不得过 10.0%；含挥发油不得少于 6.0%（mL/g）。

【包装贮藏】置阴凉干燥处，防蛀。

【性味功效】性温，味辛。温中行气，涩肠止泻。

佛 手
CITRI SARCODACTYLIS FRUCTUS

本品为芸香科植物佛手 *Citrus medica* L. var. *sarcodactylis* Swingle 的干燥果实。始载于《图经本草》。其实状如人手，故名。为较常用中药。

【别名】佛手柑、川佛手、广佛手。

【产地】主产于广东肇庆、高要、新丰、增城、番禺、清远、佛冈、连平、五华、兴宁、翁源、阳山、乳源、英德、台山、信宜、高州、梅县等，广西玉林、凌乐、灌阳，浙江金华。此外福建福安、莆田，四川合江，云南易门、宾川等地亦产。

【采收加工】秋季果实尚未变黄或变黄时采摘。晾数天，待大部分水分蒸发后，纵切成薄片，晒干或低温干燥。

【商品特征】形状大小不一，有的成指状分枝，常皱缩或卷曲。外表面橙黄色、黄绿色或棕绿色，密布凹陷的窝点，有时可见细皱纹。内表面类白色，散有黄色点状或纵横交错的维管束。质柔软，气芳香。

【商品规格】统货。

【品质要求】以片大、皮黄肉白、香气浓者为佳；本品含橙皮苷（$C_{28}H_{34}O_{15}$）不得少于0.030％；水分不得过15.0％，醇溶性浸出物不得少于10.0％。

【产销行情】全国年生产约10～20吨，年销量约10～20吨。

【包装贮藏】置阴凉干燥处，防霉，防蛀。

【性味功效】性温，味辛、苦、酸。疏肝理气，和胃止痛，燥湿化痰。

【附注】广东产区有其自定标准。

1. 佛手片 纵刨薄片，有指状分裂，边缘黄绿色或橙黄色，全片，白色或淡黄白色，无霉点或黑斑点，质柔润。气香，味微苦，片厚不超过2mm，无虫蛀、霉变。

2. 等外佛手片 纵刨薄片，有指状分裂，边缘黄绿色或橙黄色，表面灰白色或棕黄色，带有轻微霉或黑斑，质柔润。气香，味微苦，片厚不超过2mm，无虫蛀。

陈 皮
CITRI RETICULATAE PERICARPIUM

本品为芸香科植物橘 *Citrus reticulata* Blanco 及其栽培变种的干燥成熟果皮。原名橘柚，始载于《神农本草经》，列为上品。多为栽培。因习惯以陈者入药为佳，故名陈皮。为常用中药。

【别名】橘皮、广陈皮。

【产地】广陈皮主产于广东新会、近郊、四会、江门等地，品质最佳。陈皮主产于重庆江津、綦江、合川、江北、四川简阳等地。此外福建漳州，浙江温州、黄岩、台州、衡县，江西及湖南等地所产都较为著名，其他各地所产均为土陈皮。商品以广东新会等地所产者质量最佳。

【采收加工】9～11月果实成熟，剥取果皮，阴干或通风干燥，广陈皮多剖成3～4瓣。

【商品特征】**1. 广陈皮** 常三瓣相连，翻卷，外表棕红，内色白，对光视之油室大，透明清晰，质较柔软。气香，味辛、苦。

2. 陈皮（橘皮） 常剥成数瓣，基部相连，或呈不规则块片，不翻卷，外皮橙红，内色黄白，对光视之，油室大小不均，质稍硬而脆。

【商品规格】商品分为广陈皮和陈皮两种规格。一般分1～3等。规格等级标准如下。

1. 广陈皮 一等：剖成三至四瓣。裂瓣多向外反卷。表面橙红色或棕紫色，显皱缩，油室明显。内表面白色，略显海绵状，质柔。片张较厚，断面不齐。气清香浓郁，味微辛，不甚苦。

二等：剖成三至四瓣或不规则片张，片张较薄。其余同一等。

三等：皮薄而片小，表面红色或带有青皮，其余同二等。

2. 陈皮　一等：呈不规则片状，片张较大。表面橙红色或红黄色，有无数凹入的油点，对光视清晰。内表面黄白色。质较硬而脆，易折断。气香，味辛苦。

二等：片张较小，间有破块。表面黄褐色或黄红色、暗绿色。内表面类白色或灰黄色，较松泡。其余同一等。

【品质要求】以瓣大、大小整齐、外皮深红色、内面白色、肉厚油性大、香气浓郁者为佳；本品含橙皮苷（$C_{28}H_{34}O_{15}$）不得少于 3.5%；水分不得过 13.0%。

【产销行情】全国年均生产约 10000 吨，纯购约 5500 吨，纯销 4500～5000 吨，供应出口约 100 吨。其中广东年均纯销约 1600 吨，四川约 200 吨，浙江约 400 吨，湖南约 300 吨，其他地区约 350 吨。

【包装贮藏】麻袋或编织袋装。本品受潮易虫蛀、发霉，受热易走失气味。应防潮、防热，置阴凉干燥处保存。如发现包内发热，应摊晾，忌暴晒，以免有损香味。

【性味功效】性温，味苦、辛。理气健脾，燥湿化痰。

鸡 血 藤
SPATHOLOBI CAULIS

本品为豆科植物密花豆 *Spatholobus suberectus* Dunn 的干燥藤茎。始载于《植物名实图考》，均为野生。因其藤汁红如鸡血，故名。为较常用中药。

【产地】主产于广西平乐、装鸣、临桂，云南禄功、武定等地。此外，广东、江西亦产。

【采收加工】9～10 月采割全藤，切成长约 30cm 的段，或劈成片块，晒干即成。

【商品特征】形扁、心偏，切面呈半圆环，环环有血圈。气微，味涩。

【商品规格】统货。

【品质要求】以条粗如竹竿，略有纵棱、质硬，色棕红、刀切处具红黑色汁痕为佳。本品含去氢二异丁香酚（$C_{20}H_{22}O_4$）不得少于 0.10%；水分不得过 13.0%；总灰分不得过 4.0%；醇溶性浸出物不得少于 8.0%。

【产销行情】全国年均生产约 4000 吨，纯购约 3000 吨，纯销约 2000 吨。其中广西纯购约 700 吨，云南约 550 吨，广东约 600 吨，江西约 300 吨，其他地区纯购约 800 吨。鸡血藤近年来用量不断增加，市场上多年平销，有时稍紧，价格比较稳定。

【包装贮藏】原药以竹篓装，切片以麻袋或编织袋装。置阴凉干燥处保存。

【性味功效】性温，味苦、甘、涩。活血补血，通经活络，强筋健骨。

牡 蛎
OSTREAE CONCHA

本品为牡蛎科动物牡蛎 *Ostrea gigas* Thunberg、大连湾牡蛎 *Ostrea talienwhanensia*

Crosse 或近江牡蛎 *Ostrea rivularis* Gould 的贝壳。始载于《神农本草经》，列为上品。多系野生，少为养殖。为常用中药。

【别名】左牡蛎。

【产地】主产于广东、福建、辽宁、浙江等沿海各省。

【采收加工】全年均可捕捞，去肉，洗净，晒干。

【商品特征】牡蛎品种多，贝壳形状、大小不等。外表粗糙，鳞片状，色泽多样，无光泽，内面瓷白色，有光泽。断面层状。主含碳酸钙，遇酸起泡。

【商品规格】统货。

【品质要求】以个大整齐、无杂质、不含泥土、不破碎、里面有光泽者为佳。本品含碳酸钙（$CaCO_3$）不得少于94.0%。

【包装贮藏】竹篓或麻袋装。置干燥处保存，注意防尘。

【性味功效】性微寒，味咸。重镇安神，潜阳补阴，软坚散结。

金 樱 子
ROSAE LAEVIGATAE FRUCTUS

本品为蔷薇科植物金樱子 *Rosa laevigata* Michx. 的干燥成熟果实。始载于《蜀本草》，均为野生，因其形如马缨，色黄红，故名。为较常用中药。

【产地】主产于广东从化、增城、番禺，湖南常德、邵阳、黔阳，江西瑞昌、修水、武宁，浙江金华、兰溪，安徽芜湖、安庆、南丹，江苏镇江、吴县等地产量较大。

【采收加工】10～11月果实成熟花托变红时采收，撞去毛刺，晒干，即为金樱子。将去刺后的金樱子纵向剖开，置水中挖去瓤及绒毛，再晒干，即为金樱子肉。

【商品特征】形似花瓶，暗红棕色，全身被刺突。内含多数小瘦果，被淡黄色绒毛。味酸，微涩。

【商品规格】商品分金樱子和金樱子肉两种规格。湖北利川则以除去毛茸后的瘦果入药。

【品质要求】以个大、色黄红、去净毛刺者为佳。本品金樱子肉按干燥品计算，含金樱子多糖以无水葡萄糖（$C_6H_{12}O_6$）计不得少于25.0%；水分不得过18.0%；总灰分不得过5.0%。

【包装贮藏】麻袋或编织袋装。本品易虫蛀、发霉，应防潮，置干燥通风处保存。入夏前宜晾晒。

【性味功效】性平，味酸、甘、涩。固精缩尿，固崩止带，涩肠止泻。

金钱白花蛇
BUNGARUS PARVUS

本品为眼镜蛇科动物银环蛇 *Bungarus multicinctus* Blyth 的幼蛇干燥体。野生与家养均有。因身有白色环状花纹，故名。为常用中药。

【别名】白花蛇、小白花蛇。

【产地】主产于广西百色、田东、都安、龙津及广东汕头地区的揭阳、普宁、南雄、饶平、信宜、阳江、新会、增城、惠来,江西余江、临川、波阳、弋阳、南康等地。以广东、广西产者最为著名。

【采收加工】夏秋两季捕捉后,吊起拔去毒牙,剖腹去内脏,洗净,放入酒精中浸3天,以头为中心盘成圆形,尾含于口中,用竹签横穿固定,晒干或烘干。

【商品特征】幼蛇盘成饼状,如古钱大,黑体白环,白环背部只有一鳞宽,向腹部增宽。肛下尾鳞单行。背鳞在放大镜下观察呈六角形。

【商品规格】商品分大条、中条、小条3种规格。

【品质要求】以头尾齐全、有花斑纹、有光泽者为佳。一般认为小条最好。本品醇溶性浸出物不得少于15.0%。

【产销行情】全国年均生产约120万条,纯购约60万条,纯销约50万条,供应出口约10万条。其中广东、广西、湖北产品供应全国并有出口。

【包装贮藏】置石灰缸内,宜在30℃以下保存,防虫蛀。

【性味功效】性温,味甘、咸,有毒。祛风,通络,止痉。

【附注】金钱白花蛇属于国家重点保护的野生动物药材品种。

罗 汉 果
SIRAITIAE FRUCTUS

本品为葫芦科植物罗汉果 *Siraitia grosvenoroo*(Swingle) C. Jeffrey ex A. M. Lu et Z. Y. Zhang 的干燥果实。载于《岭南采药录》。本品似罗汉佛珠,故名。为少常用中药。

【产地】主产于广西桂林、永福县、融安县、临桂县。

【采收加工】秋季果实由嫩绿色变深绿色时采收,晾数天后,低温干燥。

【商品特征】呈卵形、椭圆形或球形,表面褐色、黄褐色或绿褐色,有深色斑块和黄色柔毛。体轻、质脆,果皮薄,易破。果瓤海绵状,浅棕色。气微,味甜。

【商品规格】商品上分大、小规格,均不分等级。

【品质要求】本品含罗汉果皂苷 V($C_{60}H_{102}O_{29}$)不得少于0.50%。水分不得过15.0%;总灰分不得过5.0%。水溶性浸出物不得少于30.0%。

【包装贮藏】纸箱、编织袋装。置干燥处,防霉,防蛀。

【性味功效】性凉,味甘。清热润肺,利咽开音,润肠通便。

荜 澄 茄
LITSEAE FRUCTUS

本品为樟科植物山鸡椒 *Litsea cubeba*(Lour.) Pers. 的干燥成熟果实。为少用中药。

【别名】山苍子、山鸡椒。

【产地】主产于广西、浙江、四川。

【采收加工】秋季果实成熟时采收,除去杂质,晒干。

【商品特征】呈类球形，表面棕褐色至黑褐色，有网状皱纹。基部偶有宿萼及细果梗。除去外皮可见硬脆的果核，种子1，子叶2，黄棕色，富油性。气芳香特异，味稍辣而微苦。

【商品规格】统货。

【品质要求】以粒大、油性足、香气浓者为佳。水分不得过10.0%；总灰分不得过5.0%。醇溶性浸出物不得少于28.0%。

【包装贮藏】麻袋、编织袋或纸箱装。置阴凉干燥处保存。

【性味功效】性温，味辛。温中散寒，行气止痛。

降 香
DALBERGIAE ODORIFERAE LIGNUM

本品为豆科植物降香檀 *Dalbergia odorifera* T. Chen 的树干和根的干燥心材。始载于《海药本草》。其色绛紫，其气香，故名。为少常用中药。

【别名】降真香。

【产地】广东、海南。

【采收加工】秋季果实成熟时采收，除去杂质，晒干。

【商品特征】呈类圆柱形或不规则块状。表面紫红色或红褐色，切面有致密的纹理。质硬，有油性。气微香，味微苦。

【商品规格】统货。

【品质要求】本品含挥发油不得少于1.0%（mL/g）。醇溶性浸出物不得少于8.0%。

【产销行情】全国年生产约500~1000吨，年销量约100~500吨。

【包装贮藏】木箱或纸箱装。置阴凉干燥处。

【性味功效】性温，味辛。化瘀止血，理气止痛。

青 皮
CITRI RETICULATAE PERICARPIUM VIRIDE

本品为芸香科植物橘 *Citrus reticulata* Blanco 及其栽培变种的干燥幼果或未成熟果实的果皮。始载于《本草纲目》，均为栽培。本品为青橘之皮，故名。为较为常用中药。

【别名】青橘皮、小青皮。

【产地】主产于广西贵县，福建龙溪、福州，浙江温州、杭州，陕西紫阳等地。

【采收加工】5~6月份摘取幼果，或拾取自然落下的幼果，晒干，习称"个青皮"；7~8月份摘取未成熟果实，用沸水烫一下，再用刀由顶端作一"十"字形割痕至基部，除去瓤肉，晒干，习称"四花青皮"。

【商品特征】1. 个青皮 体形小，完整，球形，黑绿色，体轻质坚。

2. 四花青皮 个大，成四瓣，不去瓤，外表墨绿色。油性大，气香，味苦辛。

【商品规格】商品分个青皮和四花青皮两种规格。

【品质要求】个青皮以色墨绿、个均匀、坚实、皮厚、香气浓厚者为佳。四花青皮以外皮黑绿色、内面白色、油性大者为佳。本品含橙皮苷（$C_{28}H_{34}O_{15}$）不得少于 5.0%。

【产销行情】全国年均生产约 2700 吨，纯购约 2000 吨，纯销约 2000 吨。

【包装贮藏】麻袋和编织袋装。本品受潮易虫蛀、发霉，受热易走失芳香之气。应防潮、防热，置于阴凉干燥处保存。

【性味功效】性温，味苦、辛。疏肝破气，消积化滞。

青　果
CANARII FRUCTUS

本品为橄榄科植物橄榄 *Canarium album* Raeusch. 的干燥成熟果实。载于《日华子本草》。其色黑褐，药用果实，故名。为少常用中药。

【别名】橄榄、干青果。

【产地】福建省福州、闽清、闽侯、莆田、仙游、福安。广东、广西、四川等地也产。

【采收加工】秋季果实成熟时采收，干燥。

【商品特征】呈纺锤形，两端钝尖。表面棕黄色或黑褐色，有不规则皱纹。果肉灰棕色或棕褐色，质硬。内分 3 室，各有种子 1 粒。无臭，果肉味涩，久嚼微甜。

【商品规格】统货。

【品质要求】本品水分不得过 12.0%；总灰分不得过 6.0%。本品醇溶性浸出物不得少于 30%。

【包装贮藏】用麻袋或编织袋装。置干燥处，防蛀。

【性味功效】性平，味甘、酸。清热解毒，利咽，生津。

青　蒿
ARTEMISIAE ANNUAE HERBA

本品为菊科植物黄花蒿 *Artemisia annua* L. 的干燥地上部分。始载于《神农本草经》，列为下品。多为野生，其茎叶深青，故名。为较常用中药。

【别名】黄花蒿、嫩青蒿。

【产地】主产广东，以粤北地区较多，尤以连县、阳山、英德等县产量大。重庆酉阳，海南，广西，湖北汉阳、孝感、咸宁，浙江永嘉、乐清、兰溪，江苏苏州、常熟，安徽芜湖、安庆、滁县等地均有出产。

【采收加工】夏季开花前，割取地上部分，或立秋后割取花枝部分，晒干或阴干即成。

【商品特征】多切成段，叶细裂，暗绿色。茎具纵棱，黄绿色，切口中部有白色髓心。香气特异，味苦，有清凉感。

【商品规格】为统货，不分等级。

【品质要求】以身干、色青绿、未开花、香气浓郁者为佳；本品水分不得过14.0%，总灰分不得过8.0%，醇溶性浸出物不得少于1.9%。

【包装贮藏】竹席、麻袋或塑料袋装。置阴凉干燥处保存。注意防热、防潮、防气味散失。

【性味功效】性寒，味苦、辛。清虚热，除骨蒸，解暑热，截疟，退黄。

胡 椒
PIPERIS FRUCTUS

本品为胡椒科植物胡椒 *Piper nigrum* L. 的干燥近成熟或成熟果实。始载于《唐本草》。本品原多为进口，其气芳香，味辛辣，似椒类，故名。为少常用中药。

【别名】浮椒。

【产地】广东、广西、云南等地。

【采收加工】秋末至次春果实呈暗绿色时采收，晒干，为黑胡椒；果实变红时采收，用水浸渍数日，擦去果肉，晒干，为白胡椒。

【商品特征】1. 黑胡椒 呈球形，表面黑褐色，具隆起网状皱纹，顶端有细小柱头残基，基部有自果柄脱落的疤痕。气芳香，味辛辣。

2. 白胡椒 表面灰白色或淡黄白色，平滑，先端与基部间有多数浅色线状脉纹。

【商品规格】商品上分黑胡椒和白胡椒两种规格，均不分等。

【品质要求】以粒大、个圆、坚实、色白、气味强烈者为佳。本品含胡椒碱（$C_{17}H_{19}NO_3$）不得少于3.3%，水分不得过14.0%。

【包装贮藏】纸箱或编织袋装。密闭，置阴凉干燥处。

【性味功效】性热，味辛。温中散寒，下气，消痰。

骨 碎 补
DRYNARIAE RHIZOMA

本品为水龙骨科植物槲蕨 *Drynaria fortunei* (Kunze) J. Sm 的干燥根茎。始载于《本草拾遗》。均为野生。原名猴姜，开元皇帝以其治疗伤折骨碎而改名。为较常用中药。

【别名】猴姜、巴岩姜、爬岩姜。

【产地】主产于广东阳江、台山、恩平、清远，四川茂县、汶川、都江堰，湖北宜昌、孝感。此外江西、福建、山西、陕西、青海、云南、贵州等省亦产。

【采收加工】全年均可采挖，以冬末、初春为宜。将根茎采收后，鲜用或晒干。四川用火燎去鳞毛。广东将小块的刨片，大块的刮去绒毛和外皮，洗净后蒸熟，再晒干刨片。

【商品特征】扁条形、弯曲，体表有黄棕色鲜片和散在突起的圆形叶柄痕，体轻，切面分体中柱环列。味微涩。

【商品规格】商品有条、片两种规格。一般不分等级，均为统货。

【品质要求】以条大、色棕、毛少者为佳；本品水分不得过15.0%；总灰分不得过

8.0%；醇溶性浸出物不得少于 16.0%。

【产销行情】全国年产销约 500~600 吨，实际配方用 200~300 吨。

【包装贮藏】以竹席包或用麻袋包装。置干燥通风处保存，应保持干燥，以防受潮霉烂。

【性味功效】性温，味苦。疗伤止痛，补肾强骨；外用消风祛斑。

草 豆 蔻
ALPINIAE KATSUMADAI SEMEN

本品为姜科植物草豆蔻 *Alpinia katsumadai* Hayata 的干燥近成熟种子。始载于《开宝本草》，实际为豆蔻。而真正的草豆蔻，在《本草纲目》才有记载。豆象其形，蔻为物盛，故名。野生与栽培均有，为较常用中药。

【别名】草蔻。

【产地】主产于广东，海南万宁、陵水、崖县、文昌、屯县、儋县、澄迈、云南临论、墨江及广西等地。习惯认为产于海南万宁者为优。

【采收加工】夏、秋两季果实由绿变黄时采收，晒至九成干，剥去果皮，将种子团晒至全干；或先将果实用水略烫，晒至半干，除去果皮，取出种子团，晒干。

【商品特征】种子团圆球形，3 瓣。种子为多面体，背上有沟纹。气香，味辛辣。

【商品规格】统货。

【品质要求】以个圆、大小均匀、质坚实、无散碎、饱满、香气浓者为佳；本品含挥发油不得少于 1.0%（mL/g）。

【产销行情】全国年生产 150~500 吨，年销量约 150~200 吨。

【包装贮藏】纸箱或编织袋装。本品易泛油，走失香气，若受潮，易变色和散粒，应防潮、防热，宜置于阴凉干燥处保存。

【性味功效】性温，味辛。燥湿行气，温中止呕。

砂 仁
AMOMI FRUCTUS

本品为姜科植物阳春砂 *Amomum villosum* Lour.、绿壳砂 *Amomum villosum* Lour. var. *xanthioides* T. L. WU et Senjen 或海南砂 *Amomum longiligulare* T. L. Wu. 的干燥成熟果实。原名缩砂密，始载于《开宝本草》。药用种仁，其形如砂，故名。多为栽培。为常用中药。

【别名】春砂仁、缩砂仁、缩砂密。

【产地】阳春砂主产于广东阳春、阳江、高州、信宜、广宁、封开、罗定、茂名、恩平、徐闻等县，以广东阳春、高州、信宜产量大，最为著名，为道地产区。绿壳砂主产于云南西双版纳、临沧、文山、景洪，另在越南、缅甸、泰国有大量产出。海南砂主产于海南登迈、崖县，广西博白、陆川等地。习惯认为产于广东阳春县的阳春砂仁品质最优。

【采收加工】8~9月果实成熟时采收，将果穗放于筛中或竹席上用微火烘至半干时，趁热喷冷水1次，令其骤然收缩，使果皮与种子紧密结合，保存时不易发霉。果实直接晒干称为壳砂；剥除果皮，将种子晒干，并上白粉，即为砂仁或缩砂仁；果壳称砂仁壳。阳春砂、海南砂均加工成壳砂。

【商品特征】**1. 阳春砂、绿壳砂** 果实，呈卵圆形，有不明显的三棱，棕褐色，密生刺状突起。果皮薄而软。种子集结成团，白色隔膜将种子团分成3瓣。气芳香浓烈，味辛凉、微苦。

2. 海南砂 为长椭圆形或卵圆形，有明显的三棱，表面被片状、分枝状的软刺，果皮厚而硬。种子团较小，气味稍淡。

3. 缩砂仁 为椭圆形或类圆形的种子团，三瓣，表面有白粉黏附。种子多面体，背上无沟纹，气香，味辛凉微苦。

【商品规格】商品上砂仁分国产砂仁和进口砂仁两类。国产砂仁主要有阳春砂和海南砂仁。阳春砂仁一般为统货，不分等级，因加工不同，分壳砂和砂仁两种规格；海南砂仁分壳砂统货，净砂仁一等、二等3个等级。进口砂仁分砂头王、原砂仁、壳砂仁、砂壳，均为统货。规格等级标准如下。

1. 阳春砂 统货。呈椭圆形或卵圆形，有不明显的三棱。表面红棕色或棕褐色。密生刺状突起，种子成团，具白色隔膜，分成三瓣，籽粒饱满，棕褐色。有细皱纹。气芳香浓厚，味辛凉微苦。果柄不超过2cm。间有瘦瘪果实。无果枝、杂质、霉变。

2. 绿壳砂仁 统货。干货。呈棱状长圆形。果皮表面淡红棕色或棕黑色，有小柔刺。体质轻泡，种子团较小，间有瘦瘪果实。无果枝、杂质、霉变。

3. 海南砂 统货。呈三棱状长圆形。表面棕褐色，有多数小柔刺，体质沉重。种子分三室集结成团，籽粒饱满。种子呈多角形，灰褐色。气芳香，味辛凉而辣。无空壳、果柄、杂质、霉变。

4. 净砂 一等：干货。为除去外果皮的种子团，呈钝角三棱状的椭圆形或卵圆形，分成三瓣，每瓣约有种子十数粒，籽粒饱满。表面灰褐色，破开后，内部灰白色。味辛凉微辣。种子团完整。每50g 150粒以内。无糖子、果壳、杂质、霉变。

二等：干货。形色气味与一等相同，唯种子团较小而瘦瘪。每50g 150粒以外，间有糖子。无果壳、杂质、霉变。

5. 砂壳 统货。干货。为砂仁剥下的果皮。呈瓢形或压缩成片状。表面红棕色、棕褐色或绿褐色，有许多短柔刺，内表面光洁，色泽较淡。气微、味淡。无杂质、霉变。

【品质要求】以个大、坚实、仁饱满、香气浓者为佳；本品含乙酸龙脑酯（$C_{12}H_{20}O_2$）不得少于0.90%；水分不得过15.0%；阳春砂、绿壳砂种子团含挥发油不得少于3.0%（mL/g），海南砂种子团含挥发油不得少于1.0%（mL/g）。

【产销行情】全国年均生产约600~700吨，纯购约260吨，纯销约800吨，也有一定量出口。其中广东纯购约200吨，广西约20吨，云南约20吨，其他地区约40吨；进口砂仁年均约900吨。

【包装贮藏】用编织袋或纸箱装。本品易泛油，走失香气，应密闭，置阴凉干燥处保存。忌暴晒和受热，以免泛油、散粒和走失香气。

【性味功效】性温，味辛。化湿开胃，温脾止泻，理气安胎。

钩 藤

UNCARIAE RAMULUS CUM UNCIS

本品为茜草科植物钩藤 *Uncaria rhynchophylla*（Miq.）Miq. ex Havil.、大叶钩藤 *Uncaria macrophylla* Wall.、毛钩藤 *Uncaria hirsute* Havil.、华钩藤 *Uncaria sinensis*（Oliv.）Havil. 或无柄果钩藤 *Uncaria sessilifructus* Roxb. 的干燥带钩茎枝。始载于《名医别录》，列为下品。均为野生。因其枝条有刺，曲如钩，故名。为常用中药。

【产地】主产于广西桂林、苍梧、岑溪、宁明，江西武宁、吉水、萍乡、新条，湖南湘潭、黔阳、宁乡，浙江永嘉、兰溪、永康、福德，福建宁化、福安，以及安徽、广东等地。以广西产量最大。

【采收加工】8～9月份钩变成红色时采收。剪取带钩的茎枝，趁鲜时将钩平头剪下，除去枝梗，晒干。为使其色泽油润光滑，则加热蒸后再晒。

【商品特征】为带双钩和单钩交互着生的枝条，老枝圆，嫩枝方，红棕色或紫红色，常加工成小段。体轻，质坚韧，断面具黄白色的髓，海绵状。味淡。

【商品规格】商品按来源不同分为钩藤和华钩藤两种，按产地又分为温钩藤（浙江温州产）、西钩藤（四川产）。各种钩藤均分为1～4级，等级标准如下。

一级：平钩无木钩，色泽红润。

二级：色泽稍次于一级，含梗5%以内。

三级：含梗10%以内，其他同二级。

四级：含梗20%以内，其他同二级。

【品质要求】以双钩形如锚状、茎细、钩结实、光滑、色红褐或紫褐、无梗者为佳。习惯认为广西桂林产品最佳。水分不得过 10.0%；总灰分不得过 3.0%；醇溶性浸出物不得少于 6.0%。

【产销行情】全国年均生产约2000吨，纯购约1500吨，纯销约1500吨，供应出口约40吨。其中广西纯购约200吨，江西约150吨，湖南120吨，浙江约80～100吨，福建约50吨，四川约180吨，贵州100吨，湖北约70吨，其他地区约400吨。

【包装贮藏】草席包装。本品受潮易发霉、虫蛀，应置干燥处保存。少量药材可稍蒸后晒干保存，既可防霉蛀，又可保持色泽美观、有利贮存。

【性味功效】性凉，味甘。息风定惊，清热平肝。

珍 珠

MARGARITA

本品为珍珠贝科动物马氏珍珠贝 *Pteria martensii*（Dunker）、蚌科动物三角帆蚌 *Hyriopsis cumingii*（Lea）或褶纹冠蚌 *Cristaria plicata*（Leach）等双壳类动物受刺激形成的

珍珠。始载于《开宝本草》，野生与家养均有。因其美观形圆，故名。为少常用中药。

【别名】真珠、濂珠。

【产地】海水珍珠药材主产于广西合浦，广东廉江，海南，台湾等沿海地区。以合浦所产量大质优，有"南珠"之称。国外产于日本、印度、澳大利亚、斯里兰卡、墨西哥等地。

淡水珍珠药材主产于江苏武进，浙江宁波、金华、诸暨，湖南益阳、常德，安徽芜湖、宣城、南陵、当涂。

【采收加工】天然珍珠全年可采，以 12 月为多。从海中捞起珠蚌，剖取珍珠，洗净即可。淡水养珠，在接种后养殖 1 年以上，即可采收，但以养殖 2 年采收的珍珠质量较佳。采收时节以秋末为好。

【商品特征】**1. 海珠（天然珍珠）** 体小如珠，形状有圆形和其他形状，玉白色，具彩光（俗称珍珠光泽），质坚硬，断面显层纹，蓝紫色荧光。

2. 湖珠（淡水珍珠） 形状如上，粉红色，多有奇形。荧光为亮黄绿色。药用珍珠多为形状不规则品，圆形者多作装饰用。

【商品规格】商品规格很多。进口分老港七毛至二毛、新港七毛至二毛，濂珠，新老珠、老光珠，玉身，新港花珠、老港花珠，粗花等规格。

国内又分为淡水 1～4 等，海水 1～4 等；珍珠层混装、粉 1×10；白龙珍珠广西产分甲、乙、丙，打眼一号、二号、三号，高德一号、二号、三号；珍珠层广西一、二级；珍珠胚广西一、二级。

【品质要求】以纯净、质坚、有彩光、破面有层纹者为佳。以广西的产品最著名。

【产销行情】近 10 年来，珍珠价格总体下降趋势较为明显。其主要原因是随着人工养殖的普遍，我国许多地区大量发展淡水珍珠和海水珍珠养殖事业，使珍珠的产量不断增加。目前全国珍珠的产量每年超过 1000 吨。但由于珍珠养殖业发展过快，管理和技术滞后，使上市珍珠质量下降，尤其是淡水珍珠特等和一等优质珍珠极少，出口销量大减。出口不景气，迫使部分外销产品不得不转投国内市场，使国内珍珠市场供过于求，价格下降。

【包装贮藏】软纸包好，置玻璃瓶或瓷瓶内；或以绸布包好置木盒或铁盒内保存。

【性味功效】性寒，味甘、咸。安神定惊，明目消翳，解毒生肌，润肤祛斑。

穿 心 莲
ANDROGRAPHIS HERBA

本品为爵床科植物穿心莲 *Andrographis paniculata*（Burm. f.）Nees 的干燥地上部分。载于《岭南采药录》。野生与栽培均有。因叶对生无柄，似茎从叶中穿过，故名。为较常用中药。

【别名】一见喜。

【产地】主产于广东饶平、澄海、潮州、河源、吴川等市，广西、福建等省区。云南、四川、江西、江苏等省也有栽培。

【采收加工】秋初茎叶茂盛时采收。割取地上部分晒干、捆把即可。一般选晴天将穿心莲齐地割取，洗净，晒至茎秆发脆足干即可。

【商品特征】茎方，叶对生，分枝多，全体青绿色。叶为披针形，味极苦。

【商品规格】统货，不分等级。

【品质要求】以身干、无杂质、色绿、味极苦者为佳；本品含穿心莲内酯（$C_{20}H_{30}O_5$）和脱水穿心莲内酯（$C_{20}H_{28}O_4$）的总量不得少于 0.80%；叶不得少于 30%；醇溶性浸出物不得少于 8.0%。

【产销行情】全国年均生产约 10000 吨，纯购约 5000 吨，纯销约 4500 吨。本品多为中成药原料，由于需求量不稳定，生产无计划，故时缺时多，价格无悬殊变化，但资源丰富，一般不会出现脱销现象。

【包装贮藏】编织袋或麻袋装。置干燥通风处保存。防潮、防光、防热。

【性味功效】性寒，味苦。清热解毒，凉血消肿。

高 良 姜
ALPINIAE OFFICINARUM RHIZOMA

本品为姜科植物高良姜 *Alpinia officinarum* Hance. 的干燥根茎。始载于《名医别录》，列为中品。多为野生。因主产于广东徐闻地区，过去属高良郡，形似姜，故名。为较常用中药。

【别名】良姜、小良姜。

【产地】主产于广东徐闻、海康、遂溪、陵水、屯昌、东莞，广西陆川、傅白，海南陵水、琼海，云南的文山、思茅、红河、西双版纳等地。在江西、福建、台湾等地亦有少量分布。以广东雷州半岛徐闻、海康为道地产区，种植面积大，产量高，质优。

【采收加工】夏末初秋挖取 4~6 年生的根茎，洗净，除去须根及地上茎，剥去残留鳞片，切成长约 5~7cm 的段节，晒干。

【商品特征】姜型圆柱形，弯曲，有分枝，棕红色，节间短，环节明显，质坚韧，不易折断，断面纤维性。气香，味麻辣。

【商品规格】商品按产地分为广东良姜、广西良姜、台湾良姜、海南良姜等，以广东徐闻产者为佳。

【品质要求】以分枝少，色红棕，香气浓，味辣者为优；本品含高良姜素（$C_{15}H_{10}O_5$）不得少于 0.70%；水分不得过 16.0%；总灰分不得过 4.0%。

【产销行情】全国年均生产约 400 吨，最高曾达 1000 吨。全国年需求量约 300~400 吨。

【包装贮藏】以竹篓、编织袋装。置阴凉干燥处保存。

【性味功效】性热，味辛。温胃止呕，散寒止痛。

益 智
ALPINIAE OXYPHYLLAE FRUCTUS

本品为姜科植物益智 *Alpinia oxyphylla* Miq. 的干燥成熟果实。始载于《开宝本草》。

多为栽培。因其功而得名。为常用中药。

【别名】益智仁。

【产地】主产于海南保亭、琼中、陵水、琼海、白沙、三亚、屯昌、澄迈。此外，广东信宜、阳江，广西灵山、横县，云南西双版纳，福建南安、漳州亦产。

【采收加工】夏秋间果实由绿转红时摘下，摊在地上晒干或低温干燥。

【商品特征】椭圆形，两头略尖，灰棕色，具苦瓜状纵棱，皮薄紧贴种子团。种子团3瓣。气香，味辛微苦。

【商品规格】统货。呈椭圆形，两端略尖。表面棕色或灰棕色。有纵向隆起棱线。种子团分为3瓣。种粒红棕色或灰褐色，断面红白色、质坚硬，气香，味辛苦。果实显油性。瘦瘪果不超过10%。无果柄、杂质、霉变。

【品质要求】以粒大、气味浓者为佳。本品种子含挥发油不得少于1.0%（mL/g）。

【产销行情】全国年均生产280~1000吨，年销约200~300吨。其中广东年均纯购约100吨，广西约30吨，福建约20吨。

【包装贮藏】以麻袋或编织袋装。本品易发霉、走油，应置阴凉干燥通风处保存，应防热。

【性味功效】性温，味辛。暖肾固精缩尿，温脾止泻摄唾。

海 马
HIPPOCAMPUS

本品为海龙科动物线纹海马 *Hippocampus kelloggi* Jordan et Snyder、刺海马 *Hippocampus histrix* Kaup、大海马 *Hippocampus kuda* Bleeker、三斑海马 *Hippocampus trimaculatus* Leach 或小海马（海蛆）*Hippocampus japonicus* Kaup 的干燥体。始载于《本草拾遗》，野生与家养均有。因生于海，其首如马，故名。为较常用中药。

【别名】水马、马鱼头。

【产地】主产于广东海丰、惠来、电白、湛江、宝安、海康、陆丰，海南琼山、昌江，福建厦门、福鼎、同安、东山、仙游、平潭，山东烟台、青岛等地，此外辽宁、福建等沿海地区亦产。国外产于新加坡、日本、菲律宾、马来西亚等国。

【采收加工】夏秋两季捕捞。捕获后将内脏除去，晒干，或除去外部皮膜及内脏后，将尾盘卷，晒干，选择大小相似者用红线缠扎成对。

【商品特征】马头、蛇尾、瓦楞身。三斑海马有三个圆形黑斑。刺海马头上有叉刺。大海马无叉刺无黑斑。小海马体小色黑。（见彩图9）

【商品规格】商品按其来源和形状分海马、刺海马、海蛆三种规格。其规格等级标准如下。

一等（大条）：体弯曲、头尾齐全，体长16~30cm，黄白色。

二等（中条）：头尾齐全，体长8~15cm，黄白色。

三等（小条）：头尾齐全，体长8cm以下者，黄白色或暗褐色。

【品质要求】以体大、坚实、头尾齐全、色白、尾卷曲者为佳。

【产销行情】全国年均生产 300~400 千克，最高曾达 1300 千克；年销约 3~5 吨。多数靠进口。

【包装贮藏】用纸包好，放入木箱或纸箱内保存。本品易虫蛀、变色，应置于阴凉干燥处存放。包装内可放花椒以防虫。

【性味功效】性温，味甘、咸。温肾壮阳，散结消肿。

海 龙
SYNGNATHUS

本品为海龙科动物刁海龙 *Solenognathus hardwickii*（Gray）、拟海龙 *Syngnathvoides biaculeatus*（Bloch）或尖海龙 *Syngnathus* Linnaeus 的干燥体。始载于《本草纲目拾遗》。多为野生。赵学敏说："本品首尾似龙，产于海内"。故名。为较常用中药。

【产地】生产于广东惠阳、宝安、阳江以及福建、台湾等地。国外产于马来半岛等。

【采收加工】多于夏秋两季捕捞，刁海龙、拟海龙除去皮膜，洗净，晒干；尖海龙直接洗净，晒干。

【商品特征】**1. 刁海龙**　体长，个大，黄白色，躯干部具 5 条纵棱，尾部纵棱前 6 条后 4 条。气腥，味咸。

2. 拟海龙　中等大小，灰棕色，躯干部具 4 条纵棱，余同刁海龙。

3. 尖海龙　体小细长，尾部长于躯干 2 倍，灰褐色。躯干部有 7 条纵棱、尾部 4 条。

【商品规格】商品按来源分为刁海龙、拟海龙、尖海龙（小海龙）三种规格，各规格均按大小分为大条、中条、小条三个等级。

一等：体长 30~40cm。

二等：体长 20~30cm。

三等：体长 20cm 以下。

【品质要求】以条大、色白、完整者为佳。

【包装贮藏】用纸包好，放于木箱内，置阴凉干燥处保存。本品易虫蛀，保管时应经常检查，可放少量花椒防虫。

【性味功效】性温，味甘、咸。温肾壮阳，散结消肿。

海 桐 皮
ERYTHRINAE CORTEX

本品为豆科植物海桐 *Erythrina variegata* L. var. *orientalis*（L.）Merr. 的树皮和根皮。始载于《开宝本草》。本品生南海山谷，其叶如梧桐，故名。为少常用中药。

【别名】钉桐皮、鼓桐皮、刺桐皮。

【产地】主产于广西、江苏、浙江、安徽、四川等地。

【采收加工】于夏、秋两季剥取有钉刺的树皮，晒干。

【商品特征】呈板片状，外表灰棕色，有稀疏纵裂纹，散布大型钉刺，钉刺长圆锥形，顶端锐尖。内表面黄棕色，较平坦，有细密网纹。质硬而韧，断面裂片状。气微香，味微苦。

【商品规格】统货。

【品质要求】一般以皮薄、带钉刺者为佳。

【包装贮藏】置通风干燥处保存。

【性味功效】性平，味苦。祛风湿，通络，止痛。

桂 枝
CINNAMOMI RAMULUS

本品为樟科植物肉桂 *Cinnamomum cassia* Presl 的干燥嫩枝。始载于《唐本草》。为常用中药。

【别名】御桂、桂枝尖、嫩桂枝。

【产地】主产于广东高要、罗定、德庆、防城、信宜、云浮、四会，广西平南、宁明、大新等地。以广东产量最大。

【采收加工】3～7月剪取嫩枝，趁鲜切成圆斜薄片，或切成 20cm 长的段，晒干即成。

【商品特征】桂枝药材为斜片，棕红色，有髓心，香气特异，味甜微辛。

【商品规格】商品分饮片和 20cm 左右的节段两种，不分等级，均为统货。

【品质要求】桂枝段以枝嫩、无枯枝及叶者为佳。饮片以枝嫩、片薄、色红、去净叶及杂质者为佳。本品含桂皮醛（C_9H_8O）不得少于 1.0%；水分不得过 12.0%，总灰分不得过 3.0%；醇溶性浸出物不得少于 6.0%。

【包装贮藏】以麻袋或编织袋包装。置阴凉干燥处保存。需防热、防潮，最好密封，以防散失香气。

【性味功效】性温，味辛、甘。发汗解肌，温通经脉，助阳化气，平冲降气。

桑 寄 生
TAXILLI HERBA

本品为桑寄生科植物桑寄生 *Taxillus chinensis*（DC.）Danser 的干燥带叶茎枝。始载于《神农本草经》，列为上品，均为野生。因此物寄他物而生，故名。为常用中药。

【别名】广寄生、寄生。

【产地】主产于广东三水、南海、顺德、中山，广西容县、苍梧等地。以两广产量最大。

【采收加工】冬季至次春采割，除去粗茎，切段，干燥，或蒸后干燥。

【商品特征】枝圆，色红褐，皮孔点状，叶多，节不明显膨大。

【商品规格】统货。

【品质要求】以枝细、质嫩、色红褐、叶未脱落者为佳。强心苷检查不得显紫红色。

【包装贮藏】以竹席或竹篓包装。本品易虫蛀、发霉，注意防潮，置于阴凉干燥处保存。

【性味功效】性平，味苦、甘。祛风湿，补肝肾，强筋骨，安胎元。

【附注】槲寄生 VISCI HERBA

本品为桑寄生科植物槲寄生 *Viscum coloratum* (Komar) Nakai 干燥带叶茎枝。均为野生。因此物寄他物而生，故名。为常用中药。

【产地】除新疆、西藏、云南、广东不产外，我国大部分省区均产。

【采收加工】冬季至次春采割，除去粗茎，切段，干燥，或蒸后干燥。

【商品特征】2~5 叉分枝，黄绿色，茎圆或扁，有关节，略膨大，易从节处折断。有叶或无叶。

【商品规格】统货。

【品质要求】以枝细嫩、色黄绿、叶未脱落、嚼之发黏者为佳。本品含紫丁香苷（$C_{17}H_{24}O_9$）不得少于 0.040%；杂质不得过 2%；水分不得过 10.0%；总灰分不得过 9.0%；醇溶性浸出物不得少于 20.0%。

【包装贮藏】以竹席或竹篓包装。本品易虫蛀、发霉，注意防潮，置阴凉干燥处保存。

【性味功效】同桑寄生。

蛤 蚧
GECKO

本品为壁虎科动物蛤蚧 *Gekko gecko* Linnaeus. 的干燥体。始载于《开宝本草》，过去多系野生，现在大量人工养殖。李时珍谓："蛤蚧因声而名。"为常用中药。

【别名】蛤蚧蛇、蚧蛇、对蛤蚧。

【产地】主产于广西的龙津、大新、崇左、百色、容县、宜山、平乐等地，广东的怀集、云浮等地，以及云南、贵州等地。国外多来自泰国、印度尼西亚、柬埔寨、越南。

【采收加工】全年均可捕捉，剖开腹部取出内脏，用干布抹净血液（不用水洗），取竹片将四肢、腹部撑开，用线把尾部固定于竹条上，以防脱落，然后用文火烘干即成。一般两只合成一对。

【商品特征】扁平状，竹片撑。头大眼大，满口细牙，表皮银灰色，具圆形细鳞和有色斑点，四肢具五趾，趾底具吸盘。气腥，味微咸。

【商品规格】商品多以对为单位，原应以雌雄为对，捆在一起，现多以一只长尾一只短尾配搭出售。其规格分为断尾、全尾两种。均为特装、5 对装、10 对装、20 对装、30 对装。其规格等级标准如下。

特装：全尾，长 9.5cm 以上。

5 对装：全尾，长 8.5~9.49cm。

10 对装：全尾，长 8.0 ~ 8.49cm。

20 对装：全尾，长 7.5 ~ 7.9cm。

30 对装：全尾，长 7.0 ~ 7.49cm。

出口规格要求：木箱装，每箱 50 对，按规格要求分等出售。

【品质要求】以体大肥壮、尾全不碎者为佳。

【产销行情】在国内药品市场、保健品及配方市场上，对蛤蚧的年需求量在 40 万 ~ 50 万对之间。90 年代后，虽有少量人工养殖成功，能提供一定的上市货源，但家养和野生相加，全国年产量约 20 万 ~ 25 万对，其中广西年产约 7 万对，广东年产约 4 万对，云南年产约 3 万对，贵州年产 4 万对，其他地区年产约 3 万 ~ 4 万对。市场不足部分常由北京、天津、广州、云南等口岸，从越南、泰国、印尼、柬埔寨等国进口。

【包装贮藏】以木箱或铁盒包装。本品易虫蛀、发霉、泛油，应密封，置阴凉干燥处保存。为防虫，可在梅雨季前用文火反复烘干，再重新放入箱内，在箱内可放一些花椒、吴茱萸等同贮。

【性味功效】性平，味咸。补肺益肾，纳气定喘，助阳益精。

【附注】蛤蚧为国家重点保护的野生动物药材品种。长期依赖野生资源，全国年收购量一直呈下降趋势，供需矛盾日益突出。目前，为解决蛤蚧药用需求，从国外进口以缓解供需矛盾，但仍供应紧张。故为满足市场供应，改变蛤蚧长期进口状况，大力发展蛤蚧的人工养殖是唯一途径。

槟 榔
ARECAE SEMEN

本品为棕榈科植物槟榔 *Areca catechu* L. 的干燥成熟种子。始载于《名医别录》。均为栽培。过去多为进口，现我国亚热带地区亦产。本品南方有作果品招待客人食用的习惯，宾与郎皆贵客之称，故名。为常用中药。

【别名】花槟榔、大腹子、海南子。

【产地】主产于台湾，海南琼海、万宁、屯昌、琼中、陵水、保亭，云南元江、河口、金平，以及福建、广东等地。以海南省产者最著名。

【采收加工】春末至秋初采收成熟果实，用水煮后低温烘干，剥去果皮，取出种子即可。外皮系大腹皮（大腹毛）。

【商品特征】形如鸡心或扁圆形。具斜行下陷的网状花纹，断面有大理石样花纹（称槟榔纹），味涩。

【商品规格】商品分为一、二等。其规格等级标准如下。

一等：扁圆形或圆锥形。表面淡黄色或棕黄色。质坚实。断面有灰白色或红棕色交错的大理石样花纹。味涩微苦，每千克 160 个以内。

二等：间有破碎，不超过 5%，轻度虫蛀不超过 3%。其余同一等。

【品质要求】以个大、体重、质坚、无破裂者为佳；本品含槟榔碱（$C_8H_{13}NO_2$）不得少于 0.2%；水分不得过 10.0%。

【产销行情】全国年均生产约 300 吨，纯购约 280 吨，纯销约 450 吨，最高达 600 吨。云南 70~80 吨，福建约 40 吨，其他地区约 40 吨，进口约 200 吨。槟榔为常用中药，但用量并不大。

【包装贮藏】用草席或麻袋包装。本品易虫蛀，破碎后更甚。应防潮，置干燥通风处保存。为防蛀，可用硫黄熏。

【性味功效】性温，味苦、辛。杀虫，消积，行气，利水，截疟。

樟　脑
CAMPHOR

本品为樟科植物樟 *Cinnamomum camphora*（L.）Presl 树干、树枝或根的提取物。始载于《本草品汇精要》。本品其色如冰脑，从樟树中制得，故名。为少常用中药。

【产地】分布于广东、广西、台湾、云南、贵州、江苏、浙江、安徽、福建等地。

【采收加工】一般在 9~12 月砍伐老树，取其树根、树干、树枝，锯劈成碎片（树叶亦可用），置蒸馏器中进行蒸馏，樟木中含有的樟脑及挥发油随水蒸气馏出，冷却后，即得粗制樟脑。粗制樟脑再经升华精制，即得精制樟脑粉。将此樟脑粉倒入模型中压榨，则成透明的樟脑块。宜密闭瓷器中，放干燥处。

【商品特征】为白色的结晶性粉末或无色透明的硬块，粗制品则略带黄色，有光泽。具穿透性的特异芳香。

【商品规格】商品中分樟脑粉、樟脑块两种规格。不分等级。

【品质要求】以洁白、透明、纯净者为佳。

【包装贮藏】用纸盒或铁桶包装。密闭阴凉处保存。

【性味功效】性热，味辛，有毒。除湿杀虫，温散止痛，开窍避秽。

第十一章 云 药

凡以云南及西藏南部为主要产区或集散地的大宗商品药材，均称为云药。

云南地处我国南部边疆，跨云贵高原西南部，位于东经 97°32′ ~ 106°12′，北纬 21°8′ ~ 29°15′。北邻四川、西藏，东连贵州、广西，南接越南、老挝，西与缅甸交界。云南位于云岭以南，故名云南，古为滇，故简称滇。

云南全省海拔相差很大，最高点为滇藏交界的德钦县怒山山脉梅里雪山主峰卡瓦博格峰，海拔 6740 米；最低是在与越南交界的河口县境内南溪河与元江汇合处，海拔仅 76.4 米。高低相差达 6000 米。全省主要河流有金沙江、澜沧江、怒江、南盘江、元江、独龙江、大盈江、瑞丽江等。

云南气候类型丰富多样，有北热带、南亚热带、中亚热带、北亚热带、南温带、中温带和高原气候区共 7 个气候类型。因此，有"一山分四季，十里不同天"的"立体气候"特点。年平均气温 4℃ ~ 24℃，多数地区平均 15℃，平均积温 3000℃ ~ 7000℃。年平均降雨量为 600 ~ 2300 毫米。地理及气候条件十分复杂，主要包括滇南和滇北两大区。

滇西北为横断山区，介于澜沧江与金沙江之间的云岭山脉，峰峦坝谷，地形多样。以丽江地区为例，玉龙雪山主峰高达 5596 米，与穿过的江河河面之间高低差在 2000 ~ 3000 米。土地分为寒冻高山土地带、亚高山土地带、中山土地带和河谷土地带。药材的生长随山川形势及海拔高度而异，垂直变化明显。海拔 2000 ~ 2500 米的平坝区，年平均气温 11℃ 以上，平均积温 3000℃ 以上，无霜期 200 多天，适宜云茯苓、云木香等生长。雪线以上地区亦盛产冬虫夏草等药材。在不同海拔高度和环境，还有多种道地药材生长。

滇南由于哀牢山、云贵高原山地和青藏高原阻挡了北来的冷空气，冻害不易发生，又无台风影响，是我国少有的静风区。全年只有干、湿季之分，但旱季雾多露重，实际是干而不旱，有利于药材的生长，出产诃子、槟榔、儿茶等。阳春砂仁也已在此种植成功并大面积推广。最南端的勐腊县，海拔 700 米以下的地区为无霜区，最冷月平均气温在 15℃ 以上，平均积温 7500℃ 以上，适宜胡椒、肉桂等的栽培。

处于滇南、滇北之间的文山、思茅地区以盛产三七闻名于世。

此外，西藏的江南——察隅、墨脱等地，海拔 600 ~ 800 米，成为从北极到海南岛植被类型的缩影。海拔 800 米以下，年平均气温在 20℃ 以上，平均积温 6500℃，且处于喜马拉雅山迎风坡，年降雨量高达 2000 毫米，与西双版纳相似。

云药道地药材除上述外，还有木蝴蝶、竹黄、竹节参、苏木、草果、香橼、荜茇、重楼、珠子参、萝芙木、琥珀、雷丸等。

儿 茶
CATECHU

本品为豆科植物儿茶 *Acacia catechu*（L. f）Willd. 的去皮枝、干的干燥煎膏。始载于《饮膳正要》，称之为"乌爹泥"，《本草纲目》误认为泥收入土部。商品过去有进口及国产两种，现多为国产。为较常用中药。

【别名】孩儿茶。

【产地】主产于云南西双版纳傣族自治州，以勐龙产量最大，是国产儿茶商品唯一产区。

【采收加工】冬季采收枝、干，除去外皮，砍成大块，加水煎煮，浓缩，干燥。

【商品特征】呈方形或不规则块状，表面棕褐色或黑褐色，光滑而稍有光泽。质硬，易碎，遇潮有黏性。气微，味涩、苦，略回甜。

【商品规格】统货。

【品质要求】以黑色略带红色、有光泽、稍黏、苦涩味浓者为佳；本品含儿茶素（$C_{15}H_{14}O_6$）和表儿茶素（$C_{15}H_{14}O_6$）的总量不得少于 21.0%；水分不得过 17.0%。

【包装贮藏】以纸包后，置硬纸箱或木箱内。防潮，置阴凉干燥处，密闭保存。

【性味功效】性微寒，味苦、涩。活血止痛，止血生肌，收湿敛疮，清肺化痰。

三 七
NOTOGINSENG RADIX ET RHIZOMA

本品为五加科植物三七 *Panax notoginseng*（Burk.）F. H. Chen 的干燥根和根茎。始载于《本草纲目》。均为栽培品。为常用中药。

【别名】田七、参三七、金不换。

【产地】主产于云南文山、砚山、广南、马关、西畴、邱北、富宁，广西靖西、睦边、百色等地。

【采收加工】种植 3 年后即可采收，秋季开花前挖取的习称"春三七"，冬季摘除果实后 20～30 天采收的习称"冬三七"，采收后除茎叶、杂质，剪下芦头、侧根及须根，曝晒至半干，反复揉搓以后，反复边晒边搓，直至全干，放入麻袋内撞至表面光滑即得。剪下的芦头称"剪口"，较粗支根称"筋条"，细小支根及须根称"绒根"。

【商品特征】瘤头、身短、铜皮、铁心，体重质坚，击碎后皮部与木部常分离，味先苦后甜。

【商品规格】商品按个头大小分档，每 500g 在 20 个以内者称为 20 头，依次类推，有 20 头、30 头、40 头、60 头、80 头、120 头、160 头、200 头等。此外，尚有"大二外""小二外""无数头"、筋条、剪口，共 13 个等级。（见彩图 10）

1. 春三七 一等：呈圆锥形或类圆柱形。表面灰黄色或黄褐色。质坚实、体重。断面灰褐色或灰绿色。味苦微甜。每 500 克在 20 头以内。长不超过 6cm。

二等：每 500g 在 30 头以内。其余同一等。

三等：每 500g 在 40 头以内。长不超过 5cm。其余同一等。

四等：每 500g 在 60 头以内。长不超过 4cm。其余同一等。

五等：每 500g 在 80 头以内。长不超过 3cm。其余同一等。

六等：每 500g 在 120 头以内。长不超过 2.5cm。其余同一等。

七等：每 500g 在 160 头以内。长不超过 2cm。其余同一等。

八等：每 500g 在 200 头以内。其余同七等。

九等（大二外）：每 500g 在 250 头以内。长不超过 1.5cm。其余同一等。

十等（小二外）：每 500g 在 300 头以内。长不超过 2.5cm。其余同九等。

十一等（无数头）：每 500g 在 450 头以内。长不超过 2.5cm。其余同十等。

十二等（筋条）：间有从主根上剪下的细支根（筋条）。不分春七、冬七，每 500g 在 450~600 头以内。支根上端直径不低于 0.8cm，下端直径不低于 0.5cm。其余同十一等。

十三等（剪口）：不分春七、冬七，主要是三七的芦头（羊肠头）及糊七（未烤焦的）。

此外，三七细小支根及须根，商品上称绒根。

2. 冬三七 各等头数与春七相同。但冬三七的表面灰黄色，有皱纹或抽沟（拉槽），不饱满，体稍轻。断面黄绿色。

【品质要求】均以个大、体重、质坚、表面光滑、断面灰绿色或黄绿色者为佳；本品含人参皂苷 R_{g_1}（$C_{42}H_{72}O_{14}$）、人参皂苷 Rb_1（$C_{54}H_{92}O_{23}$）及三七皂苷 R_1（$C_{47}H_{80}O_{18}$）的总量不得少于 5.0%；水分不得过 14.0%；总灰分不得过 6.0%；酸不溶性灰分不得过 3.0%；醇溶性浸出物不得少于 16.0%。

【产销行情】全国年生产约 10000 吨，纯购约 10000 吨，纯销约 10000 吨。供应出口约 300 吨。

【包装贮藏】用硬纸盒或木箱包装，内衬防潮纸。置于阴凉干燥处密封保存。在贮存过程中应注意检查，如发现受潮应及时晾晒；若发霉可晾晒后撞刷去之；为防蛀，少量药材可与冰片同贮。

【性味功效】性温，味甘、微苦。散瘀止血，消肿定痛。

木 香
AUKLANDIAE RADIX

本品为菊科植物木香 *Aucklandia lappa* Decne. 的干燥根。始载于《神农本草经》，列为上品。多为栽培。木香本名蜜香，因气香如蜜，后讹为木香。为常用中药。

【别名】云木香、广木香。

【产地】主产于云南丽江地区和迪庆州。国外主产于印度、缅甸等。

【采收加工】一般于霜降前采挖种植 2 ~ 3 年的根，除去茎叶、须根及泥土，切成 6 ~ 12cm 长的短条，粗大者剖为 2 ~ 4 块，晒干或阴干（猛火烘易出油而影响质量），干燥后撞去粗皮，如需切片，则先闷透，切后晾干。

【商品特征】短节状、枯骨形，灰棕色，表面可见菱形网纹，体重质坚，断面菊花心，油性大、香气浓，味微苦。

【商品规格】商品云木香分一、二等，其规格等级标准如下。

一等：干货，呈圆柱形或半圆柱形。表面棕黄色或灰棕色。体实。断面黄棕色或黄绿色，具油性。气香浓，味苦而辣。根条均匀，长 8 ~ 12cm，最细的一端直径在 2cm 以上。不空、不泡、不朽。无芦头、根尾、焦枯、油条、杂质、虫蛀、霉变。

二等：干货，呈不规则的条状或块状。表面棕黄色或灰棕色。体实。断面黄棕色或黄绿色。具油性。气香浓，味苦而辣。长 3 ~ 10cm，最细的一端直径在 0.8cm 以上。间有根头根尾、碎节、破块。无须根、枯焦、杂质、虫蛀、霉变。

【品质要求】以根粗壮均匀、体重坚实、香气浓郁、油性足、无须根者为佳；本品含木香烃内酯（$C_{15}H_{20}O_2$）和去氢木香内酯（$C_{15}H_{18}O_2$）的总量不得少于 1.8%；总灰分不得过 4.0%。

【产销行情】全国年生产约 4500 吨，纯购约 4000 吨，纯销约 2500 吨。供应出口约 300 吨。其中云南年均纯购约 1000 吨，四川约 800 吨，陕西约 80 吨，湖北约 100 吨，其他地区约 2000 吨。

【包装贮藏】用麻袋或竹篓装，内衬笋壳包装以防潮。本品易虫蛀、发霉、泛油，应置阴凉干燥处保存。若受潮，应马上晾晒。

【性味功效】性温，味辛、苦。行气止痛，健脾消食。

木　蝴　蝶
OROXYLI SEMEN

本品为紫葳科植物木蝴蝶 Oroxylum indicum（L.）Vent. 的干燥成熟种子。始载于《滇南本草》。商品主要来源于野生资源。因形略似蝴蝶而得名。为较常用中药。

【别名】千张纸、玉蝴蝶、云故纸。

【产地】主产于云南普洱、耿马、景洪、元江、马关、富宁、保山、双江、孟腊、屏边、泸西，广西邕宁、武鸣、凭祥、崇左、龙州、南丹、巴马、平南、钦州、百色、那坡、田阳、靖西、都安，贵州紫云、罗甸、兴义、贞丰等地。

【采收加工】秋冬两季采收成熟果实，曝晒至果实开裂，撕开果荚，取出种子，及时晒干或烘干。

【商品特征】蝶形薄片，除基部外三面延长成宽大菲薄的翅，翅半透明，有绢丝样光泽，上有放射状纹理。体轻，剥去种皮，可见一层薄膜状的胚乳紧裹于子叶之外。

【商品规格】统货。

【品质要求】以身干、张大、无皱片、色白、翼柔软如绸者为佳；本品水分不得过 6.0%；醇溶性浸出物不得少于 20.0%。

【产销行情】全国年均生产约 100 吨，年销量约 50~80 吨。

【包装贮藏】竹篓或麻袋装。置通风干燥处。本品受潮则易发霉或生黑色斑点。

【性味功效】性凉，味苦、甘。清肺利咽，疏肝和胃。

竹 节 参
PANACIS JAPONICI RHIZOMA

本品为五加科植物竹节参 *Panax japonicus* C. A. Mey. 的干燥根茎。

【别名】竹节七、竹根七。

【产地】主产于云南、四川、贵州等，此外，广西、陕西等省亦产。

【采收加工】秋末采挖，除去茎叶、须根，洗净泥土，晒干或阴干即可。

【商品特征】竹鞭状弯曲，节密集，每节有一凹陷的茎痕。表面灰黄色，质硬。味苦后微甜。

【商品规格】统货。

【品质要求】以条粗壮质硬、断面色白或黄白者为佳。本品水分不得过 13.0%；总灰分不得过 8.0%。

【产销行情】全国年均生产约 10~20 吨，年销量约 10~20 吨。

【包装贮藏】用竹篓或麻袋装，置通风干燥处，防蛀。

【性味功效】性温，味甘、微苦。散瘀止血，消肿止痛，祛痰止咳，补虚强壮。

竹 黄
BAMBUSAE CONCRETIO SILICEA

本品为禾本科植物青皮竹 *Bambusa textilis* Mcclure. 或华思劳竹 *Schizostachyum chinense* Rendle 等茎秆内的分泌物干燥后的块状物。始载于《开宝本草》。因原主产印度，印度古称天竺国，故名。为少常用中药。

【别名】天竹黄、天竺黄。

【产地】主产于云南、广东、广西以及江南各省。进口品主产于越南、印度、印度尼西亚、马来西亚等国。

【采收加工】秋季砍取生有竹黄的枯竹剖开取得，晾干即可。

【商品特征】呈不规则多角形的片块或颗粒，灰蓝色或灰白色，半透明，略具光泽，体轻，质坚脆，易折断。黏舌，水中产生气泡。

【商品规格】统货。

【品质要求】以片块大、色灰白、质细、体轻、吸湿性强者为佳。

【包装贮藏】用木箱或纸盒包装。置干燥处密闭保存。

【性味功效】性寒，味甘。祛风除湿，活血舒筋，止咳。

【附注】除天然竹黄外，现市售品多为人工合成竹黄，多为牙白色颗粒，质重坚实，不易破碎，其水浸液加酚酞显红色。以此可与天然竹黄区别。

苏 木
SAPPAN LIGNUM

本品为豆科植物苏木 *Caesalpinia sappan* L. 的干燥心材。原名苏枋木，始载于《南方草木状》，野生与家种均有。李时珍："海岛有苏方国，其地产此木，故名，今人呼为苏木尔。"为较常用中药。

【别名】苏方木、苏枋木。

【产地】产于云南景东、元江、西双版纳、红河、保山、临沧、麻栗坡、马关、丽江，广西百色、隆安、龙津，广东、海南和台湾等地。国外产于印度尼西亚苏门答腊、马来西亚及泰国等。

【采收加工】多于秋季采伐，除去粗皮及边材，取其黄红色或红棕色的心材，晒干。

【商品特征】条块状，黄红色至棕红色，可见红黄相间的纵向条纹，表面有刀削痕，断面年轮纹明显。水试可见水液红色，加酸变黄，加碱变红。

【商品规格】统货。

【品质要求】以粗大质重、色红黄者为佳；本品含巴西苏木素（$C_{16}H_{14}O_5$）不得少于 0.50%，（±）原苏木素 B（$C_{16}H_{16}O_5$）不得少于 0.50%；水分不得过 12.0%；醇溶性浸出物不得少于 7.0%。

【产销行情】全国年均生产约 120 吨，纯购约 120 吨，纯销约 120 吨。

【包装贮藏】竹篓或麻袋装。置于干燥通风处保存。

【性味功效】性平，味甘、咸。活血祛瘀，消肿止痛。

荜 茇
PIPERIS LONGI FRUCTUS

本品为胡椒科植物荜茇 *Piper longum* L. 的干燥近成熟或成熟果穗。

【别名】荜拨。

【产地】主产于云南东南至西南部，海南、福建、广东和广西亦有栽培。进口品主产于印度尼西亚苏门答腊以及菲律宾、越南等国。

【采收加工】果穗由绿变黑时采收，除去杂质，晒干。

【商品特征】呈圆柱形，表面黑褐色或棕色，有斜向排列整齐的小突起，质硬而脆，易折断。有特异香气，味辛辣。

【商品规格】统货。

【品质要求】以条穗饱满、色黑褐、质坚实、气味浓者为佳。本品含胡椒碱（$C_{17}H_{19}NO_3$）不得少于 2.5%；杂质不得过 3%；水分不得过 11.0%；总灰分不得过 5.0%。

【包装贮藏】置阴凉干燥处，防蛀。

【性味功效】性热，味辛。温中散寒，下气止痛。

草 果
TSAOKO FRUCTUS

本品为姜科植物草果 *Amomum tsaoko* Crevost et Lemaire. 的干燥成熟果实。始载于《本草衍义》。《本草纲目》收于豆蔻项下。多为栽培。为少常用中药。

【别名】草果仁。

【产地】主产于云南金平、元阳、河口、屏边、绿春、马关、西畴、富宁、麻栗坡、盈江、潞西、陇州；广西靖西、那坡、贵州罗甸等地。国外如越南亦产。

【采收加工】秋季果实即将成熟时，摘取果实，晒干即成。过迟则果实开裂，种子散出，影响质量。

【商品特征】呈三棱状椭圆形，灰棕色至红棕色，满布纵棱线。种子团三瓣，种子粒大。有特异香气，味辛、微苦。

【商品规格】统货。

【品质要求】以个大、饱满、质硬、表面红棕色、内色白、香气浓、味辛辣者为佳；本品种子团含挥发油不得少于 1.4%（mL/g）；水分不得过 15.0%；总灰分不得过 8.0%。

【产销行情】全国年均生产约 1500~1600 吨，纯购约 1000 吨，纯销约 1000 吨。其中云南年均纯购约 500 吨，广西约 250 吨，贵州约 200 吨。

【包装贮藏】麻袋或木箱包装。本品易泛油，应防潮，置阴凉干燥处保存。

【性味功效】性温，味辛。燥湿温中，截疟除痰。

茯 苓
PORIA

本品为多孔菌科真菌茯苓 *Poria cocos*（Schw.）Wolf 的干燥菌核。始载于《神农本草经》，列为上品。栽培和野生均有，以栽培产量为大。李时珍说："茯苓又名茯灵，为松之神灵之气伏结而成。"故名。为常用中药。

【别名】云苓、云茯苓。

【产地】野生品主产于云南丽江、维西、中甸、福贡、云龙、剑川、腾冲、禄劝、武定、富民、宣威等地，家种品主产于云南楚雄州、昆明市和曲靖地区，维西、丽江亦有种植。安徽金寨、霍山、岳西、太湖，湖北罗田、英山、麻城，河南商场、新县、固始，四川西昌、攀枝花等地亦有种植。栽培者以湖北、安徽产量大，野生者以云南产者质量最优，称"云苓"。

【采收加工】野生茯苓常在 7 月至次年 3 月到松林中采挖。人工栽培茯苓于接种后第二年 7~9 月采挖。鲜茯苓去净泥沙，堆置"发汗"，摊开晾至表面干燥，再"发汗"，反复数次至现皱纹，内部水分大部散失后，阴干，称为茯苓个；鲜茯苓去皮后切片，为茯苓片；切成方形或长方形块者为茯苓块；中有松根者为茯神；去茯苓皮后，有的内部显淡红色者为赤茯苓；切去赤茯苓后的白色部分为白茯苓。

【商品特征】球形、块状或片状，表面棕褐色，粗糙。体重、质坚。岔口白色糊状，嚼之黏牙。味淡。遇碘试液不变黑。

【商品规格】

1. 个苓　一等：呈不规则圆球形或块状，表面黑褐色或棕褐色，体坚实、皮细，断面白色，味淡，大小圆扁不分。无杂质、霉变。

二等：呈不规则圆球形或块状，表面黑褐色或棕色，体轻泡、皮粗、质松，断面白色至黄赤色，味淡。间有皮沙、水锈、破伤，无杂质、霉变。

2. 白苓片　一等：为茯苓去净外皮，切成薄片。白色或灰白色，质细，厚度为1cm7片，片面长宽不得小于3cm。无杂质、霉变。

二等：为茯苓去净外皮，切成薄片。白色或灰白色，质细，厚度为1cm5片，片面长宽不得小于3cm。无杂质、霉变。

3. 白苓块　统货。为白茯苓去净外皮切成扁平方块。白色或灰白色，厚度0.4~0.6cm，长度4~5cm，边缘苓块可不成方形。间有1.5cm以上的碎块，无杂质、霉变。

4. 赤苓块　统货。为赤茯苓去净外皮切成扁平方块。赤黄色，厚度0.4~0.6cm，长度4~5cm，边缘苓块可不成方形。间有1.5cm以上的碎块，无杂质、霉变。

5. 茯神块　统货。为茯神去净外皮切成扁平方形块。色泽不分，每块含有松木心。厚度0.4~0.6cm，长4~5cm，木心直径不超过1.5cm。边缘苓块可不成方形。间有1.5cm以上的碎块，无杂质、霉变。

6. 骰方　统货。为茯苓去净外皮切成立方形块。白色，质坚实，长、宽、厚在1cm以内，均匀整齐。间有不规则的碎块，但不超过10%，无粉末、杂质、霉变。

7. 白碎苓　统货。为加工白茯苓时的白色或灰白色碎块或碎屑。无粉末、杂质、虫蛀、霉变。

8. 赤碎苓　统货。为加工赤茯苓时的赤黄色碎块或碎屑。无粉末、杂质、虫蛀、霉变。

9. 茯神木　统货。为茯苓中间生长的松木，多为弯曲不直的松根，似朽木状。色泽不分，毛松体轻。每根周围必须带有三分之二的茯苓肉。木杆直径最大不超过2.5cm。无杂质、霉变。

【品质要求】茯苓个以体重、坚实、外皮棕褐、无裂隙、断面色白细腻、嚼之黏性强者为佳，茯苓块以块状不碎、色洁白者为佳；本品含水分不得过18.0%；总灰分不得过2.0%；醇溶性浸出物不得少于2.5%。

【产销行情】全国年产量高约25000吨，最低为2500吨，纯购年平均约7000吨，纯销约7000吨，供应出口约800吨。其中广东年均纯购约1500吨，安徽约1000吨，湖南约700吨，广西约500吨，湖北约700吨，云南约600吨，浙江约500吨，四川约245吨，其他地区约1000吨。

【包装贮藏】木箱装。本品易虫蛀、发霉、变色，应密封，置阴凉干燥处保存。不宜暴晒，以免变色和起裂纹，为防虫蛀可用药物熏蒸或以气调养护。

【性味功效】性平，味甘、淡。利水渗湿，健脾宁心。

香 橼
CITRI FRUCTUS

本品为芸香科植物枸橼 *Citrus medica* L. 或香圆 *Citrus wilsonii* Tanaka 的干燥成熟果实。始载于《名医别录》，列于豆蔻项下，《图经本草》才将香橼与豆蔻分别记载。商品主要分枸橼和香圆两种，均为栽培。因其果实气香而形圆，故名。为较常用中药。

【别名】香圆、陈香橼。

【产地】枸橼主产于云南宾川、永平、漾濞、双柏、临沧、思茅，四川合江、金堂、温江，重庆，以及广东等地。

香圆主产于浙江桐乡、龙游、峡县、慈溪，江苏苏州、南通、常州、泰州，以及福建等地。

【采收加工】8～9月摘取成熟果实，晒干，或趁鲜剖成两瓣或将果实切成薄片，除去种子及瓤，晒干。

【商品特征】香橼多加工成片。肉厚、瓤囊小，中柱大，味微甜而苦辛者为枸橼；肉薄、瓤囊大，中柱小，味酸而苦者为香圆。

【商品规格】商品由于产地及来源不同，分为枸橼和香圆两种，一般不分等级，商品有分个和片两种规格。

【品质要求】香橼片以色黄白、气香浓者为佳；香橼个以个大、皮粗、色黑绿、质坚、香气浓者为佳；本品含柚皮苷（$C_{27}H_{32}O_{14}$）不得少于 2.5%。

【产销行情】全国年均生产约 80～120 吨，全国年销量约 100～120 吨。

【包装贮藏】麻袋装，切片宜箱装。本品易虫蛀、发霉、变色、走失香气，应密闭，置阴凉干燥处保存。切片更易变质。少量药材可置石灰缸内贮存。

【性味功效】性温，味苦、辛、酸。疏肝理气，宽中，化痰。

重 楼
PARIDIS RHIZOMA

本品为百合科植物云南重楼 *Paris polyphylla* Smth var. *yunnanensis*（Franch.）Hand. – Mazz. 或七叶一枝花 *Paris polyphylla* Smith var. *chinensis*（Franch.）Hara 的根茎。原名蚤休，始载于《神农本草经》，列为下品。多为野生。李时珍说："一茎独上，茎当叶心。叶绿似芍药，凡叶二三层。"故名。为少常用中药。

【别名】蚤休、草河车、七叶一枝花。

【产地】主产于云南、四川、广西、陕西、江西、贵州等省。

【采收加工】秋季茎叶刚枯萎时采挖。挖取后，去掉残茎及泥土，晒干，搓去须根后再晒干即可。

【商品特征】呈结节状扁圆柱形，黄褐色，上有半月形凹窝，下有须根痕。体重、质轻。断面白色粉性。味微苦、辛。

【商品规格】不分等级，均为统货。

【品质要求】以身干、根条粗大、质坚实、断面色白、粉性足者为佳；本品含重楼皂苷Ⅰ（$C_{44}H_{70}O_{16}$）、重楼皂苷Ⅱ（$C_{51}H_{82}O_{20}$）、重楼皂苷Ⅵ（$C_{39}H_{62}O_{13}$）和重楼皂苷Ⅶ（$C_{51}H_{82}O_{21}$）的总量不得少于0.60%；水分不得过12.0%；总灰分不得过6.0%；酸不溶性灰分不得过3.0%。

【产销行情】全国年均生产约100~200吨，全国年需求量约700~1000吨。

【包装贮藏】竹篓装或麻袋装。置阴凉干燥处保存。

【性味功效】性微寒，味苦；有小毒。清热解毒，消肿止痛，凉肝定惊。

【附注】重楼为国家重点保护的野生植物药材品种。

珠 子 参
PANACIS MAJORIS RHIZOMA

本品为五加科植物珠子参 *Panax japonicus* C. A. Mey. var. *major*（Burk.）C. Y. Wu et K. M. Feng 或羽叶三七 *Panax japonicus* C. A. Mey. var. *bipinnatifidus*（Seem.）C. Y. Wu et K. M. Feng 的干燥根茎。原名珠参，始载于《本草纲目拾遗》。野生与家种均有。因其形似珠，故名。为云南、西藏地区的常用中药。

【别名】钮子七、扣子七、疙瘩七。

【产地】主产于云南丽江、迪庆、怒江、大理、楚雄、昭通等地。此外甘肃、陕西、四川、湖北、贵州等省亦产。

【采收加工】秋季采挖根茎，除去外皮及须根，干燥；或蒸（煮）透后干燥。

【商品特征】扁球形、圆锥形或不规则菱角形，偶呈连珠状。表面棕黄色或黄褐色，质坚硬，断面淡黄白色，具粉性，味苦、微甘，嚼之刺喉。蒸（煮）者断面黄白色或黄棕色，略呈角质样，味微苦、微甘，嚼之不刺喉。

【商品规格】统货。

【品质要求】直接干燥者以质坚硬、块大、色黄白、节间短者为佳，蒸品以色红棕、透明、角质者为佳；本品含竹节参皂苷Ⅳa（$C_{42}H_{66}O_{14}$）不得少于3.0%；水分不得过14.0%；总灰分不得过7.0%。

【产销行情】全国年均生产10~20吨，全国年需求10~20吨。

【包装贮藏】用竹篓或麻袋装。置干燥处保存。本品易受潮虫蛀，防虫可用氯化苦或磷化铝熏。

【性味功效】性微寒，味甘、苦。补肺养阴，祛瘀止痛，止血。

萝 芙 木
RAUVOLFIAE RADIX

本品为夹竹桃科萝芙木属植物萝芙木 *Rauvolfia verticillata*（Lour.）Baill. 及云南萝芙木 *R. yunnanensis* Tsiang 的干燥根。

【别名】三叉叶、鱼胆木。

【产地】主产于云南、广东、广西。

【采收加工】秋、冬采根，洗净泥土，切片晒干。

【商品特征】根呈圆锥形，多有支根。外表面灰棕色至灰黄色；栓皮较松，易于脱落。质坚硬，不易折断，折断面不平坦；微带芳香，味苦。

【商品规格】统货。

【品质要求】以质坚、皮部味极苦者为佳。

【包装贮藏】用竹篓或麻袋装，置通风干燥处，防蛀。

【性味功效】性寒，味苦；有小毒。镇静，降压，活血止痛，清热解毒。

琥　珀
SUCCINUM

本品为松科松属植物的树脂，埋藏地下经年久转化而成。始载于《名医别录》，列为上品。为少用中药。

【别名】虎魄、血珀、云珀。

【产地】主产于云南腾冲、墨江，河南南阳、西峡，广西平南、贵港，福建龙溪等地。

【采收加工】全年均可采挖，从地层下挖出后，除净泥沙、泥土、煤矿等杂质即可。

【商品特征】不规则块状，大小不一，血红色、淡棕色，半透明，质地坚脆。入水不溶。燃烧时生白烟，有松香气。摩擦生静电，能吸引灯心草或薄纸片。

【商品规格】商品过去按产地不同分为云珀、广西珀、河南珀、湖南珀、抚顺珀、金器珀，多为统货。亦有按性状分为 3 等。或按加工方法不同又分为毛珀、光珀两种。

【品质要求】以色红黄、透明纯净、块整齐、质松脆、易碎者为佳。

【包装贮藏】整块者用纸包后置于箱内或盒内，粉末放于瓶内，置干燥阴凉处保存。

【性味功效】性平，味甘。宁心安神，活血化瘀。

雷　丸
OMPHALIA

本品为白蘑科真菌雷丸 *Omphalia lapidescens* Schroet. 的干燥菌核。

【别名】雷实、竹铃芝。

【产地】主产于云南、四川、广西等地，陕西、贵州、河南、湖北等地亦产。

【采收加工】秋季采挖，洗净，晒干。不得蒸煮或高温烘烤。

【商品特征】为类球形或不规则团块，表面黑褐色或棕褐色，有略隆起的不规则网状细纹。质坚实，断面白色或浅灰黄色，常有黄白色大理石样纹理。味微苦，嚼之有颗粒感，微带黏性，久嚼无渣。

【商品规格】统货。

【品质要求】以个大、断面色白、粉状者为佳。本品含雷丸素以牛血清白蛋白计，不得少于 0.60%；水分不得过 15.0%；总灰分不得过 6.0%；醇溶性浸出物不得少于 2.0%。

【包装贮藏】 用竹篓或麻袋装，置阴凉干燥处。

【性味功效】 性寒，味微苦。杀虫消积。

【附注】 断面褐色呈角质样者（系加工时加热所致），不可供药用。

第十二章 贵 药

凡以贵州为主要产区或集散地的大宗商品药材均称为贵药。

贵州在我国的西南部，地处云贵高原东南部，位于东经 103°37′~109°32′，北纬 240°13′~29°13′。北邻四川、重庆市，东连湖南，西接云南，南与广西交界。

贵州属于中国西部高原山地，境内地势西高东低，由中部向北、东、南三面倾斜，平均海拔在 1100 米左右。贵州高原山地居多，素有"八山一水一分田"之说。全省地貌可分为高原山地、丘陵和盆地三种基本类型，其中 92.5% 的面积为山地和丘陵。境内地形崎岖，山脉众多，重峦叠峰，绵延纵横，山高谷深。北部有大娄山，主峰仙人山海拔 1795 米，为贵州高原的北界；东北部有武陵山，主峰梵净山高 2572 米，为乌江和沅江的分水岭。西部与云南交界处有蒙山，属此山脉的赫章县珠市乡韭菜坪海拔 2900 米，为贵州境内最高点；而黔东南黎平县地坪乡水口河出省界处，海拔为 137 米，为境内最低处；中部有苗岭横亘，为长江水系和珠江水系的分水岭。贵州岩溶地貌非常典型，喀斯特地貌（出露）面积 109084 平方千米，境内岩溶分布广泛，生态类型齐全，地域差异明显，构成峰丛、洼地、溶丘、槽谷等特殊的岩溶生态系统。

贵州属亚热带湿润季风气候区，年均气温 12℃~18℃，夏季平均气温 22℃~25℃，最热月为 7 月；冬季平均气温 3℃~6℃，最冷月为 1 月。贵州的水资源十分丰富，省内 80% 以上的地区年均降水量为 1000~1400 毫米，总的分布趋势是南部多于北部，东部多于西部。寒暖气流在此相遇，不易消散，形成连绵小雨，为我国阴雨天气最多的地区。年平均日照在 1200~1700 小时，日照率达 25%~40%。

由于贵州纬度较低，海拔较高，有明显的高原性季风特点，具有冬无严寒，夏无酷暑，雨量充沛，春秋天气多变等特点。贵药多生长在地形崎岖的高原、山岭、河谷、丘陵和盆地，尤以苗岭、梵净山、大娄山区为多。主要道地药材有天麻、杜仲、吴茱萸、半夏、南沙参（轮叶沙参）、山慈菇、白及、黄柏、天冬、何首乌、银花、淫羊藿、五倍子、黔党参、桔梗、射干、冰片（艾片）、金果榄、猪苓、通草、黄精、石斛、朱砂、雄黄、娑罗子等。

山 慈 菇
CREMASTRAE PSEUDOBULBUS PLEIONES PSEUDOBULBUS

本品为兰科植物杜鹃兰 *Cremastra appendiculata*（D. Don）Makino、独蒜兰 *Pleione* bulbocodioides（Franch.）Rolfe 或云南独蒜兰 *Pleione yunnanensis* Rolfe 的干燥假鳞茎。前者习称"毛慈菇"，后二者习称"冰球子"。始载于《本草纲目拾遗》。原均为野生，现有栽培。陈藏器谓："山慈菇生山中湿地，叶似车前，根姆似慈菇。"故名。为少用中药。

【别名】毛慈菇、茅慈菇。

【产地】毛慈菇主产于贵州石阡、雷山、普定、安龙、贵定、贵阳，四川都江堰、汉源、雅安。冰球子主产贵州雷公山、黄平、榕江、贞丰、兴仁、贵定、梵净山、雷公山、威宁、纳雍、盘县、紫云、安龙、贞丰、普安、望谟、开阳、贵阳。

【采收加工】现多在 10~12 月果落后采挖假鳞茎。除去茎叶，抖净泥土，晒干。有的地区在秋季花谢后采挖，除去茎叶、须根，洗净泥沙，置沸水锅上蒸至透心，取出摊开晒干或烘干。

【商品特征】**1. 毛慈菇**　不规则扁球形或圆锥形，顶端渐突起，基部有须根痕。表面黄棕色或棕褐色，有纵皱纹或纵沟，中部有 2~3 条微突起的环节，节上有丝状纤维。质坚硬，难折断，断面灰白色或黄白色，略呈角质。气微，味淡，带黏性。

2. 冰球子　圆锥形、瓶颈状或不规则团块。顶端渐尖，尖端断头处呈盘状，基部膨大且圆平，中央凹入，有 1~2 条环节，多偏向一侧。撞去外皮者表面黄白色，带表皮者浅棕色，光滑，有不规则皱纹。断面浅黄色，角质半透明。

【商品规格】山慈姑和冰球子均为统货。

【品质要求】以个大、饱满、质坚、色玉白、无毛须者为佳。四川毛慈姑带须根。

【产销行情】20 世纪 80 年代以后毛慈姑与冰球子的年产和销量为 20~30 吨，个别年份产量达 40~50 吨。

【包装贮藏】麻袋或编织袋装。置干燥处储存。

【性味功效】性凉，味甘、微辛。有小毒。清热解毒，化痰散结。

【附注】1. 兰科尚有分布于云南、西藏的大花独蒜兰 *Pleione grandiflora* Rolfe，分布于湖北、广西、广东、四川、云南等省区的南独蒜兰 *Pleione hookeriana* Moore，分布于云南、西藏等省区的岩石独蒜兰 *Pleione scopulorum* W. W. Smith 3 种植物的假鳞茎，可能混入山慈姑药材中销售和使用。西藏以兰科山兰属植物独叶山兰 *Oreorchis foliosa* Lindl. 的假鳞茎作山慈姑入药，当地又名小白及。

2. 在云南省将百合科植物益辟坚（丽江山慈姑）*Iphigenia indica* Kunth. et Benth. 的鳞茎称为毛慈姑；在我国中部地区以及山东、云南等将百合科植物老鸦瓣 *Tulipa edulis*（Miq.）Bak. 的鳞茎称作山慈姑。以上 2 种鳞茎均含有秋水仙碱等成分，易引发中毒，应注意鉴别。新疆地区则以伊犁光慈姑 *Tulipa iliensis* Regel 的鳞茎作山慈姑。

3. 在广西、湖南、贵州等地常以防己科植物金果榄（青牛胆）*Tinospora sagittata*（Oliv.）Cagnep. 或金牛胆 *Tinospora capillipes* Cecnep. 的块茎，广西个别地区以天南星科植物犁头尖 *Typhonium divaricatum*（L.）Decne. 的块茎，广西、福建个别地区以马兜铃科植物长细辛 *Asarum insigne* Diels 的根及根茎，广东以细辛属植物大块瓦 *A. geophilum* Hemsl. 或大叶细辛 *A. maximum* Hemsl. 的根及根茎作为山慈姑入药。这些药材品种与正品山慈姑来源不同，不宜混用，应注意鉴别区分。

天 冬
ASPARAGI RADIX

本品为百合科植物天门冬 *Asparagus cochinchinensis*（Lour.） Merr. 的干燥块根。天冬原名天门冬，始载于《神农本草经》，列为上品。多为野生，现已有栽培。因此草蔓茂俗作门，而功效似麦冬，故名。为较常用中药。

【别名】明天冬、明门冬、天门冬。

【产地】主产于贵州仁怀、湄潭、赤水、望漠、瓮安，重庆酉阳、彭水、涪陵，四川古蔺、泸州、乐山，广西百色、罗城，浙江平阳、景宁，云南巍山、宾川，湖南东安、祁阳。此外陕西、甘肃、安徽、湖北、河南、江西亦产。以贵州产量最大，品质佳，为道地药材。

【采收加工】秋、冬两季采收。以冬季采者浆足、水分少，质量佳。采挖后洗净泥土，除去茎基及须根，煮或蒸至透心，趁热剥去外皮，用水洗净，烘至以手握之不黏即可。

【商品特征】呈长纺锤形，略弯曲。表面黄白色或淡黄棕色，半透明，肉质带黏，断面中柱明显。

【商品规格】各地所产天冬，均按照根条粗细分为1~3等。

一等：呈长纺锤形，去净外皮。表面黄白色或淡棕黄色，半透明，条肥大，具糖质。断面黄白色，角质状，中央有白色中柱（白心）。气微，味甜微苦。中部直径1.2cm以上。无硬皮、杂质、虫蛀、霉变。

二等：呈长纺锤形，去净外皮。表面黄白色或淡黄棕黄色，间有纵沟纹。中部直径0.8cm以上。间有未剥净硬皮，但不得超过5%。无杂质、虫蛀、霉变。其余同一等。

三等：呈长纺锤形，去外皮。表面红棕色或红褐色，断面红棕色。中部直径0.5cm以上。稍有未去净硬皮，但不得超过15%。其余同二等。

【品质要求】以身干、条粗壮、色黄白、半透明、无外皮残留者为佳。本品水分不得过16.0%；总灰分不得过5.0%；醇溶性浸出物不得少于80.0%。

【产销行情】全国每年纯购约2000吨，纯销约1800吨，其中贵州每年纯购约500吨，广西纯购约200吨，浙江纯购约150吨，河南纯购约150吨，其他地区纯购约800吨。

【包装贮藏】一般用麻袋或编织袋包装。本品易生霉、生虫、走油，应置阴凉干燥处密封保存，注意防霉、防蛀、防走油。

【性味功效】性寒，味甘、苦。养阴润燥，清肺生津。

【附注】尚有同属多种植物的块根在部分地区或民间作天门冬入药，如多刺天门冬、滇南天门冬、羊齿天门冬、短梗天门冬等，经营中需注意鉴别。另天冬属于国家重点保护的野生药材。

天　麻

GASTRODIAE RHIZOMA

本品为兰科植物天麻 *Gastrodia elata* Bl. 的干燥块茎。原名赤箭，始载于《神农本草经》，列为上品。天麻之名始见于《雷公炮炙论》。过去全为野生，现多栽培。为常用中药。

【别名】明天麻、赤箭。

【产地】主产于贵州大方、威宁、赫章、毕节、贵阳、遵义、正安、湄潭、务川、德江、桐梓，四川宜宾、乐山、凉山、雅安、通江、广元、平武、南江，重庆万州，云南昭通、彝良、镇雄，陕西汉中、宁强、勉县、南郑、城固，湖北恩施、利川等地。河南、甘肃、吉林等地亦产。近代野生天麻的道地产区在西南，云南昭通地区、贵州毕节地区、四川宜宾、乐山、峨眉、溯岷江而上至雅安地区为天麻的著名产区，尤以云南昭通地区和贵州毕节地区所产的天麻质优而驰名。栽培天麻以陕西、湖北、湖南、安徽、河南产量大。

【采收加工】一般在立冬后至次年清明前挖取地下茎。冬季或春初采挖者，习称"冬麻"，体重饱满质优；春季或夏季采挖者，习称"春麻"，皮多皱缩、体轻质次。（见彩图3）挖出块茎后，洗净泥土，除去地上茎，及时擦去粗皮，浸入明矾水中，半小时后捞出，蒸至无白心为度，取出晾至半干，再晒干或烘干。

【商品特征】长扁圆形或椭圆形，上端有的具"鹦哥嘴"或"红小辫"（冬麻）；有的具残留茎基（春麻），下端有"肚脐眼"，体表有点状环纹。质坚实，断面角质样。

【规格等级】按采收时间分冬麻和春麻，通常均分4个等级；家种或野生天麻（见彩图4），亦按此分4个等级。其等级标准如下。

一等：干货。呈长椭圆形。扁缩弯曲，去净粗栓皮，表面黄白色，有横环纹，顶端有残留茎基或红黄色的枯芽。末端有圆盘状的凹脐形疤痕。质坚实，半透明。断面角质，牙白色。味甘微辛。每千克26支以内，无空心、杂质、虫蛀、霉变。

二等：每千克46支以内，余同一等。

三等：断面牙白色或棕黄色稍有空心。每千克90支以内，大小均匀。余同二等。

四等：每千克90支以外。凡不符合一、二、三等的碎块、空心及未去皮者均属此等。

【品质要求】以个大、色黄白、质坚实沉重、断面半透明、有光泽、无空心者为佳；本品含天麻素不得少于0.20%；水分不得过15.0%；总灰分不得过4.5%；醇溶性浸出物不得少于10.0%。

【产销行情】全国每年的纯购约3000吨左右，纯销约3000吨，供应出口约120吨。其中贵州年均纯购约100吨，四川约150吨，陕西约200吨，湖北约100吨。近年来天麻人工培植成功，产量大增，供求基本平衡。

【包装贮藏】可用塑料编织袋内衬聚乙烯薄膜的复合包装袋或瓦楞纸箱内衬防潮纸包装。本品易虫蛀、发霉，应置干燥、通风处保存，避光、防蛀，不宜久贮。为防霉及蛀，在夏季应经常检查翻晒。

【性味功效】性平，味甘。息风止痉，平抑肝阳，祛风通络。

【附注】天麻过去按产地分贵天麻（贵州产）、川天麻（四川产）、云天麻（云南产）、西天麻（陕西产）和杂路天麻。

天 南 星
ARISAEMATIS RHIZOMA

本品为天南星科植物天南星 *Arisaema erubescens*（Wall.）Schott.、异叶天南星 *Arisaema aheterophyllum* Bl. 或东北天南星 *Arisaema amurense* Maxim. 的块茎。天南星之名始见于《本草拾遗》。李时珍云："南星因根圆白，形如老人星状，故名。"多野生，少栽培。为常用中药。

【别名】南星、白南星。

【产地】主产贵州毕节、金沙、大方、遵义、正安、道真、务川、德江；四川雅安、汉源、荥经、夹江、洪雅及凉山州；云南昭通、大关、彝良、绥江、永善；陕西石泉、宁陕、镇安、洛南、丹凤、汉阳、安康；甘肃天水、西和、武都；湖北咸宁、通城、通山、罗田、恩施、宜昌；河南长葛、登封、临汝、卢氏、辉县、济源、修武；安徽黄山；浙江天台、武义等地。以河南、河北、江苏、四川、陕西产者为佳。

【采收加工】秋冬两季茎叶枯萎时采挖，野生品一般在 9 月秋后采挖，个大，粉性足。除去须根及外皮，干燥。本品有毒，加工时应戴手套、口罩或手上擦菜油，可预防皮肤发痒红肿。

【商品特征】扁球形，表面类白色或淡棕色，顶端有凹陷的茎痕，周围有麻点状根痕，有的块茎周边有小扁球状侧芽。质坚硬，不易破碎，断面白色，粉性。味麻辣。

【商品规格】河南产天南星和四川产天南星均分 1 ~ 3 等及统货。东北产天南星分 1 ~ 2 等及统货。

【品质要求】以个大、色白、坚实、粉性足者为佳；本品含总黄酮以芹菜素计，不得少于 0.050%；水分不得过 15.0%；总灰分不得过 5.0%；醇溶性浸出物不得少于 9.0%。

【产销行情】天南星药材资源丰富，临床用量不大。各地区多为自产自销，供销比较平稳。3 种植物来源中没有 1 个品种能称为主流商品。全国每年纯购约在 300 ~ 500 吨，纯销在 300 ~ 500 吨左右，其中禹南星约占半数。

【包装贮藏】麻袋或编织袋装。置通风干燥处，防霉、防蛀。

【性味功效】性温，味苦、辛。有毒。散结消肿。外用治痈肿，蛇虫咬伤。孕妇慎用。

【附注】古代药用天南星主要是虎掌南星、天南星和一把伞南星。近代除上述 3 种外，还有拟天南星、花南星、象南星、象头花、刺柄南星、灯台莲、朝鲜南星、黄苞南星等天南星属多种植物的块茎，在各地作天南星习用品入药。另有犁头属、魔芋属、半夏属植物混入药用，应注意鉴别。

五 倍 子
GALLA CHINENSIS

本品为寄生在漆树科植物盐肤木 *Rhus chinensis* Mill.、红麸杨 *Rhus punjabensis* Stew. var. *sinica*（*Diles*）Rehd. et Wils.、青麸杨 *Rhus potaninii* Maxim. 叶上的五倍子蚜虫 *Melaphis chinensis*（Bell）Baker 形成的虫瘿。由五倍子蚜（又称角倍蚜）寄生形成的虫瘿称"角倍"；由蛋铁倍蚜形成的虫瘿称"肚倍"。始载于《本草拾遗》。均为野生。为少常用中药。

【别名】棓子。

【产地】角倍主产四川、贵州、云南、湖北、湖南，陕西、河南、浙江亦产。肚倍主产四川、贵州、云南、湖南、陕西、河南。

【采收加工】角倍多于9～10月间，肚倍多于5～6月间五倍子由青转黄褐色时采摘（五倍子成熟爆裂前1～2周时五倍子含量最高）。采摘后，置沸水中煮3～5分钟至药材表面转为半透明时（蚜虫已杀死），即刻捞出，晒干或阴干。

【商品特征】**1. 肚倍**　呈长圆形或纺锤形囊状。表面灰褐色或灰棕色，微有柔毛。质硬而脆，易破碎，断面角质样，有光泽，壁厚，内壁平滑，有黑褐色死蚜虫及灰色粉状排泄物。气特异，味涩。

2. 角倍　呈菱形，具不规则的角状分枝，柔毛较明显，壁较薄。

【商品规格】商品分肚倍和角倍，均为统货。肚倍质优，角倍质次。

【品质要求】以个大、壁薄、完整者为佳，经验认为内壁布满蚜虫者为优。本品含鞣质以没食子酸计，不得少于50.0%；水分不得过12.0%；总灰分不得过3.5%。

【产销行情】全国年均生产约4500吨，纯购约1800吨，纯销约1700吨，供应出口约100吨。其中四川纯购约500吨，贵州约150吨，云南约200吨，陕西约180吨，湖北约230呈，其他地区约500吨。

【包装贮藏】麻袋或编织袋装。置通风干燥处，防压。

【性味功效】性寒，味酸、涩。敛肺降火，涩肠止泻，敛汗止血，收湿敛疮。

【附注】1. 尚有其他同属多种植物受类似蚜虫寄生形成的虫瘿，如圆角倍、红倍花、倍花、扁药倍、遍角倍等。

2. 产生五倍子必备的三个要素是盐肤木类植物（寄主）、五倍子蚜虫类昆虫和提灯藓属植物（越冬寄主）。

3. 提灯藓属仅有3种植物可以作为五倍子蚜虫的越冬寄主。它们分别是分布于浙江、湖北、湖南、贵州的皱叶提灯藓 *Mnium maximoviczii* Lindl.，分布于浙江、湖北、湖南、广西、贵州的尖叶提灯藓 *Mnium cuspidatum* Hedw.，分布于浙江、湖北、湖南的圆叶提灯藓 *Mnium vesicatum* Besch。

4. 在盐肤木上形成的角倍产量占五倍子药材总产量的90%；在红麸杨上形成的蛋铁倍又占肚倍的90%。

石 斛

DENDROBII CAULIS

本品为兰科植物金钗石斛 *Dendrobium nobile* Lindl. 、鼓槌石斛 *D. chrysotoxum* Lindl. 或流苏石斛 *D. fimbriatum* Hook 的栽培品及其同属植物近似种的新鲜或干燥茎。其名最早见于《山海经》，药用始载于《神农本草经》，列为上品。古代本草记载的石斛有多种植物来源，主要为石斛属植物，与现时药用情况基本相符。原多为野生，现多栽培。为常用中药。

【别名】黄草、枫斗。

【产地】主产于贵州罗甸、兴仁、安顺、都匀，广西靖田、凌乐、田林、睦边，广东，四川凉山、甘孜、雅安，安徽霍山，云南砚山、巍山、师宗等地。

【采收加工】全年均可采收。鲜用者除去根和泥沙；干用者采收后，除去杂质，用开水略烫或烘软，再边搓边烘干，至叶鞘搓净，干燥。

【商品特征】1. **鲜石斛**　呈圆柱形或扁圆柱形，长约 30cm。表面黄绿色，光滑或有纵皱纹，节明显，色较深，节上有膜质叶鞘。肉质多汁，易折断。气微，味微苦而回甜，嚼之有黏性。

2. **金钗石斛**　呈扁圆柱形，节间长 2.5~3cm。表面金黄色或黄中带绿色，有深纵沟。质硬而脆，断面较平坦而疏松。气微，味苦。

3. **鼓槌石斛**　呈粗纺缍形，具 3~7 节。表面光滑，金黄色，有明显凸起的棱。质轻而松脆，断面海绵状。气微，味淡，嚼之有黏性。

4. **流苏石斛等**　呈长圆柱形，节明显，节间长 2~6cm。表面黄色或暗黄色，有深纵槽。质疏松，断面平坦或纤维性。味淡或微苦，嚼之有黏性。

【商品规格】全国各地石斛商品因植物品种及加工方式不同，规格十分复杂且不统一。多为统装。商品分鲜石斛和干石斛。鲜石斛又分金钗石斛（茎扁，仅来源于金钗石斛、鼓槌石斛、流苏石斛）和黄草石斛（茎圆，其他石斛属植物）。干石斛又分细黄草广西统装（片），云、贵统装（片）；粗黄草统装（片）；石斛统装（干、圆、扁形或片）；金钗统装、次统装等规格。习惯上认为主产于广西靖西的金钗石斛质最优。

【品质要求】鲜石斛以色青绿、肥满多汁、嚼之发黏者为佳，干品以色金黄、质柔者为优；金钗石斛含石斛碱不得少于 0.40%；鼓槌石斛含毛兰素不得少于 0.030%；干品水分不得过 12.0%；干石斛总灰分不得过 5.0%。

【产销行情】全国年均生产约 700~800 吨，纯购约 600 吨，纯销约 500~550 吨，供应出口约 40 吨，其中广西纯销约 70 吨，四川约 200 吨，贵州约 100 吨，安徽约 80 吨，云南约 40 吨，其他地区约 50 吨。

【包装贮藏】鲜品可栽于湿沙内保存，或置于阴凉潮湿处，防冻。干货用纸包好，以木盒或铁盒包装。干品受潮易发霉，应密闭，置干燥处保存，防潮。

【性味功效】性微寒，味甘。益胃生津，滋阴清热。

【附注】1. 我国有石斛属植物 74 种 2 变种，其中 51 种入药使用，集中分布在云南、广西、广东、海南、贵州、台湾等省（区）。

2. 石斛药材商品来源复杂，其原植物约有 21 种。近年来石斛野生资源被严重破坏，药材供应量已经日益稀少，各地已有栽培品上市。

3. 市场上还出现兰科石仙桃属植物云南石仙桃、石仙桃、细叶石仙桃和金石斛属植物戟叶金石斛等混入石斛药材中使用的情况，应注意鉴别。

4. 环草石斛、马鞭石斛、黄草石斛、铁皮石斛、金钗石斛属于国家重点保护的野生药材物种。

白 及
BLETILLAE RHIZOMA

本品为兰科植物白及 *Bletilla striata* （Thunb.） Reichb. f. 的干燥块茎。始载于《神农本草经》，列为下品。多为野生。李时珍谓："其根白色，连及而生，故曰白及。"为少常用中药。

【别名】白芨。

【产地】主产于贵州安龙、兴义、普安、晴隆、安顺、都匀、独山、关岭、镇远、罗甸、望谟、沿河、印江、松桃，四川内江、绵阳，湖南大康、桑植，湖北咸宁、鹤峰、始康，安徽池州、徽州，河南灵宝、栾川，浙江临海、淳安、陕西渭南等地及云南、江西、甘肃、江苏、广西等省区。以贵州产量最大，质量亦好，销全国及出口。

【采收加工】夏、秋两季（8~10 月）采挖，野生白及多在秋末冬初采挖。除去茎叶及须根，洗净泥沙，置沸水中煮或蒸至无白心，晒至半干，除去外皮，晒干。亦可于鲜时纵切成片，直接晒干。

【商品特征】呈菱角状或不规则扁圆形，上有圆状疤痕，周围有同心环纹。表面黄白色，略透明，质坚韧，嚼之发黏。

【商品规格】商品分白及个、白及片、白及粉。其标准如下。

1. 白及个 统装。要求个体饱满，色白、半透明。等外白及：个体瘦瘦，粒小或带皮。

2. 白及片 统装。半透明，无焦、枯片。

3. 白及粉 黄白色细粉，100~120 目。

【品质要求】以个大、饱满、色白、明亮、质坚、胶质重者为佳；本品水分不得过 15.0%；总灰分不得过 5.0%。

【产销行情】由于多年过度采挖，白及资源及药材产量急剧减少，目前只有贵州、云南、四川尚能为市场提供货源。年产销量约为 200~300 吨。

【包装贮藏】用塑料编织袋内衬聚乙烯薄膜的复合包装袋或瓦楞纸箱内衬防潮纸包装。置通风干燥处保存，注意防潮、防霉变、防虫蛀。

【性味功效】性微寒，味苦、甘、涩。收敛止血，消肿生肌。

【附注】白及属植物共有 6 种，我国产 4 种，其块茎均称"小白及"，在各地入药使用，如黄花白及、小白及、华白及的块茎。本品含丰富胶质黏液，在高级陶瓷、橡胶制品中使用白及粉作黏合剂。

艾片（左旋龙脑）
t – BORNEOLUM

本品为菊科植物艾纳香 *Blumea balsamifera* DC. 的新鲜叶经提取加工制成的结晶。始载于《本草拾遗》。其色白莹如冰，故名。为常用中药。

【产地】主产于贵州罗甸、独山，广西桂林、天峨，海南等地。

【采收加工】全年可采，以 9～10 月采的质量较好。将鲜叶入蒸笼中加热使之升华，得灰白色粉末状物（艾粉）。经压榨去油，炼成块状结晶，再劈削成颗粒状或片状（艾片）。

【商品特征】艾片为半透明稍厚的片状结晶，如破碎之薄冰，片、块较均匀，纯白色。质稍硬，手捻不易碎，气清香，味微苦而辛凉。燃烧时有黑烟，无残留。

【商品规格】商品规格分艾片（片状结晶）和艾粉（灰白色粉末）两种规格。

【品质要求】以香气纯正、色白、无杂质者为佳；本品比旋度为 – 36.5°～ – 38.5°；含异龙脑不得过 5.0%；含樟脑不得过 10.0%；含左旋龙脑以龙脑计，不得少于 85.0%。

【产销行情】全国年均生产各种冰片约 40～60 吨，其中贵州年均生产艾片约 10 吨；纯购约 40 吨，纯销约 45 吨。

【包装贮藏】纸包后外加玻璃纸封，放入塑料袋内，置铁桶中密封。本品易挥发和燃烧，应密封，避光，置阴凉干燥处保存。

【性味功效】性温，味辛、苦。辟秽，通窍，祛翳。

【附注】除上述外，市场上还有天然冰片、龙脑冰片和合成冰片出售。

1. 天然冰片为樟科植物樟 *Cinnamomum camphora*（L.）Presl 的新鲜枝、叶经提取加工制成。比旋度为 + 34°～ + 38°；要求不得检出异龙脑成分；含樟脑不得过 3.0%；含右旋龙脑不得少于 96.0%。

2. 龙脑冰片为龙脑香科植物龙脑香 *Dryobaaanops aromatica* Gaertn. f. 的树干自然渗出的糙米状结晶或经水蒸气蒸馏所得的结晶，又称梅片（分大梅、二梅等规格），主产于印度尼西亚的苏门答腊等地。过去我国一向依靠进口，近年来已极少进口。含倍半萜类成分（右旋龙脑等）及三萜类成分等。本品含右旋龙脑不得少于 55.0%。

3. 目前较普遍使用的是合成冰片，又称合成龙脑或机制冰片，系用樟脑、松节油等化学方法合成的加工品，为外消旋龙脑。由于原料及合成工艺原因，产品均呈左旋性，同时尚含的一定数量的异龙脑（此为与天然冰片的主要区别），主要在上海、天津、北京、广州等地制造。本品含樟脑不得过 0.50%；含龙脑不得少于 55.0%。

4. 近年来在云南、广西、广东、福建、浙江、江西、贵州等省，发现了梅片树，为右旋龙脑的一种新植物资源，即樟科植物阴香 *Cinnamomum burmannii*（C. G. et Th. Nees）Bl. 的一个变型，其叶中含精油 0.34%，其中 α – 龙脑占 70.8%。

朱　砂
CINNABARIS

本品为硫化物矿物辰砂族辰砂。始载于《神农本草经》，称丹砂，列为上品。《本草纲目》谓："丹乃石名，其字从井中一点，像丹在井中之形，后人以丹为朱色之名，故呼朱砂。"又曰"丹砂以辰（辰水，今沅陵）、锦（锦江，今铜仁）者为最。"昔以湖南辰州为集散地，又有辰砂之称。为常用中药。

【别名】辰砂、丹砂、朱宝砂。

【产地】主产于贵州省铜仁市万山特区和湖南新晃、凤凰，重庆的秀山、酉阳和广西的南丹、灵川、平果也有产。万山特区所产朱砂色红鲜艳、品位高、质量好、产量大，为著名产地。

【采收加工】全年可开采，但冬季生产较少。挖出矿石后，选取纯净者，用磁铁吸尽含铁杂质，再用水淘去杂石和泥沙即得。

【商品特征】为粒状、块状、片状及粉末状结晶集合体，形状大小不一。鲜红色或暗红色，条痕红色至褐红色，具金刚光泽。体重，质脆。片状者易破碎，粉末状者有闪烁的光泽。无臭，无味。

【商品规格】商品现分为一等、二等、三等或统装。按原冶金部部颁标准分为特号朱砂、一号朱砂、二号朱砂。

【品质要求】商品均以色鲜红、光泽透明、体重质脆、无杂质者为佳；本品含硫化汞，不得少于96.0%。朱砂粉含硫化汞，不得少于98.0%。

【产销行情】全国年产约400吨，年纯购约150吨，纯销约100吨，供应出口约50吨。其中四川纯购约30吨，云南约25吨，湖南约50吨，贵州等其他地区纯购约30吨。

朱砂过去在中成药投料及饮片配方中常见，产、销、用量均较大。近年来研究发现其含硫化汞，在人体内产生蓄积，不可多服和久服，朱砂的使用量已经大大降低。目前其销量只降不升。

【包装贮藏】用硬纸盒装，或用纸包后封装于木箱内。置干燥处保存，注意防潮。

【性味功效】性微寒，味甘。有毒。清心镇惊，安神，明目，解毒。

【附注】1. 朱砂过去习分为豆砂（个砂）、朱宝砂（洋尖砂）、片砂（镜面砂）。出口商品分贡朱砂、朱宝砂、朱砂粉等规格。

2. 市场上商品称为"辰砂"的，系指人工合成品，又称"平口砂"及"灵砂"，是以水银、硫黄为原料，经加热升华而成，含硫化汞（HgS）99.0%以上。多作外用药或颜料、防腐剂等。过去朱砂紧缺时，少数地区曾作朱砂代用品使用。

杜　仲
EUCOMMIAE CORTEX

本品为杜仲科植物杜仲 *Eucommia ulmoides* Oliv. 的干燥树皮。始载于《神农本草经》，列为上品。有野生，多为栽培。李时珍曰："昔有杜仲服此得道，因以名之。"为常用中药。

【别名】丝棉皮、川杜仲、木棉。

【产地】主产于贵州遵义、正安、湄潭、贵阳、息烽、惠水、紫云、安顺、毕节、赤水、习水、仁怀、印江、四川广元、青川、平武、绵阳、温江、彭州、都江堰、达州、万州、陕西镇坪、安康、西乡、宁强、凤翔、旬阳、汉中、安康，湖南慈利、桑植、常德、吉首、湖北襄阳、宜昌、恩施、十堰、河南嵩县、栾川、洛宁、卢氏、南阳、云南水善、镇雄。此外，江西、甘肃等省亦产。贵州产者质最佳。

【采收加工】春季清明至夏至采收，以年久皮厚者为佳。选取生长10年以上的植株，剥取树皮，刮去粗皮，堆置"发汗"至内皮呈紫褐色，晒干。

【商品特征】呈板片状或两边稍向内卷，外表面粗糙，内表面紫褐色，质脆，易折断，断面有细密、银白色、富弹性的橡胶丝相连，一般可拉至1cm左右才断。

【商品规格】杜仲以宽度和厚度为确定等级的主要标准，长度只作参考。商品分特等、一等、二等、三等4个等级，等级标准如下。

特等：呈平板状，两端平齐，去净粗皮。表面呈灰褐色，内表面紫褐色，质脆。折断处有银白色胶丝相连，味微苦。整张长70~80cm，宽50cm以上，厚7mm以上。碎块不超过10%。无卷形、杂质、霉变。

一等：整张长40cm以上，宽40cm以上，厚5mm以上。碎块不超过10%，余同特等。

二等：呈板片状或卷筒状，内表皮青紫色。整张长40cm以上，宽30cm以上，厚3mm以上。碎片不超过10%，余同一等。

三等：凡不符合特等及一、二等标准，厚度最薄不得小于2mm，包括枝皮、根皮、碎块，均属此等。

【品质要求】以皮厚、块大、去净粗皮、内表面暗紫色、断面银白色橡胶丝多者为佳；本品含松脂醇二葡萄糖苷不得少于0.10%；水分不得过13.0%；总灰分不得过10.0%；醇溶性浸出物不得少于11.0%。

【产销行情】全国年均生产约3000吨，纯购约600~3000吨，一般约1200吨，纯销年均约1000吨，供应出口陆路约60~80吨，水路约100吨。其中四川纯购约300~400吨，湖北约300吨，陕西最高约550吨，一般约200吨，贵州约100吨，湖南约150吨，广东约180~200吨，河南约100吨，其他地区约100吨。

【包装贮藏】打捆，一般为压缩打包件，每件50kg。本品易发霉，应置干燥通风处保存。

【性味功效】性温，味甘。补肝肾，强筋骨，安胎。

吴 茱 萸
EVODIAE FRUCTUS

本品为芸香科植物吴茱萸 *Evodia rutaecarpa*（Juss.）Benth.、石虎 *E. rutaecarpa*（Juss.）Benth. var. *officinalis*（Dode）Huang 及疏毛吴茱萸 *E. rutaecarpa*（Juss.）

Benth. var. *bodinleri*（Dode）Huang 的干燥未成熟果实。始载于《神农本草经》，列为中品。多为栽培。陈藏器说："茱萸南北总有，入药以吴地者为好，所以有吴之名也。"故名。为常用中药。

【别名】吴芋、米辣子、气辣子。

【产地】主产于贵州、广西、湖南、云南、四川、广东、重庆、浙江等省区。其中以疏毛吴茱萸的产量最大，使用最广，并出口，主产于贵州铜仁、松桃、印江、玉屏、思南、岑巩、石阡、沿河、德江、凤冈、务川、镇远、施秉、遵义、习水、湄潭、安顺，为吴茱萸的主流商品。吴茱萸主产于广西龙州、百色，销全国，并出口。石虎主产于湖南新晃、保靖、永顺、慈利、凤凰、沅江、湘阴、芷江，销全国。

【采收加工】9～11月果实呈绿色或微黄绿色且尚未开裂时采收。将果枝剪下，晒干或低温干燥，除去枝、叶、果梗等杂质。

【商品特征】呈细小五角状扁球形，表面绿黑色，基部果梗上密被毛茸，气芳香浓郁，味辛辣而苦。

【商品规格】商品上分为大粒吴萸、小粒吴萸两种规格。大粒者系吴茱萸的果实；小粒者多为石虎及疏毛吴茱萸的果实。其标准如下。

1. 大粒 统货。果实呈五棱扁球形。表面黑褐色，粗糙，有瘤状突出成凹陷的油点。顶端具5瓣，多裂口，气芳香浓郁，味辛辣。无枝梗、杂质、霉变。

2. 小粒 统货。果实呈圆球形，裂瓣不明显，多闭口，饱满。表面绿色或灰绿色。香气较淡，味辛辣。无枝梗、杂质、霉变。

【品质要求】均以颗粒均匀、饱满、色碧绿、开口少、香气浓、枝梗净者为佳；本品含吴茱萸碱和吴茱萸次碱的总量不得少于0.15%；含柠檬苦素不得少于1.0%；杂质不得过7%；水分不得过15.0%；总灰分不得过10.0%；醇溶性浸出物不得少于30.0%。

【产销行情】全国一般年均生产400～600吨，纯购约500吨；纯销约450砘，供应出口20～30吨。其中贵州纯购约180吨，湖南约55吨，广西约130吨，云南约70吨，四川约100吨，陕西约50吨。

【包装贮藏】用塑料编织袋内衬聚乙烯薄膜的复合包装袋或瓦楞纸箱内衬防潮纸包装。本品易泛油，散失气味，宜置阴凉干燥处保存，注意防热。

【性味功效】性热，味辛、苦。有小毒。散寒止痛，降逆止呕，助阳止泻。

【附注】1. 吴茱萸过去按产地分为常吴萸、川吴萸、杜吴萸。常吴萸主产地为川、黔、湘三省交界，产地称小花吴萸或闭口吴萸，过去在湖南常德集散，故称常吴萸；川吴萸产区分布面广，产地称大子吴萸；杜吴萸主产于浙江，产量不大。

2. 吴茱萸野生资源量小，呈零星分布。另有少果吴茱萸、臭辣树、华南吴萸、巴氏吴萸、香椒子的果实在各地分别充当吴茱萸或掺入吴茱萸中使用，应注意鉴别。

南 沙 参

ADENOPHORAE RADIX

桔梗科植物轮叶沙参 *Adenophora tetraphylla*（Thunb.） Fisch. 或沙参 *Adenophora stricta Miq.* 的干燥根。原名沙参，始载于《神农本草经》，列为上品。习生沙地，具有补性，故名。又因体轻虚泡，习称泡参。国内大部分地区有产，而以南方产量大，质坚实，特称"南沙参"，以与"北沙参"区别。野生为主，栽培品较少。为较常用中药。

【别名】泡沙参、白沙参、白参。

【产地】主产于贵州松桃、铜仁、正安、湄潭、镇远、凯里、独山、平塘、安顺、贵阳、修文、遵义等，湖北恩施、建始、鹤峰等，安徽滁县、全椒、来安等，湖南花垣、大庸、慈利等，江苏句容、凡徒、丹阳等，重庆武隆、秀山、酉阳等，四川万源、广元、旺苍等，江西上饶、余江、新干等，浙江临安、淳安、建德等，河南西陕、镇平、淅川等，陕西商南、丹凤、洛南等，甘肃礼县、天水、武山等均有产。以贵州产量大，安徽、江苏、浙江所产者质量佳。

【采收加工】野生南沙参春、秋两季采挖，以秋季 8~9 月苗枯前采挖为佳。除去须根，洗后趁鲜刮去粗皮，洗净，晒干，若遇雨天可用文火烘干，也有趁鲜切片后晒干或烘干。

【商品特征】1. 轮叶沙参　根长圆柱形，偶有分枝，顶端有 1~3 个分叉的根茎（芦头）。表面黄白色或淡棕黄色，凹陷处常有残留棕褐色栓皮，根头部有环纹，根部常有纵皱及纵沟。折断面黄白色，多裂隙，中空。味甘淡。

2. 沙参　根呈圆锥形或圆柱形，顶端根茎单个，稀多个，四周具多数半月形茎痕，呈盘节状。

【商品规格】各地根据药用习惯分为带皮南沙参和刮皮南沙参。两种规格均为统货；浙江、安徽分 1~2 等。部分大、中城市备有鲜南沙参供配方用。

【品质要求】均以根条长、粗细均匀、体实色白、味甘者为为佳；本品水分不得过 15.0%；总灰分不得过 6.0%，酸不溶性灰分不得过 2.0%；醇溶性浸出物不得少于 30.0%。

【产销行情】20 世纪 80 年代后，年销量常在 1200~1500 吨之间，货源主要依靠湖北、贵州、陕西、甘肃等省。后来主产区逐渐由华东地区转向湖北、贵州，再转向陕西、甘肃。目前甘肃南部已经成为全国南沙参的主要产区。

【包装贮藏】置通风干燥处储存，防潮湿、霉变及虫蛀。本品最易受潮和虫蛀，应经常检查，晒或炕干。

【性味功效】性微寒，味甘。养阴清肺，化痰，益气。

【附注】沙参属约 50 种，我国分布约有 40 种，我国大部分地区都有野生资源，各地几乎都将当地产沙参属植物（约 30 种）的根以南沙参（泡参）或作为地方习用品入药使用。

通 草

MEDULLA TETRAPANACIS

本品为五加科植物通脱木 *Tetrapanax papyriferus*（Hook.）K. Koch. 的干燥茎髓。始载于《神农本草经》，列为中品。以通脱木为通草药材始见于《本草拾遗》。多为野生。凡小便不通、水肿闭而不行，乳汁不畅，用之即通，故名。为常用中药。

【别名】通脱木。

【产地】主产于贵州铜仁、镇远、贵定、都匀、兴义，四川达州、阿坝、兴文，广西河池、南丹、天峨、凤山、乐业，云南永平、漾鼻、云龙、昭通、思茅、普洱、保山、腾冲，陕西旬阳、安康、蓝田，湖南湘西、常德、黔阳、衡阳，湖北恩施、襄阳、宜昌，河南南阳、洛阳，台湾新竹等地。

【采收加工】秋季割取茎，削去顶叶部分，切成 60cm 长的段，趁鲜用细木棍顶出茎髓，理直后晒干即"通草棍"。将通草棍用特制的利刀切成薄片即"片通"；将小的通草棍切成丝条即为"丝通"。

【商品特征】**1. 通草棍（通花）** 呈圆柱形，色洁白，有光泽，具纵棱，体轻质松泡，有弹性，纵剖面隔膜呈梯状排列。

2. 片通（方通） 多呈方形薄片，白色或黄白色，半透明，有光泽，状如白纸。

3. 丝通 呈细条形，状如白色纸条。余者同片通。

【商品规格】商品因加工方法不同有通草棍、片通、丝通等规格，其规格等级标准如下。

1. 通草棍 呈圆柱形，长短不等，直径 0.3~2.5cm。色洁白，体轻泡，有弹性。

2. 片通 呈方形薄片，面积 0.6~8cm^2，厚约 0.1cm，微透明，平滑而洁白，形似纸质而软。

3. 丝通 呈不整齐的细长片状。微透明，平滑，色洁白，形似白纸细条。

【品质要求】以条粗、色白洁、有弹性者为佳；本品水分不得过 16.0%；总灰分不得过 8.0%。

【产销行情】正品通草（通脱木）药材仅占全国通草类药材的 20%；通草的主流品种为小通草，约占市场的 70%，其中旌节花科喜马山旌节花和中国旌节花为最多，约占小通草药材的 60%。

【包装贮藏】打捆，以草席包装。本品受潮易变色，应置干燥通风处保存。

【性味功效】性微寒，味甘、淡。清热利尿，通气下乳。

【附注】1. 正品通草商品习称大通草，又名方通、空心通草。商品小通草主要为旌节花科植物和山茱萸科青荚叶属等植物的茎髓。小通草髓细瘦而实心，故又称通草棍。

2. 商品通草时有伪品混入，常见的有五加科植物盘叶掌叶树、假通草、罗伞、白背鹅掌柴、穗序鹅掌柴、红河鹅掌柴、瑞丽鹅掌柴、幌伞枫、刺通草、粗毛惚木等的茎髓，应注意鉴别。

黄 精

POLYGONATI RHIZOMA

本品为百合科植物黄精 *Polygonatum sibiricum* Red.、多花黄精 *P. cyrtonenma* Hua 或滇黄精 *P. kingianum* Coll. et Hemsl. 的干燥根茎。药材依次分别习称"鸡头黄精""姜形黄精""大黄精"。始载于《名医别录》。多为野生，有栽培。为常用中药。

【产地】姜形黄精主产于贵州遵义、毕节、安顺，湖南安化、沅陵、黔阳，四川内江，重庆江津，湖北黄冈、孝感，安徽芜湖、六安，浙江瑞安、平阳等地，以贵州、湖南产量大而质优。鸡头黄精主产于河北遵化、迁安、承德，内蒙古武川、卓资、凉城、包头。此外东北、河南、山东、山西、陕西等省亦产。滇黄精主产于贵州罗甸、兴义、贞丰、关岭，云南曲靖、大姚，广西靖西、德保、隆林、乐业等地。

【采收加工】春、秋两季采收，以秋末采挖者质佳。除去地上部分及须根，洗净泥土，置沸水中略烫或蒸至透心，即捞出晒至半干后，反复搓揉并曝晒，晒至柔软并透明时，再晒干即成。

【商品特征】**1. 鸡头黄精** 鸡头形，表面黄白色至黄棕色，半透明。有圆形疤痕和波状环节，断面有黄白色筋脉点。味甜，嚼之发黏。

2. 姜形黄精 外形似姜，表面疣状突起明显，余者同鸡头黄精。

3. 大黄精 形大肉厚，结节状或连珠状，每一结节有圆形疤痕。余者同鸡头黄精。

【商品规格】商品分黄精个、黄精片、熟黄精等规格，具体要求如下。

1. 黄精个 统货。要求货干、色黄、油润、饱满、味甜，无干僵皮。

2. 黄精片 统货。生晒片，要求色黄白，质柔软，味甜，无霉变。

3. 熟黄精 统货。要求个大体重，内外黑色，乌亮滋润，气香，味甜。

【品质要求】黄精个以块大、色黄、饱满、体糯，断面角质、半透明，味甜者为佳，熟黄精以色黑、块大、油性大者为优，姜形黄精质量最优；本品含黄精多糖以无水葡萄糖计，不得少于7.0%；水分不得过18.0%；总灰分不得过4.0%；醇溶性浸出物不得少于45.0%。

【产销行情】全国年均生产约3800吨，纯购约3000吨，纯销约3000吨，供应出口约300吨，贵州纯购约200吨，四川约700吨，河北约500吨，河南约350吨，其他地区约1700吨。随着近年来黄精功效有新的发现，用量不断增加。

【包装贮藏】用麻袋或塑料编织袋内衬聚乙烯薄膜的复合袋包装，置干燥通风处保存。本品易虫蛀、发霉。需经常检查，翻动晾晒。

【性味功效】性平，味甘。补气养阴，健脾，润肺，益肾。

【附注】我国黄精属植物有31种，全国各地均有分布。除上述3种正品来源外，同属植物根茎肥厚块状或串珠状、味甜者可代黄精入药，如热河黄精、长梗黄精、对叶黄精、互卷黄精、新疆黄精等；在西南和甘肃部分地区，发现根茎有味苦者，如湖北黄精、卷叶黄精和轮叶黄精等，不宜入药使用。

猪 苓

Polyporus

本品为多孔菌科真菌猪苓 *Polyporus umbellatus* (Pers.) Fries 的干燥菌核。始载于《神农本草经》，列为中品。多为野生，现有家种。陶弘景谓："其形黑似猪屎。"故名。为常用中药。

【产地】主产于贵州遵义、习水、德江、印江、赫章、威宁，四川都江堰、北川、旺苍，陕西凤县、周至、宝鸡、太白、沔县、洋县、石泉、镇安、商县，云南维西、中甸、丽江、大理、风庆，河南嵩县、栾川、卢氏，山西阳曲、文水、交城、霍汾、沁县、宁武，河北赞皇、平山、武安、涉县、兴隆、丰宁、青龙。此外内蒙古、吉林、青海、宁夏等地有产。以陕西、云南产量最大。

【采收加工】野生猪苓南方全年可采挖，但以秋后、春初采挖为宜；北方以夏、秋两季采挖为多。栽培猪苓春、秋季节下种，经 1~2 年可采挖。采挖后除去泥沙，干燥。

【商品特征】呈不规则条块状，表面灰黑色或棕黑色，有瘤状突起。断面类白色或黄白色。体轻，入水不沉。

【商品规格】商品分 1~3 等和统装。其等级标准如下。

一等：每千克不超过 32 个。

二等：每千克不超过 80 个。

三等：每千克不超过 200 个。

统装：一等占 30%，二等占 40%，三等占 30%。

【品质要求】均以个大、外皮乌黑光润、断面色白、体重坚实者为佳；本品含麦角甾醇，不得少于 0.070%；水分不得过 14.0%；总灰分不得过 12.0%；酸不溶性灰分不得过 5.0%。

【产销行情】全国年均产约 3500 吨，纯购约 2500 吨，纯销 2300 吨，供应出口约 100 吨。其中陕西纯购约 400 吨，云南约 300 吨，河南约 150 吨，河北约 120 吨，四川约 300 吨，甘肃纯购约 150 吨，山西约 150 吨，浙江约 100 吨，其他地区约 750 吨。

【包装贮藏】用麻袋、编织袋包装。本品受潮易虫蛀，置通风干燥处保存。入夏前可用氯化苦或磷化铝熏。

【性味功效】性平，味甘、淡。利水渗湿。

【附注】猪苓属于国家重点保护的野生药材物种。

娑 罗 子

SEMEN AESCULI

本品为七叶树科植物天师栗 *Aesculus wilsonii* Rehd.、七叶树 *Aesculus chinensis* Bge.、浙江七叶树 *Aesculus chinensis* Bge. var. *chekiangensis* (Hu et Fang) Fang 的干燥成熟种子。前者的种子称为"娑罗子"，后两者的种子称"苏罗子"。原名天师栗，始载于《本草纲目》。宁《祁益州方物记》云："天师栗，惟西蜀青城山中有之，他处无有也，云长天师学道于此所遗，故名。"为少常用中药。

【别名】梭罗子。

【产地】娑罗子主产于四川、贵州、陕西、湖北等省，销江苏、上海、浙江等省市。苏罗子主产于陕西汉中、安康地区，河南西陕、嵩县，浙江杭州、江苏宜兴、靖江、傈阳等也产。销江苏、浙江、福建等省。

【采收加工】秋季（9～10月）果实成熟时采收。除去果皮，晒干或低温干燥。

【商品特征】**1. 娑罗子** 果实球形或卵圆形，表面斑点较稀，果壳干后厚约1mm，较苏罗子为薄。种子断面多呈淡棕色。

2. 苏罗子 呈扁球形或类球形，似板栗，直径1.5～4cm。表面棕色或棕褐色，多皱缩，凹凸不平，略具光泽；种脐色较浅，近圆形，约占种子面积的1/4至1/2；其一侧有1条突起的种脊，有的不甚明显。种皮硬而脆，子叶2，肥厚，坚硬，形似栗仁，黄白色或淡棕色，粉性。气微，味先苦后甜。

【商品规格】商品分娑罗子和苏罗子两种。

【品质要求】以均匀、饱满、断面黄白色者为佳。本品含七叶皂苷A不得少于0.70%；水分不得过13.0%；总灰分不得过5.0%。照《中国药典》2010年版一部娑罗子的高效液相色谱法［含量测定］项下方法试验，供试品色谱中应呈现与七叶皂苷A、B、C、D对照品4个主峰保留时间相同的色谱峰。

【产销行情】市售以苏罗子较多。

【包装贮藏】麻袋子或编织袋装。置干燥处保存，防霉，防蛀。

【性味功效】性温，味甘。理气宽中，和胃止痛。

雄 黄
REALGAR

系硫化物类雄黄族矿物雄黄，主含二硫化二砷（As_2S_2）。常与雌黄共生。始载于《神农本草经》，列为中品。《吴普本草》曰："雄黄生山之阳，是丹之雄，所以名雄黄也。"为较常用中药。

【别名】石黄、明雄、腰黄。

【产地】主产湖南石门、慈利、津市、常德、浏阳、邵阳、洞口；贵州思南、印江、铜仁、沿洒、惠水、三都、凤岗、余庆、册亨、贞丰等县。此外，湖北、云南、四川、陕西、山西、甘肃、安徽、广西等地亦有少量分布。以湖南石门贮藏量大、质量高，最为著名。

【采收加工】本品在矿中质软如泥，一般用竹刀剔取已熟透部分。遇空气即变硬。采挖后除去杂质、泥土，研成细粉或经水飞制成极细粉后，备用。

【商品特征】为块状或块状集合体。深红色或橙红色，条痕浅橙红色，晶面有金刚石样光泽。质脆，易碎，断面贝壳状，暗红色，具树脂样光泽。微有特异臭气，味淡。燃烧时易熔融成红紫色液体，火焰为蓝色，并生成黄白色烟，有强烈蒜臭气。精矿粉为粉末状或粉末集合体，质松脆，手捏成细粉，橙黄色，无光泽。

【商品规格】 商品现多分为块状雄黄、末状雄黄及腰黄，其中腰黄按大小、色泽分 1~3 等，以粒大熟透色鲜红者为佳。

【品质要求】 以色红、块大、质松脆、有光泽、无泥及石者为佳；本品含砷量以二硫化二砷计，不得少于 90.0%。

【产销行情】 全国每年产销量约在 100~200 吨。药用粉末状者较多。

【包装贮藏】 木箱或瓷罐装。置干燥处密闭保存。本品遇火易燃烧，应单独存放，防火。

【性味功效】 性温，味辛苦。有毒。解毒杀虫，燥湿祛痰，截疟。

【附注】 1. 湖南石门雄黄矿至今已开采 1400 余年，是我国最大的雄黄矿床。

2. 历史上雄黄商品规格按不同产地、块状大小、色泽光亮、熟透程度分雄黄与腰黄两大类。其中雄黄以湖南常德和贵州铜仁地区为主产，过去分苏块雄黄、提块石黄、苏尖雄黄，后以品质分天、地、玄、黄四种规格；腰黄也称雄精或明雄，以贵州册亨、安龙、贞丰等县为主产地。

3. 雌黄常与雄黄共生，从雄黄矿中选取。主含三硫化二砷（As_2S_3）。

4. 烧雄为雄黄提炼的加工品，主产于贵州，含二硫化二砷（As_2S_2）低于雄黄。

第十三章 怀 药

凡以河南为主要产区或集散地的大宗商品药材均称为怀药。

河南地处黄河下游，位于东经110°22′~116°38′，北纬31°23′~36°22′。北邻山西，东连山东、安徽，南接湖北，西与陕西交界。大部分地区在黄河以南，故名河南。

河南地势西高东低，北、西、南三面有太行山、伏牛山、桐柏山、大别山四大山脉环绕，间有零星盆地，中部和东部为辽阔的黄淮大平原。境内有黄河、淮河、卫河、汉水四大水系，大小河道1500多条。

我国南北的天然分界线秦岭与淮河横贯中部，将河南自然地划分为气候、土壤、植被显著不同的两大区。北部和中部属于温带，四季分明。海拔约200~300米。气候特点为冬长寒而少雨雪，春短干旱而多风沙，夏炎热而多雨，秋晴朗而日照长，年平均气温为14.0℃，夏季高温可达44.0℃，冬季最低温可达-20℃，年平均积温4600℃，年平均降雨量为600~700毫米，这些气候条件对喜气候温和、土层深厚肥沃的地黄、牛膝、山药等药材的生长十分有利。南部属于北亚热带，水热资源比北部丰富。伏牛山区和桐柏山区的气候环境，则适宜喜温暖，土壤疏松、肥沃的辛夷、款冬花等多种药材的生长。

河南道地药材除上述外，还有怀菊花、金银花、红花、千金子、白附子、全蝎等。

山 药
DIOSCOREAE RHIZOMA

本品为薯蓣科植物薯蓣 *Dioscorea opposita* Thunb. 的干燥根茎。始载于《神农本草经》，列为上品。栽培与野生均有。山药原名薯蓣，唐代宗名预，避讳改为薯药，宋英宗又讳署，改为山药。为常用中药。

【别名】怀山药、淮山药、淮山。

【产地】主产于河南温县、武陟县、博爱县、沁阳市、孟州市，此外山西、河北、陕西、甘肃、广东、福建、浙江、江西、湖南、云南、四川等地亦产。以河南产量最大，质量优，为著名的"四大怀药"之一。

【采收加工】冬季茎叶枯萎后采挖。切去芦头，除去外皮和须根，晒干，即为"毛山药""毛条"；或选择肥大顺直的毛山药，置清水中，浸至无干心，闷透，用木板搓成圆柱状，切齐两端，晒干，打光，习称"光山药""光条"。

【商品特征】1. **毛山药**　略呈圆柱形、弯曲，表面黄白色，有纵沟皱纹，两头不整齐，具粉性，味淡，微酸，嚼之发黏。（见彩图 11）

2. **光山药**　呈圆柱形，两头整齐，粗细均匀，挺直，全体洁白、光滑圆润，粉性足。（见彩图 11）

【商品规格】商品按加工方法不同分为光山药、毛山药两个规格，其规格等级标准如下。

1. 光山药　一等：呈圆柱形，条匀挺直，光滑圆润，两头平齐，内外均为白色。质坚实，粉性足。味淡。长 15cm 以上，直径 2.3cm 以上，无裂痕、空心。

二等：长 13cm 以上，直径 1.7cm 以上，余同一等。

三等：长 10cm 以上，直径 1cm 以上，余同一等。

四等：长短不分，间有碎块，直径 0.8cm 以上，余同一等。

2. 毛山药　一等：略弯曲稍扁，有顺纹或抽沟，去净外皮，内外均为白色或黄白色，粉性味淡，长 15cm 以上，中部围粗 10cm 以上。

二等：长 10cm 以上，中部围粗 6cm 以上，余同一等。

三等：长 7cm 以上，中部围粗 3cm 以上，余同一等。

出口山药按其粗细、长短、重量分等出售。

【品质要求】均以条粗、质坚实、粉性足、颜色洁白者为佳；本品水分不得过 16.0%；总灰分不得过 4.0%；水溶性浸出物不得少于 7.0%。

【产销行情】年均生产约 12000 吨，纯购约 5000 吨，纯销约 4500 吨，供应出口约 1200 吨。其河南年均纯购约 1500 吨，河北约 100 吨，山东约 100 吨，其他地区约 800 吨。

【包装贮藏】木箱包装，每箱 50～100kg，箱内衬以桐油纸，密封防潮。本品易霉蛀、变色、碎断。应晒干后装箱密封，置于干燥通风处，货垛四周以麻袋盖好。

【性味功效】性平，味苦、甘、酸。补脾养胃，生津益肺，补肾涩精。

千　金　子
EUPHORBIAE SEMEN

本品为大戟科植物续随子 *Euphorbia lathyris* L. 的干燥成熟种子。始载于《开宝本草》，原名续随子。野生与栽培均有。因其叶中出茎，数数相续而又名续随子。

【别名】续随子。

【产地】主产于河南禹州市、温县，孟州市等地，河北、浙江、四川、辽宁及吉林等省亦产。

【采收加工】夏、秋两季果实成熟时采收，除去杂质，干燥。

【商品特征】呈椭圆形或倒卵形，长约 5～6mm，直径约 4mm。表面灰棕色或灰褐色，具不规则网状皱纹及褐色斑点。气微，味辛。

【商品规格】统货。

【品质要求】以颗粒饱满、种仁色白、油性足者为佳；本品含千金子甾醇

（$C_{32}H_{40}O_8$）不得少于 0.35%。

【包装贮藏】用麻袋或塑料编织袋包装，本品易虫蛀、发霉、泛油，置阴凉干燥处，防蛀、防潮、防热。

【性味功效】性温，味辛；有毒。泻下逐水，破血消癥；外用疗癣蚀疣。

【附注】千金子为毒剧中药，应加强管理。

牛 膝
ACHYRANTHIS BIDENTATAE RADIX

本品为苋科多年生植物牛膝 *Achyranthes bidentata* Bl. 的干燥根。始载于《神农本草经》，列为上品。野生与栽培均有。因其茎有节似牛膝，主产河南怀庆，故名。为常用中药。

【别名】怀牛膝。

【产地】主产于河南武陟县、温县、孟州市、博爱县、沁阳市、辉县市等地，河北、山西、山东、江苏及辽宁等省也有生产。以河南所产为道地，质量最好。

【采收加工】立冬至小雪间采收，栽培者一般于播种当年采收。除去地上茎、须根及泥沙，捆成小把，晒至干皱后，将顶端切齐，晒干即可。

【商品特征】细长圆条形，土黄色，陈货色较深。断面角质，筋脉点成同心环排列。味微甜稍带苦涩。

【商品规格】商品按粗细分为头肥（一等）、二肥（二等）、平条（三等）3 个等级。其等级标准如下。

头肥：呈长条圆柱形。长 50cm 以上，中部直径 0.6cm 以上，根条均匀、无冻条、油条、破条。

二肥：长 35cm 以上，中部直径 0.4cm 以上。其余同一等。

平条：长短不分，中部直径 0.4cm 以下，不小于 0.2cm，间有冻条、油条、破条。

【品质要求】均以身干、皮细、肉肥、条长、色灰黄、味甘者为佳；本品水分不得过 15.0%；总灰分不得过 9.0%；醇溶性浸出物不得少于 6.5%；含 β - 蜕皮甾酮（$C_{27}H_{44}O_7$）不得少于 0.030%。

【产销行情】全国年均生产约 3000 吨，纯购约 2500 吨，纯销约 2300 吨，供应出口约 100 吨。其中河南年均纯购约 1500 吨，河北约 100 吨，山东约 100 吨，其他地区约 800 吨。

【包装贮藏】用木箱包装，置阴凉通风处，防潮、防热。本品受潮后变红甚至发黑，容易生虫，受热易泛油。常在装箱时，箱内衬以防潮纸，晒干后再装箱。如受潮不宜烘干，最后用石灰吸潮。

【性味功效】性平，味苦、甘、酸。逐瘀通经，补肝肾，强筋骨，利尿通淋，引血下行。

白　附　子
TYPHONII RHIZOMA

本品为天南星科植物独角莲 *Typhonium giganteum* Engl. 的干燥块茎。始载于《名医别录》，列为下品。野生或家种。因其色白，形似附子，故名。为常用中药。

【产地】主产于河南禹州市、长葛市、焦作市、南郑县等地，湖北、山西、四川、甘肃、河北、陕西、湖南等地亦产。以河南产量最大，品质最佳。

【采收加工】秋季采挖，除去须根和残茎，撞去或用竹刀刮去外皮，用硫黄熏1~2次，晒干。四川多不去皮，斜切成片，用姜浸蒸，再晒干。

【商品特征】呈椭圆形或卵圆形，黄白色，具环节纹。体重坚实，断面粉性，味麻辣刺舌。

【商品规格】统货。

【品质要求】以个大肥壮、色白粉足、质坚实无外皮者为佳；个小身瘦、色黄者次；未去粗皮色发灰者不合格。本品水分不得过15.0%；总灰分不得过4.0%；醇溶性浸出物不得少于7.0%。

【产销行情】全国年均生产约4500吨，纯购约3500吨，纯销约3000吨，供应出口约30~50吨。其中河南每年纯购约1500吨，山西约300吨，湖北约150吨，辽宁约1000吨。

【包装贮藏】用麻袋或编织袋包装。本品易虫蛀、发霉，应置干燥通风处。

【性味功效】性温，味辛；有毒。祛风痰，定惊搐，解毒散结，止痛。

【附注】白附子为毒剧中药，应加强管理。

地　黄
REHMANNIAE RADIX

本品为玄参科植物地黄 *Rehmannia glutinosa* Libosch. 的新鲜或干燥块根。始载于《神农本草经》，列为上品。均系栽培。地，沉之意，鲜者色黄，故名。为常用中药。

【产地】主产河南温县、孟州市、博爱县、武陟县、沁阳市（怀庆），习称"怀庆地黄"，为河南"四大怀药"之一。辽宁、河北、山东、浙江也有栽培。以河南所产为道地药材。

【采收加工】秋季采挖。除去芦头及须根，洗净，鲜用者习称"鲜生地"；将鲜生地徐徐烘焙，至内部变黑，约八成干，捏成团块，习称"生地"；生地经蒸、酒炙后的炮制品为"熟地"。

【商品特征】1. 鲜生地　似甘薯，红黄色，断面可见橘红色油点。

2. 生地　块状根，表面灰白色和灰褐色，体重质柔，断面色黑带黄褐，有油性，味微甜。

3. 熟地　形似生地，色黑乌亮发黏，味甜。

【商品规格】商品生地按每千克头数多少分为五等和下路规格。熟地为统货，一般不分等级。鲜生地以粗壮、色红黄者为佳。其规格等级标准如下。

一等：呈纺锤形或条形圆根，体重质柔润，表面灰白色或灰褐色，断面黑褐色或黄褐色，有油性，味微甜。每千克 16 支以内，无芦头、老母、生心、焦枯。

二等：每千克 32 支以内。其余同一等。

三等：每千克 60 支以内。其余同一等。

四等：每千克 100 支以内。其余同一等。

五等：每千克 100 支以外，油性差，最小直径 1cm 以上。其余同一等。

【品质要求】以块大、体重、断面乌黑者为佳；本品水分不得过 15.0%；总灰分不得过 8.0%；酸不溶性灰分不得过 3.0%；水溶性浸出物不得少于 65.0%；含梓醇（$C_{15}H_{22}O_{10}$）不得少于 0.20%；毛蕊花糖苷（$C_{29}H_{36}O_{15}$）不得少于 0.020%。

【产销行情】全国年均生产约 20000 吨，纯购约 14000 吨，纯销约 12000 吨。出口约 1000 吨。其中河南年均纯购约 3500 吨，山西约 3000 吨，陕西约 1000 吨，广东约 1000 吨，湖南约 300 吨，湖北约 550 吨，其他地区约 4000 吨。

【包装贮藏】鲜生地埋于砂中，防冻防腐；生地用编织袋或麻袋包装，应置阴凉、干燥通风处保存。熟地可置于衬有防潮油纸的木箱内。

【性味功效】鲜生地性寒，味甘、苦；清热生津，凉血，止血。生地性寒，味甘；清热凉血，养阴生津。熟地性微温，味甘；补血滋阴，益精填髓。

红 花
CARTHAMI FLOS

本品为菊科植物红花 *Carthamus tinctorius* L. 的干燥花。原名红蓝花，始载于《开宝本草》。均为栽培。因其色红，药用其花，故名。为常用中药。

【别名】草红花、红蓝花。

【产地】主产于河南延津县、封丘县、卫辉市、沁阳县、武陟县、温县，四川简阳、遂宁、南充等地。浙江、新疆、江苏、云南及其他地区均有栽培。现以怀红花（河南沁阳）、杜红花（浙江宁波压塞堰）为优。

【采收加工】5~6 月间花正开放、花瓣由黄变红时，于晴天晨露未干时摘取管状花（勿伤子房），注意勿采过嫩或过老者，过嫩成品色发黄，过老花色发黑，干枯无油性、质次。将摘得的花晾干、晒干或烘干。

【商品特征】本品为管状花冠，丝状、红黄色，冠内有黄色聚药雄蕊，气香、味微苦辛。水试可见水染成金黄色，花不褪色。（见彩图 26）

【商品规格】商品按产地分为怀红花（河南产）、杜红花（浙江）、川红花（四川）、金红花（江苏）、云红花（云南）。各地红花均分为一、二等货。其规格等级标准如下。

一等：管状花皱缩弯曲，成团或散在。表面深红、鲜红色，微带淡黄色。质柔软。有香气。味微苦。

二等：表面浅红、暗红或黄色。其余同一等。

【品质要求】以花瓣长、色红黄、鲜艳、质柔软者为佳；本品杂质不得过2%；水分不得过13.0%；总灰分不得过15.0%；酸不溶性灰分不得过5.0%；红色素吸光度不得低于0.20；水溶性浸出物不得少于30.0%；含羟基红花黄色素A（$C_{27}H_{30}O_{15}$）不得少于1.0%；山奈素（$C_{15}H_{10}O_6$）不得少于0.050%。

【产销行情】全国年均生产约1500吨，纯购约1400吨，纯销约1300吨，供应出口约200吨。其中四川年均纯购约500吨，供应出口约70吨，新疆约400吨，河南约100吨，江苏约80吨，云南约80吨。

【包装贮藏】晒干放缸瓮内或箱内，置干燥处，防霉蛀、变色。

【性味功效】性温，味辛。活血通经，散瘀止痛。

连　翘
FORSYTHIAE FRUCTUS

本品为木犀科植物连翘 *Forsythia suspensa*（Thunb.）Vahl 的干燥果实。始载于《神农本草经》，列为下品。多为野生，亦有栽培。因其实似莲作房，翘出众草，故名。为常用中药。

【产地】主产于河南灵宝市、洛宁县、卢氏县、沁阳市、辉县市、嵩县，此外山西、陕西、山东、湖北、河北、甘肃等地亦产。

【采收加工】秋季果实初熟尚带绿色时采收，除去杂质，蒸熟，晒干，习称"青翘"；果实熟透时采收，晒干，除去杂质，习称"老翘"。

【商品特征】卵圆形，稍扁。顶端锐尖，外表有苦瓜棱，两面有一纵沟纹。青翘不开裂，绿褐色，内有种子多数。老翘瓣片状，内无种子，黄棕色。味苦。

【商品规格】商品分青翘和老翘（黄翘）两种规格，均为统货。

【品质要求】青翘以色黑绿、不裂口者为佳。老翘（黄翘）以色黄、壳厚、无种子、纯净者为佳；杂质青翘不得过3%，老翘不得过9%；水分不得过10.0%；总灰分不得过4.0%；醇溶性浸出物青翘不得少于30.0%，老翘不得少于16.0%；含连翘苷（$C_{27}H_{34}O_{11}$）不得少于0.15%；含连翘酯苷A（$C_{29}H_{36}O_{15}$）不得少于0.25%。

【产销行情】全国一般年均产约12000吨，纯购年均约4000吨，纯销年均约3600吨，出口在10吨以下。其中河南年均纯购约1100吨，山西约1350吨，陕西约800吨，山东约360吨，湖北约250吨，其他地区约250吨。

【包装贮藏】麻袋或编织袋包装。本品易受潮发霉、虫蛀，应置干燥处保存。

【性味功效】性微寒，味苦。清热解毒，消肿散结，疏散风热。

【附注】连翘为国家重点保护的野生植物药材品种。

全　蝎
SCORPIO

本品为钳蝎科动物东亚钳蝎 *Buthus martensii* Karsch 的干燥体。始载于《开宝本草》。野生与饲养均有。蝎乃毒虫，用尾者曰全蝎梢，用全体者为全蝎。为常用中药。

【别名】全虫。

【产地】主产于河南南阳市、鹿邑县、禹州市，山东益都。安徽、湖北、浙江、江苏等省亦产。以山东产量最大。以河南所产质最优，尤以禹州狼岗所产最著名，有"狼岗伏全虫"之称。

【采收加工】清明至立夏捕捉，质较佳，夏、秋间亦可捕捉。除去泥沙，置沸水或盐水中，煮至身挺腹硬，背脊抽沟，捞出，阴干。沸水煮者，称为淡水蝎。用沸盐水煮者，称盐水蝎。

【商品特征】体扁似蜻蜓，通身有环节。钳、螯肢各1对，足4对。尾端毒刺尖钩状。背面棕褐色，腹面黄棕色。气腥味咸，多附有盐霜。

【商品规格】商品按加工方法不同分为淡水蝎、盐水蝎两种。按产地又分为会全虫（河南禹县）、东全虫（山东）两种。均为统装，不分等级。

【品质要求】以身干、色黄、完整、腹中无杂质、盐霜少者为佳；本品醇溶性浸出物不得少于20.0%。

【产销行情】全国年均生产约800吨，纯购约750吨，纯销约700吨，供应出口约60~80吨。其中河南年均纯购约180吨，山东约250吨，安徽约80吨，湖北约50吨，浙江约45吨，江苏约30吨，其他地区约160吨。

【包装贮藏】木箱装，内衬防潮油纸，密封。本品易虫蛀、发霉、变色。应置阴凉干燥处保存。为防蛀，箱内可撒一些花椒共贮。

【性味功效】性平，味辛，有毒。息风镇痉，通络止痛，攻毒散结。

辛 夷
MAGNOLIAE FLOS

本品为木兰科植物望春花 *Magnolia biondii* Pamp.、玉兰 *Magnolia denudata* Desr. 或武当玉兰 *Magnolia sprengeri* Pamp. 的干燥花蕾。始载于《神农本草经》，列为上品。野生与栽培均有。李时珍谓："夷者荑也，其苞初生如荑而味辛。"故名。为常用中药。

【别名】木笔花、辛夷花。

【产地】主产于河南栾川县、嵩县、南召县、卢氏县、洛宁县，四川绵阳市、梓潼县、青川县。此外，安徽、陕西、湖北等地亦产，以河南、四川产量大，质较好。

【采收加工】冬末春初花未开放时摘花蕾，除去枝梗，晒至半干，堆起待内部发热再拿出晒干即可。注意要及时采收，过晚花半开或全开即失去药用价值。

【商品特征】1. 望春花　体小似毛笔头，苞片2~3层，外表具银灰色长毛，有丝绢光泽，内表面紫棕色，无毛。萼片3，线形，花瓣6。气香，味辛辣。

2. 玉兰　体形大小同望春花蕾，唯毛色黄棕色，较稀，无丝绢光泽。

3. 武当玉兰　体形大似桃，外表长毛，有丝光。花瓣9~12。余同前。

【商品规格】商品按产地分为会春花（产于河南）、安春花（产于安徽）、杜春花（产于浙江），按大小分为一、二等。习惯认为河南的会春花质量最佳。

【品质要求】均以花完整、内瓣紧密、色灰绿鲜艳光亮、香气浓者为佳；本品水分不得过 18.0%；含挥发油不得少于 1.0%（ml/g）；含木兰脂素（$C_{23}H_{28}O_7$）不得少于 0.40%。

【产销行情】 全国年均生产约 2700 吨，纯购约 1600 吨，纯销约 1500 吨，供应出口约 300 吨。其中河南年均纯购约 450 吨，四川约 300 吨，陕西约 200 吨，安徽约 200 吨，湖南约 150 吨，湖北约 120 吨，其他地区约 200 吨。

【包装贮藏】 席包或编织袋装，出口用木箱装。置阴凉干燥处保存，霉蛀多从内心开始，故在检查时应看内心有无变化。

【性味功效】 性温、味辛。散风寒，通鼻窍。

何 首 乌
POLYGONI MULTIFLORI RADIX

本品为蓼科植物何首乌 *Polygonum multiflorum* Thunb. 的干燥块根。始载于《开宝本草》。多为野生。汉武帝时，有人言常服此物能乌发，后人隐其名，故名何首乌。为常用中药。

【产地】 主产于河南嵩县、卢氏县，广东德庆县，湖北、广西、贵州、四川、江苏等省区。以河南、广东所产为道地。

【采收加工】 秋、冬两季茎叶枯萎时采收。生长年限越长质越优。将挖取的根洗净，切去两端，个大切片，干燥。将生首乌片或块蒸至透心，用黑豆汁拌匀，再置锅内，炖至汁液吸尽并显棕色，干燥，得制首乌。

【商品特征】 块根纺锤形，皮色红棕光滑，切面黄棕色、粉性，具云锦状花纹。味微苦而涩。醇浸液有亮蓝色荧光。

【商品规格】 商品因加工不同分为生首乌和制首乌。规格分首乌王（每个 200g 以上）、提首乌（每个 100g 以上）和统首乌。

【品质要求】 均以身干、无空心、木心、个大、质坚显粉性者为佳；本品水分不得过 10.0%；总灰分不得过 5.0%；含 2,3,5,4'-四羟基二苯乙烯-2-O-β-D-葡萄糖苷（$C_{20}H_{22}O_9$）不得少于 1.0%；结合蒽醌以大黄素（$C_{15}H_{10}O_5$）和大黄素甲醚（$C_{16}H_{12}O_5$）的总量计，不得少于 0.10%。

【产销行情】 全国年均生产约 1800 吨，纯购约 1800 吨，纯销约 1750 吨。供应出口约 30～40 吨。其中河南年均纯购约 100 吨，四川约 400 吨，广东约 350 吨，广西约 300 吨，湖北约 120 吨，贵州约 100 吨，山西约 80 吨，其他地区约 400 吨。

【包装贮藏】 麻袋、编织袋包装。本品易虫蛀、发霉，应置干燥处保存。

【性味功效】 性微温，味苦、甘、涩。生首乌解毒，消痈，截疟，润肠通便；制首乌补肝肾，益精血，乌须发，强筋骨，化浊降脂。

金 银 花
LONICERAE JAPONICAE FLOS

本品为忍冬科植物忍冬 *Lonicera japonica* Thunb. 的干燥花蕾或带初开的花。始载于

《本草纲目》，野生或栽培均有。李时珍谓："花初开者，蕊瓣俱色白；经二三日，则色变黄。新旧相参，黄白相映，故呼金银花。"为常用中药。

【别名】忍冬花、双花、二花。

【产地】主产于河南新密市、登封市、巩义市、荥阳市，山东平邑县、费县、苍山县、沂水县、蒙阴县等地，多为栽培品。其他如广西、安徽、浙江、陕西、四川、贵州等地均有野生或栽培。以河南所产质量最优，山东的产量最大。

【采收加工】5~6月，晴天早上露水未干时，采摘青白色未开放的花蕾，根据品质优次，分别摊在席上晾晒，注意不要过多翻动，否则易变黑。晒至九成干，拣净枝叶即可。忌在烈日下曝晒。

【商品特征】花蕾呈棒状，上粗下细，淡黄色，密生柔毛，气清香。开放花朵上端二唇形，可见雄蕊与柱头。

【商品规格】商品按产地可分为密银花（即南银花，主产于河南新密一带）、济银花（即东银花，主产于山东济南一带）。均分1~4等。其规格等级标准如下。

1. 密银花 一等：花蕾呈棒状，上粗下细，略弯曲。表面绿白色，花冠质厚稍硬，握之有顶手感。气清香，味甘微苦。无开放花朵，破裂花蕾及黄条不超过5%。无黑条、黑头、枝叶、杂质、霉变、虫蛀。

二等：开放花朵不超过5%，黑头、破裂花蕾及黄条不超过10%，其余同一等。

三等：开放花朵、黑条不超过30%，其余同一等。

四等：花蕾或开放花朵兼有。色泽不分，枝叶不超过3%，其余同一等。

2. 济银花 一等：花蕾呈棒状，肥壮。上粗下细，略弯曲。表面黄白、青色。气清香，味甘微苦。开放花朵不超过5%。无嫩蕾、黑头、枝叶、杂质、霉变、虫蛀。

二等：花蕾较瘦，开放花朵不超过15%，黑头不超过3%。无枝叶、杂质、霉变、虫蛀。

三等：花蕾呈棒状，上粗下细，略弯曲。花蕾瘦小，表面黄白、青色，气清香，味甘微苦。开放花朵不超过25%，黑头不超过15%，枝叶不超过1%。无杂质、霉变、虫蛀。

四等：花蕾或开放的花朵兼有，色泽不分，枝叶不超过3%。无杂质、霉变、虫蛀。

【品质要求】均以花蕾多、完整、色淡、气清香者为佳；本品水分不得过12.0%；总灰分不得过10.0%；酸不溶性灰分不得过3.0%；铅不得过百万分之五；镉不得过千万分之三；砷不得过百万分之二；汞不得过千万分之二；铜不得过百万分之二十；含绿原酸（$C_{16}H_{18}O_9$）不得少于1.5%；含木犀草苷（$C_{21}H_{20}O_{11}$）不得少于0.050%。

【产销行情】全国年均产约5000吨，纯购约4000吨，纯销约3500吨，供应出口约200吨。其中山东年均纯购约1000吨，河南约300吨，四川约500吨，湖南约400吨，湖北约300吨，广东约600吨，广西约350吨，江西约200吨，贵州约200吨，陕西150吨，其他地区约200吨。

【包装贮藏】编织袋或硬纸箱装，内衬防潮纸包装。本品易虫蛀、发霉、变色，置阴凉处密封保存。

【性味功效】 性寒，味甘。清热解毒，疏散风热。

【附注】 山银花　LONICERAE FLOS

本品为忍冬科植物灰毡毛忍冬 *Lonicera macranthoides* Hadd. – Mazz.、红腺忍冬 *Lonicera hypoglauca* Miq.、华南忍冬 *Lonicara confusa* DC. 或黄褐毛忍冬 *Lonicera fulvotomentosa* Hsu et S. C. Cheng 的干燥花蕾或带初开的花。其等级标准如下。

一等：花蕾呈棒状，上粗下细，略弯曲，花蕾长瘦。表面黄白色或青白色。气清香，味淡微苦。开放花朵不超过20%。无梗叶、杂质、霉变、虫蛀。

二等：花蕾或开放的花朵兼有，色泽不分。枝叶不超过10%，无杂质、霉变、虫蛀。

菊　花
CHRYSANTHEMI FLOS

本品为菊科植物菊 *Chrysanthemum morifolium* Ramat. 的干燥头状花序。始载于《神农本草经》，列为上品。多为栽培。为常用中药。

【产地】 1. 白菊花　主产于安徽亳州、涡阳及河南商丘者称"亳菊"；产于河南武陟、博爱者称"怀菊"；产于四川中江者称"川菊"或"药菊"；产于山东济南者称"济菊"；产于河北安国者称"祁菊"；产于湖南平江者称"平江菊"。

2. 滁菊花　主产于安徽滁州，品质最佳。

3. 贡菊花　主产于安徽歙县，浙江德清。

4. 杭菊花　主产于浙江嘉兴、湖州，多系茶菊；产于海宁者多系黄菊。

现以河南、安徽、浙江、四川所产者为道地药材。菊花为"四大怀药"之一，自古以来以"怀菊"为优。延至当代，以安徽所产亳菊、滁菊最负盛名。

【采收加工】 9~11月花盛开时分批采收，阴干或焙干，或熏、蒸后晒干。药材按产地和加工方法不同，分为"亳菊""滁菊""贡菊""杭菊"。白菊花系将花枝折下，捆成小把，倒挂阴干，然后剪下花头；滁菊系摘取头状花序，晒至六成干时，用筛子筛，使头状花序成圆球形，再晒干；杭菊系摘下头状花序，上蒸笼蒸后，晒干；贡菊直接由新鲜花头烘干。

【商品特征】 菊花规格虽多，但来源为一种，各地加工分晒（烘、炕）法和蒸法两类。晒（烘）菊菊心黄边缘白，朵大体轻易散瓣，香气淡；蒸菊全花皆黄色，卷成团，不易散瓣，香气浓，味微苦。

【商品规格】 商品按性状不同分为白菊花、滁菊花、贡菊花、杭菊花四种。按产地不同分怀菊、亳菊、川菊、祁菊、贡菊、杭菊、滁菊、黄菊、济菊、平江菊、杂菊等。按加工方法不同分为烘菊、蒸菊、晒菊等。分1~3等或1~2等。其规格等级标准如下。

1. 亳菊花　一等：干货。呈圆盘或扁扇形。花朵大、瓣密，苞厚、不露心，花瓣长且宽、白色，近基部微带红色。体轻，质柔软。气清香，味甘微苦。无散朵、枝叶、杂质、虫蛀、霉变。

二等：干货。呈圆盘或扁扇形。花朵中个、色微黄，近基部微带红色。气芳香，味甘微苦。无散朵、枝叶、杂质、虫蛀、霉变。

三等：干货。呈圆盘或扁扇形。花朵小，色黄或暗。间有散朵。叶枝不超过5%。无杂质、虫蛀、霉变。

2. 滁菊花 一等：干货。呈绒球状或圆形（多为头花），朵大色粉白，花心较大、黄色。质柔。气芳香，味甘微苦。不散瓣，无枝叶、杂质、虫蛀、霉变。

二等：干货。呈绒球状或圆形（即二水花）。色粉白。朵均匀，不散瓣，无枝叶、杂质、虫蛀、霉变。

三等：干货。呈绒球状，朵小、色次（即尾花）。间有散瓣、并条，无杂质、虫蛀、霉变。

3. 贡菊花 一等：干货。花头较小，圆形，花瓣密、白色。花蒂绿色，花心小、淡黄色、均匀不散朵，体轻，质柔软。气芳香，味甘微苦。无枝叶、杂质、虫蛀、霉变。

二等：干货。花头较小，圆形色白，花心淡黄色，朵欠均匀。气芳香，味甘微苦。无枝叶、杂质、虫蛀、霉变。

三等：干货。花头小，圆形白色，花心淡黄色，朵不均匀。气芳香，味甘微苦。间有散瓣。无枝叶、杂质、虫蛀、霉变。

4. 药菊（怀菊、川菊） 一等：干货。呈圆盘或扁扇形。朵大、瓣长，肥厚。花黄白色，间有淡红或棕红色。质松而柔。气芳香，味微苦。无散朵、枝叶、杂质、虫蛀、霉变。

二等：干货。呈圆盘或扁扇形。朵较瘦小，色泽较暗。味微苦。间有散朵。无杂质、虫蛀、霉变。

5. 杭白菊 一等：干货。蒸花呈压缩状。朵大肥厚，玉白色。花心较大、黄色。气清香，味甘微苦。无霜打花、浦汤花、生花、枝叶、杂质、虫蛀、霉变。

二等：干货。蒸花呈压缩状。花朵小、玉白色、心黄色。气清香，味甘微苦。间有不严重的霜打花和浦汤花。无枝叶、杂质、虫蛀、霉变。

6. 杭黄菊（汤菊花） 一等：干货。蒸花呈压缩状。朵大肥厚，色黄亮。气清香，味甘微苦。无严重的霜打花和浦汤花、生花、枝叶、杂质、虫蛀、霉变。

二等：干货。蒸花呈压缩状。花朵小、较瘦薄、黄色。气清香，味甘微苦。间有霜打花和浦汤花。无黑花、枝叶、杂质、虫蛀、霉变。

【品质要求】均以身干、色白（黄）新鲜、花朵完整不散瓣、香气浓郁、无杂质者为佳；本品水分不得过 15.0%；含绿原酸（$C_{16}H_{18}O_9$）不得少于 0.20%，含木犀草苷（$C_{21}H_{20}O_{11}$）不得少于 0.080%，含 3，5 - O - 二咖啡酰基奎宁酸（$C_{25}H_{24}O_{12}$）不得少于 0.70%。

【产销行情】产量大小悬殊，多时约 20000 吨，少时约 3000 吨。纯购约 2800～3000 吨，纯销约 3000 吨，供应出口约 500 吨。其中河南纯购约 350～400 吨，广西约 250～

300 吨，河北约 300～350 吨，江苏约 200 吨，四川约 300 吨，其他地区约 300 吨。菊花为常用中药，大宗商品，产地较多，是我国主要出口药材之一。由于价格因素和生产上控制不力，常出现紧缺、积压现象，价格波动较大。

【包装贮藏】硬纸箱或布扎捆装。本品易虫蛀、发霉、变色、失气，应置阴凉干燥处密封保存。

【性味功效】性微寒，味甘、苦。散风清热，平肝明目，清热解毒。

【附注】菊花的产区较多，花形各异，规格多。新产区产品符合哪个品种，即按哪个品种规格等级标准划分。

旋 覆 花
INULAE FLOS

本品为菊科植物旋覆花 *Inula japonica* Thunb. 或欧亚旋覆花 *Inula britannica* L. 的干燥头状花序。始载于《神农本草经》，列为下品。均为野生。因其"花绿繁茂，圆而覆下，故名旋覆"。为常用中药。

【产地】全国大部分地区均产。主产于河南信阳市、洛阳市、南阳市、禹州市、嵩县、栾川县、卢氏县、洛宁县，江苏南通、启东，浙江等地。以河南产量最大，江苏、浙江品质最佳。

【采收加工】夏、秋季节当花开放时，摘取头状花序，除去枝叶、晒干。

【商品特征】头状花序扁球形，舌状、管状花黄色，总苞四层覆瓦状排列，花易脱散。质轻味苦。

【商品规格】统装。

【品质要求】均以朵大、完整、金黄色、有白绒毛、无枝梗者为佳。

【包装贮藏】麻袋或编织袋装。置干燥处保存，防潮。

【性味功效】性微温，味苦、辛、咸。降气，消痰，行水，止呕。

款 冬 花
FARFARAE FLOS

本品为菊科植物款冬 *Tussilago farfara* L. 的干燥花蕾。始载于《神农本草经》，列为中品。野生与栽培均有，多为栽培品。因其至冬而开花，故名。为常用中药。

【产地】主产于河南嵩县、卢氏县、栾川县，陕西榆林市、神木县、凤县，甘肃灵台县、泾川县、天水市，山西兴县、临县、静乐县。此外，河北、青海、四川等地均产。以河南产量最大，甘肃灵台、陕西榆林质最优，习称"灵台冬花"。

【采收加工】10 月下旬至 12 月下旬（12 月为盛产期），在花尚未出土时，挖出花蕾，去净花梗、泥土，阴干或烘干。

【商品特征】花序未开、棒状，多为"连三朵"，紫红花。折断或撕裂后有蛛丝絮状毛茸，嚼之如棉絮。味微苦辛。

【商品规格】商品有紫花、黄花两种，以紫花为优。分一、二等。其等级标准如下。

一等：呈长圆形，单生或 2～3 个基部连生，苞片鱼鳞状，花蕾肥大，个头均匀，色泽鲜艳。表面紫红或粉红色、体轻，撕开可见絮状毛茸。气微香，味微苦，黑头不超过 3%，花柄长不超过 0.5cm。无开头、枝杆。

二等：个头瘦小，不均匀，表面紫褐色或暗紫色，间有绿、白色。开头、黑头均不超过 10%，花柄长不超过 1cm。其余同一等。

【品质要求】均以蕾大、肥壮、色紫红鲜艳、花梗短者为佳；本品醇溶性浸出物不得少于 20.0%；含款冬酮（$C_{23}H_{34}O_5$）不得少于 0.070%。

【产销行情】全国年均产约 3000 吨，纯购约 2000 吨，纯销约 1600 吨，供应出口约 200 吨。其中河南年均纯购约 400 吨，甘肃约 400 吨，山西约 260 吨，四川约 150 吨，河北约 150 吨，内蒙古约 100 吨，新疆约 100 吨，其他地区约 200 吨。

【包装贮藏】编织袋或硬纸箱包装。本品易虫蛀、发霉、变色，应置干燥处保存。箱内放木炭防潮。

【性味功效】性温，味辛、微苦。润肺下气，止咳化痰。

第十四章　浙　药

凡以浙江为主要产区或集散地的大宗商品药材，均称为浙药。

浙江位于东经 118°01′~123°08′，北纬 27°01′~31°10′。北与上海、江苏省为邻，东濒东海，西与安徽、江西接界，南与福建毗连，大陆海岸线全长约 2000 千米。

浙江山多地少，有"七山一水二分地"之说。南部、西部和西北部山岭连绵，丘陵起伏；东北部河湖密布，平原坦荡，土地肥沃。地势自西南而东北向下倾斜。境内主要山脉都作西南向东北走向，自南而北可分为三支：南支有调宫山、南雁荡山、北雁荡山、括苍山；中支有仙霞岭、天台山、四明山、会稽山；北支有天目山、千里岗、龙门山等。这些山脉的主峰大多超过海拔 1000 米。龙泉县的黄茅尖，高 1921 米，为全省最高峰。

浙江港湾众多，岛屿罗列，大小岛屿有 2100 多个。

浙江地处亚热带，冬、夏为季风盛期，天气晴朗，冬寒夏热，风力冬强夏弱。在春、秋季风交替时期则分别出现梅雨或阴雨天气的低温期。年均日照数为 1800~2000 小时；年平均气温 15℃~18℃。年降雨量为 1200~1800 毫米，高山区台风雨比沿海多。风压从海上向陆上急剧减少，年平均雾日数 10~90 天，雷暴日数全年约 30~70 天，年平均积温 4900℃~5700℃。这些气候条件在北部平原地区和南部丘陵山地之间，在东南沿海与西北内陆之间呈过渡性变化，形成了不同的药材生产环境。如白术、白芍、浙贝母等"浙八味"基本分布在宁（波）绍（兴）平原和北部太湖流域，尤以鄞县、磐安、嵊州、杭州、金华、东阳等处为著名产地；浙南及沿海地区的气候环境则适宜喜温暖湿润的温郁金、乌梅等浙药的生长。

浙江主产的药材有白术、白芷、白芍、杭菊、麦冬、温郁金、延胡索、浙贝母、浙玄参、山茱萸、温厚朴、乌药、蜈蚣、海马等。

女　贞　子
LIGUSTRI LUCIDI FRUCTUS

本品为木犀科植物女贞 *Ligustrum lucidum* Ait. 的干燥成熟果实。始载于《神农本草经》，列为上品。野生和栽培均有。李时珍谓："此木凌冬青翠，有贞守之操，故以女贞状之"，药用其子，故名。为常用中药。

【别名】女贞实、冬青子。

【产地】主产于浙江金华，江苏淮阳、镇江，湖南衡阳、邵东、东安，福建浦城、莆田、闽侯，广西桂林、柳州，江西萍乡及四川、河南等地亦产。

【采收加工】10～12月果实成熟时采收。将果摘下，除去枝叶，蒸后晒干或直接晒干。

【商品特征】呈卵形、椭圆形或肾形，长6～8.5mm，直径3.5～5.5mm。表面灰黑色或紫黑色，皱缩不平，有纵棱纹。味甘，微苦而涩。

【商品规格】统货。

【品质要求】以粒大、饱满、色灰黑、质坚实者为佳；本品含特女贞苷不得少于0.70%；杂质不得过3.0%；水分不得过8.0%；总灰分不得过5.5%。

【产销行情】女贞子资源丰富，各地就地取材，自产自销。20世纪60年代后，女贞子的销量急剧上升，在60～70年代，仅上海年需量达300吨。80年代后，全国年销量在400～600吨之间。90年代以后，随着中成药生产、销售"降温"和品种更新换代，女贞子的销量有所降低，年均约200吨。

【包装贮藏】席装或麻袋包装。本品易发霉，应置干燥通风处保存。若受潮湿，应摊晾，翻晒。

【性味功效】性平，味甘、苦。补肝肾，强腰膝。

山 茱 萸
CORNI FRUCTUS

本品为山茱萸科植物山茱萸 Cornus officinalis Sieb. et Zucc. 的干燥成熟果肉。始载于《神农本草经》，列为中品。野生、家种均有。山茱萸又名枣皮，因形得名。为常用中药。

【别名】枣皮、杭山萸、山萸肉。

【产地】产于浙江淳安、昌化，河南南召、嵩县、西峡、内乡、济源、安歇、石埭。此外陕西、山西、四川等省亦有生产。以浙江淳安产的品质优，以河南产量大。

【采收加工】秋季霜降采收。采后置竹篓内，用炭火烘焙或置沸水中略烫后，及时除去果核，将果肉烘干或晒干。

【商品特征】不规则片状或囊状，长1～1.5cm，宽0.5～1cm。表面紫红色或紫黑色，皱缩，有光泽。肉质柔软，偶见果核长椭圆形，有纵棱纹。味酸、涩、微苦。

【商品规格】统货。

【品质要求】以块大、肉厚质柔软、色紫红、无核者为佳；含核量不得超过3%。本品含马钱苷不得少于0.60%；杂质不得过3.0%；水分不得过16.0%；总灰分不得过6.0%。

【产销行情】山茱萸产地较少，生长周期长，是多种中成药的原料药。全国年均产约450～1000吨，纯购约800吨，纯销约700～800吨，供应出口约20吨。其中浙江每年纯购约80吨，河南约350吨，湖北约160吨，广东约40吨，陕西约55吨，四川15吨，安徽约30吨，湖南约10吨，其他地区约50吨。

【包装贮藏】编织袋或麻袋装。本品易虫蛀、发霉，置阴凉干燥处保存，不宜过度日晒或风吹，以免干枯丧失油润。为防虫蛀，入夏前可用氯化苦或磷化铝熏。

【性味功效】性微温，味酸、涩。补肝益肾，涩精敛汗。

【附注】山茱萸为国家重点保护的野生植物。

乌　药
LINDERAE RADIX

本品为樟科植物乌药 *Lindera aggregata*（Sims）Kosterm 的干燥块根。始载于《本草拾遗》。多为野生。为常用中药。

【别名】台乌、台乌药。

【产地】主产于浙江金华地区，湖南邵东、涟源、邵阳等地。此外湖北、安徽、广州、四川、云南等省亦产。以浙江天台山所产量大而质优，故有"台乌"之称。

【采收加工】冬季采收。洗净晒干，即为商品"乌药个"；刮去栓皮或不刮栓皮，切成厚 1~2mm 横切片，晒干或烘干即为商品"乌药片"。

【商品特征】1. 乌药个　呈微弯曲的纺锤形或连珠状，长 6~15cm，直径 1~3cm。表面黄褐色或黄棕色，有纵皱纹及稀疏的细根痕。质坚硬。微有香气。

2. 乌药片　呈圆片状，片面黄白色或淡黄棕色，有环纹和放射纹。微有香气。

【商品规格】商品乌药现在一般分为乌药个与乌药片两种，均为统货。

【品质要求】质嫩、断面白色、香气浓者为佳；本品含乌药醚内酯不得少于 0.030%，含去甲异波尔定不得少于 0.40%；水分不得过 11.0%；总灰分不得过 4.0%；酸不溶性灰分不得过 2.0%。

【包装贮藏】用麻袋或编织袋装。置阴凉干燥处保存。

【性味功效】性温，味辛。行气止痛，散寒温肾。

【附注】过去将浙江天台山所产乌药称为"台乌药"，认为质量最佳，现在，凡浙江产者均称为台乌药。将湖北、湖南等省所产乌药称为"衡州乌药"，实际上与浙江产者无甚区别。

乌　梢　蛇
ZAOCYS

本品为游蛇科动物乌梢蛇 *Zaocys dhumnades*（Cantor）去内脏的干燥体。始载于《药性论》，均为野生。因体色乌黑，故名。为少常用中药。

【别名】乌蛇、乌风蛇、黑乌蛇。

【产地】主产于浙江嘉兴、瑞安、景宁、丽水、青田等县。此外，江苏、贵州、湖北等地亦产。

【采收加工】4~10 月间捕捉。捕得后，将其杀死，剖腹去内脏，盘成圆形，用火熏烤，熏时多翻动，至表面略呈黑色为度，再晒干或烘干。

【商品特征】1. 蛇盘　呈圆盘状，盘径约 16cm。表面绿黑色或黑褐色，头扁圆如龟头，背鳞 14 ~ 16 行，背部侧扁高耸，习称"箭脊"，尾部细长，具烟熏气。

2. 蛇棍　将蛇摔死，依上法剖腹去内脏，再将蛇体折成长 20 ~ 30cm 的回形，并同上法干燥即得。

【商品规格】商品按加工方法不同分盘蛇和蛇棍两种，均为统货。

【品质要求】以头尾齐全、肉色黄白、体坚实者为佳；醇溶性浸出物不得少于 12.0%。

【包装贮藏】木箱装。本品易虫蛀、泛油，应密封，置阴凉干燥处保存。与花椒共贮可防蛀，大宗商品入夏前可用氯化苦或磷化铝熏。需防鼠害。

【性味功效】性平，味甘。祛风通络，镇痉止痛。

【附注】乌梢蛇为国家重点保护的野生动物。

玄　参
SCROPHULARIAE RADIX

本品为玄参科植物玄参 *Scrophularia ningpoensis* Hemsl. 的干燥根。始载于《神农本草经》，列为中品。现多数省有栽培。李时珍说："玄，黑色也，其茎微似参。"故名。为常用中药。

【别名】元参、黑参。

【产地】主产于浙江东阳、磐安、杭州、笕桥、临海、义乌、富阳、桐笋等地。此外四川、陕西、贵州、湖南、湖北、江西、河北等省亦产。以浙江产量大，质量优，销全国并出口。

【采收加工】10 ~ 11 月间采收。除去茎叶及泥土，剥脱子芽（供留种栽培用），根部晒至半干且内部色变黑时，堆放发汗后，再晒干或烘干。

【商品特征】呈羊角状，长 6 ~ 20cm，直径 1 ~ 3cm。表面灰黄色或灰褐色，有粗糙的纵皱沟纹。断面乌黑色，有浅色放射状纹理。用水泡，水液黑色。

【商品规格】商品规格分细皮玄参（质优）和粗皮玄参两种。各分为 1 ~ 3 等。其等级标准如下。

一等：呈类纺锤形或条形。表面灰褐色，有纵纹及抽沟。质坚韧。断面黑褐色或黄褐色，味甘微苦咸。每千克 36 支以内，支头均匀。无芦头、空泡、杂质。

二等：每千克 72 支以内。其他同一等。

三等：每千克 72 支以外，每支最小在 5g 以上。间有破块。无芦头、杂质。其余同一等。

出口商品以每千克的支数和质量为标准分等销售。

【品质要求】以肥大、皮细、体糯质实、断面发乌而油润者为佳，个小质松、皮粗、断面色灰褐者质次；本品含哈巴苷和哈巴俄苷的总量不得少于 0.45%；水分不得过 16.0%；总灰分不得过 5.0%；酸不溶性灰分不得过 2.0%。

【产销行情】全国年均生产约 3000 吨，纯购约 2000 吨，纯销约 2500 吨，供应出口约 50 ~ 70 吨。其中四川每年纯购约 300 吨，河南约 150 吨，浙江约 500 吨，湖南约 200

吨，湖北约 150 吨，陕西约 150 吨，其他地区约 600 吨。玄参主要为家种，由于价格杠杆作用，常有紧缺或滞销现象。

【包装贮藏】用麻袋或编织袋装。本品易虫蛀、发霉，应置干燥通风处保存。

【性味功效】性寒，味苦、咸。滋阴降火，凉血解毒。

白 术
ATRACTYODESIS MACROCEPHALAE RHIZOMA

本品为菊科植物白术 *Atractylodes macrocephala* Koidz 的干燥根茎。始载于《神农本草经》，列为上品，未分白术和苍术，统称为术。陶弘景将二者分开，其所述与现今商品相符。因其根干枝叶之形像篆文"术"字，内白色，故名。均为家种。为常用中药。

【别名】浙术、冬白术。

【产地】主产于浙江嵊州、东阳、昌化、仙居，安徽黄山、宁国、歙县，湖南平江、衡阳，此外湖北、江西、四川等省亦产。以浙江产量大，质量优，销全国，并出口。

【采收加工】霜降前后地上部分枯黄后采挖。除去茎叶及泥土，烘干或晒干，再除去须根即可，烘干者称"烘术"，晒干者称"生晒术"，亦称"冬术"。

【商品特征】呈肥厚团块，具瘤状突起，形似"鸡腿"或"如意"状。气清香，味甘微辛。

【商品规格】商品因产地不同分浙江术、平江术、江西术、徽术等。浙江术又分杭术、子术、於术、冬术等。按加工方法不同分个子货和饮片两种。等级按每千克个数分 1~4 等。其等级标准如下。

一等：呈不规则团块状，体形完整。表面灰棕色或黄棕色，断面黄白色或灰白色。味甘微辛苦。每千克 40 只以内，无焦枯、油个、虚泡。

二等：每千克 100 只以内，其余同一等。

三等：每千克 200 只以内，其余同一等。

四等：体形不计，但需全体是肉（包括武子、花子）。每千克 200 只以外，间有程度不严重的破碎、油个、焦枯、虚泡，其余同一等。

【品质要求】个子货以个大、体重（俗称"如意头"），断面色黄白，有黄色放射纹理，外皮细，香气浓，甜味浓而辣味少者为佳；水分不得过 15.0%；总灰分不得过 5.0%。

【产销行情】全国年均生产约 8000 吨，纯购约 5600 吨，供应出口约 120 吨。其中浙江每年纯购约 4000 吨，湖北约 500 吨，湖南约 400 吨，四川约 150 吨，安徽约 200 吨，河南约 100 吨，其他地区约 200 吨。白术纯系家种，由于价格的杠杆作用，药材产量及价格起伏波动较大。

【包装贮藏】以竹篓、编织袋或麻袋包装，每件 50~75kg。本品易虫蛀、发霉、泛油，置阴凉干燥处保存。为防霉蛀，可烘干。若发现生霉，应马上处理，平铺晾干，趁热擦去霉迹。本品含油质，不宜久藏，以防止泛油和色泽变黑而影响质量。切片可入坛或石灰缸内贮藏。

【性味功效】性温，味甘、苦。益气健脾，燥湿和中。

【附注】除上述规格等级外，药材商品中尚有：

1. 花子 瘤状疙瘩积聚在白术的主体上，占表面积 30% 以上者。

2. 武子 白术体形呈二叉以上者。

白 芍
PAEONIAE RADIX ALBA

本品为毛茛科芍药 *Paeonia lactiflora* Pall. 的干燥根。始载于《神农本草经》，列为中品，多为栽培。李时珍说因其花叶犹卓约，卓约乃美好，故名。为常用中药。

【别名】白芍药、杭芍药。

【产地】主产于浙江东阳、磐安，四川中江，安徽亳州、涡阳等地。此外贵州、山东、云南、湖南、河南、山西、甘肃等省亦产。浙江产者品质最佳，因集散地在杭州，故称"杭白芍"；安徽产者名"亳白芍"，产量最大；四川产者习称"川白芍"，产量次之；陕西"宝鸡白芍"产量小，质次之。

【采收加工】栽培 3~4 年后的夏、秋两季采挖。洗净，除去头尾及须根，刮去外皮，置沸水中煮至透心，立即捞出放入冷水浸泡，取出晒干。

【商品特征】1. 杭白芍 形圆条直，两端平齐。表面棕红色，光滑细腻，体重质坚，断面类白色。

2. 川白芍 与杭白芍不同的是本品条短而弯，两端不齐，头大尾细。表面细腻光润，断面带粉性。

3. 亳白芍 不同于卜两种的是本品条细，顶有芦头，体轻质松，断面粉性小。

【商品规格】商品分杭白芍、川白芍、亳白芍、宝鸡白芍等规格。现行商品分杭白芍、白芍两种规格，按大小粗细分等。杭白芍分 1~7 等，白芍（包括川白芍、亳白芍）分 1~4 等。其规格等级标准如下。

1. 杭白芍 一等：呈圆柱形，条直，两端切平。表面棕红色或微黄色。质坚体重。断面米黄色。味微苦酸。长 8cm 以上，中部直径 2.2cm 以上。无枯芍、芦头、栓皮、空心。

二等：长 8cm 以上，中部直径 1.8cm 以上，其余同一等。

三等：长 8cm 以上，中部直径 1.5cm 以上，其余同一等。

四等：长 7cm 以上，中部直径 1.2cm 以上，其余同一等。

五等：长 7cm 以上，中部直径 0.9cm 以上，其余同一等。

六等：长短不分，中部直径 0.8cm 以上，其余同一等。

七等：长短不分，中部直径 0.5cm 以上，间有夹生、伤疤，其余同一等。

2. 白芍（包括川白芍、亳白芍） 一等：呈圆柱形，直或稍弯，去净栓皮，两端整齐。表面类白色或淡红棕色，质坚实，体重。断面类白色或白色。味微苦酸。长 8cm 以上，中部直径 1.7cm 以上。无芦头、麻花点、破皮、裂口、夹生。

二等：长 6cm 以上，中部直径 1.3cm 以上，间有麻花点，其余同一等。

三等：长 4cm 以上，中部直径 0.8cm 以上，间有麻花点，其余同一等。

四等：表面类白色或淡红棕色，断面类白色或白色，长短粗细不分，兼有夹生、破皮、麻花点、碎节或未去栓皮。

白芍出口按质量的优劣分等出售。

【品质要求】以根条粗长、均匀、质坚实、粉性足、皮色整洁、无白心或裂痕者为佳；本品含芍药苷不得少于 1.6%；水分不得过 14.0%；总灰分不得过 4.0%。照铅、镉、砷、汞、铜测定法测定，铅不得过百万分之五；镉不得过千万分之三；砷不得过百万分之二；汞不得过千万分之二；铜不得过百万分之二十。

【产销行情】全国年均产约 3200 吨，纯购约 2500 吨，纯销约 1500 吨，供应出口约 500~700 吨，其中安徽年均纯购约 1200 吨，四川纯购约 400 吨，浙江约 250 吨，湖南约 150 吨，其他地区约 500 吨。白芍商品历史上有过紧缺和积压现象。

【包装贮藏】本品易虫蛀，应置阴凉干燥处保存。在贮藏中应注意经常检查，发现受潮及时晾晒。为防虫蛀，或用气调方法贮存。

【性味功效】性微寒，味酸、苦。养血柔肝，缓急止痛。

白 前
CYNANCHUMI STAUNTONII RHIZOMA ET RADIX

本品为萝藦科植物柳叶白前 *Cynanchum stauntonii*（Decne.）Schltr. ex Levl. 或芫花叶白前 *Cynanchum glaucescens*（Decne.）Hand. – Mazz. 的干燥根茎及根。始载于《名医别录》，均为野生。为较常用中药。

【别名】竹叶白前、鹅管白前。

【产地】主产于浙江富阳、新登、阑谿，安徽蚌埠等地。此外福建、江西、湖南、湖北、广西等省区亦产。

【采收加工】8 月采收。挖出全株，割去地上部分，洗净泥土，晒干即为"白前"；如将节部的须根除去而留用根茎则为"鹅管白前"；如以全株洗净晒干入药者则为"草白前"。

【商品特征】1. 柳叶白前（鹅管白前）　根茎呈细长圆柱形，微弯曲，有分枝。表面黄白色或黄棕色。节间长。断面中空，根粗而少。

2. 芫花叶白前（白前）　不同于柳叶白前的是本品根茎粗短，表面灰绿色或灰黄色。节间短，根细而多。

【商品规格】商品按其来源分为柳叶白前和芫花叶白前两种，按其加工不同分为白前、鹅管白前和草白前三种。不分等级，均为统货。

【品质要求】以根茎粗壮、断面色粉白、粉性足者为佳。

【产销行情】全国年均生产约 100~250 吨，最高曾达 540 吨。年销量约 250~350 吨。因此，今后应加强对白前生产基地的扶持与巩固，稳定产量，提高质量，以防商品积压或紧缺。

【包装贮藏】晒干后打捆，用篾席包装。本品受潮易霉蛀，应置干燥通风处保存。

【性味功效】性微温，味辛、苦。化痰止咳，降气平喘。

延 胡 索
CORYDALIS RHIZOMA

本品为罂粟科植物延胡索 *Corydalis yanhusuo* W. T. Wang 的块茎。始载于《开宝本草》，多为栽培。本品原名玄胡索，后因避宋真宗名讳而改玄为延。为常用中药。

【别名】元胡、元胡索、玄胡索。

【产地】主产于浙江东阳、磐安、永康、缙云等地。现今湖北、湖南、江苏有大面积栽培，其他地区也有引种栽培，其中以浙江东阳、磐安种植面积大，产量多，销全国各地，并有出口。

【采收加工】5～7月植株全枯萎后5～7天采挖。采挖后洗净泥土，置沸水中略煮3～6分钟，至块茎内部中心有芝麻样小白点为度，立即捞起晒干。

【商品特征】呈不规则扁球形，直径0.5～1.5cm。表面灰黄色或黄棕色，具网纹。质硬脆，断面色黄，味苦。

【商品规格】延胡索商品分为一、二等。其规格等级标准如下。

一等：呈不规则的扁球形；表面黄棕色或灰黄色，多皱缩。质硬而脆。断面黄褐色，有蜡样光泽。味苦微辛。每50g 45粒以内。

二等：每50g 45粒以外。其余同一等。

【品质要求】以个大饱满、质坚硬而脆、断面黄色发亮、角质、有蜡样光泽者为佳，个小、质松、断面色灰黄、中心有白色者为次；本品含延胡索乙素不得少于0.050%；水分不得过15.0%；总灰分不得过4.0%。

【产销行情】全国年产约5600吨，纯购约4500吨，纯销约4300吨，供应出口约45～55吨。其中浙江年均纯购约2500吨，湖北约400吨，湖南约270吨，江苏约350吨，其他地区约1000吨。20世纪50年代以来，延胡索曾几度出现脱销和积压情况。

【包装贮藏】用麻袋或编织袋装。本品易虫蛀、发霉、变色，应置干燥通风处保存。

【性味功效】性温，味苦、辛。活血，行气，止痛。

麦 冬
OPHIOPOGONIS RADIX

本品为百合科植物麦冬 *Ophiopogon japonicus* (L. f) Ker–Gawl. 的干燥块根。始载于《神农本草经》，列为中品。多为栽培。李时珍说："麦须曰门，此草根似麦而有须，其叶如韭，凌冬不凋，故曰之麦冬。"为常用中药。

【别名】寸冬、杭麦冬、麦门冬。

【产地】主产于浙江慈溪、杭州、余姚、浒山、块墩、萧山，四川绵阳、三台等地区。此外，贵州、广西、福建等省区也产。以浙江、四川、广西产量大。

【采收加工】浙江于栽培后第 3 年立夏时采挖，四川于栽培第 2 年清明后采挖，野麦冬多在清明后采挖。采挖后先洗净块根，然后晒至干燥，也可用微火（40℃～50℃）烘干，撞去须根。

【商品特征】1. **浙麦冬**　呈纺锤形，表面黄白色，半透明。质柔软，断面中柱细小，嚼之发黏。

2. **川麦冬**　不同于浙麦冬的是本品外形粗短，大小不一，表面乳白色，微有光泽。

【商品规格】商品分浙麦冬、川麦冬两种。均按大小各分为 1～3 等。其规格等级标准如下。

1. **浙麦冬**　一等：纺锤形，半透明。表面黄白色。质柔韧，断面牙白色，有木质心。味微甜，嚼之有黏性。每 50g 150 粒以内，无须根。

二等：每 50g 190 粒以内，其余同一等。

三等：每 50g 190 粒以外，最小不低于麦粒大。油粒、烂头不过 10%。其余同一等。

2. **川麦冬**　一等：纺锤形，半透明。表面淡白色。断面牙白色，木质心细软，味微甜，嚼之少黏性。每 50g 190 粒以内。

二等：每 50g 300 粒以内，其余同一等。

三等：每 50g 300 粒以外，最小不低于麦粒大。乌花、油粒不超过 10%，其余同一等。

出口商品按质量标准分等出售。

【品质要求】均以表面淡黄白色、身干、个肥大、质软、半透明、有香气、嚼之发黏者为佳，瘦子、色棕黄、嚼之黏性小者为次；本品含麦冬总皂苷以鲁斯可皂苷元计不得少于 0.12%；水分不得过 18.0%；总灰分不得过 5.0%。

【产销行情】全国年均生产约 3500 吨，纯购约 3400 吨，供应出口约 90～120 吨，其中浙江年均纯购约 150～200 吨，四川约 50 吨，湖北约 1500 吨，湖南约 300 吨，广东约 250 吨，其他地区约 700～800 吨。麦冬生长周期短，脱销与积压的交替出现，价格波动较大。

【包装贮藏】用编织袋或篾篓包装。长途运输则应在箱内衬垫厚纸或油纸，装满踩紧，外封牛皮纸，隔绝空气，以免受潮后泛油发霉。本品易虫蛀、霉变，应放置阴凉通风处，防止受热受潮，否则变成红黄色和生霉。如发现身软返潮，应立即摊晒至干。为防虫蛀可用气调养护。一旦发霉可用撞刷或擦洗法除去霉迹。有的产地加工时拌入少量滑石粉，不但可使外表光滑也能起到防霉蛀和防泛油的作用。麦冬不宜长期保存。

【性味功效】性寒，味甘、微苦。养阴生津，润肺止咳。

【附注】有些地方将山麦冬 *Liriope spicata* Lour. 及阔叶山麦冬 *Liriope platyphylla* Wang et Tang 的块根混充麦冬中使用，实际应作为山麦冬入药，又称大麦冬或湖北麦冬。主要区别点：山麦冬呈纺锤形，略弯曲，两端狭尖，具粗糙的纵皱纹，质柔韧，纤维性较强。阔叶山麦冬较其他麦冬大，呈圆柱形，两端钝圆，有中柱露出，表面暗黄色，不透明。

前 胡

PEUCEDANI RADIX

本品为伞形科植物白花前胡 *Peucedanum praeruptorun* Dunn 及紫花前胡 *Peucedanum decursivum Maxim.* 的干燥根。始载于《名医别录》。均为野生。为常用中药。

【别名】岩风、信前胡、宫前胡。

【产地】白花前胡主产于浙江淳安、临安、昌化，湖南邵阳、邵东、安化，四川都江堰、彭州。以浙江产量大、质量优。

紫花前胡主产于江西修水、都昌、上饶，安徽宁国、绩溪，此外，湖南、浙江等省亦产。

【采收加工】初冬植株枯萎后采挖。挖出根部，除去苗叶残茎，抖净泥沙，去掉须根，晒干或微火烘干即成。

【商品特征】**1. 白花前胡** 多呈长圆柱形，表面灰黄至黑褐色，顶端有茎痕及毛须，部分枝较多，断面放射纹明显。

2. 紫花前胡 不同于白花前胡的是本品顶端常有茎基和膜质状物，断面放射纹不明显。

【商品规格】商品分白花前胡、紫花前胡两种，均为统货。习惯认为浙江产者品质较好。

【品质要求】以条粗壮、质柔软、断面黄白色似菊花心、香气浓者为佳；本品含白花前胡甲素不得少于 0.90%，含白花前胡乙素不得少于 0.24%；水分不得过 12.0%；总灰分不得过 8.0%；酸不溶性灰分不得过 2.0%。

【产销行情】历史上老产区产量减少，湖南、贵州、河南等地产量增加，所以数十年间前胡供销始终保持平衡，没有大的波动。90 年代后，药材销量有所萎缩，前胡也不例外。全国年均生产约 350～800 吨，年均销量约 500～800 吨。

【包装贮藏】篾席或编织袋包装。置阴凉干燥处保存。为防霉蛀，可用氯化苦或磷化铝熏。

【性味功效】性微寒，味苦、辛。化痰止咳，宣散风热。

【附注】我国西南四川、云南、贵州等部分地区尚有毛前胡、红前胡、老前胡、全前胡等入药。

粉 防 己

STEPHANIAE TETRANDRAE RADIX

本品为防己科植物粉防己 *Stephania tetrandra* S. Moore 的干燥根。始载于《神农本草经》，列为中品。野生、家种均有。其名防者，防御也，本品粉性较强，故名。为常用中药。

【别名】防己、汉防己。

【产地】主产于浙江衢县、兰溪、武义、建德、金华，安徽安庆地区、徽州地区。

湖北、湖南、江西等地亦产。以安徽所产者质优。

【采收加工】秋季挖取根部，刮去外部栓皮，切成 12～26cm 长的段。粗根再纵剖为二，晒干或烘干。

【商品特征】外形弯曲似猪大肠，长 5～10cm，直径 1～5cm。弯曲处有横向沟纹。表面有刀削痕。断面灰白色，粉性强，有平滑粗稀的车轮纹。气微味苦。

【商品规格】统货。

【品质要求】以条匀、质坚实、粉性足者为佳，根状、粉少、多筋者质次；本品含粉防己碱和防己诺林碱的总量不得少于 1.6%；水分不得过 12.0%；总灰分不得过 4.0%。

【包装贮藏】用竹席或麻袋装。本品易虫蛀、发霉，应防潮，置干燥通风处保存。

【性味功效】性寒，味苦。利尿消肿，祛风止痛。

浙 贝 母
FRITILLARIAE THUNBERGII BULBUS

本品为百合科植物浙贝母 *Fritillaria thunbergii* Miq. 的干燥鳞茎。始载于《本草纲目拾遗》。多栽培。浙贝母原名象贝，因主产于浙江象山一带，故名。为常用中药。

【别名】大贝母、象贝、象贝母。

【产地】主产于浙江宁波地区鄞县、东阳、磐安、於潜等。此外安徽、江苏等省亦产。

【采收加工】立夏前后植株枯萎后采挖。洗净，按大小分开。一般直径在 3.5cm 以上者分成两瓣，摘出心芽，商品称"大贝"；直径在 3.5cm 以下者不分瓣，不去心芽，商品称"珠贝"。分别置于特制的木桶内，撞去表皮，每 50kg 加入熟石灰或贝壳粉 1.5～2kg，均匀涂布于贝母表面，吸去撞击的浆汁，晒干或烘干。

【商品特征】1. 大贝 瓣片呈新月形（习称元宝贝），表面类白色，被白粉，味苦。

2. 珠贝 不同于大贝的是本品呈扁球形，外有大小近等的 2 枚对合鳞叶，内有 2～3 枚心芽。（见彩图 2）

【商品规格】商品中分大贝和珠贝 2 种。均为统货。

【品质要求】以身干、色白、粉足、质坚、不松泡、无僵子者为佳；本品贝母素甲和贝母素乙的总量不得少于 0.080%；水分不得过 18.0%；总灰分不得过 6.0%。

【产销行情】浙贝母年均生产 300～600 吨，年销量 400～500 吨。浙贝母在经营中长期处疲软状态，估计今后需求量略有增加。

【包装贮藏】用篾篓、编织袋或麻袋包装。本品易虫蛀发霉，应防潮，置干燥通风处保存。

【性味功效】性寒，味苦。清热散结，化痰止咳。

绵 萆 薢
DIOSCOREAE SPONGIOSAE RHIZOMA

本品为薯蓣科植物绵萆薢 *Dioscorea spongiosa* J. Q. Xi，M. Mizuno et W. L. Zhao 及福

州薯蓣 *Dioscorea futschauensis* Uline ex R. Kunth 的干燥根茎。习称"绵萆薢"。始载于《神农本草经》，列为中品。均为野生。为少用中药。

【别名】大萆薢。

【产地】绵萆薢主产于浙江、江西、福建等省。

【采收加工】秋季采挖。挖取根茎，除去茎、叶、须根，去净泥土，切成 0.5 ~ 2.5mm 厚的片，晒干即成。

【商品特征】外皮带黄，片面有黄棕色筋脉点，质疏松，略呈海绵状。

【商品规格】商品有个子货和饮片之分，均为统货。

【品质要求】以色黄白、片大较薄有弹性、完整不碎者为佳；水分不得过 11.0%；总灰分不得过 6.0%；醇溶性浸出物不得少于 15.0%。

【包装贮藏】麻袋装。置通风干燥处保存。本品易虫蛀、发霉，须防潮。

【性味功效】性平，味苦。利湿去浊，祛风除痹。

【附注】粉萆薢是薯蓣科植物粉背薯蓣的干燥根茎，有利湿去浊、祛风除痹的功效。

桑 叶
MORI FOLIUM

本品为桑科植物桑 *Morus alba* L. 的干燥叶。始载于《神农本草经》，列为中品。野生与栽培均有。为较常用中药。

【别名】冬桑叶、霜桑叶。

【产地】全国大多地区均有生产，南方育蚕区产量较大，如浙江、安徽、江苏、四川、湖南等地。

【采收加工】一般霜降后 9 ~ 10 月间采收。除去杂质，晒干或用细绳串成约 10cm 厚的层叠即成。

【商品特征】完整的叶呈卵形或宽卵形，边缘具齿状或不规则分裂。长 8 ~ 15cm，宽 7 ~ 13cm。多带绿色。

【商品规格】统货。

【品质要求】以叶完整、大而厚、色黄绿、质扎手者为佳；习惯以经霜者为好，称"冬桑叶"；本品含芦丁不得少于 0.10%；水分不得过 15.0%；总灰分不得过 13.0%；酸不溶性灰分不得过 4.5%。

【包装贮藏】用席包装或竹篓装。置干燥通风处保存。

【性味功效】性寒，味苦、甘。祛风散热，清肝明目。

海 螵 蛸
OS SEPIAE

为乌贼科动物无针乌贼 *Sepiella maindroni* de Rochebrune 或金乌贼 *Sepia esculenta* Hoyle 的干燥内壳。始载于《神农本草经》，列为上品。野生与家养均有。为常用中药。

【别名】 乌贼骨。

【产地】 无针乌贼主产于浙江、福建沿海。金乌贼主产于山东、江苏、辽宁等地沿海。销全国各地。

【采收加工】 从乌贼鱼中剥下其内壳；或于 4～8 月间，捞取漂浮在海边的乌贼内壳。漂净，晒干。

【商品特征】 1. **无针乌贼** 呈长椭圆形而扁平，边缘薄，中间厚，中部厚约 1.2～1.5cm，腹面白色，有水波状纹，自尾端至中央最厚处，占全长的 1/2 或 1/2 强。背面磁白色而略带暗红色，中央有 1 条明显的隆起，表面有一层硬脆皮膜。体轻，质松脆。气微腥，味微咸。

2. **金乌贼** 不同于无针乌贼的是本品外形较大，最厚处在其前部，腹面水波纹布满大部分，并有一条浅纵沟。

【商品规格】 商品按其来源分无针乌贼和金乌贼两种，均为统货。

【品质要求】 以块大、色白、完整、无杂质者为佳。

【包装贮藏】 以编织袋装，置干燥处。

【性味功效】 性微温，味咸、涩。固精止带，收敛止血，制酸止痛，收湿敛疮。

蜈 蚣

SCOLOPENDRA

本品为蜈蚣科动物少棘巨蜈蚣 *Scolopendra subspinipes mutilans* L. Koch 的干燥体。始载于《神农本草经》，列为下品。野生与家养均有。为常用中药。

【别名】 百脚、吴公。

【产地】 主产于浙江海宁、桐乡、嘉兴，河南信阳，湖北随州、钟祥、荆门，安徽蚌埠、滁州、寿县，江苏苏州、无锡、常州等地。

【采收加工】 4～6 月份捕捉。捕得后，用两端削尖的竹片插入头尾两部，绷直晒干；或先用沸水烫过，然后晒干或烘干。50～100 条蜈蚣为一把，用竹片相捆。

【商品特征】 呈扁平长条形，头红，背黑有光泽，腹部棕黄色，两侧有足 21 对，逐节排列。

【商品规格】 商品按其大小分两等，有把装或散装。其等级标准如下。

一等：为大条，长 10～16cm。

二等：为小条，长 10cm 以下。

【品质要求】 虫体条大、完整、腹干瘪者为佳；水分不得过 15.0%；总灰分不得过 5.0%；醇溶性浸出物不得少于 20.0%。

【产销行情】 全国年平均生产约 35000 把，纯购约 30000 把，纯销约 30000 把，供应出口约 3000 把。其中浙江纯购约 5000 把，河南约 6000 把，湖北约 4000 把，安徽约 2500 把，江苏约 2000 把，其他地区约 10000 把。

【包装贮藏】 木箱或硬纸箱包装。本品易生虫、发霉、泛油，应密封，置阴凉干燥处保存。为防虫蛀，少量药材可拌放大蒜头，置石灰缸内，大宗商品可用氯化苦或磷化铝熏。

【性味功效】性温、味辛。有毒。息风镇痉,攻毒散结,通络止痛。

僵 蚕
BOMBYX BATRYTICATUS

本品为蚕蛾科昆虫家蚕 *Bombyx mori* L. 的幼虫因感染白僵菌而致死的干燥虫体。始载于《神农本草经》,列为中品,多为人工培养。为常用中药。

【别名】白僵虫、僵虫。

【产地】我国东南地区多有生产。主产于浙江吴兴、德清,江苏镇江、无锡等地。近年来四川、陕西等亦有大量工生产。

【采收加工】收集感染白僵菌致死的蚕,倒入石灰中拌匀,吸去水分,晒干或文火烘干,筛去灰屑即成。

【商品特征】多呈弯曲的类圆柱形,长 2 ~ 5cm,直径 0.5 ~ 0.7cm。表面被白色粉霜。质硬脆,断面外周色白而内黑,胶口镜面,内有 4 个亮圈。

【商品规格】统货。

【品质要求】以虫体粗、质硬、色白,头、足、体、节明显,断面光亮者为佳;表面无白色粉霜,中空者不可入药;杂质不得过 3.0%;水分不得过 13.0%;总灰分不得过 7.0%;酸不溶性灰分不得过 2.0%;本品每 1000g 含黄曲霉素 B_1 不得超过 5μg,含黄曲霉素 G_2、黄曲霉素 G_1、黄曲霉素 B_2 和黄曲霉素 B_1 的总量不得超过 10μg。

【产销行情】全国年平均生产约 3000 吨,纯购约 1200 吨,纯销 1000 吨,供应出口约 20 吨。其中浙江纯购约 200 吨,江苏约 350 吨,四川约 300 吨,陕西约 200 吨,其他地区约 200 吨。

【包装贮藏】石灰缸或瓷缸内贮藏。密封后置阴凉干燥处保存,并放少量花椒共贮,以防虫蛀。

【性味功效】性平,味咸、辛。祛风解痉,化痰散结。

覆 盆 子
RUBI FRUCTUS

本品为蔷薇科植物掌叶覆盆子 *Rubus chingii* Hu 未熟透干燥果实。始载于《名医别录》,列为上品。均为野生。子似覆盆之形,故名。为常用中药。

【产地】主产于浙江建德、永康、淳安、临海、青田、金华、兰溪、嵊州,湖北恩施、来凤、襄阳,福建寿宁、宁化、福鼎,四川达州、重庆万州、涪陵,陕西安康、平利、紫阳、镇巴,安徽芜湖、六安、阜阳等地。以浙江、湖北产量最大。

【采收加工】立夏果近成熟时采收。收后除净杂质,于沸水中烫 1 ~ 2 分钟,置烈日下晒干即成。

【商品特征】多呈"牛奶头状",由多数小坚果聚合而成。高 0.6 ~ 1.3cm,直径 0.5 ~ 1.2cm。色灰绿,有白毛,底扁平,宿萼褐色,生有棕色毛须。

【商品规格】商品分大、小两种，均为统货，不分等级。

【品质要求】以个大、饱满、粒均匀、结实、色灰绿、无杂质者为佳。

【包装贮藏】麻袋或编织袋装。本品受潮易发霉，注意防潮，应置干燥通风处保存。若受潮应及时摊晒至干。

【性味功效】性温，味甘、酸。益肾壮阳，固精缩尿。

第十五章 关 药

凡以东北三省为主要产区或集散地的大宗商品药材，均称为关药。

本产区位于东经 118°50′~134°46′，北纬 38°40′~53°35′。北邻俄罗斯，东濒日本海峡，南接河北、朝鲜，西与内蒙古和蒙古交界。其自然环境条件是大小兴安岭以人字形崛起在北部，东南侧有长白山脉绵延，中南部为大片平原。海拔绝大多数在 2000m 以下，故土壤垂直谱带简单，而水平分布复杂。

本地区距海较近，但大陆性气候明显。其气候冬夏温差大，冬季风雪严寒，冻土深度达 2.5 米，春季多风沙（尤以西部为甚），夏季降水量大，秋季阴雨。年平均气温 0℃~8℃，大兴安岭北段年平均气温在 0℃ 以下，东侧极端低温可达 -20℃，阴山山脉东段在 -14℃ 以上，无霜期 90~110 天。由于两大山系相互垂直，阻挡了东来温湿气流，致使山体东西侧年平均气温相差 2℃~4℃，≥10℃ 的积温相差 400℃~1400℃，降雨量相差 100~200 毫米。东北全境年平均降雨量为 300~700 毫米，自东北向西南递减，迎风坡的宽甸带多达 1223 毫米。温带针阔混交林地带湿度大，风速低，干燥度小于 1，适宜人参、细辛、五味子等药用植物的生长；而松嫩平原中部、辽河平原西部干燥度在 1 以上，适宜防风、知母、龙胆等药用植物生长。

本地区植被有由东向西依次变化的特点，即红松阔叶混交林→草甸草原→草原，这意味着由湿润的森林气候向干燥的草原气候过渡，药用动植物因之而异。植被的垂直分布以长白山为最典型。西部呼伦贝尔草原降雨量少，无霜期短，植物生长期仅百余天，药用植物种类分布相对较少。东南部平原丘陵地带土质肥沃，保水较好，雨季与炎热同步，无霜期 120~180 天，适宜药用动植物的栽培和养殖。

本区主产的药材有人参、鹿茸、细辛、五味子、防风、关黄柏、龙胆、桔梗、升麻、白头翁、平贝母等。

人 参
GINSENG RADIX ET RHIZOMA

本品为五加科植物人参 *Panax ginseng* C. A. Mey. 的干燥根及根茎。始载于《神农本草经》，列为上品。多为栽培，极少野生。因根如人形，故名。为常用中药。

【别名】力参、棒槌、神草。

【产地】野山参主产于东北长白山区、大兴安岭。园参主产于吉林抚松、集安、靖宇、安图、敦化，辽宁恒仁、宽甸、新宾、清原，黑龙江五常、尚志、宁安、东宁等地。习惯以吉林产者为道地药材。

【采收加工】

1. 野山参　7月下旬至9月果熟变红时采挖。挖取时不使支根及须根受损，保持完整，晒干，称全须生晒参。（见彩图12）

2. 园参　栽种5~6年后，于秋季（白露至秋分）采挖，洗净，为鲜人参或园参水子。鲜人参的加工品主要有：

（1）生晒参类：将鲜人参除去支根，晒干或烘干，称生晒参，如不除支根晒干，称全须生晒参，选独根无分枝的，刮去外皮干燥者称白干参。（见彩图13）

（2）白参类：取洗净的鲜人参置沸水中浸烫3~7分钟，取出，用针将参体扎刺小孔，再浸入浓糖液中2~3次，每次10~12小时，取出干燥，称白参或糖参。

（3）红参类：取洗净的鲜人参，除去支根及根茎部的不定根，或仅除去细支根及须根，蒸3小时左右，取出晒干或烘干，称红参。取8~9年的鲜人参，除去支根及根茎部的不定根，蒸3小时左右，取出晒干或烘干，称边条红参。

（4）活性参：用真空冷冻干燥法加工的人参，称活性参，此法可防止有效成分总皂苷的损失，提高产品质量。

【商品特征】

1. 野山参　芦头长，称"雁脖芦"。由于生长年限长，根茎上的芦碗堆积由疏到密，因此，野山参芦头分三段。即"马牙芦"，芦碗稀疏，形似马牙；"堆（对）花芦"，芦碗左右交错，密集四周；"圆芦"，芦碗已长平，呈圆柱形。不定根多呈枣核状，习称"枣核艼"。主根短，呈人字形、菱形或圆柱形，习称"灵体"或"武形"。皮细纹深，连续成环，习称"铁线纹"；支根1~2条，须根细长稀疏，质坚韧，习称"皮条须"。须根着生多数疣状突起，习称"珍珠点"。气微香而特异，味微苦、甘。

2. 园参　芦头短，为马牙芦。不定根顺长，习称"顺体艼"。主根长，呈纺锤形或圆柱形，习称"笨体"或"文形"。皮细嫩，横环纹疏浅不连续。支根2~5条，须根多、短而乱，习称"扫帚须"。珍珠点不明显。

（1）生晒参：表面灰黄色，有粗浅横纹及纵皱纹，支根2~3条。气特异，味微苦、甜。

（2）红参：表面红棕色，质硬而脆，断面角质样。气微香而特异，味甘、微苦。

（3）白糖参：表面淡黄白色，支根2~3条。全体可见加工时的点状针刺痕，味较甜。

【商品规格】　商品分野山参和园参，以野山参质量最佳。其规格等级标准如下。

1. 野山参　根据形体好坏、重量大小，分为八等。

一等：主根粗短呈横灵体，支根八字分开（俗称武形），五形全美（芦、艼、纹、体、须相衬）。有圆芦。艼中间丰满，形似枣核。皮紧细。主根上部横纹紧密而深，须根清疏而长，质坚韧，有明显的珍珠疙瘩。表面牙白色或黄白色，断面白色，味甜，微苦。每支重100g以上，艼帽不超过主根重量的25%，无疤痕、杂质、虫蛀、霉变。

二等：每支重 55g 以上，余同一等。

三等：每支重 32.5g 以上，余同一等。

四等：每支重 20g 以上，余同一等。

五等：呈横灵体或顺体（俗称文形）。每支重 12.5g 以上，芋帽不超过主根重量的 40%，余同一等。

六等：呈横灵体、顺体、畸形体（俗称笨体），每支重 6.5g 以上，芋帽不大。余同一等。

七等：圆芦有或无，有芋或无芋。每支重 4g 以上，余同六等。

八等：每支重 2g 以上，间有芦须不全的残次品。

2. 园参 商品分为边条鲜参、普通鲜参、边条红参、普通红参、生晒参、全须生晒参、白干参、白糖参等规格。（见彩图 14）

（1）边条鲜参

一等：鲜货，根呈长圆柱形，芦长、身长、腿长，有 2～3 个分枝，须芦齐全，体长不短于 20cm。浆足，丰满。每支重 125g 以上，芋帽不超过 15%。不烂，无疤痕，无水锈。

二等：体长不短于 18.3cm，每支重 85g 以上，余同一等。

三等：体长不短于 16.7cm，每支重 60g 以上，余同一等。

四等：体长不短于 15.0cm，每支重 45g 以上，余同一等。

五等：体长不短于 13.3cm，每支重 35g 以上，余同一等。

六等：体长不短于 13.3cm，每支重 25g 以上，余同一等。

七等：根呈长圆柱形，须节齐全，浆足丰满。每支重 12.5g 以上。

八等：根呈长圆柱形，不符合以上规格和缺须少芦、破断根条者，每支重 5g 以上。

（2）普通鲜参

特等：鲜货。根呈圆柱形，有分枝，须芦齐全，浆足，每支重 100～150g。不烂，无疤痕，无水锈。

一等：每支重 62.5g 以上，余同特等。

二等：每支重 41.5g 以上，余同特等。

三等：每支重 31.5g 以上，余同特等。

四等：每支重 25.0g 以上，余同特等。

五等：每支重 12.5g 以上，余同特等。

六等：每支重 5.0g 以上，不符合以上规格和缺须少芦折断者。

（3）边条红参

①16 支边条红参

一等：根呈长圆柱形，芦长、身长、腿长，体长 18.3cm 以上，有分枝 2～3 个。表面棕红色或淡棕色，有光泽。上部色较淡，有皮有肉。质坚实，断面角质样。气香，味苦。每 500g 在 16 支以内，每支重 31.3g 以上。无中尾，无破痕。

二等：稍有黄皮、抽沟、干疤。无中尾。余同一等。

三等：色泽较差，有黄皮、抽沟、破疤。无中尾。余同一等。

②25 支边条红参

一等：根呈长圆柱形，芦长、身长、腿长，体长 16.7cm 以上，有分枝 2~3 个。表面棕红或淡棕色，有光泽，上部色较淡，有皮有肉。质坚实，断面角质样。气香，味苦。每 500g 在 25 支以内，每支重 20g 以上。无中尾，无黄皮，无破疤。

二等：稍有黄皮、抽沟、干疤。无中尾，无虫蛀，无霉变，无杂质。余同一等。

三等：色泽较差，有黄皮、抽沟、破疤、腿红。无中尾。余同一等。

③35 支边条红参

一等：根呈圆柱形。芦长、身长、腿长，体长 15cm 以上，有分枝 2~3 个，表面红棕色或淡棕色，有光泽。上部色较淡，有皮有肉。质坚实，断面角质样。气香，味苦。每 500g 在 35 支以内，每支重 14.3g 以上。无中尾，无黄皮，无破疤。

二等：稍有黄皮、抽沟、干疤。余同一等。

三等：色泽较差，有黄皮、抽沟、破疤。余同一等。

④45 支边条红参

一等：根呈圆柱形。芦长、身长、腿长，体长 13.3cm 以上。有分枝 2~3 个。表面棕红色或淡棕色，有光泽。上部色较浅，有皮有肉。质坚实，断面角质样。气香，味苦。每 500g 在 45 支以内，支头均匀。无中尾，无黄皮，无破疤。

二等：稍有黄皮、抽沟、干疤。余同一等。

三等：色泽较差，有黄皮、抽沟、破疤。余同一等。

⑤55 支边条红参

一等：根呈圆柱形，芦长、身长、腿长，体长 11.7cm 以上，有分枝 2~3 个。表面棕红色或淡红色，有光泽。上部色较淡，有皮有肉。质坚实，断面角质样。气香，味苦。每 500g 在 55 支以内，支头均匀。无中尾，无黄皮，无破疤。

二等：稍有黄皮、抽沟、干疤。余同一等。

三等：色泽较差，有黄皮、抽沟、破疤。余同一等。

⑥80 支边条红参

一等：根呈圆柱形，芦长、身长、腿长，体长 11.7cm 以上。表面棕红色或淡棕色，有光泽。上部色较淡，有皮有肉，质坚实，断面角质样。气香，味苦。每 500g 在 80 支以内，支头均匀。无中尾，无破疤。

二等：稍有黄皮、抽沟、干疤。余同一等。

三等：色泽较差，有黄皮、抽沟、破疤，腿红。余同一等。

⑦小货边条红参

一等：根呈圆柱形，表面棕红色或淡棕色，有光泽。上部色较淡，有皮有肉。断面角质。支头均匀。气香，味苦。无中尾，无黄皮，无破疤。

二等：有黄皮，不超过身长的二分之一。稍有抽沟、干疤，余同一等。

三等：色泽较差，有黄皮、抽沟、破疤。余同一等。

（4）普通红参

①20 支普通红参

一等：根呈圆柱形。表面棕红色或淡棕色，有光泽。质坚实，断面角质样。气香，味苦。每 500g 在 20 支以内，每支重 25g 以上。无细腿，无破疤，无黄皮。

二等：稍有干疤、黄皮、抽沟。余同一等。

三等：色泽较差，有黄皮、干疤、抽沟。余同一等。

②32 支普通红参

一等：根呈圆柱形。表面棕红色或淡棕色，有光泽。质坚实，断面角质样。气香，味苦。每 500g 在 32 支以内，每支重 15.6g 以上。无细腿，无破疤，无黄皮。

二等：稍有干疤、黄皮、抽沟。余同一等。

三等：色泽较差，有黄皮、干疤、抽沟。余同一等。

③48 支普通红参

一等：根呈圆柱形，表面棕红色或淡棕色，有光泽，质坚实，断面角质样。每 500g 在 48 支以内。气香，味苦。无细腿，无破疤，无黄皮，无虫蛀。

二等：稍有干疤、黄皮、抽沟。余同一等。

三等：色泽较差，有黄皮、干疤、抽沟。余同一等。

④64 支普通红参

一等：根呈圆柱形，表面棕红色或淡棕色，有光泽，质坚实。断面角质样。气香，味苦。每 500g 在 64 支以内，支头均匀。无细腿，无破疤，无黄皮。

二等：稍有干疤、黄皮、抽沟。余同一等。

三等：色泽较差，有黄皮、干疤、抽沟。余同一等。

⑤80 支普通红参

一等：根呈圆柱形，表面棕红色或淡棕色，有光泽。质坚实，断面角质样。气香，味苦。每 500g 在 80 支以内，支头均匀。无细腿，无破疤，无黄皮，无虫蛀。

二等：稍有干疤、黄皮、抽沟。余同一等。

三等：色泽较差，有黄皮、干疤、抽沟。余同一等。

⑥小货普通红参

一等：根呈圆柱形，表面棕红色或淡棕色，有光泽。质坚实，断面角质样，气香，味苦。支头均匀。无细腿，无破疤，无黄皮。

二等：稍有干疤、黄皮、抽沟。余同一等。

三等：色泽较差，有黄皮、干疤、抽沟。余同一等。

（5）红直须

一等：根须呈长条形，粗壮均匀。棕红色或橙红色，有光泽，呈半透明状。断面角质。气香，味苦。长 13.3cm 以上。无干浆，无毛须。

二等：长 13.3cm 以下，最短不低于 8.3cm。余同一等。

（6）红混须：统货。根须呈长条形或弯曲状。棕红色或橙红色，有光泽，半透明。断面角质样。气香，味苦。须条长短不分，其中直须占 50% 以上。无碎末，无杂质。

（7）红弯须：统货。根须呈条形弯曲状，粗细不均。橙红色或棕黄色，有光泽，呈半透明状。不碎。气香，味苦。

（8）全须生晒参

一等：根呈圆柱形，有分枝。体轻有抽沟，芦须全，有芋帽。表面黄白色或较深，断面黄白色。气香，味苦。每支重 10g 以上，绑尾或不绑。

二等：每支重 7.5g 以上，余同一等。

三等：每支重 5.0g 以上，余同一等。

四等：大小支不分，芦须不全，间有折断。余同一等。

（9）生晒参

一等：根呈圆柱形。体轻有抽沟，去净芋须。表面黄白色，断面黄白色。气香，味苦。每 500g 在 60 支以内。无破疤。

二等：每 500g 在 80 支以内，余同一等。

三等：每 500g 在 100 支以内，余同一等。

四等：体轻有抽沟、死皮，每 500g 在 130 支以内，余同一等。

五等：体轻有抽沟、死皮，每 500g 在 130 支以外，余同一等。

（10）白干参

一等：根呈圆柱形，皮细，表面色白，芦小。质充实，肥壮，去净支根。断面白色。气香，味苦。每 500g 在 60 支以内，支条均匀。无抽沟、皱皮，无水锈，无杂质，无虫蛀，无霉变。

二等：每 500g 在 80 支以内，余同一等。

三等：稍有抽沟、水锈。每 500g 在 100 支以外。余同一等。

（11）皮尾参：统货。根呈圆柱形，条状，无分枝，去净细须。表面灰棕色，断面黄白色。气香，味苦。

（12）干浆参：统货。根呈圆柱形。体质轻泡，瘪瘦多抽沟。表面棕黄色或黄白色。味苦。

（13）白直须

一等：根须呈条状，有光泽。表面、断面均黄白色。气香，味苦。长 13.3cm 以上，条大小均匀。无水锈。

二等：长 13.3cm 以下，最短不低于 8.3cm，余同一等。

（14）白混须：统货。根须呈长条形或弯曲状。表面、断面均黄白色。气香，味苦。须条长短不分，其中直须占 50% 以上。无碎末，无杂质，无虫蛀，无霉变。

（15）白糖参

一等：根呈圆柱形，芦须齐全，体充实，支条均匀。表面、断面均白色。味甜，微苦。不返糖，无浮糖。

二等：表面黄白色，断面白色，大小不分。余同一等。

（16）轻糖直须

一等：根须呈长条形，红棕色或棕黄色，半透明，粗条均匀，质充实，味甘微苦。

长 13.3cm 以上。无返糖，无皱皮，无干浆。

二等：条不均匀，长 13.3cm 以下。不返糖。

【品质要求】生晒参以条粗、皮细、纹深、质硬、完整者为佳；红参以身长、条粗、皮细、色棕红、无黄皮、无破疤、质硬、完整者为佳；白参（糖参）以条粗、皮细、淡黄白色、质硬、完整者为佳。本品含人参皂普 Rg_1（$C_{42}H_{72}O_{14}$）和人参皂苷 Re（$C_{48}H_{82}O_{18}$）的总量不得少于 0.30%，含人参皂苷 Rb_1（$C_{54}H_{92}O_{23}$）不得少于 0.20%；水分不得过 12.0%；总灰分不得过 5.0%。

【产销行情】全国近年年均生产量约 1500 吨，纯购约 1000 吨，纯销约 900 吨，供应出口约 200 吨。其中每年吉林纯购 700 余吨，辽宁约 150 吨，黑龙江约 130 吨。

【包装贮藏】干货用木箱包装，内垫防潮纸，再用棉花填实，放少量细辛加盖封紧。本品易虫蛀、受潮发霉，应置阴凉干燥处密封保存。防潮、防蛀、防霉。

【性味功效】性温，味甘、微苦。大补元气，复脉固脱，补脾益肺，生津养血，安神益智。

【附注】1. 人参为国家重点保护的野生植物药材品种。

2. 黄皮 指人参采收季节不当，浆汁不足，或加工不及时，跑了浆，加工后出现的黄色外皮。

3. 中尾 指边条红参规定有二、三条腿，腿的粗细直径不得小于 0.3cm，小于 0.3cm 者，称为"中尾"。

4. 破疤、干疤 人参在起土前受到创伤或虫伤，加工成红参后，疤痕是黑色者叫"破疤"；已经愈合好的伤疤，加工后不显黑色，与红参体色相同者叫"干疤"。

5. 有皮有肉 加工的红参（边条参），肩部有明显的横皱纹，称"有皮"；参体表面棕红色，有肉嫩感，称"有肉"，两者俱全者称"有皮有肉"。

6. 籽种山参 为山参的种子，经人工种植于林中后而自然长成者。

7. 池底参 为未取尽的园参，又称"园参稆"，在原参畦中自然条件下生长多年后挖取者。

8. 移山参 采挖山参时，将发现的小形参移至妥善地方种植，待以后接近长成时挖取，或将园参小者移到山林中任其自然生长，待接近成熟时挖出。

9. 石柱参 主产于辽宁省宽甸县石柱村，故名。

10. 朝鲜人参 商品分高丽参（别直参）、朝鲜白参。

11. 日本人参（又称"东洋参"） 商品分天字、地字以及驳枝、比枝等规格。

五 味 子
SCHISANDRAE CHINENSIS FRUCTUS

本品为木兰科植物五味子 *Schisandra chinensis*（Turcz.）Baill. 的干燥成熟果实。药材习称"北五味子"。始载于《神农本草经》，列为上品。野生和栽培均有。因其果肉甘、酸，核辛、苦，并有咸味，故名。为常用中药。

【别名】五梅子、辽五味子、北五味子。

【产地】主产于辽宁本溪、凤城、桓仁、新滨、宽甸，吉林桦甸、蛟河、抚松、柳河、临江、延边、通化，黑龙江阿城、宁安、虎林等地。以辽宁产品质量最佳，故有辽五味之称。

【采收加工】多在霜降后采收，此时果实老熟定浆，质量好，将果实摘下，拣净果枝和杂质，晒干即可。

【商品特征】呈不规则球形或扁球形，表面红色、紫红色或暗红色，皱缩，显油性。果皮肉质柔软，内含种子1~2粒。种子肾形，表面光滑。果肉味酸。种子破碎后，有香气，味辛辣而微苦。

【商品规格】北五味子按果实表面颜色和干瘪粒的多少分为两个等级。其等级标准如下。

一等：呈不规则球形或椭圆形。表面紫红色或红褐色，皱缩，肉厚，质柔润。果肉味酸，种子有香气。干瘪粒不超过2%。无杂质。

二等：表面黑红、暗红或淡红色，皱缩，肉较薄。干瘪粒不超过20%。余同一等。

【品质要求】以个大、色紫红、肉厚、柔润光泽、气味浓者为佳。本品含五味子醇甲（$C_{24}H_{32}O_7$）不得少于0.40%；水分不得过16.0%；总灰分不得过7.0%；杂质不得过1%。

【产销行情】全国每年生产约19000余吨，纯购约8000余吨，纯销约7000余吨，供出口约120吨，市场供过于求。

【包装贮藏】以麻袋或塑料编织袋包装。本品易吸湿返潮、霉变，应置阴凉通风干燥处保存，但不可干燥过度，以免失润干枯。

【性味功效】性温，味酸、甘。收敛固涩，益气生津，补肾宁心。

【附注】南五味子　SCHISANDRA SPHENANTHERAE FRUCTUS

本品为木兰科植物华中五味子 Schisandra sphenanthera Rehd. et Wils. 的干燥成熟果实。主产于陕西、湖北、山西、河南、云南等地。呈不规则球形，表面棕红色至暗棕色，皮薄肉瘦。内含种子1~2粒，种子肾形，较北五味子种子略小。表面略呈颗粒状。商品为统货，干瘪粒不超过10%。

牛　蒡　子
ARCTII FRUCTUS

本品为菊科植物牛蒡 Arctium lappa L. 的干燥成熟果实。始载于《名医别录》，列为中品。野生和栽培均有。《名医别录》释名恶实，因"其实状恶而多钩刺"，故名。又因"鼠过之则缀惹不可脱"，而谓之鼠黏子。

【别名】大力子、鼠黏子、恶实。

【产地】全国各地均有分布，主产于吉林桦甸、蛟河、敦化、延吉，辽宁本溪、清源、凤城、桓仁，黑龙江五常、尚志、富锦、阿城，甘肃渭源、康乐、和政、临洮、漳县、岷县、武山等地，山东、江苏、浙江、四川、湖北等地资源亦较多。

【采收加工】秋季果实成熟时采收果序，暴晒至脱粒，打下种子，除去杂质，再晒干。

【商品特征】呈扁卵圆形，稍弯曲。表面灰褐色，散有紫黑色斑点，有纵棱数条，中棱明显。顶端钝圆，具圆环；基部略窄。气微，味苦、微辛而稍麻舌。

【商品规格】根据产地分为关大力（东北）、杜大力（浙江）等规格。均为统货，干瘪粒不超过 10%。

【品质要求】均以粒大饱满、色灰褐、有明显花纹、无杂质者为佳。本品含牛蒡苷（$C_{27}H_{34}O_{11}$）不得少于 5.0%；含水分不得过 9.0%；总灰分不得过 7.0%。

【产销行情】全国年生产量约 2000~5000 吨，年需求量约 3000 吨，供应出口约 1000 吨。牛蒡子年生产量控制在 4000 吨左右较为合适。

【包装贮藏】用单层或双层牛皮纸袋及编织袋装，每袋 10kg 为宜。置通风干燥处保存。

【性味功效】性寒，味辛、苦。疏散风热，宣肺透疹，解毒利咽。

【附注】传统认为浙江嘉兴所产的杜大力质量佳，但目前牛蒡子资源已经非常少。山东、江苏有大量牛蒡栽培，主要是以其根作为保健蔬菜出口日本、韩国和东南亚，非生产牛蒡子。

升 麻
CIMICIFUGAE RHIZOMA

本品为毛茛科植物大三叶升麻 *Cimicifuga heracleifolia* Kom.、兴安升麻 *Cimicifuga dahurica*（Turcz.）Maxim. 或升麻 *Cimicifuga foetida* L. 的干燥根茎。商品依次称为关升麻、北升麻和川升麻。始载于《名医别录》。多为野生。因其叶似麻，其性上升，故名。为常用中药。

【别名】周升麻、绿升麻、黑升麻。

【产地】关升麻主产于辽宁、吉林、黑龙江。北升麻主产于黑龙江、河北、山西、内蒙古。川升麻主产于四川、陕西、青海。

【采收加工】春、秋两季采挖其地下根茎，除去泥沙及地上茎叶，晒至须根干时，用火燎净，晒干。

【商品特征】为不规则结节状，皮黑，肉黄色或带绿。体轻，质坚硬，切片呈丝瓜网状。气微，味微苦而涩。

【商品规格】商品规格按产地分为关升麻、北升麻和川升麻。均为统货。

【品质要求】以个大、外皮绿黑、无细根、断面深绿色者为佳。本品含异阿魏酸（$C_{10}H_{10}O_4$），不得少于 0.10%；水分不得过 13.0%；总灰分不得过 8.0%，酸不溶性灰分不得过 4.0%；稀乙醇浸出物不得少于 17.0%；杂质不得过 5%。

【产销行情】全国年均纯购约 1500 吨，纯销约 1500 吨，其中辽宁约 100 吨，黑龙江约 300 吨，河南约 200 吨，陕西约 300 吨，四川约 500 吨，其他地区约 200 余吨。

【包装贮藏】以席包装。本品易虫蛀、发霉，应置干燥通风处保存。

【性味功效】性微寒，味辛、微甘。发表透疹，清热解毒，升举阳气。

龙 胆
GENTIANAE RADIX ET RHIZOMA

本品为龙胆科植物龙胆 *Gentiana scabra* Bge.、三花龙胆 *Gentiana triflora* Pall.、条叶龙胆 *Gentiana manshurica* Kitag. 或滇龙胆 *Gentiana rigescens* Franch. 的干燥根及根茎。前三种习称"龙胆",后一种习称"坚龙胆"。始载于《神农本草经》,列为中品。野生与栽培均有。因其叶如龙葵,味苦如胆,故名。为常用中药。

【别名】龙胆草、胆草、苦胆草。

【产地】龙胆主产于黑龙江齐齐哈尔、穆棱、富裕、东宁、伊春,吉林长白、永吉、蛟河、桦甸,辽宁清原、新宾、桓仁及内蒙古等地,药材又习称"关龙胆",其产量大,质量好。坚龙胆主产于云南、四川、贵州等省,药材又习称"滇龙胆"或"川龙胆"。

【采收加工】春、秋两季采挖,洗净,干燥。

【商品特征】1. 龙胆 根茎呈不规则的块状,根细长圆柱形,表面淡黄色或黄棕色,上部多有显著的横皱纹。质脆,易折断,断面皮部黄白色或淡黄棕色,木部色较浅,呈点状环列。味甚苦。

2. 坚龙胆 表面黄棕色或红棕色,无横皱纹,质坚脆,易折断,断面皮部黄棕色,木部黄白色,易与皮部分离。

【商品规格】商品分关龙胆和坚龙胆两种规格。均为统货。

【品质要求】龙胆以根粗长、色黄或黄棕、质柔、味极苦者为佳。坚龙胆以根细长、色黄棕、味极苦者为佳。本品含龙胆苦苷($C_{16}H_{20}O_9$),龙胆不得少于3.0%,坚龙胆不得少于1.5%;水分不得过9.0%;总灰分不得过7.0%,酸不溶性灰分不得过3.0%;水溶性浸出物不得少于36.0%。

【产销行情】全国年均产约2500吨,纯购约2500吨,纯销约2300吨,出口约20吨。其中东北三省年购约1000吨,江苏300吨,浙江200吨,四川500吨,其他地区约1500吨。近年来产销不平衡,货源紧缺。

【包装贮藏】席包或编织袋包装,置干燥处保存。

【性味功效】性寒,味苦。清热燥湿,泻肝胆火。

【附注】龙胆为国家重点保护的野生植物药材品种。

白 头 翁
PULSATILLAE RADIX

本品为毛茛科植物白头翁 *Pulsatilla chinensis* (Bge.) Regel 的干燥根。始载于《神农本草经》,列为上品。全为野生。因根头处有白茸毛,状似白头老翁,故名。为常用中药。

【别名】山棉花。

【产地】主产于黑龙江、吉林、辽宁、内蒙古、河北、山西、陕西、甘肃南部、河南、山东、江苏、安徽、湖北北部等地。

【采收加工】春、秋两季采挖。除去叶、残留花茎和须根，保留根头白绒毛，去净泥土，晒干。

【商品特征】呈圆锥形稍扭曲。表面黄棕色，皮部易脱落，露出黄色木部，大条者有枯洞及网状裂纹。根头部密生长白毛。味微苦涩。

【商品规格】统货。

【品质要求】以条粗长、质坚实、顶生白色长绒毛者为佳；粗大有枯心或瘦小、顶端无绒毛者质次。本品含白头翁皂苷 B_4（$C_{59}H_{96}O_{26}$）不得少于 4.6%；水分不得过 13.0%；总灰分不得过 11.0%，酸不溶性灰分不得过 6.0%；水饱和正丁醇浸出物不得少于 17.0%。

【产销行情】全国年生产约 800~5000 吨，年需求量 100~1300 吨。近年来白头翁产量逐年下降，需求量不断增加，价格逐渐升高。

【包装贮藏】席包或编织袋包装。本品易虫蛀，应置干燥通风处保存。防潮。

【性味功效】性寒，味苦。清热解毒，凉血止痢。

白 鲜 皮
DICTAMNI CORTEX

本品为芸香科植物白鲜 *Dictamnus dasycarpus* Turcz. 的干燥根皮。始载于《神农本草经》，列为中品。全为野生。陶弘景曰："俗呼白羊鲜。"因其具有羊膻气，故名。为常用中药。

【别名】白羊鲜皮、北鲜皮。

【产地】主产于黑龙江、吉林、辽宁、内蒙古、河北、山东等省。

【采收加工】春秋两季采挖。除去泥沙和粗皮，剥取根皮，干燥。

【商品特征】呈卷筒状。外表面灰白色，常有突起的颗粒小点；内表面类白色。折断时有粉尘，略呈层片状，剥去外层，对光可见闪烁的小白点。有羊膻气。

【商品规格】统货。

【品质要求】以条大、皮厚、色灰白、无木心者为佳。本品含梣酮（$C_{14}H_{16}O_3$）不得少于 0.050%，含黄柏酮（$C_{26}H_{34}O_7$）不得少于 0.15%；水分不得过 14.0%；水溶性浸出物不得少于 20.0%。

【产销行情】21 世纪以前我国白鲜皮产销基本平衡。但进入 21 世纪，产量逐年下降，由 2000 年的 12000 吨降至 2012 年的 3000 吨；国内外需求量逐年增加，由 2000 年的 2000 吨增至 2012 年的 5000 吨。

【包装贮藏】席包包装。置于干燥通风处保存。防潮。

【性味功效】性寒，味苦。清热燥湿，祛风解毒。

西 洋 参
PANACIS QUINQUEFOLII RADIX

本品为五加科植物西洋参 *Panax quinquefolium* L. 的干燥根。始载于《补图本草备要》。国内全为栽培，国外有野生。与人参同属，以前全从西洋进口，故名。为常用中药。

【别名】花旗参、洋参。

【产地】国外产自美国北部和加拿大南部，以美国威斯康星州为主。现我国黑龙江、吉林、辽宁、北京、山东、陕西、江西、贵州、云南、河北、安徽、福建等地引种栽培成功。

【采收加工】秋季9~10月间采收，选取3~5年生的植物，多认为4年生的植物质量较好。挖出根后，洗去泥土，烘干，干后以水润湿，除去支根和须根，修剪分档，再烘干。有的除去支根和须根后，撞去外皮，再烘干。前者称原皮西洋参，市场上流通的多为此种；后者称粉光西洋参，现市场上较少见。

【商品特征】

1. 进口西洋参

（1）野生西洋参：呈纺锤形，主根多单一，少分枝。表面黄白色或黄褐色，可见横向突起的疤痕。主根较细短，全体具细密而明显的环纹，形似"蚕蛹"。质坚实，断面紧密无裂隙，形成层环明显；香气浓厚，味甘、凉、苦（习称"葛凉"味），嚼之葛凉味留口持久。

（2）栽培西洋参

①原尾西洋参：为去掉根茎和须根的西洋参。呈纺锤形。表面黄白色或浅黄褐色，质坚实，切断面致密无裂隙，形成层环明显；皮部厚，黄白色，为切口半径的1/3以上，具较多的红棕色小点；木部色深，略呈角质状，具放射状纹理。西洋参特有的香气浓厚，葛凉味留口持久。

②短枝西洋参：为西洋参的主根。呈圆柱形或圆锥形，多为单枝。表面黄白色或灰青褐色。

③长枝西洋参：为西洋参的主根。与短枝类似，较细长，多单枝顺直，极少分枝。

④西洋参参节：为西洋参的支根，长圆柱形，表面暗黄色，有细纹理。

⑤西洋参参须：为西洋参的须根。圆柱形，较细，表面暗黄色。

2. 国产西洋参　主根圆柱形或圆锥形，多单枝、顺直，较细长。表面黄白色、灰黄色或灰褐色，皮纹较光滑，疤痕较少。体重、质坚硬，不易切片，切薄片易卷曲和碎裂。断面不甚平坦，呈角质状，致密无裂隙，形成层环明显；皮部厚，具黄棕色小点；木部色深，放射状纹理不甚明显。具西洋参特有的香气，但不浓；葛凉味较淡，留口不持久。

【商品规格】商品上分为进口野生西洋参、进口栽培西洋参和国产西洋参三大类。进口栽培西洋参多分为原尾、短枝、长枝和参节等规格，有的将短枝分为短枝和圆短枝（泡粒）两种规格，将长枝分为长枝和中枝两种规格。国产西洋参多分为长枝、短枝、泡参、条参、参段和参须等规格。西洋参的规格等级标准如下。

1. 进口野生西洋参　进口野生西洋参根据大小和质量进行分等，不同地区分等方法略有不同。如上海以每125g的枝数分为100枝、200枝、300枝等；广东根据每枝西洋参的重量分为大号、一号、二号、二号半、三号、三号半、四号、四号半、五号和幼枝等；香港根据每枝西洋参大小分为大粒和小粒等。

2. 进口栽培西洋参（见彩图 15）

（1）原尾：保留支根，去掉须根，无剪口。

巨大号：每枝重 14g 以上。

特大号：每枝重 12 ~ 14g。

大号：每枝重 10 ~ 12g。

中号：每枝重 7 ~ 10g。

中小号：每枝重 5 ~ 7g。

小一号：每枝重 2.5 ~ 5g。

小二号：每枝重 1.5 ~ 5g。

小三号：每枝重 1.5g 以下。

（2）长枝：长度是最粗部分横截面直径的 6 倍以上，一般无侧枝剪口。

巨大号：每枝重 14g 以上。

特大号：每枝重 12 ~ 14g。

大号：每枝重 10 ~ 12g。

中号：每枝重 7 ~ 10g。

中小号：每枝重 5 ~ 7g。

小一号：每枝重 2.5 ~ 5g。

小二号：每枝重 1.5 ~ 5g。

小三号：每枝重 1.5g 以下。

（3）短枝：长度是最粗部分横截面直径的 3.5 ~ 6 倍，一般有 2 ~ 3 个侧枝剪口。

巨大号：每枝重 12g 以上。

特大号：每枝重 9 ~ 12g。

大号：每枝重 7 ~ 9g。

中号：每枝重 4 ~ 7g。

中小号：每枝重 2.5 ~ 4g。

小一号：每枝重 1.5 ~ 2.5g。

小二号：每枝重 1.5g 以下。

（4）圆短枝（泡粒）：长度是最粗部分横截面直径的 3.5 倍以下，一般有 2 个以上侧枝剪口。

巨大号：每枝重 14g 以上。

特大号：每枝重 10 ~ 14g。

大号：每枝重 6 ~ 10g。

中号：每枝重 4 ~ 6g。

中小号：每枝重 3 ~ 4g。

小一号：每枝重 2 ~ 3g。

小二号：每枝重 2g 以下。

（5）西洋参参节：按照大小和重量分为大号、中号和小号三种规格。

3. 国产西洋参

（1）长枝

超大枝：直径 1.5~2.0cm，长度 7.5~10.0cm，平均单枝重 10g 以上。

特大枝：直径 1.3~1.5cm，长度 6.5~7.5cm，平均单枝重 7g 以上。

大枝：直径 1.0~1.3cm，长度 5.5~6.5cm，平均单枝重 5g 以上。

中枝：直径 0.9~1.0cm，长度 4.5~5.5cm，平均单枝重 3.5g 以上。

小枝：直径 0.7~0.9cm，长度 3.5~4.5cm，平均单枝重 2.5g 以上。

（2）短枝

特号：直径 1.9~2.2cm，长度 4.9~5.8cm，平均单枝重 10g 以上。

1 号：直径 1.6~2.0cm，长度 4.6~5.6cm，平均单枝重 7g 以上。

2 号：直径 1.4~1.6cm，长度 4.0~5.0cm，平均单枝重 5g 以上。

3 号：直径 1.3~1.4cm，长度 3.6~4.2cm，平均单枝重 3g 以上。

4 号：直径 1.1~1.3cm，长度 2.8~3.4cm，平均单枝重 2g 以上。

（3）泡参

1 号：平均单枝重 7g 以上。

2 号：平均单枝重 5g 以上。

3 号：平均单枝重 3g 以上。

4 号：平均单枝重 1.5g 以上。

5 号：平均单枝重 1.5g 以下。

（4）条参

1 号：直径 0.7~0.8cm，长度 3.7~4.5cm。

2 号：直径 0.5~0.6cm，长度 3.4~4.0cm。

（5）参段：直径 0.5cm 以上，长度 1.0~1.2cm。

（6）参须：长度 2.0cm 以上。

【品质要求】均以质坚实、环纹细密而深、皮部树脂道小点多而颜色深、气味浓厚者为佳。进口栽培西洋参和国产西洋参又以身形短粗者为佳。本品含人参皂苷 Rg_1（$C_{42}H_{72}O_{14}$）、人参皂苷 Re（$C_{48}H_{82}O_{18}$）和人参皂苷 Rb_1（$C_{54}H_{92}O_{23}$）的总量不少于 2.0%；含水分不得过 13.0%；总灰分不得过 5.0%；70% 乙醇浸出物不得少于 30.0%；薄层色谱中不得显与人参对照药材完全一致的斑点。

【产销行情】国内西洋参产量每年约 500 吨，年需求量约 1000 吨。每年需从国外进口约 500 吨，国外每年约产 6000~7000 吨。

【包装贮藏】采用无毒的防潮塑料袋密封，外用纸箱包装。本品易虫蛀、发霉，置通风干燥处保存，可与细辛同贮。

【性味功效】性凉，味甘、微苦。补气养阴，清热生津。

地 榆
SANGUISORBAE RADIX

本品为蔷薇科植物地榆 *Sanguisorba officinalis* L. 或长叶地榆 *Sanguisorba officinalis* L. var. *longifolia*（*Bert.*）Yü et Li 的干燥根。后者习称"绵地榆"。始载于《神农本草经》，列为中品。均为野生。因其叶似榆树叶，其苗布地而名。为常用中药。

【别名】赤地榆、紫地榆、绵地榆。

【产地】地榆主产于东北、内蒙古、山西、河南、甘肃、贵州等地。长叶地榆主产于安徽、浙江、江苏、江西等地。

【采收加工】春季植株将发芽时或秋季植株枯萎后采挖，以春季采者质优。一般将根挖出后，去除泥土、茎叶及须根，晒干。或趁鲜切斜片后晒干。

【商品特征】1. 地榆 呈不规则圆柱形。表面灰褐色至暗棕色，断面粉红色或淡黄色，皮部无绵状纤维。味微苦涩。

2. 长叶地榆 与地榆相似，皮部有多数黄白色或黄棕色绵状纤维。

【商品规格】商品有原条和切片两种规格。均为统货。

【品质要求】以条粗、片大、坚硬、断面粉红色者为佳。本品含鞣质不得少于 8.0%，含没食子酸（$C_7H_6O_5$）不得少于 1.0%；水分不得过 14.0%；总灰分不得过 10.0%，酸不溶性灰分不得过 2.0%；稀乙醇浸出物不得少于 23.0%。

【产销行情】生产约 10~40 吨，年销量约 10~40 吨。供需基本平衡。

【包装贮藏】席包或编织袋包装，地榆片用麻袋装。本品易受潮、虫蛀、发霉，应置干燥通风处保存。如受潮应及时翻晒，以防霉、虫蛀。

【性味功效】性微寒，味苦、酸、涩。凉血止血，解毒敛疮。

平 贝 母
FRITILLARIAE USSURIENSIS BULBUS

本品为百合科植物平贝母 *Fritillaria ussuriensis* Maxim. 的干燥鳞茎。平贝母见于《伪药条辨》。多为栽培，少量野生。因其外形扁平，故名。为常用中药。

【别名】平贝、东北贝母。

【产地】主产东北，山西、陕西、河北等地亦产。以黑龙江五常、尚志，吉林桦甸产者质量最优，以吉林抚松、临江产量最大。

【采收加工】春季采挖。除去外皮、须根及泥沙，晒干或低温干燥。

【商品特征】呈扁球形。表面类白色，外层鳞叶 2 瓣，肥厚，近等大，相互抱和，底部平，顶端略平而开裂。

【商品规格】统货。

【品质要求】以质坚实、大小均匀、饱满、粉性足、色白者为佳。本品含贝母素乙（$C_{27}H_{43}NO_3$）不得少于 0.050%；水分不得过 15.0%；总灰分不得过 4.0%；50% 乙醇浸出物不得少于 8.0%。

【产销行情】平贝母年生产 4000～15000 吨，年需求量约 6000～7000 吨，年生产量控制在 6000～7000 吨，供需基本平衡。

【包装贮藏】麻袋或塑料袋包装。防潮、防霉，置通风干燥处。

【性味功效】性微寒，味苦、甘。清热润肺，化痰止咳。

关 黄 柏
PHELLODENDRI AMURENSIS CORTEX

本品为芸香科植物黄檗 *Phellodendron amurense* Rupr. 的干燥树皮。始载于《神农本草经》，列为中品。野生与栽培均有。《名医别录》释名黄檗，因主产于关外，故名。为常用中药。

【别名】黄檗。

【产地】主产于辽宁营口、鞍山、丹东，吉林通化、延吉、敦化，河北张家口、承德等地。以辽宁产量大。

【采收加工】立夏至夏至间剥取生长 10～15 年的树皮，除去粗皮，压成板状，晒干。

【商品特征】呈板片状或浅槽状，外表面黄绿色或淡黄棕色，内表面黄色或黄棕色。体轻，质较硬，断面鲜黄色或黄绿色。

【商品规格】统货。

【品质要求】以皮厚、纹细、鲜黄色、无栓皮者为佳。本品含盐酸小檗碱（$C_{20}H_{17}NO_4 \cdot HCl$）不得少于 0.60%，盐酸巴马汀（$C_{21}H_{21}NO_4 \cdot HCl$）不得少于 0.3%；水分不得过 11.0%，总灰分不得过 9.0%；60% 乙醇浸出物不得少于 17.0%。

【产销行情】关黄柏年生产 400～8000 吨，从朝鲜进口 400～2000 吨，年销量 200～2100 吨。

【包装贮藏】打捆，以篾席包装。本品易虫蛀、发霉、变色，应置干燥通风处，避光保存。

【性味功效】性寒，味苦。清热燥湿，泻火除蒸，解毒疗疮。

防 风
SAPOSHNIKOVIAE RADIX

本品为伞形科植物防风 *Saposhnikovia divaricata*（Turcz.）Schischk. 的干燥根。始载于《神农本草经》，列为上品。野生或栽培。"防者，御也。其功疗风最要，故名。"为常用中药。

【别名】关防风、东防风、西防风。

【产地】主产于黑龙江省安达、泰康、肇州，吉林的洮安、镇赉，辽宁的铁岭等地。其中以黑龙江产量大、品质好。此外，内蒙古、山西、河北亦产。

【采收加工】在春、秋两季植株未抽薹前挖取。已抽薹的根老质硬，称为"公防风"，不能药用。挖取后，除去茎叶、须根及泥沙，晒干。取原药材，除去杂质，洗净，润透，切厚片，干燥，为"防风片"。

【商品特征】呈圆锥形，表面灰黄色或灰褐色。根头部具"蚯蚓头"、直须毛，体轻，质松。有特异香气，味微甜。

栽培品为长圆柱形，"蚯蚓头"不明显，毛须粗长或无，质较实，甜味重。

【商品规格】商品按大小粗细分为两等。其等级标准如下。

一等：呈圆柱形。表面有皱纹，顶端带有毛须。外皮黄褐色或灰黄色。质松较柔软。断面棕黄色或黄白色，中间淡黄色。味微甜。根长15cm以上，芦下直径6mm以上，无杂质、虫蛀、霉变。

二等：呈圆柱形，偶有分枝。表面有皱纹，顶端带有毛须。外皮黄褐色或灰黄色。质松柔软。断面棕黄色或黄白色，中间淡黄色。味微甜。芦下直径4mm以上，无杂质、虫蛀、霉变。

【品质要求】以条粗壮、外皮细而紧，断面皮部浅棕色、木部浅黄色者为佳；外皮粗糙，有毛头，带梗苗者为次。本品含升麻素苷（$C_{22}H_{28}O_{11}$）和5－O－甲基维斯阿米醇苷（$C_{22}H_{28}O_{10}$）总量不得少于0.24%；水分不得过10.0%；总灰分不得过6.5%，酸不溶性灰分不得过1.5%；乙醇浸出物不得少于13.0%。

【产销行情】包括川防风和云防风在内，全国年均生产5500余吨，纯购约4000吨，纯销约4000吨，供应出口约50吨。其中黑龙江纯购约1700吨，吉林500吨，辽宁650吨，四川800吨左右，其他地区约400吨。近年商品畅销，出口量增加。

【包装贮藏】以篾席或编织袋包装，本品易虫蛀、发霉。应防潮，置阴凉干燥处保存。

【性味功效】性温，味辛、甘。解表祛风、胜湿、止痉。

【附注】1. 防风为国家重点保护的野生植物药材品种。

2. 川防风 为伞形科植物竹叶前胡 *Peucedanum dielsianum* Fedde ex Wolff、华中前胡 *Peucedanum medicum* Dunn. 的干燥根。

3. 云防风 为伞形科植物松叶西风芹 *Seseli yunnanense* Franch.、竹叶西风芹 *Seseli mairei* Wolff、杏叶防风 *Pimpinella candolleana* Wight et Arn. 的干燥根。

细 辛
ASARI RADIX ET RHIZOMA

本品为马兜铃科植物北细辛 *Asaruan heterotropoides* Fr. Schmidt var. *mandshuricum* (Maxim.) Kitag.、汉城细辛 *Asarum sieboldii* Miq. var. *seoulense* Nakai 或华细辛 *Asarum sieboldii* Miq. 的干燥根及根茎。前两种商品习称"辽细辛"，后者称"华细辛"。始载于《神农本草经》，列为上品。野生或栽培。因其根细而味辛，故名。为常用中药。

【别名】北细辛、辽细辛。

【产地】北细辛主产于辽宁新宾、本溪、凤城、宽甸、桓仁，吉林延边、通化、黑龙江尚志、五常等地。汉城细辛产于辽宁、吉林，产量较小。华细辛主产于陕西、四川、湖北等地，多自产自销。以东北产的"北细辛"为道地药材，其中以辽宁产者最为著名，商品习称"辽细辛"。

【采收加工】夏季果熟期或初秋连根挖取，除去泥沙，阴干。不宜水洗及日晒，以免挥发性成分含量降低而影响疗效。

【商品特征】**1. 北细辛**　根茎具短分枝，长 1 ~ 10cm，直径 0.2 ~ 0.4cm，节间长 0.2 ~ 0.3cm，根细长，表面灰黄色。质脆，易折断。气辛香，味辛辣、麻舌。

2. 栽培品　根茎多分枝，长 5 ~ 15cm，直径 0.2 ~ 0.6cm，根粗长。

3. 汉城细辛　根茎直径 0.1 ~ 0.5cm，节间长 0.2 ~ 1cm。

4. 华细辛　根茎长 5 ~ 20cm，直径 0.1 ~ 0.2cm，气味较弱。

【商品规格】商品按产地分为辽细辛和华细辛两种规格。辽细辛又分为野生和栽培两种规格，辽细辛为商品主流。均为统货。

【品质要求】以根多、色灰黄、香气浓、味麻辣者为佳。本品含挥发油不得少于 2.0%（mL/g），含细辛脂素（$C_{20}H_{18}O_6$）不得少于 0.050%；含马兜铃酸 I（$C_{17}H_{11}O_7N$），不得过 0.001%；含水分不得过 10%；总灰分不得过 12.0%，酸不溶性灰分不得过 5.0%；乙醇浸出物不得少于 9.0%。

【产销行情】全国年均生产约 700 吨，纯购约 650 吨，纯销约 600 吨，供应出口约 50 吨。其中吉林纯购约 100 吨，陕西约 150 吨，辽宁约 150 吨，黑龙江约 100 吨，四川约 50 吨，其他地区约 100 吨。

【包装贮藏】麻袋或编织袋装。本品易散失气味，应置于阴凉干燥处保存。注意防风和避光。

【性味功效】性热，味辛。祛风散寒，通窍止痛，温肺化饮。

哈　蟆　油
RANAE OVIDUCTUS

本品为蛙科动物中国林蛙 *Rana temporaria chensinensis* David 雌蛙的干燥输卵管。始载于《神农本草经》，列为下品。野生、家养均有。形似脂膏而得名。为常用中药。

【别名】哈士蟆油。

【产地】主产吉林通化、桦甸、抚松，辽宁清源、新滨、本溪，黑龙江等地。

【采收加工】10 月捕捉雌蛙，用麻绳穿口额，悬挂风干；剖腹前，用热水浸润后，立即捞出，放入麻袋闷一夜，次日剖开腹部，轻轻将输卵管取出，除净卵子及内脏，放通风处，阴干。

【商品特征】呈不规则块状，弯曲而重叠。表面黄白色，呈脂肪样光泽，在温水中浸泡体积可膨胀 10 ~ 15 倍。气腥，味微甘，嚼之有黏滑感。

【商品规格】商品分为四个等级。其等级标准如下。

一等：黄白色，块大整齐，有光泽，无皮、筋、肉等其他杂物。

二等：黄而不黑，皮、筋、肉等其他杂物不超过 1%。

三等：杂物不超过 5%。余同二等。

四等：不符合一、二、三等者，但杂物不超过 10%。

【品质要求】以块大、肥厚、黄白色、有光泽，无皮膜、无血筋者为佳。本品膨胀度不得低于55。

【产销行情】全国年均生产60～70吨，纯购约40吨，纯销约40吨，供应出口约10吨。其中吉林纯购约18吨，黑龙江约4吨，辽宁约5吨，其他地区约10吨。本品为珍贵药材，近年来用量增大。

【包装贮藏】铁盒或木箱包装。本品易虫蛀、发霉、泛油，应置阴凉干燥处保存。

【性味功效】性平，味甘、咸。补肾益精，养阴润肺。

【附注】哈蟆油为国家重点保护的野生动物药材品种。

桔　梗
PLATYCODONIS RADIX

本品为桔梗科植物桔梗 *Platycodon grandiflorum*（Jacq.）A. DC. 的干燥根。始载于《神农本草经》，列为下品。野生或栽培。因其根结实，而梗直，故名。为常用中药。

【别名】白桔梗、玉桔梗、苦桔梗。

【产地】全国大部分地区均产，以东北、华北产量为大，称"北桔梗"。以华东地区质量较好，称为"南桔梗"。

【采收加工】春、秋两季采挖，去净泥土、须根，趁鲜去外皮或不去外皮，晒干。

【商品特征】呈圆锥形，顶端有芦头，其上有数个半月形的茎痕。表面白色或淡黄色，不去皮者表面黄棕色或灰棕色。质脆，断面皮部类白色，环纹棕色，木质部淡黄色。气微，味微甜而后稍苦。

栽培品呈圆柱形，上端芦头短或无，气微，甜味较浓。

【商品规格】商品按产地分为北桔梗和南桔梗。其规格等级标准如下。

1. 南桔梗

一等：条长顺直，去净粗皮及细梢，表面白色，体坚实。断面皮部色白，木部淡黄色，味甘、苦、辛。上部直径1.4cm以上，长14cm以上。

二等：上部直径1cm以上，长12cm以上。余同一等。

三等：上部直径不低于0.5cm，长7cm以上。余同一等。

2. 北桔梗　统货。大小长短不分，上部直径不低于0.5cm。

【品质要求】以条粗长、色白、质坚实、断面白肉黄心、味苦者为佳。本品含桔梗皂 D（$C_{57}H_{92}O_{28}$），不得少于0.10%；水分不得过15.0%；总灰分不得过6.0%；乙醇浸出物不得少于17.0%。

【产销行情】历年来全国产量畸形发展，多时达60000吨，少时只有5000吨。年纯购约6500吨，纯销约4000吨，供应出口约70吨。其中四川每年购约500吨，山东约450吨，内蒙古约1000吨，辽宁约380吨，黑龙江约600吨，吉林约250吨，安徽约400吨，河南约300吨，河北约250吨。其他地区约1000吨。

【包装贮藏】席包或编织袋包装。置干燥通风处保存。本品易虫蛀、发霉，应防潮、防蛀。

【性味功效】性平，味苦、辛。宣肺，利咽，祛痰，排脓。

鹿 茸
CORNU PANTOTRICHUM

本品为鹿科动物梅花鹿 *Cervus nippon* Temminck 或马鹿 *Cervus elaphus* Linnaceus 雄鹿未骨化密生茸毛的幼角。前者习称"花鹿茸"（黄毛茸），后者习称"马鹿茸"（青毛茸）。始载于《神农本草经》，列为上品。多为养殖，偶有野生。鹿茸之初生者含血未成骨时，如草之嫩芽，故名鹿茸。为常用中药。

【产地】花鹿茸主产于吉林双阳、东丰、伊通，辽宁的西丰、盖州等。此外，河北、北京、天津亦产。马鹿茸主产于黑龙江宁安、内蒙古鄂伦春旗。此外，新疆、青海、甘肃、四川等地亦产。销全国各地，并有出口。

【采收加工】分锯茸和砍茸两种方法。

1. 锯茸 雄鹿从第三年开始锯茸，每年采 1~2 次。第一次在清明后45~50天，习称"头茬茸"，第二次约在立秋前后，习称"二茬茸"。每年采一次者约在7月下旬。将茸锯下后，伤口敷上止血药。锯下的茸立即加工，先将血液抽去，固定后，置沸水中反复炸3~4次，每次15~20秒，使茸内血排尽，至锯口冒白沫，散出蛋黄气味为止，晾干。次日再烫数次，风干或烘烤干即成排血鹿茸。若将锯口向上，不使血液流失，马上封口，加工处理，用沸水煮炸，然后烘烤，每天1次，至第5天，隔一天煮炸烘烤，至八成干时，间隔时间延长，以干透为度，即为带血茸。（见彩图16）

2. 砍茸 将老鹿、病鹿、残鹿杀死，再将鹿茸连同脑盖一同砍下，刮净残肉，将脑皮绷紧，进行烫炸等加工，阴干。

【商品特征】

1. 花鹿茸 呈圆柱状分枝，具有一个分枝者，习称"二杠"（见彩图17），主枝习称"大挺"。离锯口约1cm处分出侧枝，习称"门桩"。外皮红棕色，表面密生红黄色或棕黄色细茸毛，锯口黄白色，中部密布细孔。具两个分枝者，习称"三岔"。气微腥，味微咸。

2. 马鹿茸 较花鹿茸粗大，分枝较多，侧枝一个者习称"单门"，两个者习称"莲花"，三个者习称"三岔"，四个者习称"四岔"，或更多。按产地分为东马鹿茸和西马鹿茸。

（1）东马鹿茸：茸体粗壮，大挺下部有棱筋及疙瘩。外皮灰黑色，茸毛灰褐色或灰黄色。气微腥，味咸。质优。

（2）西马鹿茸：茸体瘦长，表面有棱，多抽缩干瘪，皮深灰色，茸毛粗长，灰色或黑灰色，气腥臭，味咸。质次。

【商品规格】商品分为梅花鹿茸和马鹿茸两大类。其规格等级标准如下。

1. 梅花鹿茸 商品主要分二杠锯茸和三岔锯茸两个规格。

（1）二杠锯茸

一等：要求干货，大挺、门桩相称，短粗嫩壮，顶头钝圆，锯口黄白色，无骨化圈，不拧嘴，不抽沟，不破皮，不悬皮，不乌皮，不存折，不臭，每支重85g以上。

二等：存折不超过一处，虎口以下稍显棱纹。每支重65g以上。余同一等。

三等：枝干较瘦，兼有悬皮、乌皮、破皮不露茸。存折不超过两处，虎口以下有棱纹。每枝重45g以上。余同一等。

四等：兼有独挺、怪角。凡不符合一、二、三等者，均属此等。

（2）三岔锯茸

一等：要求干货，挺圆茸质松嫩，嘴头饱满。不拧嘴，不抽沟，不臭，不乌皮（黑皮茸除外），不破皮，不存折。下部稍有纵棱筋。骨豆不超过茸长的30%。每支重250g以上。

二等：不乌皮（黑皮茸除外），不抽沟，不破皮，存折不超过一处，突起纵棱长不超过2cm，骨豆不超过茸长的40%。每支重200g以上。余同一等。

三等：条杆稍瘦，稍有破皮不而露茸，不悬皮，存折不超过两处，纵棱筋，骨豆较多，每支重150g以上。余同一等。

四等：体畸形成怪角，顶端不审尖，皮毛色灰暗。凡不符合一、二、三等者，均属此等。

2. 马鹿茸 商品分锯茸和锯血茸两个规格。

（1）锯血茸（带血锯茸）

一等（A级）：要求干货，不骨化。茸内充分含血，分布均匀。肥嫩上冲的莲花、三岔茸。不偏头，不抽沟，不破皮，不畸形。主枝及嘴头无折伤。茸头饱满，不空，不瘦。每支重500g以上。

二等（B级）：不足一等的莲花、三岔茸及肥嫩的四岔、人字茸。不破皮，不畸形，无存折，茸头不空不瘦。茸内充分含血。每枝重300g以上。

三等（C级）：不足一、二等的莲花、三岔茸、四岔茸及肥嫩的畸形茸，无存折，茸内充分含血。每支重250g以上。

（2）锯茸（排血锯茸）：除茸内不含血外，一、二、三等的要求与锯血茸相同。

【品质要求】 花鹿茸以粗壮、挺圆、顶端丰满、毛细柔软、色红黄，皮色红棕，有油润光泽者为佳。马鹿茸以饱满、体轻、毛色灰褐、下部无棱线者为佳。本品含水量均不得超过18.0%。

【产销行情】 全国年生产约40吨，纯购约37吨，纯销约35吨，供应出口年均在7吨。其中黑龙江年均约7.5吨，吉林约5吨，辽宁约2吨，新疆约4吨，广东约4吨，内蒙古约1.8吨，山西约1.2吨，北京约1.2吨，四川约1吨，青海约1.2吨，陕西约0.8吨，其他地区约6吨。鹿茸为珍贵药材，近几年销路较畅，价格回升。

【包装贮藏】 以木箱或硬纸箱包装，最好用樟木箱。本品易生虫，应密闭，置阴凉干处保存。为防虫，可在箱内放些樟脑丸（樟脑丸需先用纸包好），不但可防虫蛀，还有利于保持药材色泽，也可喷白酒防虫，或与细辛同贮。

【性味功效】 性温，味甘、咸。壮肾阳，益精血，强骨，调冲任，托疮毒。

【附注】 梅花鹿为国家重点保护的野生动物药材品种。

1. 鹿茸商品鉴别术语解释

（1）拧嘴：指鹿茸大挺初分枝时，顶端嘴头扭曲不正者。

（2）抽沟：鹿茸大挺不饱满，抽缩成沟形者。

（3）悬皮：虎口处皮茸分离，用手敲击有空洞感。花鹿茸一、二等中有破皮、悬皮等不合规定者，均酌情降等。

（4）乌皮：花鹿茸因受加工影响，部分皮变成乌黑色。

（5）存折：鹿茸内部已折断，而表皮未开裂，但有痕迹。一等花鹿茸门桩存折者降为二等；大挺存折者降为三等。

（6）独挺：即未分岔的独角鹿茸，多为两年生幼鹿的"初生茸"。

（7）怪角：是指一切违背本种鹿茸的固有形态，呈现不规则形状的鹿茸。

（8）窜尖：鹿茸渐老时，大挺顶端破皮窜出瘦小的角。

2. 鹿筋　为鹿四肢的筋腱。将鹿的四肢割下，除掉肌肉和骨骼，但保留蹄部，以便鉴别。筋条细长呈金黄色，有光泽而透明。

马鹿筋长 40～60cm，直径 1.5～2cm，上端带有肉质，下部带有半圆形黑色蹄甲 2 个，亦有带 4 个小块蹄甲者，蹄甲处略带皮，有棕色或浅棕色短毛。有时候上端不带肉质，下端不带蹄甲仅带 2 个旋蹄者，称明鹿筋。

花鹿筋较细短，上端不带肉质。

马鹿筋、花鹿筋均以透明、有光泽、金黄色者为佳。

3. 鹿鞭（鹿肾）　为雄鹿的阴茎和睾丸部分。割下后，除去残肉和油质，风干。呈长条形，马鹿鞭长 35～55cm，直径 3.5～4.5cm；花鹿鞭长约 14cm，直径 2.0～3.6cm。表面棕色，有纵向皱沟，顶端有一丛生棕色毛，中段带睾丸 2 枚。

4. 鹿胎　为鹿未出生的胎儿。已具鹿形，干燥后呈棕红色，气微腥，味淡。以幼小无毛者为佳。

5. 鹿尾　为鹿的尾巴，杀鹿时自尾部割下，去掉尾毛和表皮，或不去皮毛，阴干。雌马鹿尾较大，去毛者形似猪舌，长 15cm 左右，宽约 5cm。上端切制成三角形，下端钝圆形，中部扁圆形。表面紫黑色，滑净有光泽，常有少数纵形皱沟。切断面尾骨黄色，皮肉紫褐色。气腥，味淡。带毛者形状略同，唯有棕黄色或灰白色尾毛。雄马鹿尾则较细瘦。梅花鹿尾则更细瘦干瘪，呈圆锥形，品质最次。以粗壮肥厚、不带毛、色紫黑光亮、无臭味者为佳。

鹿　角
CERVI CORNU

为鹿科动物梅花鹿 *Cervus nippon* Temminck 或马鹿 *Cervus elaphus* Linnaceus 已骨化的角或锯茸后翌年春季脱落的角基。分别称"马鹿角""梅花鹿角""鹿角脱盘"。始载于《神农本草经》，列为中品。以野生鹿的脱角为主。为少常用中药。

【产地】见鹿茸。

【采收加工】分砍角和退角两种。砍角，在 10 月至翌年 2 月间，杀鹿后，连脑盖骨砍下，除去残肉，洗净风干。退角又称"解角"或"脱角"，系雄鹿于换角期自然脱落的角，故不带脑骨，多在3～4月间拾取，除去泥沙，风干。

【商品特征】**1. 梅花鹿角** 通常分成3～4枝。角基盘状，具不规则瘤状突起，习称"珍珠盘"。侧枝多向两旁伸展，第一枝与珍珠盘相距较近，第二枝与第一枝相距较远，主枝末端分成两小枝。表面黄棕色或灰棕色，枝端灰白色。枝端以下具明显骨钉，纵向排成"苦瓜棱"。

2. 马鹿角 通常分成4～6枝，形体较梅花鹿大。具珍珠盘。侧枝多向一侧伸展，第一枝与珍珠盘相距较近；第二枝靠近第一枝伸出，习称"坐地分枝"；第二枝与第三枝相距较远。表面灰褐色，骨钉纵排成苦瓜棱。

3. 鹿角脱盘 呈盔状或扁盔状，表面灰褐色或灰黄色，有光泽，中部具蜂窝状细孔，底面平，蜂窝状，多呈黄白色或黄棕色。

【商品规格】商品按来源分为马鹿角、梅花鹿角和鹿角脱盘等规格，均为统货。

【品质要求】均以粗壮坚实、无枯朽者为佳。本品水溶性浸出物不得少于17.0%。

【产销行情】全国平均年收购量约40～50吨，长期以来供不应求，多以产定销。

【包装贮藏】木箱包装。置干燥处储存，防尘。

【性味功效】性温，味咸。温肾阳，强筋骨，行血消肿。

第十六章　北　药

凡以华北大部分省区为主要产区或集散地的大宗商品药材均称为北药。

北药产区的地理范围主要包括河北、山东、山西等地区。本区位于东经 110°14′~122°43′，北纬 34°22′~42°40′之间。北邻内蒙古、辽宁，东濒渤海，南接河南、江苏，西与陕西交界。本产区的自然环境极为复杂，从地貌上看，大致可分为山东半岛、华北平原、燕山 - 太行山三个区。

山东半岛春季升温急剧，3~6月温度上升而水量匮乏，云量少，日照强，风力大，气候干。年平均气温 12℃~14℃，积温 4000℃~5000℃，年降雨量 500~600 毫米，夏季多雨而秋凉早，这样的生态环境有利于金银花、香附的栽培和全蝎的养殖。

华北平原年平均气温 11.8℃，降雨量 630~640 毫米，无霜期约 200 天，为典型的温带大陆性气候。土壤为山地森林土、褐土等多种。但植被破坏严重，盖度很低，药用动植物主要分布在海拔 1200 米以下，如祁白芷、知母、大枣等。

本地区主产的药材有北沙参、北山楂、济银花、潞党参、连翘、远志、黄芪、黄芩、阿胶、五灵脂等。

大　枣
JUJUBAE FRUCTUS

本品为鼠李科植物枣 *Ziziphus jujuba* Mill. 的干燥成熟果实。始载于《神农本草经》，列为上品。均系栽培。为较常用中药。

【别名】红枣。

【产地】全国各地广为栽培。主产于山东宁阳县，河南新郑，新疆和田县，河北唐县、阜平，四川，山西，贵州等地。其中，山东产量大，河南质量佳。

【采收加工】秋季果实成熟时采收，烘至皮软后晒干，即得"红枣"；以湿柴草烟熏，边熏边焙至枣皮转为黑亮，枣肉半熟，干燥适度即得"大乌枣"或"黑枣"。入药一般以红枣为主。

【商品特征】呈椭圆形或球形。表面暗红色，略带光泽，气微香，味甜。

【商品规格】分为乌枣、泡枣、小红枣三个规格，均为统货。

【品质要求】乌枣以个大、皮纹细腻、乌黑有光泽、枣肉深棕黄色、糖分足、味甜者为佳；一般认为红枣优于泡枣，红枣以个大均匀、肉厚、皮鲜红、皮纹细密、味甘甜者为佳。本品总灰分不得过 2.0%。

【包装贮藏】 以纸箱包装。置通风干燥处，注意防蛀、防霉。

【性味功效】 性温，味甘。补中益气，养血安神。

山 楂
CRATAEGI FRUCTUS

本品为蔷薇科植物山里红 *Crataegus pinnatifida* Bge. var. *major* N. E. Br. 或山楂 *Crataegus pinnatifida* Bge. 的干燥成熟果实。习称"北山楂"，始载于《唐本草》，野生与栽培均有。其味似"楂子"，故名。为常用中药。

【别名】 酸楂、红果、山里红。

【产地】 主产于河南林县、辉县、新乡，山东临朐、沂水、安丘，河北唐山、保定等地，其中以山东临朐、沂水两地产量大，质量最佳。

【采收加工】 10 月果实成熟时采收，切片，干燥。

【商品特征】 圆形片，皱缩不平。外皮红色，有灰白色小斑点。果肉深黄至浅棕色。气微清香，味酸、微甜。

【商品规格】 统货。

【品质要求】 以片大、皮红、肉厚、核少者为佳。本品含有机酸以枸橼酸计不得少于 5.0%；水分不得过 12.0%；总灰分不得过 3.0%；醇溶性浸出物不得少于 21.0%；铅不得过百万分之五；镉不得过千万分之三；砷不得过百万分之二；汞不得过千万分之二；铜不得过百万分之二十。

【产销行情】 全国丰年产约 12500 吨，歉年约产 8000 吨，纯购约 8500 吨，钝销约 9000 吨，供应出口约 200~250 吨。其中河南年购约 1500 吨，浙江约 700 吨，江苏约 250 吨，四川约 500 吨，湖南约 300 吨，江西约 200 吨，其他地区约 2500 吨。

【包装贮藏】 以麻袋或编织袋包装。本品易虫蛀、发霉、变色，应防潮，置干燥通风处保存。

【性味功效】 性微温，味酸、甘。消食健胃，行气散瘀，化浊降脂。

小 茴 香
FOENICULI FRUCTUS

本品为伞形科植物茴香 *Foeniculum vulgare* Mill. 的干燥成熟果实。始载于《唐本草》。多为栽培。原名蘹香，后人称茴香，声相近也。为常用中药。

【别名】 蘹香、小茴、谷香。

【产地】 全国各地均有栽培。主产于山西、内蒙古、黑龙江等地。以山西产量大，内蒙古质量优。

【采收加工】 9~10 月果实初熟时采割植株，晒干，打下果实，除去杂质。

【商品特征】 双悬果，呈圆柱形，有的稍弯曲。表面黄绿色或淡黄色，两端略尖，顶端残留有黄棕色突起的柱基，基部有时有细小的果梗。分果呈长椭圆形，背面有纵棱

5 条，接合面平坦而较宽。有特异香气，味微甜、辛。

【商品规格】统货。

【品质要求】以颗粒饱满、色黄绿、香气浓者为佳。本品含反式茴香脑不得少于
1.4%；挥发油不得少于1.5%；杂质不得过4%；总灰分不得过10.0%。

【包装贮藏】以麻袋、编织袋或布袋包装。本品具特异香气，为防气味散失，应置
阴凉干燥处避光、避风保存。

【性味功效】性温，味辛。散寒止痛，理气和胃。

马 勃
LASIOSPHAERA CALVAIA

本品为灰包科真菌脱皮马勃 *Lasiosphaera fenzlii* Reich. 、大马勃 *Calvatia gigantea*
（Batsch ex Pers.）Lloyd 或紫色马勃 *Calvatia lilacina*（Mont. et Berk.）Lloyd 的干燥子实
体。始载于《名医别录》，列为下品。释名马庀（屁），该品孢子成熟后，触之有粉烟
出，故名。为较常用中药。

【别名】灰包。

【产地】主产于河北，辽宁昌图、新宾、宽甸、凤城、本溪、海城、凌原，内蒙古
突泉、库伦，安徽滁县、嘉山，以及广西、四川、广东、浙江等省区。以辽宁、内蒙
古、安徽产量较大。

【采收加工】夏、秋两季子实体成熟时及时采收，除去泥沙，干燥。

【商品特征】1. 脱皮马勃　呈扁球形或类球形，无不孕基部。包被灰棕色至黄褐
色，纸质，常破碎呈块片状，或已全部脱落。孢体灰褐色或浅褐色，紧密，有弹性。

2. 大马勃　不孕基部小或无。残留的包被由黄棕色的膜状外包被和较厚的灰黄色
内包被组成，光滑，质硬而脆，成块脱落。孢体浅青褐色，手捻有润滑感。

3. 紫色马勃　呈陀螺形，或已压扁呈扁圆形，不孕基部发达。包被薄。孢体紫色。

【商品规格】商品分为脱皮马勃、大马勃、紫色马勃等规格，均为统货。

【品质要求】以个大、完整、皮薄、紫色、饱满、松软如海绵、质轻、按之如棉
絮、弹之有粉尘飞出、气味呛鼻者为佳。本品含水分不得过 15.0%；总灰分不得过
15.0%；酸不溶性灰分不得过 10.0%；醇溶性浸出物不得少于 8.0%。

【产销行情】全国年均生产约 500 吨，纯购约 400 吨，纯销约 450 吨，供应出口约
20 吨。其中辽宁纯购约 50 吨，安徽约 70 吨，内蒙古约 40 吨，其他地区约 240 吨。

【包装贮藏】麻袋或木箱装。本品易破碎后使孢子飞散损失，受潮易黏结，故应防
潮、防破碎、防尘，置干燥处保存。

【性味功效】性平，味辛。清肺利咽，止血。

马 兜 铃
ARISTOLOCHIAE FRUCTUS

本品为马兜铃科植物北马兜铃 *Aristolochia contorta* Bge. 或马兜铃 *Aristolochia debilis*

Sieb. et Zucc. 的干燥成熟果实。始载于《开宝本草》。均为野生。其实状如马项之铃，故名。为常用中药。

【别名】兜铃。

【产地】主产于河北、山东、陕西、辽宁、山西、河南、黑龙江等省区。

【采收加工】9~10月果实由绿变黄时采收，将果实从果柄部摘下，在烈日下随晒随翻，至干。

【商品特征】呈卵圆形，表面黄绿色、灰绿色或棕褐色，有纵棱线12条。基部有细长果梗。果实易裂为6瓣，果梗也分裂成6条。果皮内表面平滑而带光泽。气特异，味微苦。

【商品规格】商品分为北马兜铃和马兜铃两种，以北马兜铃为主流商品。均为统货。

【品质要求】以身干、个大、黄绿色、不破裂、无杂质者为佳。

【包装贮藏】麻袋或编织袋装。置阴凉干燥处，防霉烂变质。

【性味功效】性微寒，味苦。清热降气，止咳平喘，清肠消痔。

王不留行
VACCARIAE SEMEN

本品为石竹科植物麦蓝菜 *Vaccaria segetalis*（Neck.）Garcke 的干燥成熟种子。始载于《神农本草经》，列为上品。均为野生。此物性走而不住，虽有王命而不能留其行，故名。为常用中药。

【别名】王不留、留行子。

【产地】主产于河北邢台、保定，黑龙江、辽宁、山东、山西、湖北等地，以河北产量最大。江苏、河南、陕西、湖南、安徽等地亦产。

【采收加工】6~7月果实成熟，果皮尚未开裂时采割植株，晒干，打下种子，除去杂质，再晒干。

【商品特征】呈球形，表面黑色，少数红棕色，略有光泽，有细密颗粒状突起，一侧有1凹陷的纵沟。气微，味微涩、苦。

【商品规格】统货。

【品质要求】以籽粒饱满、色黑者为佳。本品含王不留行黄酮苷不得少于0.40%；水分不得过12.0%；总灰分不得过4.0%；醇溶性浸出物不得少于6.0%。

【包装贮藏】布袋或编织袋装。本品易生虫，应防潮，置干燥处保存。

【性味功效】性平，味苦。活血通经，下乳消肿，利尿通淋。

五 灵 脂
FAECES TROGOPTERORI

本品为鼯鼠科动物复齿鼯鼠 *Trogpterus xanthipes* Milne – Edwards 的干燥粪便。始载于《开宝本草》。均为野生。因其形似凝脂而受五行之灵气，故名。为常用中药。

【别名】寒号虫粪、灵脂。

【产地】主产于太行山秦岭一带，山西高午、左权、平顺、黎城、沁源、陵川、阳城、武乡、翼城、五台、灵川，河北房山、宛平、昌平，河南林县等地。

【采收加工】全年可采，但以春、秋季为多，春季采者为佳。采得后，拣净砂石、泥土等杂质，晒干。按形状分为"灵脂块"和"灵脂米"两类。

【商品特征】1. 灵脂块　呈凝膏状团块。外表黑棕或红棕色，表面常黏附有粒状长椭圆形灵脂米，显纤维性。质硬，气腥臭。

2. 脂米　长椭圆形颗粒。外表红棕或米棕色，常附短细纤维。体轻、质松，断面绿色，纤维性。气微，味微苦。

【商品规格】分为灵脂块（糖灵脂、血灵脂）与灵脂米两种规格，均为统货。

【品质要求】灵脂块以黑色、糖心润泽、油性大、有光泽、其中夹有豆粒状者为佳。灵脂米以纯净、有光泽、体轻、断面黄绿色者为佳。一般认为灵脂块质量好。

【产销行情】全国年均生产约 700 吨，纯购约 450 吨，纯销约 300 吨，供出口约 20 吨。其中山西购约 50～70 吨，河北约 30 吨，河南约 50 吨，甘肃约 100 吨，四川约 80 吨。

【包装贮藏】麻袋装。本品易融化、结块，应置于阴凉干燥处保存，防止受潮。

【性味功效】性温，味苦、甘。活血止痛，化瘀止血，消积解毒。

甘　遂
KANSUI RADIX

本品为大戟科植物甘遂 *Euphorbia kansui* T. N. Liou ex T. P. wang 的干燥块根。始载于《神农本草经》，列为下品。其味苦甘而主攻逐，遂者坠也，故名。为较常用药。

【产地】主产于山西间查、运城，陕西韩城、三原，河南灵宝，此外河北、甘肃、湖北、宁夏、四川也产。

【采收加工】春季开花前或秋末茎叶枯萎后采挖，撞去外皮，晒干。

【商品特征】呈椭圆形、长圆柱形或连珠形，表面类白色或黄白色，凹陷处有棕色外皮残留。质脆，易折断。气微，味微甘而辣。

【商品规格】统货。

【品质要求】以肥大、类白色、粉性足者为佳。本品含大戟二烯醇不得少于 0.12%；水分不得过 12.0%；总灰分不得过 3.0%；醇溶性浸出物不得少于 15.0%。

【包装贮藏】麻袋或编织袋装。置通风干燥处，注意防蛀。

【性味功效】性寒，味苦，有毒。泻水逐饮，消肿散结。

北　沙　参
GLEHNIAE RADIX

本品为伞形科植物珊瑚菜 *Glehnia littoralis* Fr. Schmidt ex Miq. 的干燥根。原名沙参，始载于《神农本草经》，后分为南北沙参二药。北沙参之名见于《本经逢原》，因其形似人参，白色，宜于沙地生长，故名。为常用中药。

【别名】莱阳沙参、辽沙参、东沙参。

【产地】主产于山东莱阳、牟平、莱西、菏泽、济宁、聊城，河北定县、安国等地。

【采收加工】栽培2年后采收。7~8月挖出根部，除去须根，洗净，稍晾，置沸水中烫后去皮，时间不可过长，否则干后色发黑。去皮后晒干，削去粗糙部分，然后捆把即成。或洗净直接干燥。

【商品特征】呈细长圆柱形，偶有分枝，表面淡黄白色，略粗糙。全体有棕黄色点状细根痕。质脆，断面皮部浅黄白色，木部黄色。气特异，味微甘。

【商品规格】商品分三等，其等级标准如下。

一等：呈细长条柱形，去净栓皮。表面黄白色，质坚而脆。断面皮部淡黄白色，有黄色木心。微有香气，味微甘。条长34cm以上，上中部直径0.3~0.6cm，无芦头、细尾、油条、虫蛀、霉变。

二等：条长23cm以上，其余同一等。

三等：条长22cm以下，粗细不分，间有破碎。其余同一等。

【品质要求】均以条细长、均匀、质坚、白色去净皮者为佳。

【产销行情】全国年均产约3600吨，纯购约2700吨，纯销约3000吨，供应出口50~70吨。其中山东年纯购约1200吨，河北约500吨，其他地区约2000吨。

【包装贮藏】筐装、编织袋或纸箱装。置干燥通风处保存，应防潮、防蛀。

【性味功效】性微寒，味甘、微苦。养阴清肺，益胃生津。

瓜 蒌

TRICHOSANTHIS FRUCTUS

本品为葫芦科植物栝楼 *Trichosanthes kirilowii* Maxim. 或双边栝楼 *Trichosanthes rosthornii* Harms 的干燥成熟果实。始载于《神农本草经》。多为栽培。在商品上其果实称瓜蒌，种子称瓜蒌仁，果皮称瓜蒌皮，根称天花粉均分别入药。为常用中药。

【别名】栝楼、全瓜蒌、药瓜。

【产地】主产于山东长清、肥城，安徽亳州、涡阳、宿县、阜阳，河南伊川、嵩县、温县、武陟、商丘、安阳，以及浙江、江苏、河北、陕西、山西、四川、福建等地。

【采收加工】9~11月果实成熟时，连果梗剪下，置通风处阴干，勿碰破果皮。

【商品特征】类球形或宽椭圆形，表面橙红色或橙黄色，皱缩或较光滑。质脆，易破开，内表面有红黄色丝络，果瓤橙黄色，与多数种子黏结成团。具焦糖气，味微酸、甜。

【商品规格】统货。

【品质要求】以个大、完整不破、果皮厚、体重、糖分足者为佳。本品含水分不得过16.0%；总灰分不得过7.0%；水溶性浸出物不得少于31.0%。

【产销行情】全国年均产约 500 吨，纯购约 450 吨，纯销约 450 吨，出口约 50～60 吨。其中山东纯购约 500 吨，安徽约 150 吨，河南约 140 吨，浙江约 20 吨，陕西约 35 吨，河北约 30 吨，其他地区约 60 吨。

【包装贮藏】用编织袋、竹筐或纸袋包装，以酒喷之，封固，置阴凉处保存，或绳穿成串，置通风架上存放。注意防霉、防蛀。

【性味功效】性寒，味甘、微苦。清热涤痰，宽胸散结，润燥滑肠。

地 肤 子
KOCHIAE FRUCTUS

本品为藜科植物地肤 *Kochia scoparia* (L.) Schrad. 的干燥成熟果实。始载于《神农本草经》，列为上品。野生与家种均有。其果为胞果，细小，形似麦麸，故名。为少用中药。

【产地】主产于河北保定、承德、沧县，北京通县，山西平遥、榆次，河南郑州、禹州、新乡，山东曲阜、荷泽，天津等。全国大部分地区均产。

【采收加工】秋季果实成熟时采收植株，晒干，打下果实，除去杂质。

【商品特征】呈扁球状五角星形。表面灰绿色或浅棕色，周围具膜质小翅 5 枚，背面中心有微突起的点状果梗痕及放射状脉纹 5～10 条。种子扁卵形，黑色。气微，味微苦。

【商品规格】统货。

【品质要求】以身干、色灰绿、饱满，不含杂质者为佳。本品含地肤子皂苷Ⅰc不得少于 1.8%；水分不得过 14.0%；总灰分不得过 10.0%；酸不溶性灰分不得过 3.0%。

【包装贮藏】麻袋、编织袋装。置通风干燥处保存。注意防蛀。

【性味功效】性寒，味辛、苦。清热利湿，祛风止痒。

地 骨 皮
LYCII CORTEX

本品为茄科植物枸杞 *Lycium chinense* Mill. 或宁夏枸杞 *Lycium barbarum* L. 的干燥根皮。原名枸杞、地骨。始载于《神农本草经》，列为上品。古用该植物的茎、叶、花、实、根。后人因部位不同，性味稍异而分别入药。为常用中药。

【别名】枸杞根皮。

【产地】主产于山西平遥、晋城，河南禹州、郑州、荥阳，江苏，河北，浙江，宁夏，四川，安徽，陕西，内蒙古等地。其中以山西、河南产量最大。江苏、浙江所产者称南骨皮，质优。

【采收加工】春初或秋后采挖根部，洗净，剥取根皮，晒干。

【商品特征】槽皮，白里，无香气。粉末细胞中含有砂晶。

【商品规格】按产地分为南骨皮，又称杜骨皮（为江苏、无锡、上海等地所产），品质最好；北地骨皮（产苏北、泰兴、涟水、淮阴等地），质次之；古城骨皮（主产安徽滁县等地）；津地骨皮（产山西、河北、河南等地）。

按质量又分为特王地骨皮、头王地骨皮、地骨皮等。

【品质要求】均以筒粗、肉厚、整齐、无木心及碎片者为佳。本品含水分不得过11.0%；总灰分不得过11.0%；酸不溶性灰分不得过3.0%。

【产销行情】全国年均产约4000吨，纯购约3500吨，纯销约3000吨，出口约50吨。其中山西纯购约1300吨，河南约700吨，浙江约270吨，河北约1000吨，其他地区约400吨。

【包装贮藏】用编织袋、竹席或木箱包装。本品易发霉，应置阴凉干燥处保存。

【性味功效】性寒，味甘。凉血除蒸，清肺降火。

远 志
POLYGALAE RADIX

本品为远志科植物远志 *Polygala tenuifolia* Willd. 或卵叶远志 *Polygala sibirica* L. 的干燥根。始载于《神农本草经》，列为上品。野生、家种均有。因远志能益智强志，故名。为常用中药。

【别名】小草、志筒。

【产地】主产于山西阳高、闻喜、榆次、芮城、万荣，陕西韩城、大荔、华阴、绥德、咸阳，河南巩县、嵩县、卢氏、伊川，河北唐县、完县、涞源、新乐、正定、张家口及承德地区。此外，山东、内蒙古、东北三省亦产。

【采收加工】春季生苗前、秋季苗枯后采挖。以秋季采者质佳。挖出后，去掉残茎、须根及泥沙，晒至二三成干时，放在平板上搓至皮肉与木心分离，抽出木心，晒干。亦可采后放置1~2天，待水分稍干而皮皱时，抽去木心晒干，此为"远志筒"。如不能抽心者，可将皮肉锤开，去掉木心，此为"远志肉"。未抽心者称"远志棍"。

【商品特征】1. 远志　呈卷筒状，略弯曲。表面灰黄色至灰棕色，有较密并深陷的横皱纹。质硬而脆，易折断，断面平坦。气微，味苦、微辛，嚼之有刺喉感。

2. 远志棍　呈圆柱形，稍弯曲。断面皮部棕黄色，木部黄白色，皮部易与木部分离。

【商品规格】分远志筒、远志肉等规格。其规格等级标准如下。

1. 远志筒　一等：呈筒状，表面浅棕色或灰黄色，全体有较深的横皱纹，皮细肉厚，质脆易断。断面黄白色。气特殊，味苦、微辛。长7cm，中部直径0.5cm以上。无木心、杂质、虫蛀、霉变。

二等：长5cm，中部直径0.3cm以上。其余同一等。

2. 远志肉　统货。

【品质要求】均以筒粗长、肉厚、去净木心者为佳。本品含细叶远志皂苷不得少于2.0%，远志𠮿酮Ⅲ不得少于0.15%，含3,6′-二芥子酰基蔗糖不得少于0.50%；水分不得过12.0%；总灰分不得过6.0%；醇溶性浸出物不得少于30.0%。

【产销行情】全国年均产约 3200 吨，纯购约 3000 吨，纯销约 3000 吨，出口约 20 ~ 50 吨。其中山西纯购约 500 吨，陕西约 320 吨，河南约 150 吨，河北约 200 吨，山东约 100 吨，辽宁约 100 吨，吉林约 70 吨，其他地区约 1300 吨。

【包装贮藏】远志筒以木箱、编织袋装，远志肉以麻袋或纸箱装。本品易受潮发霉，应置干燥通风处保存。

【性味功效】性温，味苦、辛。安神益智，交通心肾，祛痰，消肿。

苍 耳 子
XANTHII FRUCTUS

本品为菊科植物苍耳 *Xanthium sibiricum* Patr. 干燥成熟带总苞的果实。始载于《神农本草经》，列为中品。均系野生。其实如妇人耳珰，鲜时绿色，故名苍耳。为较常用中药。

【别名】枲耳、刺耳果。

【产地】全国均产。主产于山东荣成、文登、荷泽，江西宜春，湖北黄冈、孝感，江苏苏州、徐州等地。

【采收加工】秋季果实成熟时采收，干燥，除去梗、叶等杂质。

【商品特征】呈纺锤形或卵圆形，表面黄棕色或黄绿色。全体有钩刺，顶端有 2 枚较粗的刺，分离或相连。内分 2 室，各有 1 枚瘦果。气微，味微苦。

【商品规格】统货。

【品质要求】以粒饱满、色黄绿者为佳。本品含水分不得过 12.0%；总灰分不得过 5.0%。

【包装贮藏】竹篓、编织袋或麻袋装。防霉、防鼠，置干燥处保存。

【性味功效】性温，味辛、苦，有毒。散风寒，通鼻窍，祛风湿。

【附注】商品中有一种大苍耳子，来源于蒙古苍耳 *Xanthium mongolicum* Kitag，其形体大，刺长，与苍耳子不同，应注意区别。

阿 胶
ASINI CORII COLLA

本品为马科动物驴 *Equus asinus* L. 的干燥皮或鲜皮经煎煮、浓缩制成的固体胶。始载于《神农本草经》，列为上品。因出产于山东东阿，故名。为少常用中药。

【别名】驴皮胶。

【产地】主产于山东、浙江等地。此外，上海、北京、天津、辽宁、河北等省亦产。以山东东阿县所产为道地药材。

【采收加工】将驴皮漂泡去毛，切成小块，再漂泡洗净，分次水煎，滤过，合并滤液，用文火浓缩（可分别加入适量的黄酒、冰糖、豆油）至稠膏状，冷凝，切块，晾干。

【商品特征】呈长方形块、方形块或丁块。棕色至黑褐色，有光泽。质硬而脆，断面光亮，碎块对光照视呈棕色半透明状。气微，味微甘。

【商品规格】 有长方形和方形两种。

【品质要求】 以色乌黑、光亮、透明、无腥气者为佳。本品含 L – 羟脯氨酸不得少于 8.0%；甘氨酸不得少于 18.0%；丙氨酸不得少于 7.0%；L – 脯氨酸不得少于 10.0%；水分不得过 15.0%；铅不得过百万分之五；镉不得过千万分之三；砷不得过百万分之二；汞不得过千万分之二；铜不得过百万分之二十；水不溶物不得过 2.0%。

【包装贮藏】 纸盒包装，每盒 500g，木箱装运。放阴凉干燥处，密闭保存，防高热熔化，防干燥崩裂。

【性味功效】 性平，味甘。补血滋阴，润燥，止血。

【附注】 另有用猪皮制成的胶块称"新阿胶"，作阿胶代用品。用牛皮制成的胶称"黄明胶"，用杂皮制成的胶块称"杂皮胶"等。可用对光试法予以鉴别。对光视之，阿胶半透明，黄棕色，碎断面光亮。新阿胶则微透明或不透明，淡棕色，断面不光亮。黄明胶则微透明，淡黄色，碎块不光亮。杂皮胶半透明，棕黄色，碎断面不光亮。

板 蓝 根

ISATIDIS RADIX

本品为十字花科植物菘蓝 *Isatis indigotica* Fort. 的干燥根。原名蓝。始载于《神农本草经》，列为上品。为常用中药。

【别名】 菘蓝根。

【产地】 主产于河北安国，江苏南通、如皋等地。此外安徽、河南、浙江、山东、山西、陕西、广西等地亦产。

【采收加工】 秋季 11 月初采挖，去净叶和泥土，晒至七成干时，捆成小把，再晒干。

【商品特征】 呈圆柱形，表面淡灰黄色或淡棕黄色。根头略膨大，可见暗绿色或暗棕色轮状排列的叶柄残基和密集的疣状突起。断面皮部黄白色，木部黄色。气微，味微甜后苦涩。

【商品规格】 商品分为一、二等。

一等：根呈圆柱形、头部略大，中间凹陷，边有柄痕，偶有分支。质实而脆。表面灰黄或淡棕色，有纵皱纹。断面外部黄白色，中心黄色。气微，味微甜后苦涩。长 17cm 以上，芦下 2cm 处直径 1cm 以上。

二等：芦下 2cm 处直径 0.5cm 以上，余同一等。

【品质要求】 均以条长、粗大、体实者为佳。本品含（R,S）– 告依春不得少于 0.020%；水分不得过 15.0%；总灰分不得过 9.0%；酸不溶性灰分不得过 2.0%；醇浸出物不得少于 25.0%。

【产销行情】 全国年均生产约 2000 吨，纯销约 1800 吨，出口约 20~25 吨。其中河北每年纯购约 750 吨，江苏约 340 吨，安徽约 200 吨，河南约 150 吨，山东约 100 吨，山西约 150 吨，广西约 100 吨，浙江约 150 吨。本品用量大，市场较为畅销，但尚未见脱销。

【包装贮藏】捆成小把，席装或麻袋装。易虫蛀、发霉，应置干燥通风处保存。

【性味功效】性寒，味苦。清热解毒，凉血利咽。

苦 参
SOPHORAE FLAVESCENTIS RADIX

本品为豆科植物苦参 *Sophora flavescens* Ait. 的干燥根。始载于《神农本草经》，列为上品。多为野生。苦以味名，参以功名，故名。为常用中药。

【产地】全国各地均产。主产于山西、河南、河北等省。

【采收加工】春、秋两季采挖，除去根头和小支根，洗净，干燥，或趁鲜切片，干燥。

【商品特征】呈长圆柱形，下部常有分枝，表面灰棕色或棕黄色，外皮薄，多破裂反卷，易剥落，剥落处显黄色，光滑。气微，味极苦。

【商品规格】统货。

【品质要求】以条匀、断面色黄白、无须根、味极苦者为佳。本品含苦参碱和氧化苦参碱的总量不得少于1.2%；水分不得过11.0%；总灰分不得过8.0%；水浸出物不得少于20.0%。

【包装贮藏】贮干燥容器内，应置于通风干燥处保存。

【性味功效】性寒，味苦。清热燥湿，杀虫，利尿。

知 母
ANEMARRHENAE RHIZOMA

本品为百合科植物知母 *Anemarrhena asphodeloides* Bge. 的干燥根茎。始载于《神农本草经》，列为中品。均为野生。其宿根之旁，初生子根，状如蚔莔之状，故谓之蚔母，讹为知母。为常用中药。

【产地】主产于河北山区，山西河津，陕西黄陵、榆林，内蒙古敖汗等地。此外甘肃、河南、山东、辽宁、黑龙江等地区亦产。以河北易县产者质量最好，称"西陵知母"。

【采收加工】春、秋两季挖取根茎，剪去地上部分及须根。去掉泥土后晒干者称"毛知母"。鲜时剥去或刮去外皮晒干者称"知母肉"（光知母）。以挖取生长三年以上者质量为优；秋季采收的质量好。

【商品特征】1. 毛知母　呈长条状。顶端有浅黄色的叶痕及茎痕，习称"金包头"。上面有一凹沟，具环状节，节上密生黄棕色的残存叶基，由两侧向根茎上方生长；下面有凹陷或突起的点状根痕。气微，味微甜、略苦，嚼之带黏性。

2. 光知母　外皮已除去，表面黄白色或淡黄棕色，有的可见叶痕及根痕。

【商品规格】分为毛知母和光知母两种规格，均为统货。

【品质要求】均以条粗、质硬、断面黄白色者为优。习惯认为河北、山西产品质佳。本品含知母皂苷 B Ⅱ 不得少于 3.0%；芒果苷不得少于 0.70%；水分不得过 12.0%；总灰分不得过 9.0%；酸不溶性灰分不得过 4.0%。

【产销行情】全国年均产约 3800 吨，纯购约 3500 吨，纯销约 3000 吨，出口约 40 吨。其中河北纯购约 800 吨，山西约 650 吨，陕西约 200 吨，河南约 100～720 吨，其他地区约 1500 吨。

【包装贮藏】用竹席或编织袋包装。本品含黏液质，易吸潮、发霉、变色，应置干燥通风处保存。

【性味功效】性寒，味苦、甘。清热泻火，滋阴润燥。

柏 子 仁
PLATYCLADI SEMEN

本品为柏科植物侧柏 *Platycladus orientalis*（L.）Franco 的干燥成熟种仁。原名柏实，始载于《神农本草经》，列为上品。野生与栽培均有。为常用中药。

【别名】柏子、柏仁。

【产地】主产于山东济宁、荷泽、泰安、莱芜，辽宁朝阳、凌源，河南许昌、信阳、南阳、开封、洛阳，河北安国等地。

【采收加工】冬季种子成熟后采收，先将柏树周围铺好布单或竹席，打下种子，晒干，去净外壳杂质，称"壳柏子仁"，再用石磨反复磨去外壳，取净仁，称"柏子仁"。取净柏子仁，碾碎、蒸热，用压榨机榨去油即得柏子仁霜。

【商品特征】1. 柏子仁　形如米粒。表面黄白色或淡黄棕色，外包膜质内种皮。质软，富油性。气微香，味淡。

2. 柏子仁霜　呈均匀、疏松的淡黄色粉末，微显油性，气微香。

【商品规格】分为柏子仁、柏子仁霜和壳柏子仁三种规格。均为统货。

【品质要求】以子仁粗、饱满、黄白色、油性大而不泛油、无皮壳杂质者为佳。本品酸值不得过 40.0；羰基值不得过 30.0；过氧化值不得过 0.26。

【产销行情】全国年均产约 1500 吨，纯购 1500 吨，纯销约 1400 吨，出口约 30 吨。其中山东年均纯购约 300 吨，辽宁约 250 吨，河南约 100 吨，河北约 250 吨，其他地区约 500 吨。

【包装贮藏】麻袋或塑料编织袋装。本品易虫蛀、发霉、泛油，应密闭，置阴凉干燥处保存。防热、防潮。若将柏子仁与滑石粉混合存放（每 100kg 柏子仁用 10～15kg 滑石粉或明矾粉），可防泛油。

【性味功效】性平，味甘。养心安神，润肠通便，止汗。

香 加 皮
PERIPLOCAE CORTEX

本品为萝摩科植物杠柳 *Periploca sepium* Bge. 的干燥根皮。《中药志》收载。其香气浓郁，状似五加之皮，故名。为少常用中药。

【别名】北五加皮、杠柳皮。

【产地】主产于山西忻定、灵邱、繁寺、榆次、长治、阳泉，河南南阳，河北涞阳、易县、龙关、涿县、蔚县等地。其中以山西、河南产量最大。

【采收加工】春、秋两季采挖，除掉须根、茎苗，用木棒砸破，将木心抽出，洗净泥沙晒干即成。

【商品特征】呈卷筒状或槽状，少数呈不规则的块片状。外表面灰棕色或黄棕色，栓皮松软常呈鳞片状，易剥落。内表面淡黄色。体轻，质脆，易折断。有特异香气，味苦。

【商品规格】统货。

【品质要求】以体轻、质脆、皮厚、香气浓者为佳。本品含 4 – 甲氧基水杨醛不得少于 0.20%；水分不得过 13.0%；总灰分不得过 10.0%；酸不溶性灰分不得过 4.0%；醇浸出物不得少于 20.0%。

【包装贮藏】席包或木箱包装。本品易走失香气，应置阴凉干燥处保存，防潮，防风吹。

【性味功效】性温，味辛、苦。有毒。利水消肿，祛风湿，强筋骨。

香 附
CYPERI RHIZOMA

本品为莎草科植物莎草 *Cyperus rotundus* L. 的干燥根茎。原名莎草，始载于《名医别录》，列为中品。《唐本草》始载"香附子"。李时珍谓："其根相附连续而生，可以合香，故名云香附子。"均为野生。为常用中药。

【别名】香附子、莎草根。

【产地】主产于山东泰安、郯城、营南、日照、临沂等地。此外河南、山西、两湖、江苏、浙江等省亦产。以山东产者质优，有"东香附"之称。

【采收加工】秋季采挖，燎去毛须，直接晒干，置沸水中略煮或蒸透心，取出晒干，称毛香附。若将香附晒至七八成干时，碾去毛须，再晒干，即为香附米（光香附）。

【商品特征】**1. 毛香附** 多呈纺锤形，有的略弯曲。表面棕褐色或黑褐色，有纵皱纹，并有 6~10 个略隆起的环节，节上有未除净的棕色毛须和须根断痕。质硬，经蒸煮者断面黄棕色或红棕色，角质样；生晒者断面色白而显粉性。气香，味微苦。

2. 光香附 去净毛须者较光滑，环节不明显，余同上。

【商品规格】分光香附和毛香附两种规格。均为统货。

【品质要求】均以粒大、饱满、质坚实、香气浓者为佳，个小、质轻、起皱、香气淡者为次。本品含挥发油不得少于 1.0%；水分不得过 13.0%；总灰分不得过 4.0%；醇浸出物不得少于 15.0%。

【产销行情】全国年均产约 5500 吨，纯购约 4750 吨，纯销约 4600 吨，出口约 100 吨。其中山东每年纯购约 1800 吨，河南约 1200 吨，湖南约 1200 吨，湖北约 200 吨，山西约 250 吨，其他地区约 1000 吨。

【包装贮藏】本品有浓郁香气，以编织袋、麻袋或木箱包装，置阴凉干燥处保存。

【性味功效】性平，味辛、微苦、微甘。疏肝解郁，理气宽中，调经止痛。

党　参
CODONOPSIS RADIX

本品为桔梗科植物党参 *Codonopsis pilosula*（Franch.）Nannf.、素花党参 *Codonopsis pilosula* Nannf. var. *modesta*（Nannf.）L. T. Shen 或川党参 *Codonopsis tangshen* Oliv. 等的干燥根。党参之名始见于《本草从新》。野生和家种均有。因本品原产上党，形似人参，故名。为常用中药。

【别名】潞党参、防党、台党参。

【产地】西党主产甘肃文县、岷县、舟曲、武都、临潭，四川九寨沟、平武、松潘、若尔盖，陕西汉中、安康、商雒，山西五台山等地。

东党主产于黑龙江五常、尚志、宾县，吉林延边州、通化，辽宁凤城、宽甸等地。

条党主产于四川九寨沟，湖北恩施、利川及与陕西接壤的地区。

潞党主产于山西平顺、长治、壶关、晋城，河南新乡、栾川、嵩县。

白党主产于贵州毕节、安顺，云南昭通、丽江、大理等地。

【采收加工】秋季 9 月间采收 3 年生以上者，洗净泥土，按大小分别用绳穿起，晒至半干，用手或木板搓揉，使木部与皮部紧贴饱满柔软，然后再晒，再搓，反复 3 ~ 4 次，最后晒干即成。

【商品特征】呈长圆柱形，稍弯曲。表面黄棕色或灰棕色，顶端具"狮子盘头"，上部有横环纹，下部多有分枝。气香，味微甜。

【商品规格】商品主要分西党、东党、潞党、条党、白党。西党和东党多为野生品，潞党、条党、白党多为栽培品。其规格等级标准如下。

1. 西党

一等：长圆柱形，头大尾小，上部多皱纹。外皮粗松，表面米黄色或灰褐色，断面黄白色，有放射状纹理。糖质多，味甜。芦下直径 1.5cm 以上。

二等：芦下直径 1.0cm 以上，其余同一等。

三等：芦下直径 0.6cm 以上，油条不超过 15%，其余同一等。

2. 条党

一等：圆柱形，头上茎痕较少而小，条较长，上端横纹有或无，下端有纵皱纹，表面糙米色，断面白色或黄白色，有放射状纹理。有糖质，味甜。芦下直径 1.2cm 以上。

二等：芦下直径 0.8cm 以上，其余同一等。

三等：芦下直径 0.5cm 以上，油条不超过 10%，其余同一等。

3. 潞党

一等：呈圆柱形，芦头较小，表面黄褐色或灰黄色。体饱满而柔润。断面棕黄或黄白色，糖质多，味甜。芦下直径 1.0cm 以上。

二等：芦下直径 0.8cm 以上，其余同一等。

三等：芦下直径 0.4cm 以上，油条不超过 10%，其余同一等。

4. 东党

一等：呈圆柱形或圆锥形，芦头较大，芦下具横纹。体较松而质泡。表面土黄色或灰黄色，粗糙。断面黄白色，中心淡黄色，显裂隙，味甜。长 20cm 以上，芦下直径 1.0cm 以上。

二等：长 20cm 以下，芦下直径 0.5cm 以上，其余同一等。

5. 白党

一等：呈圆柱形或圆锥形，具芦头。表面黄白色或灰白色，体较硬。断面黄白色，糖质少，味微甜。芦下直径 1.0cm 以上。

二等：芦下直径 0.5cm 以上。间有油条、短节，其余同一等。

【品质要求】均以条粗壮、质柔润、外皮细、断面有菊花心、味甜、嚼之无渣者为佳。本品含水分不得过 16.0%；总灰分不得过 5.0%；醇溶性浸出物不得少于 55.0%。

【产销行情】全国年均生产约 12000 吨，纯购约 8000 吨，纯销约 9000 吨，供应出口年均在 700～800 吨，本品既是传统的大路商品，又是传统的大宗出口商品。党参食药两用，近几十年来在经营中曾几度出现脱销和积压现象，市场供应不稳定。

【包装贮藏】散装或扎成小把，用竹席、竹篓或木箱内衬防潮纸包装，置干燥通风处保存。本品含糖质，易虫蛀、发霉、泛油，在贮藏过程中应勤检查，作为重点养护对象，若发现回软立即复晒干燥。

【性味功效】性平，味甘。健脾益肺，养血生津。

柴 胡

BUPLEURI RADIX

本品为伞形科植物柴胡 *Bupleurum chinense* DC. 或狭叶柴胡 *Bupleurum scorzonerifolium* Willd. 的干燥根。始载于《神农本草经》，列为上品。野生、家种均有。原名茈胡，李时珍谓："茈胡生山中，嫩则可茹，老则采而为柴……而根名柴胡也。"为常用中药。

【别名】北柴胡、南柴胡、软柴胡。

【产地】商品按性状不同分为北柴胡和南柴胡两类。有的地区使用多种柴胡。北柴胡主产于我国北部地区的河北、河南、辽宁、黑龙江、吉林、陕西等省，此外内蒙古、山西、甘肃亦产。南柴胡主产于湖北、四川、安徽、黑龙江、吉林等省。

【采收加工】春、秋两季采挖，家种的于播种后两年即可采挖。挖取根部，除去茎叶和泥沙，晒干即可。

【商品特征】**1. 北柴胡**　根头膨大，茎基多，有分枝。表面黑褐色或浅棕色。质硬而韧，不易折断。断面纤维性。气微香，味微苦。

2. 南柴胡　顶端有多数细毛状枯叶纤维，分枝少。表面红棕色或黑棕色，近根头部有细密环纹。断面略平坦，不显纤维性。具败油气。

【商品规格】商品分为南、北柴胡两种。均为统货。

【品质要求】均以条粗坚实、分枝少、残留茎较少、质地柔软、气味浓者为佳。北柴胡含柴胡皂苷 a 和柴胡皂苷 d 的总量不得少于 0.30%；水分不得过 10.0%；总灰分不得过 8.0%；酸不溶性灰分不得过 3.0%；醇浸出物不得少于 11.0%。

【产销行情】全国年均产约 7500 吨，纯购约 5000 吨，纯销约 5000 吨，出口约 100 吨。其中河南年纯购约 1200 吨，河北约 1000 吨，山西约 450 吨，辽宁约 350 吨，黑龙江约 200 吨，陕西约 700 吨，甘肃约 500 吨，安徽约 150 吨，其他地区约 300 吨。

【包装贮藏】麻袋或席包装，置干燥阴凉处保存。

【性味功效】性微寒，味辛、苦。疏散退热，疏肝解郁，升举阳气。

【附注】大叶柴胡 *Bupleurum longiradiatum* Turcz. 的干燥根茎，有毒，不可当柴胡入药。主要以根表面密生环节的特征加以区别。

拳 参
BISTORTAE RHIZOMA

本品为蓼科植物拳参 *Polygonum bistorta* L. 的干燥根茎。拳参之名见于《图经本草》，《神农本草经》称本品为紫参。其根卷曲如拳，故名，其色赤故有紫参之名。均为野生。为少常用中药。

【别名】紫参。

【产地】主产于华北、西北及山东、江苏、湖北等地，河南亦产。

【采收加工】春初发芽时或秋季茎叶枯萎时采挖，除去茎叶及泥沙，晒干，去须根。

【商品特征】呈扁长条形或扁圆柱形，弯曲，呈拳形或虾状。表面紫褐色或紫黑色，全体密具粗环纹。质硬，断面浅棕红色或棕红色。气微，味苦、涩。

【商品规格】统货。

【品质要求】以个大、质硬、断面浅红棕色者为佳。本品含水分不得过 15.0%；总灰分不得过 9.0%；醇浸出物不得少于 15.0%。

【产销行情】全国年均生产约 150～250 吨，年销量约 200 吨，实际配方用药约 50 吨。

【包装贮藏】竹篓、编织袋或麻袋装。置干燥通风处保存。

【性味功效】性微寒，味苦、涩。清热解毒，消肿，止血。

黄 芩
SCUTELLARIAE RADIX

本品为唇形科植物黄芩 *Scutellaria baicalensis* Georgi 的干燥根。始载于《神农本草经》，列为中品。多为野生，现已有栽培。芩，文作莶，谓其色黄，故名。为常用中药。

【别名】条芩、子芩、枯芩。

【产地】主产于河北承德、围仿、青龙、平泉、保定，山西汾阳、恶城，内蒙古宁城、扎鲁特旗、多伦、武川，陕西韩城、邻阳，以及东北各省，河南、山东、云南、贵州等地亦产。习惯以河北承德产者为最佳，称"热河黄芩"。

【采收加工】春、秋两季采收。以生长 3~4 年者采收较为合适。年限不够形体太小，质量差，年限太长则空心较大。将根挖出，去掉地上部分及泥土，堆放 1~2 天，待其外表粗皮稍干，装入特制筐内，撞去粗皮，边撞边晒，待撞净后晒至全干。

【商品特征】1. 条芩（子芩）　呈圆锥形，扭曲。表面棕黄色或深黄色。质硬而脆，断面黄色，中心红棕色。气微，味苦。受潮易变绿色。

2. 枯芩　断面中心呈枯朽状或中空，暗棕色或棕黑色。余同条芩。

【商品规格】商品分为条芩和枯芩两种规格。

1. 条芩　分两等。

一等：呈圆锥形，上部皮较粗糙，有明显的网纹及扭曲的皱纹。下部皮细有顺纹或皱纹。表面黄色或浅黄色。质坚脆，断面深黄色，上端中央间有黄绿色或棕褐色的枯心。气微，味苦。条长 10cm 以上，中部直径 1cm 以上，去净粗皮。

二等：条长 4cm 以上，中部直径 1cm 以下，但不小于 0.4cm，去净粗皮。

2. 枯芩　统货。包括中空的枯芩和块片碎芩、破断的尾芩，表面黄色或浅黄色。质坚脆。断面黄色。气微，味苦。无粗皮、茎芦、碎渣。

【品质要求】均以条长、质坚实、色黄者为佳。本品含黄芩苷不得少于 9.0%；水分不得过 12.0%；总灰分不得过 6.0%；醇浸出物不得少于 40.0%。

【产销行情】全国年均产约 3000 吨，纯购约 2400 吨，纯销约 2500 吨，出口约 60 吨。其中河北年均纯购约 350 吨，山西约 280 吨，内蒙古约 150 吨，陕西约 200 吨，山东约 150 吨，河南约 80 吨，黑龙江约 300 吨，辽宁约 100 吨，吉林约 100 吨，其他地区约 800 吨。

【包装贮藏】竹席或编织袋包装，置干燥通风处。本品受潮易发霉变色，应注意防潮。

【性味功效】性寒，味苦。清热燥湿，泻火解毒，止血，安胎。

黄　芪
ASTRAGALI RADIX

本品为豆科植物蒙古黄芪 *Astragalus membranceus*（Fisch.）Bge. var. *mongholicus*（Bge.）Hsiao（*Astragalus mongholicus* Bge. Hsiao）或膜荚黄芪 *Astragalus membranaceus*（Fisch.）Bge. 的干燥根。始载于《神农本草经》，列为上品。李时珍曰："耆者长也，黄耆色黄，为补药之长，故名黄耆。""芪"是"耆"的简写。野生与栽培均有。为常用中药。

【别名】箭芪、绵芪。

【产地】主产于山西浑源、繁峙、应县、代县、广灵，黑龙江宁安、依兰，内蒙古武川、卓资，甘肃岷县、岩昌、武都。此外河北、陕西、吉林、辽宁等地亦产。

【采收加工】栽培品在播种后 4~5 年，从秋季落叶到霜降，或春季解冻后萌芽前均可采挖。但以生长 6~7 年者质量最好。将根挖出后，去净须根及芦头，根头空心部分不得超过 2cm。晒至六七成干，捆成 5kg 左右的把，架起再晒至全干即可。

【商品特征】呈圆柱形，有的分枝，上端较粗。表面淡黄棕色或淡棕褐色，有纵皱纹。质硬而韧，不易折断，断面纤维性强，显粉性，皮部黄白色，木部淡黄色，有放射状纹理和裂隙。气微，味微甜，嚼之有豆腥味。（见彩图 18）

【商品规格】不同产地、不同加工方法的黄芪通常分为四个等级，即特等、一、二、三等。

特等：呈圆柱形的单条，斩去疙瘩头或喇叭头，顶端间有空心，表面灰白色或淡褐色。质硬而韧。断面外层白色，中间淡黄色或黄色，有粉性。味甘，有生豆气。长 70cm 以上，上中部直径 2cm 以上，末端直径不小于 0.6cm。无须根、老皮、虫蛀、霉变。

一等：长 50cm 以上，上中部直径 1.5cm 以上，末端直径不小于 0.5cm。其余同特等。

二等：长 40cm 以上，上中部直径 1cm 以上，末端直径不小于 0.4cm，间有老皮。余同一等。

三等：不分长短，上中部直径 0.77cm 以上，末端直径不小于 0.3cm，间有破短节子。余同二等。

【品质要求】以条粗长、独支无杈、外皮光、皱纹少、质坚而绵、断面色黄白、粉性足、味甜者为佳。本品含黄芪甲苷不得少于 0.040%，含毛蕊异黄酮葡萄糖苷不得少于 0.020%；水分不得过 10.0%；总灰分不得过 5.0%。有机氯农药残留量：六六六（总 BHC）不得过千万分之二，滴滴涕（DDT）不得过千万分之二，五氯硝基苯（PCNB）不得过千万分之一。

【产销行情】全国年均产约 12000 吨，纯购约 8000~9000 吨，纯销约 7000 吨，出口约 550 吨。其中甘肃每年纯购约 1300 吨，四川约 1000 吨，山东约 1200 吨，内蒙古约 1100 吨，山西约 500 吨，陕西约 800 吨，河北约 400 吨，河南约 300 吨，广东约 200 吨，其他地区约 400 吨。

【包装贮藏】竹席、木箱、麻袋包装，置干燥通风处保存。因黄芪易受潮霉变并极易生虫，有的虽然外层干燥，中间却受潮变软，若发现两端发白，即是受潮发霉现象；黄芪生虫常在裂缝或伤痕内空隙处，在敲打时，虫蛀者一般较易折断。如从外表发现蛀口，往往内部已被严重蛀蚀了，所以应勤检查，虫霉时必须及时晾晒或熏硫以保养。

【性味功效】性微温，味甘。补气升阳，固表止汗，利水消肿，生津养血，行滞通痹，托毒排脓，敛疮生肌。

【附注】川黄芪为豆科植物梭果黄芪 Astragalus ernestii Comba.、多花黄芪 Astragalus floridus Benth 和金翼黄芪 Astragalus chrysopterus Bge 的干燥根，在四川地区常作为药典黄芪代用品应用。《四川省中药材标准》2010 年版收载该品。

菟 丝 子
CUSCUTAE SEMEN

本品为旋花科植物南方菟丝子 *Cuscuta australis* R. Br. 或菟丝子 *Cuscuta chinensis*

Lam. 的干燥成熟种子。始载于《神农本草经》，列为上品。多为野生。本品煮后吐出白丝，如蚕吐丝，故名。为常用中药。

【别名】土丝子、吐丝子。

【产地】全国各地均有生产，主产于山东惠民、聊城、莱阳，河北沧县、大城、青县，天津郊区，山西垣曲、绛县、五台、浮山，辽宁海城、盖平，河南南阳、洛阳，江苏徐州、淮阳，此外黑龙江、内蒙古等地亦产。

【采收加工】8~9月间采收。种子成熟时连寄主一起割下，晒干，打下种子，筛去杂质、土屑而成。

【商品特征】呈类球形，直径0.1~0.2cm。表面灰棕色至棕褐色，粗糙，种脐线形或扁圆形。放大镜下表面有细密深色小点，煮后吐出白丝。

【商品规格】统货。

【品质要求】以粒饱满、质坚实、无杂质者为佳。本品含金丝桃苷不得少于0.10%；水分不得过10.0%；总灰分不得过10.0%；酸不溶性灰分不得过4.0%。

【产销行情】全国年均生产约4000吨，纯购约2800吨，纯销约3000吨。供应出口平均约200吨。其中山东纯购约700吨，河北约1000吨，山西约350吨，辽宁约200吨，河南约180吨，江苏约100吨。

【包装贮藏】麻袋或塑料编织袋装。本品易生虫，应置干燥通风处保存。注意防潮和防鼠害。

【性味功效】性平，味辛、甘。补益肝肾，固精缩尿，安胎，明目，止泻。

蛇 床 子
CNIDII FRUCTUS

本品为伞形科植物蛇床 Cnidium monnieri (L.) Cuss. 的干燥成熟果实。始载于《神农本草经》，列为上品。均为野生。李时珍谓："蛇虺喜卧于其下食其子，故有蛇床之名。"为较常用中药。

【产地】主产于河北保定、邯郸、沧县，山东沾化，浙江金华、兰溪，江苏扬州、镇江、盐城、徐州，四川温江、金堂、崇州，此外，陕西、山西、内蒙古亦产。

【采收加工】夏、秋两季采收。果实成熟时，割取全草或果穗，晒干，打落种子，除净杂质、泥沙，晒干即成。

【商品特征】呈椭圆形。表面灰黄色或灰褐色。分果的背面有5条纵棱，无毛刺。气香，味辛凉，有麻舌感。

【商品规格】统货。

【品质要求】以色黄绿、手搓之有辛辣香气、颗粒饱满者为佳。本品含蛇床子素不得少于1.0%；水分不得过13.0%；总灰分不得过13.0%；酸不溶性灰分不得过6.0%；醇浸出物不得少于7.0%。

【包装贮藏】用木箱或麻袋装。置阴凉干燥处保存。注意防霉变和虫蛀。

【性味功效】性温，味辛、苦。有小毒。燥湿祛风，杀虫止痒，温肾壮阳。

麻 黄

EPHEDRAE HERBA

本品为麻黄科植物草麻黄 *Ephedra sinica* Stapf、中麻黄 *Ephedra intermedia* Schrenk et C. A. Mey. 或木贼麻黄 *Ephedra equisetina* Bge. 的干燥草质茎。始载于《神农本草经》，列为中品。为野生。因其味麻而色黄，故名。为常用中药。

【别名】麻黄草。

【产地】主产于河北蔚县、怀安、围场，山西大同、浑源、山阳。此外，新疆、内蒙古等地亦产。

【采收加工】秋季采收。割取绿色的草质茎，先晾约 7 ~ 8 天，再晒至全干。一般剪成长约 2 ~ 3cm 长的小段，或捆成小把。

【商品特征】**1. 草麻黄** 茎枝表面淡绿色至黄绿色，分枝少，节间短。节上有膜质鳞叶，裂片 2（稀 3），反曲。断面略呈纤维性，周边绿黄色，髓部红棕色。

2. 中麻黄 多分枝。节上膜质鳞叶裂片 3（稀 2），断面髓部呈三角状圆形。

3. 木贼麻黄 较多分枝，无粗糙感。节上膜质鳞叶裂片 2（稀 3），先端多不反曲，基部棕红色至棕黑色。

【商品规格】商品按来源分为草麻黄、中麻黄和木贼麻黄，为统货。

【品质要求】以茎色淡绿或黄绿、内心色红棕、手拉不脱节、味苦涩者为佳。以山西所产的质最优。本品含盐酸麻黄碱和盐酸伪麻黄碱的总量不得少于 0.80%；杂质不得过 5.0%；水分不得过 9.0%；总灰分不得过 10.0%。

【包装贮藏】竹席、麻袋和木箱包装。本品易发霉、变色，应密封，置干燥通风处避光保存。

【性味功效】性温，味辛、微苦。发表散寒，宣肺平喘，利水消肿。

葶 苈 子

DESCURAINIAE SEMEN LEPIDII SEMEN

本品为十字花科植物播娘蒿 *Descurainia Sophia*（L.）Webb. ex Prantl. 或独行菜 *Lepidium apetalum* Willd. 的干燥成熟种子。前者习称"南葶苈子"，后者习称"北葶苈子"。始载于《神农本草经》，列为下品。多为野生。为常用中药。

【别名】葶苈。

【产地】南葶苈子主产于江苏邳县、淮阴、南通，山东聊城，安徽滁县、嘉山。此外，河南、山西、陕西、浙江等省亦产。

北葶苈子主产于河北沧县、保定、承德，北京郊区，辽宁海城、风城，内蒙古乌兰浩特。此外，吉林、山西、甘肃等省亦产。

【采收加工】5 ~ 6 月间采收。果实成熟后割取地上部分，晒干，打下种子，去净泥沙、杂质，即可。

【商品特征】**1. 南葶苈子** 呈长圆形略扁。表面棕色或红棕色，微有光泽，具纵沟

2 条，其中 1 条较明显。一端钝圆，另一端微凹或较平截，种脐类白色，位于凹入端或平截处。气微，味微辛、苦，略带黏性。遇水有黏滑感。

2. 北葶苈子　呈扁卵形。一端钝圆，另一端尖而微凹，种脐位于凹入端。味微辛辣，黏性较强。

【商品规格】商品分北葶苈子和南葶苈子两种，均为统货。

【品质要求】均以籽粒饱满、表面色红棕、有光泽、黏性强、无杂质者为佳。南葶苈子含槲皮素 $-3-O-\beta-D-$ 葡萄糖 $-7-O-\beta-D-$ 龙胆双糖苷不得少于 0.075%；水分不得过 9.0%；总灰分不得过 8.0%；酸不溶性灰分不得过 3.0%；南葶苈子膨胀度不得低于 3，北葶苈子膨胀度不得低于 12。

【包装贮藏】布袋或塑料编织袋装，或装入缸内保存。本品受潮易黏结成块、生虫，应注意防潮，若受潮或黏结，应摊晒干燥，置干燥处存放。

【性味功效】性大寒，味辛、苦。泻肺平喘，行水消肿。

紫　菀
ASTERIS RADIX ET RHIZOMA

本品为菊科植物紫菀 *Aster tataricus* L. f. 的干燥根及根茎。始载于《神农本草经》，列为中品。多为栽培。李时珍谓："其根色紫而柔宛，故名。"为常用中药。

【产地】主产于河北安国、定县，安徽亳州、鹿邑等地。此外，河南、黑龙江、山西等省亦产。

【采收加工】秋季地上部分枯萎后或春季发芽前采收。挖出后，除去有节的根茎和泥沙，稍晾 1~2 天后，将根编成辫状，干燥后即成。

【商品特征】根茎呈不规则块状，质稍硬。多数细根簇生于根茎上，多编成辫状；表面紫红色或灰红色，有纵皱纹；质较柔韧。气微香，味甜、微苦。

【商品规格】统货。

【品质要求】以根长、色紫红、质柔韧者为佳。以河北安国、安徽亳州产者质优。本品含紫菀酮不得少于 0.15%；水分不得过 15.0%；总灰分不得过 15.0%；酸不溶性灰分不得过 8.0%；水浸出物不得少于 45.0%。

【产销行情】全国年生产约 1500~1550 吨，年销量约 600~1100 吨，年生产控制在 1200~1500 吨基本能满足市场供应。

【包装贮藏】以竹席、编织袋包装。置阴凉干燥处保存。本品受潮易虫蛀、发霉、泛油。应勤检查。

【性味功效】性温，味辛、苦。润肺下气，消痰止咳。

槐　花
SOPHORAE FLOS

本品为豆科植物槐 *Sophora japonica* L. 的干燥花及花蕾，前者称"槐花"，后者称"槐米"。槐花之名始载于《日华子本草》。多为栽培。药用开放的花或花蕾，故名。为常用中药。

【产地】主产于河北石家庄、邯郸、定县、沧州，天津，北京郊区，山东茌平、寿张、邹平、济南、泰安等地。其中以河北、河南、山东产量较大。

【采收加工】夏季花开放或花蕾形成时采收，及时干燥，除去枝、梗及杂质。

【商品特征】1. 槐花　皱缩而卷曲，花瓣多散落。完整者花萼钟状，黄绿色；花瓣5，黄色或黄白色。体轻。气微，味微苦。

2. 槐米　呈卵形或椭圆形。萼的上方为黄白色未开放的花瓣。体轻。气微，味微苦涩。

【商品规格】商品分槐花和槐米两种，均为统货。

【品质要求】均以个大、紧缩、色黄绿者为佳。本品含芦丁槐花不得少于 6.0%；槐米不得少于 15.0%。含总黄酮以芦丁计，槐花不得少于 8.0%；槐米不得少于 20.0%。水分不得过11.0%；总灰分，槐花不得过 14.0%，槐米不得过 9.0%；酸不溶性灰分，槐花不得过 8.0%，槐米不得过 3.0%；醇溶性浸出物槐花不得少于 37.0%，槐米不得少于 43.0%。

【包装贮藏】麻袋或编织袋装。置阴凉干燥处，注意防潮、防蛀。

【性味功效】性微寒，味苦。凉血止血，清肝泻火。

滑 石
TALCUM

本品为硅酸盐类矿物石族滑石，习称"硬滑石"。始载《神农本草经》，列为上品。因其性滑利窍，质滑而腻，故名。为常用中药。

【别名】画石。

【产地】主产山东莱阳、棲霞、掖县，江西鹰坛，辽宁本溪、宽甸、海城。此外，四川、云南、广东、河北等省均产。

【采收加工】全年均可采收。采挖后，除去泥沙和杂石即成。

【商品特征】1. 硬滑石　多为块状集合体。呈不规则的块状。白色、黄白色或淡蓝灰色，有蜡样光泽。质软，细腻，手摸有滑润感，无吸湿性，置水中不崩散。条痕白色。气微，味淡。

2. 软滑石　不同于硬滑石的是本品常夹有多种颜色，质较松软，手捻即成粉末。具吸湿性，有黏舌感，水中易崩解。

【商品规格】统货。

【品质要求】以色白、滑润、无杂质者为佳。

【包装贮藏】放瓷罐内盖好。置干燥处保存，注意防灰尘。

【性味功效】性寒，味甘、淡。利尿通淋，清热解暑；外用祛湿敛疮。

【附注】滑石在经营中曾按产地分为西滑石（产江西，质优）和东滑石（产山东、辽宁）。

酸 枣 仁
ZIZIPHI SPINOSAE SEMEN

本品为鼠李科植物酸枣 *Ziziphus jujuba* Mill. var. *spinosa*（Bunge）Hu ex H. F. Chou 的干燥成熟种子。始载于《神农本草经》，列为上品。多为野生，为常用中药。

【别名】枣仁。

【产地】主产河北邢台、内丘、邯郸、承德，陕西延安、黄陵、铜川、宜川，辽宁海城、凤城、凌原、绥中，河南登封、密县、嵩县、洛宁等地。以河北邢台产量最大。

【采收加工】秋末冬初采收。果实变红时采下果实，沤烂果肉，用水淘净，净果核晒干，打碎，再置水中，种子漂浮水面，捞出晒干即可。

【商品特征】呈扁圆形或扁椭圆形。表面紫红色或紫褐色，平滑有光泽，有的有裂纹；有的两面均呈圆隆状突起；有的一面较平坦，中间或有 1 条隆起的纵线纹，另一面稍突起。

【商品规格】按产地不同分为顺枣仁和东枣仁两种，均分为一、二等。其规格等级标准如下。

一等：呈扁圆形或扁椭圆形，饱满。表面深红色或紫褐色，有光泽。断面内仁深黄色，有油性。味甘淡。核壳不超过 2%，碎仁不超过 5%。无黑仁、杂质、虫蛀、霉变。

二等：呈扁圆形或扁椭圆形，较瘦。表面深红色或棕黄色，断面内仁浅黄色，有油性，味甘淡。核壳不超过 5%，碎仁不超过 10%。无杂质、虫蛀、霉变。

【品质要求】均以粒大、饱满、外皮色紫红、光滑油润、种仁色黄白、无核壳者为佳，以顺枣仁为最优。本品含酸枣仁皂苷 A 不得少于 0.030%；含斯皮诺素不得少于 0.080%；杂质（核壳等）不得过 5%；水分不得过 9.0%；总灰分不得过 7.0%；每 1000g 本品黄曲霉毒素 B_1 不得过 $5\mu g$，黄曲霉毒素 G_2、黄曲霉毒素 G_1、黄曲霉毒素 B_2 和黄曲霉毒素 B_1 的总量不得过 $10\mu g$。

【产销行情】全国年均生产约 2400 吨，纯购约 1800 吨，纯销约 1400 吨，供应出口约 50～80 吨。其中河北纯购约 500 吨，山东约 350 吨，河南约 330 吨，云南约 350 吨，陕西约 160 吨，辽宁约 130 吨，山西约 110 吨。

【包装贮藏】麻袋或编织袋装。本品易虫蛀、发霉，注意防潮，宜置阴凉干燥处保存。为防虫蛀，可用氯化苦或磷化铝熏。在保管中，应防鼠害。

【性味功效】性平，味甘、酸。养心补肝，宁心安神，敛汗，生津。

蝉 蜕
CICADAE PERIOSTRACUM

本品为蝉科昆虫黑蚱 *Cryptotympana pustulata* Fabricius. 的若虫羽化时脱落的皮壳。始载于《名医别录》，皆为野生，为常用中药。

【别名】蝉壳、蝉衣、蝉退。

【产地】全国各地均产。其中以山东、河北产量最大。

【采收加工】6~9月收集。由树上或地面上拾取，除去泥沙、杂质，晒干。

【商品特征】外形似蝉，呈椭圆形而弯曲。表面黄棕色，半透明，有光泽。胸部背面呈十字形裂开，脊背两旁具小翅2对；腹面有足3对，被黄棕色细毛。腹部钝圆，共9节。体轻，中空。

【商品规格】按采收时间分头水花、二水花。

一等（头水花）：为6月下旬采集者，壳厚而带红光，每千克约5800~6400只。

二等（二水花）：为7月中旬采集者，壳厚，色转黄，每千克约6400~7200只。

【品质要求】均以色红黄、体轻、完整、无泥沙者为佳。

【产销行情】本品产地较广，全国大部分地区均产，各地多自产自销。市场平稳。全国年均生产约200~400吨，年销量约300吨。有时由于收购价格或忽视采购，会出现短时间的紧缺情况。

【包装贮藏】竹篓、编织袋或麻袋装。置阴凉干燥处保存。注意防潮、防鼠、防压。

【性味功效】性寒、味甘。疏散风热，利咽，透疹，明目退翳，解痉。

漏 芦
RHAPONTICI RADIX

本品为菊科植物祁州漏芦 *Rhaponticum uniflorum*（L.）DC. 的干燥根，习称祁州漏芦。始载于《神农本草经》，列为上品。历代本草记载植物种类繁多，均与现代漏芦不符，惟《求荒本草》记载的图与今祁州漏芦相符。均为野生。此草秋后即黑，凡物黑色谓之芦，故名。为较常用中药。

【别名】和尚头。

【产地】主产于河北唐山、迁安，辽宁绥中、朝阳，山西榆次。此外，陕西、山东、吉林、黑龙江等地亦产，其中以河北产量最大。

【采收加工】春、秋两季采挖，除去须根、泥沙、杂质等，晒干。以秋季采收者条粗而质优。

【商品特征】呈圆锥形或扁片块状，多扭曲，长短不一。表面暗棕色、灰褐色或黑褐色，具纵沟及菱形的网状裂隙。顶端有灰白色绒毛。体轻，质脆。断面中心灰黑色或棕黑色。

【商品规格】统货。

【品质要求】以条粗壮、质坚实、棕黑色、不破裂者为佳。本品含 β-蜕皮甾酮不得少于0.040%；水分不得过15.0%；酸不溶性灰分不得过5.0%；醇浸出物不得少于8.0%。

【包装贮藏】竹席包装。置干燥通风处保存。受潮易发霉，应保持干燥。入夏前要检查晾晒。

【性味功效】性寒，味苦。清热解毒，消痈，下乳，舒筋通脉。

赭 石

HAEMATITUM

本品为氧化物类矿物刚玉族赤铁矿的矿石。始载于《神农本草经》，列为下品。因本品色棕红，赭，赤色也，故名。为常用中药。

【别名】代赭石。

【产地】主产于山西雁门山、代县、五台、宁武、交城、孟县等地，河北、河南、山东、湖南、四川等地。

【采收加工】全年均可采收。采挖后，除去泥土及杂石即可。表面有乳头突起的，习称"钉头赭石"。

【商品特征】呈不规则块状，红棕色或铁青色，有的一面有乳头状的突起，质坚实而重，条痕樱红色。

【商品规格】商品分老式钉赭石和新式钉赭石两种。

1. 老式钉赭石 呈不规则的扁平状。赭褐色，钉头明显，松脆易剥下。

2. 新式钉赭石 呈不规则的扁平状。黑红色，钉极少或不明显，质坚硬，为不易击碎的生块。

【品质要求】以断面显层叠状、每层多有钉头、赤红色、无杂石者为佳。本品含铁不得少于45.0%。

【包装贮藏】用竹篓或木箱装。防灰尘。

【性味功效】性寒、苦。平肝潜阳，重镇降逆，凉血止血。

第十七章 秦 药

凡以西安以西广大地区为主要产区或集散地的大宗商品药材均为西药或秦药。

秦药产区主要包括陕西、宁夏、甘肃、青海等地区。本地区位于东经 89°35′~ 111°15′，北纬 31°42′~42°57′。北邻内蒙古，东连河南、山西，南接西藏、四川，西与新疆交界。春秋战国时大部分地区为秦国治地，故称为秦地。秦药产区的地理范围广泛，地形、气候复杂。

陕甘宁地区有"八百里秦川"、秦岭和六盘山－贺兰山等不同自然生态环境。渭河沿岸地势平坦，称"八百里秦川"，土壤肥沃，气候温和，是栽培秦药（西药）的良好基地。秦岭南坡的汉中盆地和陇南山区为秦药的传统产地。年平均气温 12℃~15℃，气候垂直变化大，海拔 2000~2500 米处温凉阴湿，适宜当归、党参的生长。汉中、安康、商南等地柑橘、樟等亚热带药用植物亦能生长良好。秦岭主峰太白山，海拔 3676 米，适宜太白贝母等药材的生长。秦岭北坡，年平均气温 7℃~12℃，适宜秦皮、秦艽的生长。六盘山区，年平均气温 5℃以上，年降雨量为 550~660 毫米。银川一般黄灌区气候不旱，地势高而不寒，水源多而能排，是宁夏枸杞、银柴胡等药材的传统生产基地。

河西走廊以西是我国最干旱的地区。但周围高山覆盖着现代冰川和永久积雪，是天然的"固体水库"，故有森林、灌丛、草原、绿洲存在，这一带的气候环境适宜秦艽、羌活、大黄、甘草、贝母、虫草、肉苁蓉、麝香、马鹿等的生长和养殖。

本区主产的药材有大黄、当归、党参、牛黄、羚羊角、枸杞、银柴胡、沙苑子、秦皮、秦艽等。

大 黄
RHEI RADIX ET RHIZOMA

本品为蓼科植物掌叶大黄 *Rheum palmatum* L.、唐古特大黄 *Rheum tanguticum* Maxim. ex Balf. 或药用大黄 *Rheum officinale* Baill. 的干燥根及根茎。始载于《神农本草经》，列为下品。本品因根粗大，其色黄，故名。野生与家种均有，为常用中药。

【别名】川军、生军、将军。

【产地】主产于甘肃岷县、文县、礼县、临夏、武威，青海同仁、同德、贵德，四川阿坝、甘孜、雅安，以及西藏昌都、那曲地区。此外陕西、湖北、新疆、河南等地亦产。

【**采收加工**】选择生长 3 年以上的植株于 9~10 月地上部分枯黄时，或 4~5 月大黄未发芽前采收，除去泥土，用磁片刮去粗皮及顶芽，按各种规格要求及大黄根茎大小横切成片或纵切成瓣，或加工成卵圆形或圆柱形，粗根可切成适当长度的节，用细线串起，悬挂屋檐下或棚内透风处阴干。或将大黄匀摊在熏架上以微火烘至快干时改用急火，烘至干足为止。

【**商品特征**】呈类圆柱形或瓣、块、片状，表面黄棕色至红棕色，有白色网纹。质坚实，断面浅红棕色或棕色，具环纹和放射纹理，髓部有星点或散在颗粒。气清香，味苦微涩。粉末升华有黄色结晶，在紫外灯下显棕色至红棕色荧光。

【**商品规格**】商品以不同产地分为西大黄、南大黄、雅黄。西大黄又分为蛋片吉、苏吉、水根、原大黄等规格。其规格等级标准如下。（见彩图 19、彩图 20）

1. 西大黄

（1）蛋片吉：全部为根茎。

一等：去净粗皮，纵切成瓣。表面黄棕色，体重质坚。断面淡红棕色或黄棕色，具放射状纹理及明显环纹，红肉白筋。髓部有星点环列或散在颗粒。气清香，味苦微涩。每千克 8 个以内，糠心不超过 15%。

二等：每千克在 12 个以内，其余同一等。

三等：每千克在 18 个以内，其余同一等。

（2）苏吉：包含根茎及根。

一等：去净粗皮，横切成段，呈不规则圆柱形。表面黄棕色，体重质坚。断面淡红棕色或黄棕色，具放射状纹理及明显环纹，肉红白筋。髓部有星点环列或散在颗粒。气清香，味苦微涩。每千克在 20 个以内，糠心不超过 15%。

二等：去净粗皮，横切成段，成不规则圆柱形。每千克 30 个以内，其余同一等。

三等：每千克在 40 个以内，其余同二等。

（3）水根：为主根尾部及支根的加工品，呈长条状。统货。表面棕色及黄褐色，间有未去净的栓皮，体重质坚。断面淡红色或黄褐色，具放射状纹理。气清香，味苦微涩。长短不限，间有闷茬，小头直径不小于 1.3cm。

（4）原大黄：统货。去粗皮，纵切或横切成瓣、段或片，大小不分。表面黄褐色，断面具放射状纹理及明显环纹。髓部有星点或散在颗粒。气清香，味微涩。中部直径在 2cm 以上，糠心不超过 15%。

2. 雅黄

一等：切成不规则的块状，似马蹄形。去净粗皮，表面黄色或黄褐色，体重质坚。断面黄色或棕褐色。气微香，味苦。每只 150~250g。

二等：体轻泡，质松。断面黄褐色，每只 100~200g。其余同一等。

三等：大小不分，间有直径 3.5cm 以上的根黄。

3. 南大黄

一等：横切成段，去净粗皮，表面黄褐色。体结实。断面黄色或黄绿色，气微香，味涩而苦。长 7cm 以上，直径 5cm 以上。

二等：横切成段，体质轻松。大小不分，间有水根。最小头直径 1.2cm 以上。其余同一等。

大黄出口商品根据质量的要求，分等出售。

【品质要求】以上均以外表黄棕色，锦纹及星点明显，体重、质坚实、气清香、味苦而不涩、嚼之发黏者为佳。一般以西宁大黄为好。本品含芦荟大黄素（$C_{15}H_{10}O_5$）、大黄酸（$C_{15}H_8O_6$）、大黄素（$C_{15}H_{10}O_5$）、大黄酚（$C_{15}H_{10}O_4$）、大黄素甲醚（$C_{16}H_{12}O_5$）的总量不得少于 1.5%；总灰分不得超过 10.0%；水溶性浸出物不得少于 25.0%；干燥失重不得过 15%；不得检出土大黄苷。

【产销行情】全国年均生产约 2500 吨，纯购约 2200 吨，纯销 2000 吨，供应出口约 50 吨。其中甘肃年均纯购约 500 吨，四川约 400 吨，青海约 200 吨，陕西约 200 吨，河南约 200 吨，其他地区约 500 吨。大黄产地较多，但部分地区所产非正品大黄，还有伪品出现，应注意鉴别。

【包装贮藏】本品极易虫蛀、变色，应防潮，置干燥通风处保存。若受潮，色泽发黑，易发生虫蛀。在日光或空气的影响下，色泽变暗，品质变劣，故应密封，避光存放。为防蛀，入夏前大黄片可置石灰缸内，密封，以防潮和霉蛀，不宜多晒、久晒，以防变色。

【性味功效】性寒，味苦。泻下攻积，清热泻火，凉血解毒，逐瘀通经，利湿退黄。

牛 黄

BOVIS CALCULUS

本品为牛科动物牛 *Bos taurus domesticus* Gmelin 的干燥胆囊结石或胆管结石。始载于《神农本草经》，列为上品。因形如鸡子黄，故名。为常用中药。

【别名】丑宝、丑黄。

【产地】全国各地屠宰场均有生产，主产于青海，甘肃岷县、卓尼，陕西西安、宝鸡，北京，河北，天津，新疆乌鲁木齐、伊犁，西藏昌都，内蒙古包头、呼和浩特，河南洛阳、南阳，广西百色，江苏南京，上海等地，以西北、西南、东北等地产量较大，销往全国。国外主产于印度、加拿大、阿根廷、乌拉圭等地。

【采收加工】全年均可采收。在宰牛时注意牛的胆囊、胆管及肝管中有无结石，发现有牛黄应立即取出，用卫生纸包好，放入灯心草或丝通草内阴干，切忌风吹日晒，以防碎裂或变色，影响质量。

【商品特征】呈球形、三角形或不规则管、片状。表面金黄色至棕褐色（乌金衣），体轻，质脆，断面黄色，有层纹。气清香，味苦回甜，有清凉感。水液能染指挂甲呈黄色。

【商品规格】商品以产地不同分为西牛黄、京牛黄、东牛黄、金山牛黄、印度牛黄。按其出处和形状不同分为胆黄和管黄两种。其等级标准如下。

一等：呈卵形、类球形或三角形。表面金黄色或黄褐色，有光泽。质松脆，断面棕黄色或金黄色，有自然形成的纹理。气清香，味微苦后甜。大小不分，间有碎块。

二等：呈管状或块片状，表面黄褐色或棕褐色。断面棕褐色。其余同一等。

【品质要求】以表面有光泽而细腻、体轻而质松、断面层纹薄而整齐、无白膜、嚼之不黏牙、味先苦而后甜、气清香而有清凉感者为佳。本品含胆酸（$C_{24}H_{40}O_5$）不得少于4.0%，含胆红素（$C_{33}H_{36}N_4O_6$）不得少于35.0%；水分不得过9.0%；总灰分不得过10.0%。

【产销行情】本品为珍贵稀有药物之一。长期以来市场紧张。全国每年纯购约300千克，纯销约350千克，进口约100千克。其中北京每年纯购约50千克，天津约60千克，上海约70千克，四川约40千克。

【包装贮藏】用玻璃纸包好，或装入干燥的玻璃瓶中，密闭，置于干燥处保存。本品属贵重药材，要专柜存放。

【性味功效】性凉，味苦、甘。清心，豁痰，开窍，凉肝，息风，解毒。

【附注】市售品除天然牛黄外，一般成药多用人工合成牛黄。人工牛黄是由牛、猪胆的胆酸、胆甾醇、胆红素、无机盐组成。多呈土黄色疏松粉末，也有制成不规则球形或方形的，水溶液亦能"挂甲"，气微清香而略腥，味微甘而苦，入口无清凉感。功能同天然牛黄，但作用弱。

当 归
ANGELICEA SINENSIS RADIX

本品为伞形科植物当归 *Angelica sinensis* (Oliv.) Diels 的干燥根。始载于《神农本草经》，列为中品。均为家种。当归能使气血各有所归，故名。为常用中药。

【别名】秦当归、川当归、云当归。

【产地】主产于甘肃岷县、武都、漳县、成县、两当、舟曲、西和、渭源、文县、甘谷等地。此外云南、陕西、四川、湖北亦产。其中以岷县产量最大，质量最佳。

【采收加工】于10月上旬，叶发黄时采收。采收后去净泥土、茎叶，放置，待水分稍蒸发后根变软时，捆成小把，上棚架，用火熏，注意翻动，以使色泽均匀，达七八成干时，可以停火，干后下棚。当归不宜曝晒，否则易枯梗如柴，也不宜用炭火熏，以免影响色泽和质量。

当归加工时根据根部形态和大小分为全归、归身、归头、归尾。

【商品特征】主根呈短圆柱形，下生数条扭曲的支根。表面黄棕色至深黑色。质柔韧，断面色浅，有棕色油点。气清香，味甜微苦麻。

【商品规格】商品上分为全归、归头、归身和归尾四种规格（见彩图22）。归头又按照产地不同分为西归头和云归头。西归头中有原皮、轻度撞皮及撞皮三种，皮色分别为黄褐、黄白相间及粉白色。撞皮者已无叶鞘残留（见彩图23）。其规格等级标准如下。

1. 全归

一等：上部主根圆柱形，下部有多条支根，根梢不细于0.2cm。表面棕黄色或黄褐色。断面黄白色或淡黄色，具油性。气芳香，味甘微苦，每千克 40 支以内。

二等：每千克在 70 支以内，其余同一等。

三等：每千克在 110 支以内，其余同一等。

四等：每千克在 110 支以外，其余同一等。

五等（常行归）：凡不符合以上分等的小货，全归占 30%，腿渣占 70%，具油性。其余同一等。

2. 归头

一等：全部为主根，呈长圆形或拳状。表面棕黄或黄褐色。断面黄白色或淡黄色，具油性。每千克 40 支以内。

二等：每千克在 80 支以内，其余同一等。

三等：每千克在 120 支以内，其余同一等。

四等：每千克在 160 支以内，其余同一等。

出口当归按规格等级标准要求分等出售。

【品质要求】以上均以主根粗长、油润、外皮色黄棕、断面色黄白、气味浓厚者为佳；主根短小、支根多、断面色红棕、气味较弱者质次；柴性大、干枯、油润差，或断面呈绿褐色者不可供药用。本品含挥发油不得少于 0.4%（mL/g）；含阿魏酸（$C_{10}H_{10}O_4$）不得少于 0.050%；水分不得过 15.0%；总灰分不得过 7.0%，酸不溶性灰分不得超过 2.0%；醇溶性浸出物不得少于 45.0%。

【产销行情】全国年均生产约 20000 吨，纯购约 13000 吨，纯销 8000 吨，供应出口约 1000 吨。其中甘肃年均纯购约 6000～8000 吨，云南约 600 吨，四川约 760 吨，陕西约 200 吨，其他地区约 4000 吨。当归为常用中药、大路商品，除甘草外，在中药中使用量最大。近几十年来当归商品曾几度出现脱销现象。

【包装贮藏】以竹篓、纸箱加衬防潮纸或编织袋包装。本品易虫蛀、发霉和泛油，宜置阴凉干燥处密封保存。本品不宜贮放过久，以免降低质量。

【性味功效】性温，味甘、辛。补血活血，调经止痛，润肠通便。

沙 苑 子
ASTRAGALI COMPLANATI SEMEN

本品为豆科植物扁茎黄芪 *Astragalus complanatus* R. Br. 的干燥成熟种子。原名蒺藜，始载于《神农本草经》，列为上品。多为家种。为常用中药。

【别名】沙苑蒺藜、潼蒺藜。

【产地】主产于陕西大荔、渭南、兴平，安徽亳州。此外，河北、山西、内蒙古等地均有生产。

【采收加工】秋末初冬种子成熟时采收。连茎割取晒干，然后脱粒，去净杂质，再晒干即成。

【商品特征】**1. 潼蒺藜**　粒圆，肾脏形，色如古铜，质软，开水泡后有芳香气。

2. 亳蒺藜　形细瘦、质硬，开水泡后无芳香气。

【商品规格】商品分潼蒺藜和亳蒺藜两种规格，不分等级，均为统货。潼蒺藜质佳，亳蒺藜质较次。

【品质要求】均以身干、粒大饱满、绿褐色或灰褐色、无杂质者为佳。本品含沙苑子苷（$C_{28}H_{32}O_{16}$）不得少于 0.060%；水分不得过 13.0%；总灰分不得过 5.0%，酸不溶性灰分不得过 2.0%。

【包装贮藏】麻袋装。置通风干燥处保存。

【性味功效】性温，味甘。补肾壮阳，固精缩尿，养肝明目。

枸 杞 子
LYCII FRUCTUS

本品为茄科植物宁夏枸杞 *Lycium barbarum* L. 的干燥成熟果实。始载于《神农本草经》，列为上品。李时珍谓："枸杞二树名。此物刺如枸之刺，茎如杞之条，故兼名之。"野生和家种均有，为常用中药。

【别名】甘枸杞、枸杞果、宁夏枸杞。

【产地】主产于宁夏中宁、中卫、灵武，甘肃张掖、民勤，内蒙古，新疆等地。（见彩图 24）

【采收加工】7～8 月间采收。果实成熟时采下果实，去掉果柄，置竹席上，放阴凉处，待皮皱后，再暴晒至外皮干燥。在加工过程中不宜用手翻动，以免变黑，影响质量。

【商品特征】呈纺锤形或椭圆形，表面鲜红色或暗红色。质软滋润。种子扁平肾形，黄色。味纯甜。

【商品规格】宁夏枸杞商品分 1～5 等，其等级标准如下。

一等：呈椭圆形或长卵圆形。果皮鲜紫红或红色，糖质多。质柔软滋润，味甜，每 50g 370 粒内。

二等：果皮鲜红或紫红色。每 50g 580 粒内。其余同一等。

三等：果皮红褐色或淡红色。糖质较少，每 50g 900 粒内。其余同一等。

四等：每 50g 1100 粒内，油果不超过 15%。其余同三等。

五等：色泽深浅不一，每 50g 1100 粒以外，破子、油果不超过 30%。其余同四等。

枸杞出口商品按等级标准要求，分别出售。

【品质要求】以粒大、色红、肉厚、籽少、质软润、味甜者为佳。本品含甜菜碱（$C_5H_{11}NO_2$）不得少于 0.30%；含枸杞多糖以葡萄糖（$C_6H_{12}O_6$）计不得少于 1.8%；水分不得超过 13.0%；总灰分不得过 5.0%；水溶性浸出物不得少于 55.5%。

【产销行情】全国年均生产约 3600 吨，纯购约 1800～2500 吨，纯销 2200 吨，供应出口约 180～200 吨。其中河北年均纯购约 400～500 吨，广东约 300 吨，宁夏约 220 吨，内蒙古约 250 吨，陕西约 150 吨，甘肃约 30 吨，山东约 100 吨，其他地区约 1000 吨。枸杞为大路商品，也是许多中成药、保健品不可缺少的原料。

【包装贮藏】大箱或硬纸箱内衬防潮油纸包装。本品极易虫蛀、霉变、泛油、变色，应密封，置阴凉干燥处保存。注意防热防蛀，少量商品可在晒干后每 0.5～1kg 为包，贮于石灰缸内，或置缸内再喷白酒，可防霉蛀；大宗商品可用氯化苦或磷化铝熏。如有条件最好冷藏。在保管中，应防鼠害。

【性味功效】性平，味甘。滋补肝肾，益精明目。

【附注】1. 津枸杞　主产于天津、河北等地。商品特征为味甜而微酸，皮薄肉瘦。商品分 1～3 等。

一等：呈类纺锤形，略扁。果皮鲜红或深红色。果肉柔软。味微酸。每 50g 600 粒以内。无油果、黑果。

二等：每 50g 800 粒以内，油果不超过 10%。无黑果。其余同一等。

三等：果皮紫红色或淡红色，深浅不一，每 50g 在 800 粒以外，包括油果，无黑果。其余同二等。

2. 土枸杞　主产于河南，其特征为粒小、肉薄、味微甜，质量最次。

茵 陈
ARTEMISIAE SCOPARIAE HERBA

本品为菊科植物茵陈蒿 *Artemisia capillaris* Thunb. 或滨蒿 *Artemisia scoparia* Waldst. et Kit 的干燥全草。始载于《神农本草经》，列为上品。多为野生。因本品经冬不死，以旧苗而生，故名。为常用中药。

【别名】绵茵陈，茵陈蒿。

【产地】主产于陕西三原、铜川，安徽滁县、安庆，江西都昌，湖北黄冈、孝感，河南郑州、予西，河北安国，天津，江苏江宁、句容、江浦，浙江浦江、兰溪等地。以陕西产者质量佳，习称"西茵陈"。以安徽、湖北、江苏产量最大。

【采收加工】春季幼苗高 6～10cm 时采收，习称绵茵陈；或秋季花蕾长成至花初开时采割，习称茵陈蒿。采取全株后，除去老茎、杂质、泥土，晒干或阴干即成。

【商品特征】1. 绵茵陈　呈卷缩绵团状，灰白色或灰绿色，密被白色茸毛，绵软如绒。完整的叶展开多为二至三回羽状深裂，裂片线形，全缘。气芳香。

2. 花茵陈　茎呈圆柱形，多分枝。表面淡紫色或紫色，有纵条纹，被短柔毛；体轻，质脆，断面类白色。叶一至多回羽状深裂或全裂。头状花序卵形，瘦果长圆形，黄棕色。气芳香。

【商品规格】商品有绵茵陈和茵陈蒿之分。

【品质要求】均以质嫩、绵软、色灰白、香气浓者为佳。习惯认为西茵陈质佳，产于陕西三原的质量最优。绵茵陈中含绿原酸（$C_{16}H_{18}O_9$）不得少于 0.50%；茵陈蒿中含滨蒿内酯（$C_{11}H_{10}O_4$）不得少于 0.20%；水分不得过 12.0%；绵茵陈水溶性浸出物不得少于 25.0%。

【产销行情】茵陈产地很广，全国年均纯购约 8000 吨，纯销约 7500 吨，供应出口约 200 吨。其中陕西纯购约 600 吨，安徽约 1000 吨，江西约 550 吨，河南约 800 吨，江苏约 400 吨，河北约 500 吨，湖北约 800 吨，其他地区约 2500 吨。茵陈为常用中药，用量较大。

【包装贮藏】用编织袋、麻袋或竹席装。本品易发霉、散失香气，应置阴凉干燥处保存。注意防潮、避光、避风。贮藏时间不宜过长，否则色变黄，香气散失，影响药效。

【性味功效】性微寒，味苦、辛。清利湿热，利胆退黄。

茜　草
RUBIAE RADIX ET RHIZOMA

本品为茜草科植物茜草 *Rubia cordifolia* L. 的根及根茎。始载于《神农本草经》，原名茜根，列为上品。均为野生。茜者西也，本品多产于西方，故名。为常用中药。

【别名】红茜草、茜草根、茜根。

【产地】主产于陕西渭南，河南嵩县，安徽六安、芜湖。河北、江苏、江西、甘肃、辽宁、广东、广西、四川等省区亦产。以陕西渭南、河南嵩县产量大而且质优。

【采收加工】8~10 月间采收。采收后除去茎苗，洗净泥土，晒干即成。

【商品特征】根茎呈结节状，下生多数细圆柱形的根。表面红棕色或暗棕色。质脆，断面红黄色，有多数细孔。

【商品规格】商品按粗细分为 1~3 等或为统货。等级标准如下。

一等：外皮褐色，内红色，心淡黄色，根长 15~20cm，粗 7mm 以上。

二等：根长 10~15cm，粗 5mm 以上，其余同一等。

三等：根长 10cm 以下，粗 4mm 以上，其余同一等。

【品质要求】均以条粗长、外皮色红棕、断面色红黄者为佳。本品含大叶茜草素（$C_{17}H_{15}O_4$）不得少于 0.40%，羟基茜草素（$C_{14}H_8O_5$）不得少于 0.10%；水分不得过 12.0%；总灰分不得过 15.0%，酸不溶性灰分不得过 5.0%；醇溶性浸出物不得少于 9.0%。

【包装贮藏】以竹席包装。置干燥通风处保存。本品受潮易发霉，保管中应注意防潮。如受潮可以晾晒，一旦受潮或雨淋，色泽减退，影响质量。

【性味功效】性寒，味苦。凉血，祛瘀，止血，通经。

【附注】四川有将带有老茎的根茎与茜草根共同使用，商品称为茜草藤。

绞　股　蓝
GYNOSTEMMATIS PENTAPHYLLI HERBA

本品为葫芦科植物绞股蓝 *Gynostemma pentaphyllum*（Thunb.）Makiao 的干燥全草。始见于《救荒本草》。多为野生，亦有种植。为少常用中药。

【产地】主产于安徽、浙江、江西、福建、陕西南部等地。多为栽培。

【采收加工】8~9 月结果前，割取鲜草，立即除去杂质，洗净，扎成小把，或切成小段，阴干或烘干，不宜暴晒，以免影响色泽。

【商品特征】茎纤细，表面棕色或暗棕色，具纵沟，被稀疏的毛茸，茎卷须两裂或不裂。叶鸟足状，5~7 小叶，少数 9 小叶，表面深绿色，背面淡绿色，两面被粗毛，边缘有锯齿。常可见到球形果实。具有香气，味苦。

【商品规格】统货。

【品质要求】以体干、色绿、叶全、无杂质者为佳。

【性味功效】性微寒，味苦、微甘。能补气生津，清热解毒，止咳祛痰。

秦 艽
GENTIANAE MACROPHYLLAE RADIX

本品为龙胆科植物秦艽 *Gantiana macrophylla* Pall.、粗茎秦艽 *Gantiana crassicaulis* Duthie ex Burk、麻花秦艽 *Gantiana straminea* Maxim. 或小秦艽 *Gentiana dahurica* Fisch. 的干燥根。始载于《神农本草经》，列为中品。李时珍说："秦艽出秦中，以根作罗纹交纠者佳。"故名。野生和家种均有，为常用中药。

【别名】左秦艽。

【产地】主产于甘肃夏河、卓泥，青海化隆回族自治区、皇源，陕西宝鸡、邻县等地。此外内蒙古、四川、云南、河北、山西等地亦产。

【采收加工】秋季采收。采收后除去茎叶及泥沙，晒软时，堆放发汗至表面为红黄色或黄色后，再晒干。小秦艽趁鲜搓去黑皮，晒干即成。

【商品特征】呈圆锥形或麻花状，表面灰黄色或棕黄色，有扭曲的纵沟纹。顶端有毛须。质脆，断面黄色，味苦涩。

【商品规格】商品分秦艽、麻花秦艽、小秦艽。或以产地分为西秦艽、川秦艽、山秦艽。一般认为西秦艽质佳，尤以甘肃临夏、武山、陇西所产最著名。其规格等级标准如下。

1. 大秦艽

一等：呈圆锥形或圆柱形，有纵皱纹，主根粗大似鸡腿，或萝卜状、牛尾状。表面灰黄色或棕色。质坚而脆，断面棕红色，中心土黄色。气特别，味苦涩。芦下直径1.2cm 以上。

二等：表面灰黄色或黄棕色，芦下直径0.6~1.2cm。其余同一等。

2. 小秦艽

一等：圆锥形或圆柱形。常有数个分支搅合在一起，扭曲，有纵皱纹。表面黄色或黄白色。体软疏松，断面黄白色或黄棕色。气特殊，味苦。条长20cm 以上，芦下直径1cm 以上。

二等：长短、大小不分，但芦下最小直径应在0.3cm 以上。其余同一等。

3. 麻花秦艽 统货。常由数个小根聚集缠绕成发辫状或麻花状。全体有显著的向左扭曲的纵皱纹。表面棕褐色或黄褐色，粗糙，有裂隙而显网状纹，体软疏松。断面常有枯状，气特别，味苦涩。大小不分，芦下直径应在0.3cm 以上。

【品质要求】均以根粗大饱满、色棕黄、气味浓者为佳。本品含龙胆苦苷（$C_{16}H_{20}O_9$）和马钱苷酸（$C_{16}H_{24}O_{10}$）的总量不得少于2.5%；水分不得过9.0%；总灰分不得过8.0%，酸不溶性灰分不得过3.0%；醇溶性浸出物不得少于24.0%。

【产销行情】全国年均生产约 2000 吨，纯购约 1700 吨，纯销 1600 吨，供应出口约 10～20 吨。其中甘肃年均纯购约 150 吨，四川约 350 吨，青海约 150 吨，陕西约 200 吨，其他地区约 200 吨。

【包装贮藏】以麻袋或编织袋装。本品受潮易发霉、泛油、走失香气。为保持干燥，入夏前可复晒。本品应置阴凉干燥处保存。

【性味功效】性平，味苦、辛。祛风湿，清湿热，止痹痛，退虚热。

【附注】秦艽是国家重点保护的野生植物药材品种。

秦　皮
FRAXINI CORTEX

本品为木犀科植物苦枥白蜡树 *Fraxinus rhynchophyllus* Hance.、白蜡树 *Fraxinus chinensis* Roxb.、尖叶白蜡树 *Fraxinus szaboana* Lingelsh. 或宿柱白蜡树 *Fraxinus stylosa* Lingelsh. 的干燥枝皮和干皮。始载于《神农本草经》，列为下品。多为野生。因产于秦地，药用其皮，故名。为常用中药。

【别名】樗皮、蜡树皮、秦白皮。

【产地】主产于陕西渭南，辽宁绥中、海城、盖平、本溪，黑龙江，河南新乡、嵩县、栾川、南阳，河北阜平、承德等地。

【采收加工】春、秋两季采收。剥取树皮，晒干即成。

【商品特征】呈卷筒状或条块状；表面暗灰色或灰棕色，皮孔圆点状。质坚硬，味苦。水液显碧蓝色荧光。

【商品规格】商品有枝皮与干皮之分，不分等级。

【品质要求】以条长呈筒状、外皮薄而光滑者为佳。本品含秦皮甲素（$C_{15}H_{16}O_9$）和秦皮乙素（$C_9H_6O_4$）的总量不得少于 1.0%；水分不得过 7.0%；总灰分不得过 8.0%；醇溶性浸出物不得少于 8.0%。

【包装贮藏】用竹席或编织袋包装。置阴凉干燥处保存。

【性味功效】性寒，味苦、涩。清热燥湿，收涩止痢，止带，明目。

银　柴　胡
STELLARIAE RADIX

本品为石竹科植物银柴胡 *Stellaria dichotoma* L. var. *lanceolata* Bge. 的干燥根。银柴胡之名始见于《本草纲目》柴胡项下。多为野生，亦有家种。因其植物似柴胡，产于银川者良，故名。为常用中药。

【产地】主产于宁夏、陕西、山西、山东等地。

【采收加工】秋季茎叶枯萎后采收。采收后除去地上茎、须根，洗净泥土，晒干即成。

【商品特征】呈类圆柱形，表面黄白色或浅黄色，顶端具"珍珠盘"，野生者全体有"砂眼"，质硬而脆，断面木部有黄白相间的放射状纹理。

【商品规格】统货。

【品质要求】以条粗长均匀、皮细质坚实、外皮灰黄色、断面黄白色、有菊花心者为佳，有黑心者质次，商品以银川产者质优。本品酸不溶性灰分不得过 5.0%；甲醇浸出物不得少于 20.0%。

【包装贮藏】麻袋或编织袋装。置阴凉干燥处保存。

【性味功效】性微寒，味甘。清虚热，除疳热。

淫 羊 藿
EPIMEDII HERBA

本品为小檗科植物淫羊藿 *Epimedium brevicornu* Maxim. 、箭叶淫羊藿 *Epimedium sagittatum* (Sieb. Et Zucc.) Maxim. 、柔毛淫羊藿 *Epimedium pubescens* Maxim. 或朝鲜淫羊藿 *Epimedium koreanum* Nakai 的干燥叶。始载于《神农本草经》，列为上品。均为野生。因其形似藿，其功除湿壮阳，故名。为常用中药。

【别名】淫阳藿、仙灵脾。

【产地】主产于陕西秦岭山区商县、山阳、镇安、石泉、佛坪、太白区，山西沁源、阳帛，湖南常德、黔阳，河南嵩县、栾川、卢氏、洛宁等地。

【采收加工】夏、秋两季采收。叶呈鲜绿色时，割取茎叶，除去杂质，晒干或阴干即成。

【商品特征】一或二回三出复叶。叶卵形至卵状披针形，绿色，叶背多有毛，革质，叶缘有细锯齿。

【商品规格】商品因其来源分为大叶淫羊藿、小叶淫羊藿、箭叶淫羊藿等规格。不分等级。

【品质要求】以梗少、叶多、色黄绿、不碎者为佳。其中以西北所产的小叶淫羊藿质量为最好。本品含淫羊藿苷（$C_{33}H_{40}O_{15}$）不得少于 0.50%；杂质不得过 3.0%；水分不得过 12.0%；总灰分不得过 8.0%；稀乙醇浸出物不得少于 15.0%。

淫羊藿出口要求身干、色黄绿、叶片整齐、不碎乱，扎成小把，然后打包出售。

【包装贮藏】用竹席或编织袋包装。置通风干燥处保存。

【性味功效】性温，味辛、甘。补肾阳，强筋骨，祛风湿。

藁 本
LIGUSTICI RHIZOMA ET RADIX

本品为伞形科植物藁本 *Ligusticum sinense* Oliv. 或辽藁本 *Ligusticum jeholense* Nakai et Kitag. 的干燥根及根茎。始载于《神农本草经》，列为中品。均为野生。因根上苗下似禾藁，本乃根也，故名。为较常用中药。

【别名】香藁本。

【产地】主产于陕西，甘肃，四川，河北龙关、蔚县、承德，辽宁盖县、凤城等地。此外，山西繁峙、沁县，山东，内蒙古呼伦贝盟等地亦产。

【采收加工】春、秋两季采收。将根及根茎挖出后，除去茎叶及泥土，晒干或低温烘干即可。

【商品特征】呈结节状圆柱形，表面棕褐色或暗棕色，有窝眼状茎基和多树根的残基（藁本）或弯曲的须根（辽藁本），体轻质硬。气浓香，味苦辛微麻。

【商品规格】商品按来源不同分为藁本和辽藁本两种。均为统货。

【品质要求】均以个大身粗、根少、质坚、香气浓者为佳。本品含阿魏酸（$C_{10}H_{10}O_4$）不得少于 0.050%；水分不得过 10.0%；总灰分不得过 15.0%，酸不溶性灰分不得过 10.0%；醇溶性浸出物不得少于 13.0%。

【包装贮藏】席包或麻袋装。本品易虫蛀、散失气味，故应置于阴凉干燥处保存。为防虫、发霉，应经常检查，及时晾晒。

【性味功效】性温，味辛。祛风，散寒，除湿，止痛。

硼　砂
BORAX

本品为硼砂矿石 Borax 经炼制而成的结晶体。始载于《日华子本草》。为少用中药。

【别名】月石。

【产地】产于青海柴达木盆地及阿拉善西山盐湖，西藏黑河、阿里地区、昌都。此外云南、新疆、陕西等地亦产。多在四川康定、白玉及河南洛阳、郑州等地加工。常集散于西安。

【采收加工】全年可采收。采收后将矿石溶于沸水，过滤干净，倒入缸内，在缸上放数根横棍，棍上系数条麻绳，麻绳下端吊一铁钉，使绳垂直进入容器内。冷却后在绳上及缸底有结晶析出，取出晾干即成。结在绳上者称"月石坠"，结在缸底者称"月石块"。

【商品特征】呈不规则的结晶体，透明或半透明，具玻璃光泽，质脆，味苦咸。水液显碱性，火烧熔化成透明玻璃球状。

【商品规格】统货。

【品质要求】以色青白、纯洁、半透明而具玻璃光泽者为佳。

【包装贮藏】用有色瓶或瓷坛装。本品易风化、变色，应封装，置阴凉干燥处，避风、避光保存。

【性味功效】性凉，味咸、甘。清热化痰，解毒疗疮。

第十八章 南 药

凡以长江中下游以南大部分省区为主要产区或集散地的大宗商品药材均称为南药。

南药产区主要包括湖北、湖南、江苏、安徽、福建、江西、台湾等省区。本地区位于东经108°21′~121°54′,北纬28°19′~35°8′。北邻河南、山东,东濒东海,南接广东、广西,西与重庆、贵州交界。南药产区地理范围广阔,地形、气候复杂。

湘鄂地区又称"两湖",该地区春秋短、夏季长。年平均气温16℃~17℃,积温5000℃~6000℃,无霜期250~280天,年降雨量1100~1300毫米。与这种环境相适应的药材有湘枳壳、湘莲、吴茱萸、半夏、射干、蕲蛇、龟甲等。

苏皖地区水热资源分布极不均衡,北部年平均气温14℃以下,年降雨量约900毫米,土壤多为黏壤土,微酸性。南部年平均气温15℃以上,年降雨量1000毫米以上。土壤酸性,质地黏,排水不良。南北环境差异在药材品种上有所体现:皖北亳州、皖中滁县及霍山、皖南铜陵和宣城盛产茯苓、白芍、丹皮、石斛、木瓜等;苏北盛产南沙参、虎掌南星等。苏南太湖流域气候湿润温和,年平均气温15℃~17℃,无霜期约240天,积温5000℃~5500℃,无霜期220~240天,年降雨量1100~1500毫米,这种气候条件对明党参、薄荷、太子参等药材的生长极为有利。

赣闽台地区年平均气温18.6℃,年降雨量1400毫米以上。土壤多为红壤,山地红黄壤或黄棕壤等。建南和台南有热带雨林植被条件,有巴戟天、砂仁的分布。台湾玉山海拔400米,植被垂直谱带从热带雨林到高山草甸。福建武夷山最高峰2158米,平均气温13℃以上,年降雨量1100~1700毫米,相差600毫米,气温相差亦大。主要的药材有江西的江枳壳、栀子、蕲蛇;福建的建枳壳、泽泻、建曲;台湾的槟榔、胡椒、樟脑等。

三 棱
SPARGANII RHIZOMA

本品为黑三棱科植物黑三棱 *Sparganium stoloniferum* Buch. - Ham. 的干燥块茎。始载于《本草纲目拾遗》。多为野生。为较常用中药。

【别名】荆三棱、京三棱、光三棱。

【产地】主产于江苏、河南、山东、江西、安徽等省。

【采收加工】冬、春两季采收。将块茎挖出后,去掉茎苗和须根,洗净泥土,削去外皮，晒干即可。

【商品特征】呈圆锥形，略扁，表面黄白色或灰黄色，有刀削痕，并有横向环状排列的小点状须根痕。体重、质坚实，断面黄白色。无臭，味淡，嚼之有麻辣感。

【商品规格】统货。

【品质要求】以个匀、体重、质坚、去净外皮、表面色黄白者为佳；本品水分不得过 15.0%；总灰分不得过 6.0%；醇溶性浸出物不得少于 7.5%。

【包装贮藏】以竹席、编织袋或麻袋包装。本品易虫蛀、生霉，应置通风干燥处保存。

【性味功效】性平，味辛、苦。破血行气，消积止痛。

【附注】混为三棱使用的尚有：同属植物小黑三棱 *Sparganium simplex* Hudson 的块茎，出产于东北地区；同属植物细叶黑三棱 *Sparganium stenophyllum* Maxim. 的块茎，主产于东北地区和河北地区；莎草科植物荆三棱 *Scirpus yagara* Ohwi 的块茎，主产于吉林、安徽、江苏，多带有黑色外皮，商品称"黑三棱"，体轻、质坚，入水漂浮于水面。

土　鳖　虫
EUPOLYPHAGA STELEOPHAGA

本品为鳖蠊科昆虫地鳖 *Eupolyphaga sinensis* Walker 或翼地鳖 *Steleophaga plancyi*（Boleny）的雌虫干燥体。始载于《神农本草经》，列为中品。野生或饲养均有。《新修本草》载："状如鼠妇，而大者寸余，形小似鳖无甲，但有鳞也。"为较常用中药。

【别名】地鳖虫、地鳖、䗪虫。

【产地】地鳖主产于江苏苏州、南通，浙江杭州、海宁，湖北襄阳，湖南双峰、涟源，河南南阳、信阳、新乡等地。翼地鳖主产于河北、北京、山东等地。

【采收加工】捕捉后置沸水中烫死，晒干或烘干。

【商品特征】1. 地鳖（苏土鳖）　呈扁平卵圆形。前端较窄，后端较宽，背面紫褐色，腹面红棕色，具光泽。气腥臭，味微咸。

2. 翼地鳖（汉土鳖）　呈长椭圆形。背面黑褐色，边缘多有黄褐色斑块和黑色小点。其余同地鳖。

【商品规格】商品按来源分为地鳖、翼地鳖两种规格，按产地分为苏地鳖（江苏）、汉地鳖（河北）等规格，均为统货。

【品质要求】以虫体完整、个头均匀、体肥、色紫褐者为佳；习惯认为江苏产品质最佳；本品杂质不得过 5%；水分不得过 10.0%；总灰分不得过 13.0%；酸不溶性灰分不得过 5.0%；水溶性浸出物不得少于 22.0%。

【产销行情】全国年均生产约 150~200 吨，最高曾达 320 吨，年销约 150~200 吨，产销基本平衡。

【包装贮藏】木箱内衬防潮油纸包装。本品易虫蛀、发霉、变色，应置干燥通风处，密闭保存。

【性味功效】性寒，味咸。有小毒。破瘀血，续筋骨。

大 青 叶
ISATIDIS FOLIUM

本品为十字花科植物菘蓝 *Isatis indigotica* Fort. 的干燥叶。始载于《新修本草》。多为栽培。因其茎叶皆深青，故名。为常用中药。

【别名】大青、蓝叶、蓝腚叶。

【产地】主产于江苏南通、如皋、泰州，安徽、河北、河南、四川等省亦产。

【采收加工】夏、秋两季分 2~3 次采收，除去杂质，晒干。

【商品特征】多皱缩卷曲，或有破碎。完整叶片展平后呈长椭圆状倒披针形。上表面暗灰绿色，基部渐狭，下延至叶柄呈翼状。质脆。气微，味微酸、苦、涩。

【商品规格】统货。

【品质要求】以叶大、无柄、色暗灰绿、无杂质者为佳；本品含靛玉红不得少于 0.020%；水分不得过 13.0%；醇溶性浸出物不得少于 16.0%。

【产销行情】全国年生产约 2000~3000 吨，年销量约 2000~3000 吨。

【包装贮藏】竹席或编织袋装，圆包。本品受潮易生霉，应置干燥通风处保存。

【性味功效】性寒，味苦。清热解毒，凉血消斑。

天 花 粉
TRICHOSANTHIS RADIX

本品为葫芦科植物栝楼 *Trichosanthes kirilowii* Maxim. 或双边栝楼 *Trichosanthes ros-thornii* Harms 的干燥根。始载于《神农本草经》，列为上品。野生或栽培。因其根多粉，洁白如雪，故名。为常用中药。

【别名】栝楼根、瓜蒌根、花粉。

【产地】主产于安徽亳州、鹿邑，河南孟州、沁阳、温县、武陟等地。此外，山东、河北、江苏、浙江、湖南、湖北、广西等地亦产。

【采收加工】秋、冬两季采挖。洗净，除去外皮，切段或纵剖成瓣，干燥。

【商品特征】呈圆柱形、块状或纺锤形。表面黄白色或黄棕色。质坚实，断面白色或淡黄色，富粉性，横切面有略呈放射状排列的黄色小孔，纵切面有黄色脉纹。气微，味微苦。

【商品规格】商品分三个等级。其等级标准如下。

一等：干货。呈类圆柱形、纺锤形或纵切成两瓣。刮去外皮，条均匀。质坚实，体重。长 15cm 以上，中部直径 3.5cm 以上。表面白色或黄白色，光洁。断面白色，粉性足。味淡微苦。无黄筋、粗皮、抽沟，无杂质、虫蛀和霉变。

二等：长 15cm 以上，中部直径 2.5cm 以上，其余同一等。

三等：扭曲不直，中部直径不小于 1cm。去净外皮及须根，表面粉白色、淡黄白色或灰白色，有纵皱纹。断面灰白色，有粉性，少有筋脉。气弱，味微苦。

【品质要求】以块大、色白、粉性足者为佳，以块小、体轻、筋多、起皱、色黄者次之；本品水分不得过 15.0%；总灰分不得过 5.0%；水溶性浸出物不得少于 15.0%。

【产销行情】全国年产量约 400 吨。纯购约 350 吨，纯销约 350 吨。其中河南年均纯购约 100 吨，安徽约 150 吨，其他地区约 100 吨。天花粉资源日益减少，应注意发展生产，保障供应。

【包装贮藏】麻袋或编织袋装。置干燥通风处保存，防止受潮发霉。

【性味功效】性微寒，味甘、微苦。清热泻火，生津止渴，消肿排脓。

木 瓜
CHAENOMELIS FRUCTUS

本品为蔷薇科植物贴梗海棠 *Chaenomeles speciosa*（Sweet）Nakai 的干燥近成熟果实。始载于《名医别录》，列为中品。多为栽培。因其鲜果似瓜形，故名。为常用中药。

【产地】主产于安徽宣城、六安、涡阳，湖北资丘、恩施、宜昌、长阳，四川都江堰、彭州、广元、旺苍，浙江淳安、昌化、开化。此外，河南、陕西、山东、江苏、江西等地亦产。

【采收加工】夏、秋两季果实绿黄时采收，置沸水中烫至外皮灰白色，对半纵剖，晒干。

【商品特征】呈半长圆形，多纵剖为两半。表面皱纹深，紫红色或红棕色，具不规则深皱纹。剖面周边内卷，果肉厚，红棕色，中心部分凹陷，棕黄色。质坚。气微清香，味酸。

【商品规格】皱皮木瓜按产地分为宣木瓜、川木瓜、资木瓜等规格，均为统货。

【品质要求】以质坚实、肉厚、色紫红、味酸者为佳；本品含齐墩果酸和熊果酸总量不得少于 0.50%；水分不得过 15.0%；总灰分不得过 5.0%；醇溶性浸出物不得少于 15.0%；取本品粉末 5g，加水 50mL，振摇，放置 1 小时，滤过，滤液 pH 值应为 3.0～4.0。

【产销行情】全国年产量约 1300 吨，纯购约 1200 吨，纯销约 1200 吨，出口约 15 吨。其中安徽年均纯购约 100 吨，四川约 550 吨，湖北约 100 吨，浙江约 50 吨，河南约 45 吨，陕西约 50 吨，山东约 100 吨，其他地区约 200 吨。

【包装贮藏】编织袋、麻袋或木箱装。本品易虫蛀、发霉，应置干燥通风处保存。

【性味功效】性温，味酸。舒筋活络，和胃化湿。

【附注】不少地区使用同属植物木瓜（榠楂）*Chaenomeles sinensis*（Thouin）Koehne 的干燥成熟果实，习称"光皮木瓜"。表面平滑不皱，剖面平坦；嚼之有沙粒感。

太 子 参
PSEUDOSTELLARIAE RADIX

本品为石竹科植物孩儿参 *Pseudostellaria heterophylla*（Miq.）Pax ex Pax et Hoffm. 的干燥块根。始载于《本草从新》。均为栽培。李时珍谓其形似人者，故名孩儿参。为常用中药。

【别名】孩儿参。

【产地】主产于江苏江宁、江浦、南京及安徽，山东等省亦产。

【采收加工】夏季茎叶大部分枯萎时采挖，洗净，除去须根，置沸水中略烫后晒干或直接晒干。

【商品特征】呈纺锤形或长条形，细长稍弯曲。表面黄白色，较光滑，微有纵皱纹，凹陷处有须根痕。质硬而脆，断面平坦。

【商品规格】商品分太子参和太子参须两种规格。

【品质要求】以条肥润、有粉性、黄白色、无须根者为佳；本品含太子参环肽 B 不得少于 0.020%；水分不得过 14.0%；总灰分不得过 4.0%；水溶性浸出物不得少于 25.0%。

【产销行情】全国年产量约 2500 吨，纯购约 2000 吨，纯销约 2000 吨。太子参近年来用量不断增大，注意发展生产，保障供应。

【包装贮藏】麻袋或编织袋装。置干燥通风处保存。

【性味功效】性平，味甘、微苦。益气健脾，生津润肺。

车 前 子
PLANTAGINIS SEMEN

本品为车前科植物车前 *Plantago asiatica* L. 或平车前 *Plantago depressa* Wolld. 的干燥成熟种子。始载于《神农本草经》，列为上品。多为野生。多生于路旁车过之处，故名。为常用中药。

【别名】车前仁、前仁。

【产地】车前主产于江西吉水、吉安，河南许昌、信阳；平车前主产于黑龙江五常、庆安，河北沧县、承德等地。

【采收加工】夏、秋两季种子成熟时采收果穗，晒干，搓出种子，除去杂质。

【商品特征】呈椭圆形、不规则长圆形或三角状长圆形，略扁。表面淡棕色或黑褐色，有细皱纹，一面有灰白色凹点状种脐。质硬，水泡膨胀，黏滑。气微，味淡。

【商品规格】商品按产地分为江车前、淮南车前、衢州车前；按品种分为大车前、小车前。

【品质要求】以籽粒饱满、质坚硬、色棕红者为佳；本品含京尼平苷酸不得少于 0.50%；含毛蕊花糖苷不得少于 0.40%；水分不得过 12.0%；总灰分不得过 6.0%；酸不溶性灰分不得过 2.0%；膨胀度应不低于 4.0。

【产销行情】全国年产量约 1800 吨，纯购约 1700 吨，纯销约 1800 吨，出口约 10 吨。其中江西年均纯购约 200 吨，河南约 220 吨，黑龙江约 100 吨，河北约 250 吨，辽宁约 140 吨，山东约 80 吨，其他地区约 800 吨。

【包装贮藏】布袋或衬有纸袋的编织袋装。本品易虫蛀，受潮易结块，应置阴凉干燥通风处保存。

【性味功效】性寒，味甘。清热利尿通淋，渗湿止泻，明目，祛痰。

艾 叶

ARTEMISIAE ARGYI FOLIUM

本品为菊科植物艾 *Artemisia argyi* Lélv. et Vant. 的干燥叶。始载于《名医别录》。野生或家种均有。《本草纲目》谓之："宋时以汤阴复道者为佳。四明者图形。近代惟汤阴者谓之北艾，四明者谓之海艾，自成化以来，则以蕲州为胜，用充方物，天下重之，谓之蕲艾。"为较常用中药。

【别名】艾蒿、陈艾、蕲艾。

【产地】主产于湖北蕲州、河南汤阳、浙江宁波，以湖北省蕲春县产者质量为佳。

【采收加工】夏季花未开时采摘，除去杂质，晒干。

【商品特征】多皱缩、破碎。完整叶片展平后呈卵圆形，羽状深裂，裂片椭圆状披针形，边缘具不规则锯齿。上表面灰绿色或深黄色，有稀疏的柔毛和腺点。下表面密生灰白色绒毛。质柔软。气清香，味苦。

【商品规格】统货。

【品质要求】以下表面灰白色、绒毛厚、香气浓郁者为佳；本品含桉油精，不得少于 0.050%；水分不得过 15.0%；总灰分不得过 12.0%；酸不溶性灰分不得过 3.0%。

【包装贮藏】编织袋或麻袋包装。置阴凉干燥处保存。

【性味功效】性温，味辛、苦。有小毒。温经止血，散寒止痛；外用祛湿止痒。

玉 竹

POLYGONATI ODORATI RHIZOMA

本品为百合科植物玉竹 *Polygonatum odoratum*（Mill.）Druce 的干燥根茎。始载于《神农本草经》，列为上品。野生或栽培。因其叶光莹而像竹，根茎多节，故名。为常用中药。

【产地】主产于湖南邵东、邵阳，河南嵩县、伊川，江苏海门、南通，浙江新昌、孝丰。此外，安徽、江西、东北等地均产。

【采收加工】秋季采挖。除去须根，洗净，晒至柔软后，反复揉搓、晾晒至无硬心，晒干；或蒸透后揉至半透明，晒干。

【商品特征】呈单一长圆柱形，略扁。表面黄白色或淡黄棕色，半透明，有纵皱纹和环节纹，以及白色圆点状须根痕，偶见圆盘状地上茎痕。质硬而脆，易折断，断面角质样或显颗粒性。气微，味甘，嚼之发黏。

【商品规格】商品分为关玉竹、东玉竹、南玉竹。关玉竹系东北所产；东玉竹系江苏所产，嫩黄白色，条粗，质较好；南玉竹系安徽所产，色较黄，油质。

【品质要求】均以条长肥壮、色黄白、体软味甜者为佳；本品含玉竹多糖以葡萄糖计不得少于 6.0%；水分不得过 16.0%；总灰分不得过 3.0%；醇溶性浸出物不得少于 50.0%。

【产销行情】全国年产量约 2500 吨，纯购约 2500 吨，纯销约 2800 吨，出口约

50 吨。

【包装贮藏】编织袋、席包或麻袋装。本品含黏液质，性柔软，易吸湿、生虫、发霉、泛油，应置干燥通风处保存。

【性味功效】性微寒，味甘。养阴润燥，生津止渴。

石 膏
GYPSUM FIBROSUM

本品为硫酸盐类矿物硬石膏族石膏，主含含水硫酸钙（$CaSO_4 \cdot 2H_2O$）。始载于《神农本草经》，列为中品。为较常用中药。

【产地】主产于湖北应城、河南新安、西藏昌都、安徽凤阳等地。此外，四川、甘肃、新疆、贵州、云南等地也有资源蕴藏。

【采收加工】全年均可采挖。挖出后，除去杂石及泥沙即可。

【商品特征】呈长块状、板块状或不规则块状，为纤维状的集合体。白色、灰白色或淡黄色，有的半透明。条痕白色。易纵向断裂，断裂面呈纤维状纹理，具绢丝光泽。体重，质软。加热熔后呈白色粉末，遇水有可塑性。气微，味淡。

【商品规格】统货。

【品质要求】以块大、质纯、纤维状、无杂质者为佳；本品含含水硫酸钙不得少于95.0%；含重金属不得过百万分之十；含砷量不得过百万分之二。

【包装贮藏】缸或箱包装。防灰尘。

【性味功效】性大寒，味甘、辛。清热泻火，除烦止渴；煅用生肌敛疮。

龟 板
TESTUDINIS CARAPAX ET PLASTRUM

本品为龟科动物乌龟 *Chinemys reevesii*（Gray）的背甲及腹甲。始载于《神农本草经》，列为上品。野生与家养均有。为较常用中药。

【别名】龟甲、乌龟壳。

【产地】主产于湖北、湖南、江西、安徽、江苏、浙江、福建、四川等省。

【采收加工】全年均可捕捉，以秋、冬两季为多，捕捉后杀死，或用沸水烫死，剥取背甲和腹甲，除去残肉，晒干。

【商品特征】背甲与腹甲常分离，背甲稍长于腹甲。背甲长椭圆形拱状。外表面棕褐色或黑褐色，脊棱3条；腹甲呈板片状，近长方椭圆形。外表面淡黄棕色至棕黑色，盾片12块，每块常具紫褐色放射状纹理。内表面黄白色至灰白色；前端钝圆或平截，后端具三角形缺刻，两侧残存呈翼状向斜上方弯曲的甲桥。质坚硬。气微腥，味微咸。

【商品规格】商品分为背甲、腹甲、腹血甲、烫甲、漂龟甲等，均为统货。

【品质要求】一般以块大、完整、洁净、无腐肉者为佳；本品水溶性浸出物不得少于4.5%。

【产销行情】全国年产量约500吨，年销量约450吨，出口约20吨。其中湖南生产约 120 吨，浙江生产约 100 吨，安徽生产约 80 吨，其他地区生产约 200 吨。

【包装贮藏】麻袋或竹篓包装。置阴凉干燥处保存，注意防蛀。

【性味功效】性微寒，味咸、甘。滋阴潜阳，益肾强骨，养心补心，固经止崩。

决 明 子
CASSIAE SEMEN

本品为豆科植物决明 *Cassia obtusefolia* L. 或小决明 *Cassia tora* L. 的干燥成熟种子。始载于《神农本草经》，列为上品。栽培与野生均有。为常用中药。

【别名】草决明、马蹄决明。

【产地】主产于四川南溪、梓潼、剑阁，河南邓州、新野、社旗，湖北钟祥，广西武鸣、罗城、平南、天等、上林，山东济阳、菏泽，安徽枞阳，广东英德、云南澄江等地。

【采收加工】秋季采收成熟果实，晒干，打下种子，除去杂质。

【商品特征】**1. 决明**　略呈菱方形或短圆柱形，两端平行倾斜。表面绿棕色或暗棕色，平滑有光泽。一端较平坦，另一端斜尖，背腹面各有 1 条突起的棱线，棱线两侧各有 1 条斜向对称而色较浅的线性凹纹。

2. 小决明　呈短圆柱形，较小，表面棱线两侧各有 1 片宽阔的浅黄棕色带。

【商品规格】商品按来源不同分为大决明子和小决明子两种规格，均为统货。

【品质要求】以颗粒均匀、饱满、色绿棕者为佳；本品含大黄酚，不得少于 0.20%，含橙黄决明素不得少于 0.080%；水分不得过 15.0%；总灰分不得过 5.0%。

【包装贮藏】麻袋或编织袋包装。置阴凉干燥处保存，防止生霉。

【性味功效】性微寒，味甘、苦、咸。清热明目，润肠通便。

芥 子
SINAPIS SEMEN

本品为十字花科植物白芥 *Sinapis alba* L. 或芥 *Brassica juncea*（L.）Czern. et Coss. 的干燥成熟种子。前者习称"白芥子"，后者习称"黄芥子"。始载于《名医别录》，列为上品。均为栽培。为常用中药。

【别名】白芥子、白芥。

【产地】主产于安徽阜阳、涡阳，河南商丘、夏邑、许昌，山东菏泽，重庆万州，四川中江、南充，河北保定、承德、张家口，陕西石泉、汉中，浙江嘉兴、嘉善，湖北恩施、宜昌等地。

【采收加工】夏末秋初果实成熟变黄时采割植株。晒干，打下种子，除去杂质。

【商品特征】**1. 白芥子**　呈球形。表面灰白色至淡黄色，具细微的网纹，点状种脐明显。气微，味微辣。

2. 黄芥子　较小。表面黄色至棕黄色，少数暗红棕色。研碎后加水浸湿，产生辛烈特异的臭气。

【商品规格】统货。

【品质要求】均以粒大、饱满、色黄白、无杂质者为佳；本品含芥子碱以芥子碱硫氰酸盐计不得少于 0.50%；水分不得过 14.0%；总灰分不得过 6.0%；水溶性浸出物不得少于 12.0%。

【包装贮藏】麻袋或编织袋包装。置阴凉干燥处保存，防止生霉。

【性味功效】性温，味辛。温肺豁痰利气，散结通络止痛。

百 合
LILII BULBUS

本品为百合科植物卷丹 *Lilium lancifolium* Thunb. 、百合 *Lilium brownie* F. E. Brown var. *viridulum* Baker 或细叶百合 *Lilium pumilum* DC. 的干燥肉质鳞叶。始载于《神农本草经》，列为中品。野生、栽培均有。因多瓣组合而成，故名。为常用中药。

【产地】全国大部分地区均产。主产于湖南邵阳，浙江吴兴、长兴、龙游，江苏宜兴，陕西大荔，四川中江，重庆合川，安徽安庆，河南嵩县、栾川等地。

【采收加工】秋季地上部分枯萎时采挖。洗净，剥取鳞叶，或于近鳞茎基部横切，鳞叶自然分开，置沸水中略烫，干燥。

【商品特征】呈长椭圆形，中部厚，边缘薄，波状内卷。表面类白色、淡棕黄色或略带紫色，有数条纵直平行的白色维管束。顶端稍尖，基部较宽。质硬而脆，断面较平坦，角质样。气微，味微苦。

【商品规格】商品按厚薄、大小、色泽分为甲、乙、丙三种等级。

【品质要求】均以瓣匀、肉厚、质硬、色白者为佳；本品水溶性浸出物不得少于 18.0%。

【产销行情】全国年产量约 3500 吨，纯购约 2000 吨，纯销约 2100 吨，出口约 30 吨。其中湖南年均纯购约 300 吨，浙江约 240 吨，江苏约 150 吨，四川约 250 吨，河南约 70 吨，安徽约 100 吨。

【包装贮藏】编织袋、麻袋或纸箱包装。本品质坚实，贮存中一般不易发生变质现象，但若受潮则易发霉而色红，应置阴凉干燥处保存。

【性味功效】性寒，味甘。养阴润肺，清心安神。

百 部
STEMONAE RADIX

本品为百部科植物直立百部 *Stemona sessilifolia*（Miq.）Miq. 、蔓生百部 *Stemona japonica*（Bl.）Miq. 或对叶百部 *Stemona tuberosa* Lour. 的干燥块根。始载于《名医别录》，列为中品。均为野生。李时珍谓："其根多者十连属，如部伍，故名。"为常用中药。

【别名】百部草、肥百部。

【产地】直立百部主产于安徽、江苏、湖北、浙江、山东；蔓生百部主产于浙江、江苏、安徽；对叶百部主产于湖北恩施、宜昌各县及广东、福建、四川等地。

【采收加工】春、秋两季采挖，除去须根，洗净，置沸水中略烫或蒸至无白心，取出，晒干。

【商品特征】**1. 直立百部** 呈细长弯曲的纺锤形，表面黄白色或淡棕色，纵沟纹明显，间有横皱纹。质脆，易折断，断面平坦，角质样，淡黄棕色或黄白色，中柱扁缩。

2. 蔓生百部 两端较细长，表面有不规则纵横交错的皱纹，其余同直立百部。

3. 对叶百部 外形粗长，表面浅黄棕色至灰棕色，断面黄白色至暗棕色。质坚实，断面中柱较大，髓心白色，其余同直立百部。

【商品规格】分为直立百部、蔓生百部和对叶百部三种规格，各分大小两个等级。福建、贵州、河南、广西等地所产者较大，山东、江苏、四川、安徽、浙江等地所产者较小。

【品质要求】均以条肥壮、灰白色、无杂质者为佳；本品水溶性浸出物不得少于50.0%。

【产销行情】全国年产量约3500吨，年销量约3600吨。

【包装贮藏】竹席、编织袋或麻袋装。本品不易虫蛀，但受潮后易发霉，应置干燥通风处保存。

【性味功效】性微温，味甘、苦。润肺下气止咳，杀虫灭虱。

合 欢 皮
ALAIZIZE CORTEX

本品为豆科植物合欢 *Albizia julibrissin* Durazz. 的干燥树皮。始载于《神农本草经》，列为中品。多种植于庭院，使人欢乐，药用树皮，故名。为较常用中药。

【产地】全国大部分地区均产。主产于江苏、浙江、安徽等省。

【采收加工】夏、秋两季用刀将树干横向分割为若干段，再纵向将树皮剥下，晒干或阴干。

【商品特征】呈卷曲筒状、半筒状或块片状。外表面灰棕色至灰褐色，密生椭圆形横向皮孔，棕色或棕红色；内表面淡黄棕色或黄白色，断面纤维性片状，淡黄棕色或黄白色。气微，味淡、微涩、稍刺舌。

【商品规格】统货。

【品质要求】均以皮细嫩、货鲜、皮孔明显者为佳；本品含（－）－丁香树脂酚－$4-O-\beta-D-$呋喃芹糖基－$(1{\rightarrow}2)-\beta-D-$吡喃葡萄糖苷不得少于0.030%；水分不得过10.0%；总灰分不得过6.0%；醇溶性浸出物不得少于12.0%。

【包装贮藏】麻袋或编织袋包装，亦可直接捆扎。置室内阴凉干燥处保存，注意防潮防热、避光。

【性味功效】性平，味甘。解郁安神，活血消肿。

芡 实
EURYALES SEMEN

本品为睡莲科植物芡 *Euryale ferox* Salisb. 的干燥成熟种仁。始载于《神农本草经》，列为上品。野生或栽培均有。为较常用中药。

【产地】主产于山东济宁，江苏高淳、宝应，安徽明光，湖南常德，湖北荆州、孝感、黄冈，四川简阳、金堂等地。此外，福建、河北、河南、江西、吉林、辽宁、浙江等地亦产。

【采收加工】秋末冬初果实成熟或茎叶枯萎后采收。除去果皮，取出种子，洗净，用小火炒焦，再除去硬壳（外种皮），取出种仁，晒干。江苏省则再放入麻袋中撞去棕红色内种皮，使成白色，称"苏芡实"。

【商品特征】呈类球形，表面有棕红色内种皮，约占全体2/3，一端黄白色，约占全体1/3，有凹点状种脐痕，除去内种皮显白色。质较硬，断面白色，粉性。气微，味淡。

【商品规格】商品分为北芡实、南芡实。药用多为南芡实，南芡实又以江苏所产者为佳。

【品质要求】均以颗粒完整、饱满、断面色白、粉性足、无碎末者为佳；本品水分不得过14.0%；总灰分不得过1.0%。

【包装贮藏】麻袋或编织袋包装。本品易虫蛀，应置通风阴凉干燥处保存。

【性味功效】性平，味甘、涩。益肾固精，补脾止泻，除湿止带。

苍 术
ATRACTYLODIS RHIZOMA

本品为菊科植物茅苍术 *Atractylodes lancea*（Thunb.）DC. 或北苍术 *Atractylodes chinensis*（DC.）Koidz. 的干燥根茎。前者称"茅苍术"或"南苍术"，后者称"北苍术"。始载于《神农本草经》，列为上品。均为野生。因其根干枝叶的形状像篆文"术"字，根苍黑色，故名。为较常用中药。

【别名】茅苍术、北苍术。

【产地】茅苍术主产于江苏句容、镇江、溧水，湖北襄阳、南漳，河南桐柏、唐河等地。浙江、安徽、江西、河北、山西、东北各省亦产。以河南桐柏、安徽太平、江苏茅山所产质量最优。北苍术主产于河北赤城、北京怀柔、山西沁源、辽宁凌原及建平、黑龙江纳河、内蒙古呼伦贝尔盟及山东、陕西等地。东北产者称"关苍术"。

【采收加工】春、秋两季采挖，除去泥沙，晒干，撞去须根。

【商品特征】1. 茅苍术 呈不规则连珠状或结节状圆柱形，稍弯曲，偶有分枝。表面灰棕色，有皱纹及残留须根，顶端具茎痕或残留茎基。质坚实。断面黄白色或灰白色，朱砂点多，久置起"白霜"，香气特异，味微甜、辛、苦。

2. 北苍术 多呈疙瘩状或结节状圆柱形，常分支。表面黑棕色，除去外皮显黄棕色。质较轻泡，久置不起"白霜"。香气较淡。其余同茅苍术。

【商品规格】商品按产地不同有茅苍术、北苍术之分，均为统货。其标准如下。

1. 茅苍术 统货。呈不规则连珠状，略弯曲。表面灰黑色或灰褐色。质坚，断面黄白色，有朱砂点，露出稍久，有白色毛状结晶体，气浓香，味微甜而辛。中部直径

0.8cm 以上。

2. 北苍术 统货。呈不规则疙瘩状或结节状。质较疏松。中部直径 1.0cm 以上。其余同茅苍术。

出口商品按等级标准分等出售。

【品质要求】 均以个大、质坚实、外表色灰棕、断面色黄白、显朱砂点、有油性、放置后生白毛状结晶者为佳；本品含苍术素不得少于 0.30%；水分不得过 13.0%；总灰分不得过 7.0%。

【产销行情】 全国年产量约 4000 吨，纯购约 3000 吨，纯销约 3200 吨，出口约 80 吨。其中江苏年均纯购约 540 吨，湖北约 150 吨，河南约 300 吨，浙江约 150 吨，安徽约 200 吨，山西约 170 吨，江西约 100 吨，东北三省约 1000 吨，其他地区约 200 吨。

【包装贮藏】 以竹篓外套单丝麻袋或编织袋包装。本品易受潮、发霉、走失香气，应置阴凉干燥处保存。

【性味功效】 性温，味辛、苦。燥湿健脾，祛风散寒，明目。

牡 丹 皮
CORTEX MOUTAN

本品为毛茛科植物牡丹 *Paeonia suffruticosa* Andr. 的干燥根皮。始载于《神农本草经》，列为中品。多为栽培。李时珍谓：“牡丹以色丹者为上，虽结子而根上生苗，故谓之牡丹。”药用根皮，故名。为常用中药。

【别名】 粉丹皮、丹皮。

【产地】 主产于安徽铜陵、南陵、青阳、泾县，重庆垫江，四川都江堰、康定、泸定，甘肃榆中、舟曲、皋兰、临夏，陕西山阳、眉县、宝鸡，湖北利川、兴山、襄阳各地区，湖南邵阳、祁东、常宁、桂阳，河南洛阳，山东菏泽，贵州湄潭等地。以四川、安徽产量最大。

【采收加工】 栽培 3~5 年后即可采挖，一般在 10~11 月挖出根部。洗净，去掉须根，用刀纵剖，抽去木心，晒干称“连丹皮”或“原丹皮”；趁鲜用竹刀或碗片刮去外皮，抽去木心，晒干，称“刮丹皮”。

【商品特征】1. 连丹皮 呈筒状或半卷筒状块片。外表面灰褐色或黄褐色。内表面淡灰黄色或浅棕色，常有白色晶体。质硬而脆，易折断，断面较平坦，粉性。有特殊香气，味苦涩而有麻舌感。

2. 刮丹皮 外表面浅灰黄色或粉红色。其余同连丹皮。

【商品规格】 商品按加工不同分为原丹和刮丹两种。按产区分有安徽丹皮（凤丹、瑶丹、西山丹）、山东丹皮、湖南丹皮（分为白丹、五寸丹、连丹、寸丹等）、西丹皮（甘肃、陕西）、川丹皮（四川）、统杂丹（各地）。以安徽铜陵凤凰山所产质量最佳，习称“凤丹”，分为 1~4 个等级。其规格等级标准如下。

1. 凤丹 一等：呈圆筒状，条均匀微弯，两端剪平，纵形隙口紧闭，皮细肉厚，表面褐色，质硬而脆，断面粉白色，粉质足，有亮银星，香气浓，味微苦涩，长 6cm 以上，中部围粗 2.5cm 以上。

二等：长 5cm 以上，中部围粗 1.8cm 以上。其余同一等。

三等：长 4cm 以上，中部围粗 1cm 以上。其余同一等。

四等：凡不符合一、二、三等的细条及断支碎片均属此等。但最小围粗不低于 0.6cm。

2. 连丹（原丹） 一等：呈圆筒状，条均匀，稍弯曲，表面灰褐色或棕褐色，栓皮脱落处呈粉棕色，质硬而脆，断面粉白或淡褐色，有粉性，有香气，味微苦涩，长 6cm 以上，中部围粗 2.5cm 以上，碎片不超过 5%。

二等：长 5cm 以上，中部围粗 1.8cm 以上。其余同一等。

三等：长 4cm 以上，中部围粗 1cm 以上。其余同一等。

四等：凡不符合一、二、三等的细条及断支碎片均属此等。但最小围粗不低于 0.6cm。

3. 刮丹 一等：呈圆筒状，条均匀，刮去外皮，表面粉红色，在节疤、皮孔、根痕处偶有未去净的栓皮，形成棕褐色花斑，质坚硬，断面粉白色，有粉性，气香浓，味微苦涩，长 6cm 以上，中部围粗 2.4cm 以上，碎片不超过 5%。

二等：长 5cm 以上，中部围粗 1.7cm 以上。其余同一等。

三等：长 4cm 以上，中部围粗 0.9cm 以上。其余同一等。

四等：凡不符合一、二、三等的细条及断支碎片均属此等。

出口商品按等级标准分等出售。

【品质要求】 均以条粗、肉厚、断面色白、粉性足、香气浓、亮星多者为佳；本品含丹皮酚不得少于 1.2%；水分不得过 13.0%；总灰分不得过 5.0%；醇溶性浸出物不得少于 15.0%。

【产销行情】 全国年产量高约 2500 吨，低约 400 吨，纯购约 1200 吨，纯销约 1700 吨，出口约 180 吨。其中四川年均纯购约 300 吨，安徽约 350 吨，湖北约 120 吨，河南约 100 吨，山东约 120 吨，湖南约 120 吨，其他地区约 150 吨。

【包装贮藏】 编织袋、木箱或竹篓包装。本品易生霉、变色，应置阴凉干燥处保存。

【性味功效】 性微寒，味苦、辛。清热凉血，活血化瘀。

泽 泻
ALISMATIS RHIZOMA

本品为泽泻科植物泽泻 *Alisma orientalis*（Sam.）Juzep. 的干燥块茎。始载于《神农本草经》，列为上品。均系家种。因能利尿行水，如泽水之泻也，故名。为常用中药。

【别名】 建泽泻、福泽泻、川泽泻。

【产地】 主产于福建浦城、建阳，四川都江堰、郫县，江西广昌等地。此外，贵州安顺地区，云南祥云及新疆乌苏、阿勒泰等地亦产。以福建、四川两省所产最为著名，故有建泽泻与川泽泻之称。

【采收加工】冬季茎叶开始枯萎时采挖，洗净，干燥，除去须根和粗皮。

【商品特征】**1. 建泽泻**　呈椭圆形或长圆形，表面较光滑，黄白色，有不规则的横向节纹，断面细腻。气微，味微苦。

2. 川泽泻　底部周围有瘤状突起，断面有小孔。其余同建泽泻。

【商品规格】商品分建泽泻、川泽泻、浙江泽泻和江西泽泻。一般认为建泽泻质佳，以建泽泻、川泽泻产量大，使用地区广。其规格等级标准如下。

1. 建泽泻　一等：呈椭圆形，撞净外皮及须根。表面黄白色，有细小突起的须根痕。质坚硬，断面浅黄白色，细腻有粉性。味甘微苦。每千克在 32 个以内。

二等：呈椭圆形或卵圆形，表面灰白色，每千克在 56 个以内。其余同一等。

三等：呈类球形，每千克在 56 个以外，最小直径不小于 2.5cm，间有轻微焦枯，但不超过 10%。其余同一等。

2. 川泽泻　一等：呈卵圆形，去净粗皮及须根，底部有瘤状小疙瘩。表面灰黄色。质坚硬，断面黄白色。味甘微苦。每千克在 50 个以内。

二等：每千克在 50 个以外，最小直径不小于 2cm。间有少量焦枯、碎块，但不超过 10%，其余同一等。

【品质要求】均以个大、质坚实、黄白色、粉性足者为佳；本品含 23 - 乙酰泽泻醇 B（$C_{32}H_{50}O_5$）不得少于 0.050%；水分不得过 14.0%；总灰分不得过 5.0%；醇溶性浸出物不得少于 10.0%。

【产销行情】全国年产量约 4000 吨，纯购约 3000 吨，纯销约 2500 吨，出口约 200 吨。其中福建年均纯购约 300 吨，四川约 150 吨，其他地区约 2000 吨。

【包装贮藏】以编织袋或硬竹篓装，内垫篾席或草袋包装。本品含淀粉较多，易生虫，应置通风干燥处保存，梅雨季节应及时翻晒。

【性味功效】性寒，味甘、淡。利水渗湿，泄热，化浊降脂。

青　黛

INDIGO NATURALIS

本品为爵床科植物马蓝 *Baphicacanthus cusia*（Nees）Bremek.、蓼科植物蓼蓝 *Polygonum tinctorium* Ait. 或十字花科植物菘蓝 *Isatis indigotica* Fort. 的叶或茎叶加工制得的干燥粉末、团块或颗粒。始载于《开宝本草》。黛指眉毛的颜色，唐代妇女曾用该物品染眉，其色青，故名。为常用中药。

【别名】蓝靛。

【产地】主产于福建、河北、云南、安徽等省。

【采收加工】夏秋两季植物的叶生长茂盛时，割取茎叶，置木桶或大缸中，加清水浸泡 2~3 昼夜至叶腐烂、茎脱皮，捞去茎枝叶渣，每 50kg 茎叶加石灰 4~5kg，充分搅拌，待浸液由乌绿色转为紫红色时，捞取液面泡沫状物，晒干。

【商品特征】为深蓝色粉末，体轻，易飞扬，或呈不规则多孔性团块、颗粒，用手搓捻即成细末。微有草腥气，味淡。火烧之产生紫红色烟雾。遇硝酸产生气泡，显棕红色或黄棕色。

【商品规格】统货。

【品质要求】均以蓝色均匀、体轻、能浮于水面、燃烧时产生紫色火焰者为佳；本品含靛蓝不得少于 2.0%，含靛玉红（$C_{16}H_{10}N_2O_2$）不得少于 0.13%；水分不得过 7.0%；取本品 0.5g，加水 10mL，振摇后放置片刻，水层不得显深蓝色。

【包装贮藏】塑料袋封装。置阴凉干燥处保存，注意防潮、防霉、防灰尘。

【性味功效】性寒，味咸。清热解毒，凉血消斑，泻火定惊。

虎 杖
POLYGONI CUSPIDATI RHIZOMA ET RADIX

本品为蓼科植物虎杖 *Polygonum cuspidatum* Sieb. et Zucc. 的干燥根茎和根。始载于《名医别录》，列为中品。多为野生，也有家种。李时珍谓："杖言其茎，虎言其斑也。"故名。为常用中药。

【别名】花斑竹。

【产地】主产于江苏、浙江、安徽、广东、广西、四川、云南、河南、贵州等地。

【采收加工】春、秋两季采挖，除去须根，洗净，趁鲜切短段或厚片，晒干。

【商品特征】呈短圆柱形或不规则片状。表面棕褐色，有纵皱纹和须根痕。切面棕黄色，皮部与木部较易分离，中空（根茎）或具放射纹（根）。质坚硬。

【商品规格】分为个统货或片统货。

【品质要求】以根条粗而扭曲、色棕黄、质重者为佳；本品含大黄素不得少于 0.60%，含虎杖苷（$C_{20}H_{22}O_8$）不得少于 0.15%；水分不得过 12.0%；总灰分不得过 5.0%；酸不溶性灰分不得过 1.0%；醇溶性浸出物不得少于 9.0%。

【包装贮藏】竹篓或麻袋装。置干燥处保存，防霉，防蛀。

【性味功效】性微寒，味微苦。利湿退黄，清热解毒。

明 党 参
CHANGH RADIX

本品为伞形科植物明党参 *Changium smyrnioide* Wolff 的干燥根。始载于《本草纲目拾遗》，谓之"土人参"。均为栽培。为较常用中药。

【别名】明党、明参。

【产地】主产于江苏江宁、江浦、南京，安徽、浙江等地亦产。

【采收加工】4~5月采挖，除去须根，洗净，置沸水中煮至无白心，取出，置清水中浸泡 3 天，用竹刀刮去外皮，再用清水漂洗，捞出，晒干。

【商品特征】呈细长圆柱形、长纺锤形或不规则条块。表面黄白色或淡棕色，光滑或有纵沟纹和须根痕。质硬而脆，断面角质样，皮木易分离。

【商品规格】商品按其大小划分为 1~4 等，等级标准如下。

一等（银牙）：长 6cm 以上，粗如象牙筷，长条形，色银黄。

二等（匀条）：长 10cm 以上，粗如中指，色黄尚佳。

三等（粗枝）：条粗，完整无破碎。

四等（大等）：条粗，大头空心或破碎劈枝。

【品质要求】均以条细长均匀、质重、色半透明、质硬脆、断面角质样者为佳。本品水分不得过 13.0%；总灰分不得过 3.0%；水溶性浸出物不得少于 20.0%。

【包装贮藏】编织袋、竹席或麻袋包装。本品极易虫蛀、发霉、泛油，应置通风干燥处保存，防潮、防蛀，并避免重压，以免破碎。

【性味功效】性微寒，味甘、微苦。润肺化痰，养阴和胃。

佩　兰
EUPATORII HERBA

本品为菊科植物佩兰 *Eupatorium fortunei* Turcz. 的干燥地上部分。始载于《神农本草经》，列为上品。野生和栽培均有。因古名兰草，又为佩戴避秽之物，故名。为较常用中药。

【产地】主产于江苏南京、苏州，上海，河北，天津，山东。此外，安徽、河南、四川、陕西、浙江亦产。

【采收加工】多于夏、秋两季分两次采割，割取地上部分，除去杂质，晒干。

【商品特征】茎呈圆柱形，表面黄棕色或黄绿色，有的略带紫色，有明显的节和纵棱线。质脆。叶对称。叶片 3 裂或不分裂，分裂者中间裂片较大，展平后呈披针形，基部狭窄，边缘有锯齿；气芳香，味微苦。

【商品规格】统货。

【品质要求】均以干燥叶多、色绿、未开花、香气浓、不带根及杂质者为佳。本品含挥发油不得少于 0.30%；水分不得过 11.0%；总灰分不得过 11.0%；酸不溶性灰分不得过 2.0%。

【包装贮藏】竹篓或竹席包装。置阴凉干燥处保存，注意防止香气散失、防热。

【性味功效】性平，味辛。芳香化湿，醒脾开胃，发表解暑。

荆　芥
SCHIZONEPETAE HERBA

本品为唇形科植物荆芥 *Schizonepeta tenuifolia* Briq. 的干燥地上部分。始载于《神农本草经》，列为中品。野生与栽培均有。因果似荆，子似芥，故名。为常用中药。

【产地】主产于江苏江都、扬州、嘉兴，此外，浙江、江西、河北、湖南等地亦产。

【采收加工】多于夏、秋两季花开到顶、穗绿时采割地上部分，除去杂质，晒干。

【商品特征】茎呈方柱形，上部分枝。表面淡黄绿色或淡紫红色。叶对生，叶片 3～5 羽状分裂。穗状轮伞花序顶生。气芳香，味辛凉。

【商品规格】商品按药用部位及使用习惯分为荆芥全草、荆芥梗及荆芥穗，各规格均为统货。

【品质要求】 均以色黄绿、穗长而密、香气浓、味凉者为佳；本品含挥发油不得少于0.60%；含胡薄荷酮不得少于0.020%；水分不得过12.0%；总灰分不得过10.0%；酸不溶性灰分不得过3.0%。

【包装贮藏】 竹席装，再打包为长方形。本品易虫蛀、散失气味，应置阴凉干燥处保存，注意防潮、防风吹。

【性味功效】 性温，味辛。有毒。解表散风，透疹，消疮。炒炭止血。

香 薷
MOSLAE HERBA

本品为唇形科植物石香薷 *Mosla chinensis* Maxim. 或江香薷 *Mosla chinensis* 'Jiangxiangru' 的干燥地上部分。前者习称"青香薷"，后者习称"江香薷"。始载于《名医别录》，列为中品。野生与栽培均有。李时珍谓："薷本作柔，《玉篇》云：柔菜苏是也。其气香，其叶柔，故以名之。"为较常用中药。

【产地】 江香薷主产于江西宜春、萍乡、铜鼓、贵溪、于都，以及河北、河南等省，以江西产量最大。青香薷主产于广西、湖南、湖北等地，系野生。

【采收加工】 夏季茎叶茂盛、花盛时择晴天采割，除去杂质，阴干。

【商品特征】 1. **江香薷** 茎方形，节间较长，基部紫红色，完整的叶卵线状披针形，小坚果长圆形，黑棕色，清香气浓。

2. **青香薷** 不同于江香薷的是本品较短小，分支多，节间较短，完整的叶线状披针形。

【商品规格】 商品按来源分为江香薷、青香薷两种，均为统货。

【品质要求】 以枝嫩、穗多、香气浓者为佳；本品含挥发油不得少于0.60%；含麝香草酚与香荆芥酚总量不得少于0.16%；水分不得过12.0%；总灰分不得过8.0%。

【包装贮藏】 席装，打成方包，置阴凉干燥处，防潮，防风吹。

【性味功效】 性微温，味辛。发汗解表，化湿和中。

枳 壳
AURANTII FRUCTUS

本品为芸香科植物酸橙 *Citrus aurantium* L. 及其栽培变种的干燥未成熟果实。始载于《神农本草经》，列为中品，多为栽培。枳乃木名，壳乃果皮，故名。为常用中药。

【产地】 主产于重庆綦江、江津者，习称"川枳壳"。主产于江西清江、新淦、新喻者，习称"江枳壳"。主产于湖南沅江者，习称"湘枳壳。"此外，产于江苏苏州者，习称"苏枳壳"。产于福建闽侯、永泰者，习称"建枳壳"。

【采收加工】 7月果皮尚绿时采收，自中部横切为两半，晒干或低温干燥。

【商品特征】 1. **川枳壳** 半球形，外表绿褐色或青绿色，有颗粒状突起，突起的顶端有凹点状油室。切面黄白色，边缘有1~2列油点。质坚实，气清香。素以"青皮、白口、翻盆状"为其鉴别要点。

2. 江枳壳 主要区别为外皮黑绿色或棕褐色,皮稍粗糙,肉厚瓤小。

3. 湘枳壳 主要区别为外皮棕褐色,皮粗糙,肉较薄,质较松,香气较淡。

4. 苏枳壳(代代花枳壳) 主要区别为扁圆形,外皮青黄色或暗绿色,基部常带果柄残基。

5. 建枳壳(绿衣枳壳) 主要区别为外皮灰绿色,密被柔毛。

【商品规格】商品分川枳壳、江枳壳、湘枳壳、苏枳壳、建枳壳五种,均分为一、二等级。习惯认为川枳壳质量最佳,江枳壳最为著名。其等级标准如下。

一等:横切对开,呈扁圆形,表面绿褐色或棕褐色,有颗粒状突起。切面黄白色或淡黄色,肉厚,瓤小。质坚硬,气清香,味苦微酸,直径 3.5cm 以上,肉厚 0.5cm以上。

二等:肉薄。直径 2.5cm 以上,肉厚 0.35cm 以上。其余同一等。

【品质要求】以外皮色绿褐、果肉厚、质坚硬、香气浓者为佳;本品含柚皮苷不得少于 4.0%;含新橙皮苷不得少于 3.0%;水分不得过 12.0%;总灰分不得过 7.0%。

【产销行情】全国年生产约 2640 吨,年销量约 3000 吨,其中四川年均生产约 900吨,江西约 400 吨,福建约 300 吨,浙江约 200 吨,湖南约 240 吨,其他地区约 600 吨。

【包装贮藏】竹篓或麻袋装,置阴凉干燥处保存,防蛀。

【性味功效】性微寒,味苦、辛、酸。理气宽中,行滞消胀。

枳 实
AURANTII FRUCTUS IMMATURUS

本品为芸香科植物酸橙 *Citrus aurantium* L. 及其栽培变种或甜橙 *Citrus sinensis* Osbeck 的干燥幼果。始载于《神农本草经》,列为上品。多为栽培。枳乃木名,实乃其子,故名枳实。为常用中药。

【产地】主产于重庆綦江、江津,江西清江、新淦、新喻,江苏苏州、虎丘,福建闽侯、永泰,以及浙江、两湖、云南、贵州、台湾等地。

【采收加工】5~6 月收集自落的果实,除去杂质,自中部横切为两半,晒干或低温干燥,较小者直接晒干或低温干燥。

【商品特征】**1. 川枳实** 多为半球形,外皮黑绿色或棕褐色,中果皮厚,占切面的2/3。

2. 江枳实 外皮棕绿色或灰绿色,大的果顶具"金钱环"。其余同上种。

3. 建枳实(绿衣枳实) 形小而有毛。其余同上两种。

【商品规格】商品按产地分为川枳实、江枳实、建枳实三种,均分为一、二等级。其等级标准如下。

一等:幼果横切两半,呈扁圆片形,隆起,表面青黑色或黑褐色,具颗粒状突起和皱纹。切面果肉黄白色,肉厚瓤小,质坚硬,气清香,味苦微酸。直径 1.5~2.0cm。

二等:呈扁圆球形,切面隆起,直径 1.5cm 以下。间有未切的个子,但不得超过

30%。其余同一等。

【品质要求】均以皮青黑、肉厚色白、瓤小、体坚实、香气浓者为佳；本品含辛弗林不得少于 0.30%；水分不得过 15.0%；总灰分不得过 7.0%；醇溶性浸出物不得少于 12.0%。

【产销行情】全国年产量约 2000 吨，纯购约 1500 吨，纯销约 1500 吨。其中四川年均纯购约 450 吨，江西约 200 吨，福建约 150 吨，浙江约 100 吨，湖南约 120 吨，其他地区约 300 吨。

【包装贮藏】编织袋、竹篓或麻袋装，置阴凉干燥处保存，防蛀。

【性味功效】性微寒，味苦、辛、酸。破气消积，化痰散痞。

栀 子
GARDENIAE FRUCTUS

本品为茜草科植物栀子 *Gardenia jasminoides* Ellis 的干燥成熟果实。始载于《神农本草经》，列为中品。多为栽培，为常用中药。

【别名】山栀子、山栀。

【产地】主产于湖南衡山、衡东、涟源，四川宜宾、高县、荣县，重庆涪陵、忠县、江津，湖北咸宁、蒲圻、通山，广东连平、曲江、南雄，浙江平阳、温岭、临海，广西博白、武宣、陆川。此外，江苏、安徽、台湾、海南、云南、贵州、河南等地亦产。

【采收加工】9~11 月果实成熟呈红黄色时采收，除去果梗和杂质，蒸至上气或置沸水中略烫，取出，干燥。

【商品特征】呈长卵圆形或椭圆形。表皮红黄色，略具光泽，有 6 条纵棱。顶端残存萼片，基部稍尖，有残留果梗。果皮革质，薄而脆，略有光泽。种子多数，黏结成团，深红色或红黄色，表面具密而细小的疣状突起。

【商品规格】商品分两个等级。其等级标准如下。

一等：呈长圆形或椭圆形，饱满。表面橙黄色或淡红色，具纵棱，顶端有宿存萼片。皮薄革质，略有光泽。破开后种子聚集成团状，橙红色、紫红色或淡红色。气微，味微酸而苦。无黑果、杂质、虫蛀、霉变。

二等：呈长圆形或椭圆形，较瘦小。表面橙黄色或暗棕色。间有破碎。其余同一等。

【品质要求】以果小、均匀、皮薄、饱满、内外色红、完整不碎者为佳；本品含栀子苷不得少于 1.5%；水分不得过 8.5%；总灰分不得过 6.0%。

【产销行情】全国年生产约 1000~1200 吨，最高曾达 7000~10000 吨，年销量约 3000 吨。

【包装贮藏】竹篓或麻袋装，置阴凉干燥处，防蛀。

【性味功效】性寒，味苦。泻火除烦，清热利湿，凉血解毒；外用消肿止痛。

威 灵 仙
CLEMATIDIS RADIX ET RHIZOMA

本品为毛茛科植物威灵仙 *Clematis chinensis* Osbeck、棉团铁线莲 *Clematis hexapetala* Pall. 或东北铁线莲 *Clematis manshurica* Rupr. 的干燥根和根茎。始载于《开宝本草》，系野生。李时珍谓之"威言其性猛，灵仙言其功神"，故名。为较常用中药。

【产地】威灵仙主产于江苏、安徽、浙江等省；棉团铁线莲主产于山东、河北、辽宁、黑龙江等省；东北铁线莲主产于辽宁、吉林、黑龙江等省。

【采收加工】多于秋季采挖，除去茎叶、杂质，晒干。

【商品特征】**1. 威灵仙** 根茎呈柱状或团块状，表面淡棕黄色，顶端有茎基残留。质较坚韧，断面纤维性。下侧着生多数细长圆柱形细根。表面黑褐色。有的皮部脱落。质硬脆，易折断，断面木部略呈方形。气微，味淡。

2. 棉团铁线莲 根茎短，根表面棕褐色至棕黑色，断面木部圆形。味咸。其余同威灵仙。

3. 东北铁线莲 根密集，断面棕黑色，木部近圆形。味辛辣。其余同威灵仙。

【商品规格】商品按来源和产地不同分为威灵仙、棉团铁线莲和东北铁线莲三种。

【品质要求】以条长、色黑、质坚实者为佳；切片以片大、色粉白者为佳；本品含齐墩果酸和常春藤皂苷元各不得少于 0.30%；水分不得过 15.0%；总灰分不得过 10.0%；酸不溶性灰分不得过 4.0%；醇溶性浸出物不得少于 15.0%。

【产销行情】全国年产量约 1500 吨，纯购约 1300 吨，纯销约 1200 吨。其中安徽年均纯购约 200 吨，山东约 150 吨，江苏约 110 吨，浙江约 100 吨，辽宁约 200 吨，黑龙江约 150 吨，吉林约 100 吨，其他地区约 200 吨。

【包装贮藏】竹席装，切片麻袋或编织袋装。置通风干燥处保存。

【性味功效】性温，味辛、咸。祛风湿，通经络。

虻 虫
TABANUS

本品为虻科动物复带虻 *Tabanus bivittatus* Matsumura、中华虻 *Tabanus manqarnus* Schiner 等的雌性全体。始载于《名医别录》，列为中品。均为野生。为少常用中药。

【别名】牛蚊子、牛苍蝇。

【产地】主产于安徽、江苏、山东、河南、陕西、新疆、河北、山西等省区。

【采收加工】夏、秋两季，用蝇拍拍得后，用线串起，晒干；或捕捉后用沸水烫死，晒干。

【商品特征】**1. 中华虻** 虫体呈长椭圆形。头部及胸部黑褐色，背面光亮，翅长超过尾部。腹部棕黄色，具 6 体节。质松而脆。

2. 双斑黄虻 黄绿色。腹部暗灰黄色，多金黄色毛及少数黑毛。其余特征同华虻。

【商品规格】统货。

【品质要求】均以身干、虫完整、腹黄者为佳。

【包装贮藏】木箱或塑料编织袋包装，撒放一些花椒可防蛀，置干通风燥处保存。

【性味功效】性凉，味苦、微咸。有毒。破血通经，逐瘀消肿。

信 石
ARSENICUM SUBLIMATUM

本品为氧化物类矿物砷华矿石或由雄黄、毒砂（硫砷铁矿，FeAsS）等矿物经加工制得。始载于《开宝本草》。李时珍谓："砒，性猛如貔，故名，惟出信州，故人呼信石，而又隐信字为人言。"为少用中药。

【别名】砒霜、砒石。

【产地】主产于江西、河南、广东、贵州等省。

【采收加工】少数为选取天然的砷华矿石，多数为加工制得。加工方法之一是将纯净雄黄砸成小块，置容器内燃烧，雄黄即分解为气态三氧化二砷及二氧化硫，通过冷凝管使三氧化二砷充分冷凝，即为信石。二氧化硫另从烟道排出。

【商品特征】**1. 红信石** 呈不规则块状。粉红色，具黄色及红色彩晕。质脆。易升华。

2. 白信石 全体白色，其余同红信石。

【商品规格】商品按颜色分为红信石和白信石两种，但白信石极少见，多为红信石，其升华精制品为砒霜。

【品质要求】红信石以块状、色淡红、有彩晕、无渣滓者为佳；白信石以块状、色白、有彩晕、无渣滓者为佳。

【包装贮藏】置密闭容器内单独存放，专箱加锁，严格管理。

【性味功效】性热，味辛。有大毒。蚀疮去腐，平喘化痰，截疟。

【附注】本品剧毒，应按毒剧药要求加强管理。另砒霜系信石升华精制而得的三氧化二砷，为白色粉末，毒性更强。

射 干
BELAMCANDAE RHIZOMA

本品为鸢尾科植物射干 *Belamcanda chinensis*（L.）DC. 的干燥根茎。始载于《神农本草经》，列为下品。多为野生，也有栽培。因其茎梗疏长如射之长竿，故名。为较常用中药。

【产地】主产于湖北、河南、江苏、安徽。此外，河南、陕西、浙江、贵州、云南等地亦产。

【采收加工】春初刚发芽或秋末茎叶枯萎时采挖，除去须根和泥沙，干燥。

【商品特征】呈不规则结节状，有分支。表面棕褐色或黑褐色。质硬，断面黄色。气微，味苦。嚼后唾液变黄。

【商品规格】均为统货。习惯认为湖北所产者质坚、色黄，品质最佳，俗称"汉射干"。

【品质要求】以身干、肥壮、肉色黄、无须根及泥土者为佳；本品含次野鸢尾黄素不得少于 0.10%；水分不得过 10.0%；总灰分不得过 7.0%；醇溶性浸出物不得少于 18.0%。

【产销行情】全国年产量约 1500 吨，纯购约 1500 吨，纯销约 1500 吨，出口约 100 吨。其中湖北年均纯购约 450 吨，河南约 300 吨，江苏约 150 吨，安徽约 200 吨，四川约 500 吨，其他地区约 200 吨。

【包装贮藏】竹席或编织袋装，置干燥处。本品受潮易虫蛀、发霉，须防潮，保持干燥。

【性味功效】性寒，味苦。清热解毒，消痰，利咽。

桑 白 皮
MORI CORTEX

本品为桑科植物桑 *Morus alba* L. 的干燥根皮。始载于《神农本草经》，列为中品。野生和栽培均有。因其色白，故名。为常用中药。

【别名】桑皮、桑根白皮。

【产地】主产于河南、安徽、四川、湖南、河北、广东等省。

【采收加工】秋末至次春发芽前采挖根部，除净泥土及须根，刮去黄棕色粗皮，纵向剖开，用木槌轻击以使皮部与木部分离，剥取白色根皮，晒干。

【商品特征】呈扭曲的卷筒状、槽状或片条状。外表面白色或淡黄白色，偶有残留橙黄色或棕黄色鳞片状粗皮，质柔韧，易纵向撕裂，撕裂时有粉尘飞扬。气微，味微甘。

【商品规格】商品按产地不同分为亳桑皮（安徽亳州所产）、严桑皮（浙江淳安所产）、苏北桑皮（江苏苏州、南通所产）。其中以亳桑皮品质最好。

【品质要求】均以皮厚、色洁白、质柔韧、粉性足者为佳。

【产销行情】全国年产量约 3500 吨，纯购约 2800 吨，纯销约 2600 吨，出口约 150 吨。其中河南年均纯购约 800 吨，安徽约 550 吨，四川约 400 吨，湖南约 250 吨，河北约 150 吨，广东约 200 吨，其他地区约 400 吨。

【包装贮藏】捆装或以席包装。置阴凉干燥处保存，注意防潮。

【性味功效】性寒，味甘。泻肺平喘，利水消肿。

桑 螵 蛸
MANTIDIS OÖTHECA

本品为螳螂科昆虫大刀螂 *Tenodera sinensis* Saussure、小刀螂 *Statilia maculate*（Thunberg）或巨斧螳螂 *Hierodula patellifera*（Serville）的干燥卵鞘。分别习称为"团螵蛸""长螵蛸"及"黑螵蛸"。始载于《神农本草经》，列为上品。均为野生。为少常用中药。

【产地】团螵蛸主产于广西、云南、湖北、湖南、河北、甘肃、辽宁等省；长螵蛸主产于浙江、江苏、安徽、山东、湖北等省；黑螵蛸主产于河北、山东、河南、山西等省。

【采收加工】深秋至次年春季收集，除去树枝等杂质，置蒸笼内蒸半小时，至虫卵死后，晒干或烘干。

【商品特征】**1. 团螵蛸**　略呈圆柱形或半圆形。表面浅黄褐色，带状隆起不明显，底面平坦或有凹沟。体轻，每室各有一细小椭圆形卵。

2. 长螵蛸　略呈长条形，一端较细。表面灰黄色，带状隆起明显，两侧各有一条暗棕色浅沟和斜向纹理。质硬而脆。

3. 黑螵蛸　略呈平行四边形，表面灰褐色。近尾端微向上翘。质硬而柔韧。

【商品规格】商品按来源和性状不同，分团螵蛸、长螵蛸、黑螵蛸三种。

【品质要求】均以个大体轻、质松而韧、色黄者为佳；本品水分不得过 15.0%；总灰分不得过 8.0%；酸不溶性灰分不得过 3.0%。

【包装贮藏】麻袋或编织袋装。本品易虫蛀，应置通风干燥处保存，注意防潮。

【性味功效】性平，味甘、咸。固精缩尿，补肾助阳。

莲　子
NELUMBINIS SEMEN

本品为睡莲科植物莲 *Nelumbo nucifera* Gaertn. 的干燥成熟种子。始载于《神农本草经》，列为上品。均为家种。为常用中药。

【别名】莲米、湘莲、莲实。

【产地】主产于湖南湘潭、湘乡、常德、汉寿、南县、沅江，福建建阳、建瓯、浦城等地。此外，江苏、浙江、江西等省亦产。

【采收加工】多于秋季果实成熟时，割取莲房，取出果实，或收集坠入水中、沉于泥内的果实，除去果皮，晒干。

【商品特征】略呈椭圆形或类球形。表面浅黄棕色至红棕色，有细纵纹和较宽的脉纹。一端中心呈乳头状突起，深棕色。质硬。中有空隙，内有绿色莲子心。

【商品规格】按产地分为湘莲米（湖南产）和建莲米（福建产）两种，均为统货。剥去种皮，摘去莲子心后，称为莲肉。

【品质要求】均以颗粒饱满、色黄棕、质坚实、清香无异味者为佳；本品水分不得过 14.0%；总灰分不得过 5.0%。

【产销行情】销全国，并有出口。除药用外，大量供作副食品使用。

【包装贮藏】编织袋、麻袋或油纸箱包装。本品易发霉、虫蛀，应置干燥处保存，注意防潮。贮藏时用薄膜袋做内袋，封住袋口，可有效防止发霉生虫。若有受潮现象，应及时翻晒。

【性味功效】性平，味甘、涩。补脾止泻，止带，益肾涩精，养心安神。

密　蒙　花
BUDDLEJAE FLOS

本品为马钱科植物密蒙花 *Buddleja officinalis* Maxim. 的干燥花蕾和花序。始载于《开宝本草》，列为上品。为常用中药。

【别名】蒙花。

【产地】全国大部分地区均产，以湖北、四川、河南、陕西等省产量大、质量佳。

【采收加工】多于 2~3 月间，花未开放时，采摘簇生的花蕾。除去杂质，晒干。

【商品特征】多为花蕾密聚的花序小分枝，呈不规则圆锥状。表面灰黄色或棕黄色，密被茸毛。花蕾短棒状。质柔软。气微香，味微苦、辛。

【商品规格】统货。

【品质要求】以花蕾密集、色灰黄、茸毛多者为佳；本品含蒙花苷不得少于 0.50%。

【包装贮藏】置干燥通风处保存，防止受潮发霉。

【性味功效】性微寒，味甘。清热泻火，养肝明目，退翳。

【附注】广西、湖北、黑龙江、吉林等省使用的新蒙花，为瑞香科植物结香 *Edgeworthia chrysantha* Lindl. 的花蕾或花序。商品呈半球形头状花序，常数十朵一簇，花序轴钩状弯曲。单花短棒状，稍弯曲，绢丝状长毛茸浅黄色或灰白色，无花瓣。

葛　根
PUERARIAE LOBATAE RADIX

本品为豆科植物野葛 *Pueraria lobata*（Willd.）Ohwi 或甘葛藤 *Pueraria thomsonii* Benth. 的干燥根。始载于《神农本草经》，列为中品。野生与栽培均有。葛乃藤也，因该植物藤长约数丈，药用其根，故名。为常用中药。

【别名】甘葛根、干葛。

【产地】野葛根在我国大部分地区有产，以湖南、河南、广东、浙江、四川为主。粉葛根多为栽培，主产于广西、广东等地，四川、云南亦产。

【采收加工】秋、冬两季采挖。趁鲜切成厚片或小块，干燥。

【商品特征】**1. 野葛根**　呈长方形厚片状或方块状，类白色或淡棕色，切面粗糙，纤维性强，味淡。

2. 粉葛根　呈类圆柱形或半圆柱形，横切面具同心环纹，纵切面具数条纵脉纹，体重质硬，富粉性，味微甜。

【商品规格】分为野葛根和粉葛根两种，一般以南方地区产者粉性大，质量佳；北方地区产者粉性小，质稍差。其规格等级标准如下。

1. 野葛

（1）葛方：统货。鲜时纵横切成 1cm 的骰形方块。切面粉白色或淡黄色，有粉性。质坚实，气微味甘平。

（2）葛片：统货。类圆柱形，鲜时切成 0.6～0.8cm 厚片。表皮多黄白色，切面粉白色或黄白色，具粉性，有较少纤维或环状纹理。质坚实，间有破碎、小片。

2. 粉葛（家葛） 一等：鲜时去皮切去两端后，纵剖两瓣，长 13～17cm，中部宽 5cm 以上，全体粉白色。纤维很少。气微，味甘。

二等：鲜时剖去外皮，不剖瓣，中部直径 1.5cm 以上，表皮黄色。断面白色，有环纹，纤维多，有粉性。气微，味甘。间有断根、破碎、小块。

【品质要求】以片大、质坚实、色白、粉性足、纤维少者为佳；本品含葛根素不得少于 2.4%；水分不得过 14.0%；总灰分不得过 7.0%；醇溶性浸出物不得少于 24.0%。

【包装贮藏】竹筐、竹席包，木箱装，置通风干燥处，防蛀。

【性味功效】性凉，味甘、辛。解肌退热，生津止渴，透疹，升阳止泻。

蜂 蜜
MEL

本品为蜜蜂科昆虫中华蜜蜂 *Apis cerana* Fabricius 或意大利蜂 *Apis mellifera* Linnaeus 所酿的蜜。始载于《神农本草经》，列为上品。多为人工养殖，少数野生。为常用中药。

【别名】蜂糖、蜜糖。

【产地】全国大部分地区均产。以湖北、广东、河南、云南、江苏盛产。

【采收加工】春至秋季采收，滤过。

【商品特征】呈半透明带光泽的浓稠液体，白色至黄褐色。久置或遇冷有白色颗粒状结晶析出。冬季变成白色软膏状。气芳香，味极甜。相对密度应在 1.349 以上（相当于波美 38°以上）。素以"状如清油、凝似猪脂、无异臭气味"为其鉴别要点。

【商品规格】目前，商品市场上按蜜源分为菜花蜜、洋槐蜜、枇杷蜜、荔枝蜜等；按采蜜地方分为石蜜（洞蜜）和家养蜜；按采收季节分为春蜜、夏蜜和、秋蜜；按颜色分为白蜜、黄蜜和琥珀蜜；按贮藏时间分鲜蜜和陈蜜。

现多为混合蜜，分为 10 级：1 级 45 度、2 级 44 度、3 级 43 度、4 级 42 度、5 级 41 度、6 级 40 度、7 级 39 度、8 级 38 度、9 级 37 度、10 级 36 度。

【品质要求】以含水分少、有油性、稠如凝脂、味甜而纯正、无异臭和杂质者为佳。本品含还原糖不得少于 64.0%。按现行《中国药典》方法，其在 284nm 和 336nm 波长处吸光度之差不得大于 0.34。

【包装贮藏】铁桶或坛、缸内贮存，置阴凉处。夏季蜂蜜易发酵"涌潮"，可滴入姜汁，也可将生姜片置于蜜上（每 100kg 蜂蜜用姜片 2～3kg）。

【性味功效】性平，味甘。补中，润燥，止痛，解毒；外用生肌敛疮。

【附注】蜂蜜传统等级标准主要以色泽为准，具体标准如下。

一等：白色或淡黄色稠状液体，42 度以上，含水量 21% 以内。

二等：黄色稠状液体，41 度以上，含水量 21% 以内。

三等：琥珀色的稠状液体，41 度以上，含水量 23% 以内。

蕲 蛇
AGKISTRODON

本品为蝰科动物五步蛇 *Agkistrodon acutus*（Güenther）的干燥体。以白花蛇之名始载于《开宝本草》。野生与家养均有。因其背上有方胜花纹，故称为白花蛇，以蕲地产者最佳，故名。为较常用中药。

【别名】大白花蛇、五步蛇、棋盘蛇。

【产地】主产于浙江温州、龙泉、金华地区及广东、广西等地。此外，福建、江西、湖南、湖北等地亦产。

【采收加工】多于夏、秋两季捕捉。剖开蛇腹，除去内脏，洗净，用竹片撑开腹部，盘成圆盘状，干燥后拆除竹片。

【商品特征】呈大圆盘状，全体被鳞片，吻上翘，背部具 24 个"方胜纹"，腹部具"连珠斑"，尾背部具"佛指甲"。

【商品规格】统货。

【品质要求】均以条大、头尾齐全、花纹明显、腹内洁净、每条在 100g 以上者为佳；本品醇溶性浸出物不得少于 10.0%。

【产销行情】全国年产量约 25 吨，年需求量约 400~500 吨，供需矛盾突出。

【包装贮藏】麻袋或木箱包装。本品易发霉、虫蛀、泛油，应密封，置阴凉干燥处保存。少量药材可与花椒共贮防蛀。大宗商品药材入夏前可用氯化苦熏。

【性味功效】性微温，味辛。解表散风，透疹，消疮。

【附注】蕲蛇为国家重点保护动物。

薄 荷
MENTHAE HAPLOCALYCIS HERBA

本品为唇形科植物薄荷 *Mentha haplocalyx* Briq. 的干燥地上部分。始载于《唐本草》。野生与栽培均有，药用以栽培为主。为常用中药。

【产地】主产于江苏苏州、太仓、南通、常熟，浙江宁波，河北安国及江西吉安等地。

【采收加工】夏、秋两季茎叶茂盛或花开至三轮时，选晴天，分次采割，晒干或阴干。

【商品特征】茎方柱形，表面紫棕色或淡绿色，质脆，易断中空。单叶对生，完整的叶矩圆状披针形、长椭圆形或卵形，叶缘有锯齿。揉搓后有特殊清凉香气，味辛凉。

【商品规格】按产区分为太仓薄荷、杭薄荷等；按采收季节分为头刀薄荷和二刀薄荷；按生态环境分为野生薄荷和栽培薄荷。一般认为太仓的栽培头刀薄荷质量最优。

【品质要求】以叶多、色深绿、味清凉、气香浓者为佳；本品含挥发油不得少于

0.80%（mL/g）；叶不得少于 30%；水分不得过 15.0%；总灰分不得过 11.0%；酸不溶性灰分不得过 3.0%。

【包装贮藏】竹篓、席装或打捆，置阴凉干燥处，避光、避风保存。

【性味功效】性凉，味辛。疏散风热，清利头目，透疹。

薤 白

ALLII MACROSTEMONIS BULBUS

本品为百合科植物小根蒜 *Allium macrostemom* Bge. 或薤 *Allium chinense* G. Don 的干燥鳞茎。始载于《本草图经》，列为上品。为薤类，其根白色，故名。野生与栽培均有。为常用中药。

【别名】薤根。

【产地】全国大部分地区均产，长江流域和南部各省广泛栽培。

【采收加工】夏、秋两季采挖，洗净，除去须根，蒸透或置沸水中烫透，晒干。

【商品特征】**1. 小根蒜** 呈不规则卵圆形。表面黄白色或淡黄棕色，半透明，有类白色膜质鳞片包被，底部有突起的鳞茎盘。有蒜臭，味微辣。

2. 薤 呈略扁的长卵形。表面淡黄棕色或棕褐色，断面鳞叶 2 ~ 3 层。嚼之黏牙。

【商品规格】商品按产地不同分为南薤白与薤白，其中南薤白为江浙一带所产，习以为佳。

【品质要求】均以鳞茎个大、饱满、色黄白、无杂质者为佳；本品水分不得过10.0%；总灰分不得过 5.0%；醇溶性浸出物不得少于 30.0%。

【包装贮藏】竹筐、竹席包装，置通风干燥处保存，注意防潮。

【性味功效】性温，味辛、苦。通阳散结，行气导滞。

蟾 酥

BUFONISVENENUM

本品为蟾蜍科动物中华大蟾蜍 *Bufo bufo gargarizans* Cantor 或黑眶蟾蜍 *Bufo melanostictus* Schneider 的干燥分泌物。始载于《药性本草》。野生于江湖池泽及湿地。为少常用中药。

【产地】主产于江苏、山东、河北、浙江，以及四川、湖南、湖北，东北各省亦产。其中中华大蟾蜍主产于华北，黑眶蟾蜍主产于华中。

【采收加工】多于夏、秋两季捕捉蟾蜍。洗净，挤取耳后腺及皮肤腺的白色浆液，用铜筛滤净泥土及杂质，刮入圆形容器中晒干，加工成扁圆形团块和棋子状，分别称为"团蟾酥""棋子蟾酥"，涂于玻板上晒干者称为"片蟾酥"。（见彩图 21）

【商品特征】呈圆形团块状、棋子状或片状，棕褐色或红棕色。团块状者质坚，不易折断，断面棕褐色，角质样，微有光泽。片状者质脆，易碎，断面红棕色，半透明。气微腥，味初甜而后有持久的麻辣感，粉末嗅之作嚏。断面遇水即呈乳白色隆起。

【商品规格】商品分东酥（团酥、块酥）、片酥（片子酥、盆酥）、棋子酥（杜酥）。其规格等级标准如下。

1. 东酥（团酥、块酥） 呈圆形饼状，边缘较薄，中央较厚或上面凸出，下面凹入，直径 6 ~ 10cm，中央厚约 2 ~ 3cm，每块重约 67 ~ 100g。大都为出口商品蟾酥。

2. 片酥（片子酥、盆酥） 又分两种：其一是圆形浅盘状，边缘突起中央平坦，分层，半透明，质坚而脆；其二是长方形片状，四边和中央厚度基本一致，厚约 2 ~ 3cm，不透明，每块重约 15g。

3. 棋子酥（杜酥） 呈扁圆形，似围棋棋子形状，每块重约 15g。

【品质要求】均以色红棕、断面角质样、半透明、有光泽者为佳；本品含华蟾酥毒基和脂蟾毒配基，总量不得少于 6.0%；水分不得过 13.0%；总灰分不得过 5.0%；酸不溶性灰分不得过 2.0%。

【产销行情】全国年产量约 2000kg，纯购约 1200kg，纯销约 1200kg，出口约 400 ~ 600kg。其中江苏年均纯购约 100kg，山东约 120kg，河北约 100kg，浙江约 200kg，四川约 200kg，湖南约 100kg，湖北约 80kg，其他地区约 200kg。

【包装贮藏】装于硬纸盒或小木盒内，再以纸箱包装。本品易发霉、黏结，应密闭，置干燥处保存，注意防潮。

【性味功效】性温，味辛。有毒。解毒，止痛，开窍醒神。

【附注】本品为国家重点保护野生动物药材品种。

鳖 甲

TRIONYCIS CARAPAX

本品为鳖科动物鳖 *Trionyx sinensis* Wiegmann 的背甲。始载于《神农本草经》，列为上品。野生与家养均有。为常用中药。

【别名】甲鱼壳、团鱼壳。

【产地】全国大部分地区的江河、湖泊均产。以湖北荆州地区，湖南澧县、汉寿，江苏扬州、镇江等地产量较大。

【采收加工】全年均可捕捉，以秋、冬两季为多，捕捉后杀死，置沸水中烫至背甲上的硬皮能剥落时，取出，剥取背甲，除去残肉，刮净其上肉皮，晒干。

【商品特征】呈椭圆形或卵圆形，背面隆起。外表面黑褐色或墨绿色，略有光泽。内表面类白色，两侧各有肋骨 8 条，伸出边缘。质坚硬。气微腥，味淡。

【商品规格】统货。

【品质要求】均以个大、甲厚、无残肉、无腥臭味者为佳；本品水分不得过 12.0%；醇溶性浸出物不得少于 5.0%。

【产销行情】全国年产量约 1000 吨，纯购约 800 吨，纯销约 700 ~ 800 吨，出口约 30 吨。其中湖北年均纯购约 100 吨，湖南约 150 吨，江苏约 130 吨，浙江约 150 吨，山东约 100 吨，辽宁约 80 吨，其他地区约 200 吨。

【包装贮藏】编织袋、麻袋或竹篓包装。置阴凉干燥处保存，注意防蛀。

【性味功效】性微寒，味咸。滋阴潜阳，退热除蒸，软坚散结。

第十九章 蒙 药

凡以内蒙古为主要产区或集散地的大宗商品药材均称为蒙药。

蒙药产区位于我国北部边疆，东经 97°12′ ~ 126°04′，北纬 37°30′ ~ 53°20′。西北与俄罗斯、蒙古交界，南与甘肃、宁夏、山西、河北接壤，东与辽宁、吉林、黑龙江比邻。

全境多为高原，海拔 1000 米上下。辽阔的内蒙古高原，起伏和缓，多数地区水草丰美，是我国优良的牧场。北部的内蒙古高原自北向西分为呼伦贝尔草原、锡林郭勒高原、昭乌达蒙高原、乌兰察部高原、巴彦淖尔高原、阿拉善高原。东部草原宽广，西部戈壁，多为沙漠，局部地区有流砂、风蚀残丘分布。高原东部边缘为大兴安岭山地，山势东陡西缓，海拔 1000 米以上。西部高峰达 2000 米以上，山势浑圆，森林茂密，北部伊敏河中游为大兴安岭自然保护区，东麓的扎兰屯风景优美，有"内蒙古小杭州"之称。

阴山地区地处内蒙古中部，大部分海拔 1500 ~ 2000 米，北坡较平缓，南坡以断层临河套平原，相对高差 100 米，向东延缓为丰镇丘陵，山间盆地和平缓丘陵交替分布。

阴山以南是断层陷落后河流冲积平原，海拔约 1000 米。西部为后套平原，东部称前套平原或呼和浩特平原，是著名的"塞上谷仓"。

鄂尔多斯高原海拔 1000 ~ 1300 米，多为沙丘。地表波状起伏，盐、碱湖泊群分布较广。

内蒙古多数地区为温带大陆性气候，是寒潮进入我国首当其冲的地方，冬季严寒，夏季温暖。年平均气温 1℃ ~ 10℃，北部气温偏低，全年无霜期 60 ~ 160 天。年降雨量为 50 ~ 450 毫米，东部通风坡降雨量较多，东北部因蒸发较弱，为湿润或半湿润区。春季多旱，全年降雨量 70% 在夏季。

蒙药产区河流较少，多为内流河，而又为时令河，常在下游洼地积水，形成大大小小的咸水湖，呼伦湖为该地区最大的淡水湖，黄河为蒙药产区唯一的外流河。

由于蒙药产区地形复杂，面积广阔，生态环境和气候条件多样，药用资源较为丰富。蒙药产区的主要道地药材有牛黄、肉苁蓉、锁阳、甘草、麻黄、赤芍、苦杏仁、郁李仁、刺蒺藜、川地龙等。

甘 草

GLYCYRRHIZAE RADIX ET RHIZOMA

本品为豆科植物甘草 *Glycyrrhiza uralensis* Fisch. 、胀果甘草 *Glycyrrhiza inflate* Bat. 或光果甘草 *Glycyrrhiza glabra* L. 的干燥根和根茎。始载于《神农本草经》，列为上品。属于国家二级保护野生中药材，目前多为栽培品。因其味甘，故名。为常用中药。

【别名】皮草、粉甘草、国老。

【产地】主产于西北、东北和华北地区。以内蒙古西部及陕西、甘肃、宁夏、青海、新疆等地者为优，习称"西草"，尤以内蒙古伊盟、巴盟产者为道地药材。产于内蒙古东部及东北三省、河北、山西等地者，习称"东草"。

【采收加工】春、秋两季均可采收，以春季采收者为佳。采收后趁鲜切去茎基、幼芽、支根和须根，洗净，按根粗细，分出主根和侧根，家种甘草一般在 3~4 年后就可采收。

【商品特征】呈长圆柱形。表面红棕色至灰褐色，有横长的皮孔。质坚实，断面纤维性，有裂隙，富粉性，味甜而特殊。

【商品规格】商品分为皮草和粉草两大类，目前皮草按产地主要分为西草和东草两类。西草规格分为大草、条草、毛草、草节、疙瘩头；东草规格分为条草和毛草。其规格等级标准如下。

1. 西草

（1）大草：统货。呈圆柱形。表面红棕色、黄棕色或灰棕色，皮细紧，有纵纹，斩去头尾，切口整齐。质坚实、体重。断面黄白色、粉性足，味甜。长 25~50cm，顶端直径 2.5~4cm，黑心草不超过总重量的 5%。

（2）条草

一等：呈圆柱形，单支顺直。表面红棕色或灰棕色，皮细紧，有纵皱纹，斩去头尾，口面整齐。质坚实、体重。断面黄白色，粉性足。味甜，长 25~50cm，顶端直径 1.5cm 以上，间有黑心。

二等：顶端直径 1cm 以上。其余同一等。

三等：顶端直径 0.7cm 以上。其余同一等。

（3）毛草：统货。呈弯曲圆柱形的小草，去净残茎，不分长短。表面红棕色、棕黄色、灰棕色。断面黄白色。味甜。顶端直径 0.5cm 以上。

（4）草节

一等：呈圆柱形，单支条。表面红棕色、棕黄色或灰棕色，皮细，有纵纹。质坚实、体重。断面黄白色，粉性足，味甜。长 6cm 以上，顶端直径 1.5cm 以上。无须根、疙瘩头、杂质、虫蛀、霉变。

二等：顶端直径 0.7cm 以上。其余同一等。

（5）疙瘩头：统货。系加工条草时砍下的根头，呈疙瘩状。去净残茎及须根。表面棕黄色或灰黄色。断面黄白色，味甜。大小长短不分，间有黑心。

2. 东草

（1）条草

一等：呈圆柱形，上粗下细。表面紫红色或灰褐色，皮粗糙。不斩头尾。质松、体轻。断面黄白色，有粉性。长 60cm 以上，芦下 3cm 处直径 1.5cm 以上，间有 5%20cm 以上的草头。

二等：质松，长 50cm 以上，芦下 3cm 处直径 1cm 以上，其余同一等。

三等：间有弯曲分叉的细根。长 40cm 以上，芦下 3cm 处直径 0.5cm 以上。其余同一等。

（2）毛草：统货。呈弯曲圆柱形的小草，去净残茎，间有疙瘩头。表面紫红色或灰褐色。质松体轻。断面黄白色，味甜。不分长短，芦下直径 0.5cm 以上。

【品质要求】均以外皮细紧、色红棕、质坚实、断面黄白色、粉性足者为佳。外皮粗糙、灰棕色、质松、粉性小、断面深黄色者质次；外皮棕黑色、质坚实、断面棕黄色、味苦者称苦甘草，不可入药。粉甘草较带皮甘草为佳。本品含甘草苷不得少于 0.50%；含甘草酸不得少于 2.0%；水分不得过 12.0%；总灰分不得过 7.0%；酸不溶性灰分不得过 2.0%。有机氯农药残留量：六六六（总 BHC）不得过千万分之二，滴滴涕（DDT）不得过千万分之二，五氯硝基苯（PCNB）不得过千万分之一。照铅、镉、砷、汞、铜、测定法测定，铅不得过百万分之五；镉不得过千万分之三；砷不得过百万分之二；汞不得过千万分之二；铜不得过百万分之二十。

【产销行情】全国年均生产约 18000 吨，最高年生产量达 31000 吨，纯购约 19000 吨，纯销约 20000 ~ 40000 吨，供应出口约 3600 吨。其中内蒙古自治区每年纯购约 3400 吨，新疆约 12000 吨，宁夏约 2000 吨，甘肃约 2000 吨，陕西约 700 吨，山西约 500 吨，其他地区约 1000 吨。甘草用量大，也是我国主要出口药材之一。

【包装贮藏】扎捆成长方形，外加席包。本品极易虫蛀、发霉，应置干燥通风处保存。

【性味功效】性平，味甘。补脾益气，清热解毒，祛痰止咳，缓急止痛，调和药性。

【附注】甘草为国家重点保护的野生植物药材品种。

冬 葵 果
MALVAE FRUCTUS

本品为锦葵科植物冬葵 *Malva verticillata* L. 的干燥成熟果实。始载于《神农本草经》。野生、家种均有。为蒙医、藏医常用药物。

【产地】全国各地均产。主要集散于蒙医、藏医地区。

【采收加工】夏、秋两季果实成熟时采收，除去杂质，阴干。

【商品特征】果实外被膜质宿萼，黄绿色。果实盘形，分果瓣 10 ~ 12，表面黄白。种子肾形，黑褐色，质坚硬。

【商品规格】统货。

【品质要求】以完整、干燥、色黄绿者佳。本品水分不得过 10.0%；总灰分不得过 11.0%。

【产销行情】主销藏药、蒙药使用地区。

【包装贮藏】麻袋、编织袋包装。置阴凉干燥处保存。

【性味功效】性凉，甘、涩。清热、利尿、消肿。

肉 苁 蓉
CISTANCHES HERBA

本品为列当科植物肉苁蓉 *Cistanche deserticola* Y. C. Ma 或管花肉苁蓉 *Cistanche tubulosa*（Schrenk）Wight 带鳞叶的干燥肉质茎。始载于《神农本草经》，列为上品。多野生于沙漠地带。因补而不竣，有从容和缓和作用，且肉质，故名。为较常用中药。

【别名】苁蓉、淡大芸。

【产地】主产于内蒙古巴盟阿拉善旗、乌盟及河套地区，新疆戈滩、奇台、阿勒泰，甘肃张掖地区、永昌、山丹、高台，青海共和、兴海等地。以内蒙古阿拉善旗产量最大。

【采收加工】春秋两季采收，以 4 月产者质优。春季采收肉质茎，除去残茎，半埋于砂土中，待盛夏后晒干的称"甜苁蓉"。秋季采者，因水分多，不易晒干，为防腐烂，便投入盐湖中 1～3 年后取出晒干，称为"咸苁蓉"。

【商品特征】1. 甜苁蓉（淡苁蓉）　呈扁圆柱形，稍弯曲。表面棕褐色或灰棕色，密被鳞片，覆瓦状排列。体重质硬，断面棕褐色，有淡棕色点状维管束排列成波状环纹。气微，味甜、微苦。

2. 咸苁蓉　表面黑褐色，附有较多盐霜，质柔润，断面黑色至绿黑色，显油润光泽。味咸。

【商品规格】有淡苁蓉和咸苁蓉两种规格，均为统货。均要求去净干梢，枯心者不超过 10%。

【品质要求】淡苁蓉以个大、身肥、鳞细、颜色灰褐色至黑褐色、油性大、茎肉质而软者为佳。咸苁蓉以色黑质糯、细鳞粗条、体扁圆者为佳。习惯以内蒙古产者为优。

【产销行情】全国年均产约 7000 吨，纯购约 4000 吨，纯销约 3500 吨，出口约 120 吨。其中内蒙古纯购约 1200 吨，新疆约 1000 吨，甘肃约 500 吨，青海约 300 吨，其他地区约 1000 吨。近年销量增加，出口量增大。

【包装贮藏】麻袋或编织袋装。本品易虫蛀、发霉，应置干燥通风处密封贮存。

【性味功效】性温，味甘、咸。补肾阳，益精血，润肠通便。

【附注】肉苁蓉为国家重点保护的野生植物药材品种。

芒 果 核
MANGIFERAE INDICAE SEMEN

本品为漆树科植物芒果 *Mangifera indica* L. 的干燥果核。载于《开宝本草》，名庵罗果，芒果核之始名见于《岭南采药录》。为蒙医、藏医常用药物。

【产地】主产于云南、福建、广东、广西、海南、台湾等省区。集散于蒙医、藏医地区。

【采收加工】果实成熟时采收，除去果肉，取果核，阴干。

【商品特征】长椭圆形，一端略细而弯，表面黄白色，被毛状纤维，内含种仁1枚，摇之有声。

【商品规格】统货。

【品质要求】以完整、身干、色黄白者佳。

【产销行情】主销藏药、蒙药使用地区。

【包装贮藏】麻袋、编织袋包装。置阴凉干燥处保存。

【性味功效】性凉，甘、酸。滋阴、补肾。

赤　芍

PAEONIAE RADIX RUBRA

本品为毛茛科植物芍药 *Paeonia lactiflora* Pall. 或川赤芍 *Paeonia veitchii* Lynch 的干燥根。原名芍药，始载于《神农本草经》，列为中品。野生、家种均有。因似白芍而色赤，故名赤芍。为常用中药。

【别名】赤芍药。

【产地】主产于内蒙古多伦，河北滦平、围场及东北等地。此外，山西、甘肃、青海等地有产。川赤芍主产于四川。

【采收加工】春秋两季采收。以秋季产者为好。将根挖出，去掉根茎及须根，洗净泥土，晾至半干，打捆理直，再翻晒至干即可。

【商品特征】呈圆柱形而稍弯曲。表面棕褐色，有横长的皮孔，有的外皮易脱落。质硬而脆，断面粉白色或粉红色，皮部窄，木部有放射状纹理。气微香，味微苦、酸涩。

【商品规格】商品分一、二等及统装，其等级标准如下。

一等：呈圆柱形，稍弯曲，表面有纵沟或皱纹，皮较粗糙。表面暗棕色或紫褐色。体轻质脆。断面粉白色或粉红色，有放射状纹理，粉性足。气特异，味微苦酸。长16cm 以上。两端粗细均匀。中部直径 1.2cm 以上。无疙瘩头、空心及须根。

二等：长 15.9cm 以下，中部直径 0.5cm 以上。无疙瘩头、空心及须根。

【产销行情】赤芍多年来产销基本平衡，年产量在 1000～5000 吨，年销量 1500～2000 吨，最高销量达 2500 吨。

【品质要求】以条粗长、断面粉白色、粉性大者为佳。以内蒙古多伦所产的质量最优。本品含芍药苷不得少于 1.8%。

【包装贮藏】麻袋或编织袋装，置干燥通风处保存。

【性味功效】性微寒，味苦。清热凉血，散瘀止痛。

苦 杏 仁
ARMENIACAE SEMEN AMARUM

本品为蔷薇科植物山杏 *Prunus armeniaca* L. var. *ansu* Maxim、西伯利亚杏 *Prunus sibirica* L.、东北杏 *Prunus mandshurica*（Maxim）Koehne 或杏 *Prunus armeniaca* L. 的干燥成熟种子。始载于《名医别录》。野生和栽培均有。李时珍谓："杏字篆写像子在木枝之形，用其果仁，故名杏仁"。为常用中药。

【产地】我国大部分地区均产。主产于北方各省，以内蒙古东部、辽宁、河北等地产量最大。

【采收加工】夏季或秋季果实成熟后采收，去除果肉，击破果核，取出种子，晒干即得。不可火烘，否则易走油而失效。另法是收集果核，置通风处使其自然干燥。经过伏天后，击碎果核取出杏仁，阴干。后种方法加工质量为好。

【商品特征】呈扁心形。表面黄棕色至深棕色，肥厚，左右边不对称，尖端一侧有短线形种脐，圆端合点处向上具多数深棕色的脉纹。种皮薄，子叶2，乳白色，富油性。气微，味苦。

【商品规格】商品有魁杏仁（又名白皮）、府杏仁或京杏仁（又名红皮）两种规格，各按大小肥瘦分为 1～3 等。（见彩图 25）

【品质要求】以粒大、饱满、个完整者为佳。本品含苦杏仁苷不得少于 3.0%；过氧化值不得过 0.11。

【产销行情】全国年均产约 9000～12000 吨。纯购约 5000 吨，纯销约 4000～5000 吨，出口约 700 吨。其中河北约 500 吨，内蒙古约 450 吨，辽宁约 350 吨，吉林约 200 吨，其他地区约 3500 吨。

【包装贮藏】麻袋或编织袋装。本品易虫蛀、发霉、泛油，应置阴凉干燥处保存。夏季注意防虫蛀，以免影响品质和色泽。

【性味功效】性温，味苦。有小毒。降气止咳平喘，润肠通便。

郁 李 仁
PRUNI SEMEN

本品为蔷薇科植物欧李 *Prunus humilis* Bge.、郁李 *Prunus japonica* Thunb. 或长柄扁桃 *Prunus pedunculata* Maxim. 的干燥成熟种子。前二者习称"小李仁"，后一种习称"大李仁"。始载于《神农本草经》，原名郁李，因花香，药用其仁而得名。野生、家种均有。为少常用药物。

【产地】主产于内蒙古、河北、山东、辽宁等省区。

【采收加工】夏、秋两季果实成熟时采收，除去果肉和核壳，取出种子，干燥。

【商品特征】**1. 小李仁**　呈卵形，长 5～8mm，直径 3～5mm。表面黄白色或浅棕色，种脐线形，种皮薄，子叶肥厚，富油性。

2. 大李仁　长 6～10mm，直径 5～7mm，表面黄棕色。

【商品规格】本品习惯上分小李仁和大李仁两种规格，不分等级。

【品质要求】以粒饱满、完整、色黄白者佳。本品水分不得过 6.0%；酸值不得过 10.0；羧基值不得过 3.0；过氧化值不得过 0.005。

【产销行情】销全国各地，并出口。

【包装贮藏】麻袋或化纤袋包装。本品易虫蛀、霉变、泛油，应置阴凉干燥处保存。并应经常检查，及时晾晒。贮藏前应将破碎者挑选出来，分开贮存。破碎者先销售，以减少损失。

【性味功效】味辛、苦、甘、平。润肠通便，下气利水。

锁 阳
CYNOMORII HERBA

本品为锁阳科植物锁阳 *Cynomorium songaricum* Rupr. 的干燥肉质茎。因其功效为壮阳固精，故名。为较常用中药。

【产地】主产于内蒙古的伊克昭盟各旗、巴彦淖尔盟的阿拉善旗、临河等地，以伊克昭盟各旗产者为佳。此外，陕西榆林、青海、甘肃、河北等省亦产。

【采收加工】春、秋两季采挖，除去花序及残茎，切断，晒干或阴干。

【商品特征】呈圆柱形略扁，表面红棕色或棕褐色，粗糙，被三角形鳞片，质坚而硬，断面浅棕色或棕褐色，有黄色三角状维管束。

【商品规格】统货。

【品质要求】以条粗壮、体重、质硬、断面具油润者为佳。

【产销行情】销全国各地，并有出口。锁阳多数时候产量大于销量，年销量约 250 吨。现随着中成药和保健品的开发应用，年需求量略有上升，为 200～300 吨。货源能满足供应。

【包装贮藏】麻袋或木箱装。置于室内阴凉干燥处保存。本品易虫蛀、发霉，应经常注意检查。

【性味功效】性温，味苦。补肾壮阳，益精润肠。

蒺 藜
TRIBULI FRUCTUS

本品为蒺藜科植物蒺藜丁 *Tribulus terrestris* L. 的干燥成熟果实。始载于《神农本草经》，原名蒺藜子。多为野生，也有栽培。果实具有棘状芒刺，棘与蒺同音，故名。为少用药物。

【别名】白蒺藜、刺蒺藜。

【产地】主产于河南、河北、山东、安徽、江苏、四川、陕西等省区。

【采收加工】秋季果实成熟时采割植株，晒干，打下果实，除去杂质。

【商品特征】呈五棱状球形，5 个分果斧状或橘瓣状，外表黄白色，质地坚硬。种子长卵形而扁。

【商品规格】统货。

【品质要求】以完整、身干、色黄白或灰白者佳。水分不得过 9.0%；总灰分不得过 12.0% 。

【产销行情】销全国各地，并有出口。

【包装贮藏】麻袋、编织袋包装。置阴凉干燥处保存。注意防霉。

【性味功效】辛、苦，微温；有小毒。平肝解郁，活血祛风，明目，止痒。

第二十章 维 药

凡以新疆为主要产区或集散地的大宗商品药材均称为维药。

新疆地处我国西北边疆，位于东经 73°25′ ~ 96°24′，北纬 34°22′ ~ 49°08′。北与俄罗斯、蒙古相连，西南与阿富汗、巴基斯坦比邻，南与西藏接壤，东与青海、甘肃交界。

维药产区，以天山山脉为中轴，分为南疆、北疆两个自然环境有明显差异的地区，习惯上哈密、吐鲁番等地又称东疆。

天山山脉由数列东西走向的平行山脉及其断层陷落的盆地、谷地组成。西高东低，海拔 3000 ~ 5000 米，高峰终年积雪，多冰川，最高峰托木尔峰海拔 7435 米，山间为著名的吐鲁番盆地、哈密盆地、焉耆盆地、伊利谷地等。吐鲁番盆地位于天山东段，最低海拔 -154 米，为我国陆地最低点；阿尔泰山海拔 2000 ~ 3000 米以上，山间森林、草场成带状分布。

新疆南部被喀喇昆仑山、昆仑山、阿尔金山和帕米尔高原环绕，海拔多在 5000 ~ 6000 米。山势高峻，多冰峰雪岭。喀喇昆仑山的乔戈里峰海拔 8611 米，天山、阿尔泰山间的准噶尔盆地，平均海拔 500 米。其间，西米湿润气流经额尔齐斯河谷、阿拉山口进入北疆，盆地中部为古尔班通古特沙漠。盆地南缘为天山脚下广阔的冲积平原。天山以南的塔里木盆地，仅东端缺口与河西走廊相通，平均海拔约 1000 米。盆地边缘的冲积平原有高山雪水的灌溉，成为水草丰茂、农产富饶的绿洲。

新疆全境以天山为界，北疆为温带大陆性干旱、半干旱气候，南疆为温带大陆性干旱气候。天山气候垂直差明显，因深居内陆，高山环绕，除准噶尔盆地和阿尔泰山西南逆风坡可受到大西洋湿润气流的微弱影响外，四方海洋上的气流皆不可达，降雨稀少，年温差、日温差较大。一月北疆 -20℃ ~ -15℃，南疆 -10℃ ~ -5℃，七月约 22℃ ~ 27℃，吐鲁番盆地达 33℃。极端最低气温为 -49.8℃，极端最高气温为 47.6℃。全年无霜期北疆为 120 ~ 180 天，南疆为 180 ~ 240 天。维药产区年均降雨量为 150 毫米，北疆较多，阿尔泰、天山山地可达 600 毫米。南疆降雨量少，有的地方年降雨量仅 10 毫米。

维药产区多为内流河，河流多以高山冰川、雪水为源，而流失于盆地沙漠，或积水成咸水湖。塔里木河环流于塔里木盆地北半部，下游入罗布泊，部分河水折向南注入台特马湖。伊犁河穿行于伊犁谷地。

维药产区地形多样，疆域广阔，生态环境和气候条件多样，药用资源丰富。主要道地药材有雪莲、胡麻、芝麻、甘草、红花、伊贝母、阿魏、紫草、马茸等。

天山雪莲
SAUSSUREAE INVOLUCRATAE HERBA

本品为菊科植物天山雪莲 *Saussureainvolucrate*（Kar. et Kir.）Sch. – Bip. 的干燥地上部分。以产于新疆天山者质佳，故名。为维医习用药材。

【产地】产于新疆、青海、甘肃等省区。

【采收加工】夏、秋两季花开时采收，阴干。

【商品特征】干燥全草表面棕褐色或深灰色。茎粗短，基部有残存的棕褐色丝状叶基；皱缩卷曲，花冠棕紫色。

【商品规格】统货。

【品质要求】以完整、朵大、身干、色棕褐色者为佳。本品水分不得过 12.0%；总灰分不得过 12.0%；酸不溶性灰分不得过 3.0%。

【产销行情】全国大部分地区均有销售。

【包装贮藏】麻袋、蔑包包装。置阴凉干燥处保存。

【性味功效】性温，味微苦。温肾助阳，祛风胜湿，通经活血。

【附注】同属植物西藏雪莲 *S. gossypiphora* D. Don.、棉头雪莲 *S. laniceps* Hand. – Mazz.、水母雪莲 *S. medusa* Maxim.、三指雪莲 *S. tridactyla* Sch. – Bip. 等在西藏、云南、四川的藏族地区常用作祛风除湿、通经活络药。

伊贝母
FRITILLARAE PALLIDIFLORA BULBUS

本品为百合科植物新疆贝母 *Fritillaria walujewii* Regel. 或伊犁贝母 *F. pallidiflora* Schrenk. 的干燥鳞茎。野生、家种均有。伊是伊犁的简称，故名。为常用中药。

【别名】伊贝。

【产地】主产于新疆。

【采收加工】茎叶枯萎时采收，此时浆汁足，产品质量好。一般将伊贝母采回后，去净泥土和须根，置烈日下暴晒至干透为止。如遇阴雨天气，可用微火烘干，以防变色、泛油。

【商品特征】呈扁球形。表面类白色，外层鳞叶 2 瓣，大小相近或一片稍大。顶端平展或稍尖。质硬而脆，断面白色，富粉性。

【商品规格】商品上分野生伊贝母和家种伊贝母两种规格。不分等级，均为统货。

【品质要求】以质坚实、色白色、粉性足、个完整不碎者为佳。本品水分不得过 15.0%；总灰分不得过 4.5%；浸出物不得少于 9.0%。

【产销行情】年均需求量约 50 吨，价格不断上涨。伊贝母原均野生，年产量 20 ~ 40 吨，现家种取得成功，家种和野生伊贝母产量最高曾达 200 吨。

【包装贮藏】麻袋、编织袋包装。本品易虫蛀、发霉、变色。置干燥处保存，注意防潮。

【性味功效】性微寒，味苦、甘。清热润肺，化痰止咳，消痈散疖。

【附注】伊贝母为国家重点保护的野生植物药材品种。

阿　魏
RESINA FERULAE

本品为伞形科植物新疆阿魏 *Ferula sinkiangensis* K. M. Shen 等同属植物的油胶树脂。始载于《唐本草》。李时珍谓：夷人自称曰阿，此物极臭，阿之所畏分，故名。多为野生。为少常用中药。

【产地】主产于新疆阿勒泰、喀会、伊犁、阜康、托里等地。

【采收加工】5～6月间采收。植物抽茎后至初花期，由茎上部往下割取，每次待树脂流尽后再割一刀，一般割3～5次，将收集物放入容器，除去多余水分即成。

【商品特征】呈不规则块状或稠膏状，灰白色至棕褐色。具强烈臭气。水研成白色乳状液。

【商品规格】商品因其形色不同有五彩阿魏、含砂阿魏、块状阿魏等规格。

【品质要求】以块状、气味浓、断面乳白稍带红色、无杂质者为佳。本品水分不得过8.0%；总灰分不得过5.0%；乙醇浸出物不得少于20.0%；含挥发油不得少于10.0%。

【产销行情】本品过去多系进口，新中国成立以来，我国新疆虽已能生产，但近几年一直供不应求。

【包装贮藏】用木桶或木箱垫纸，以铝盒或缸密封包装。本品受热易融化，走失气味，应置阴凉干燥处保存。同时注意避光、避风、防热，以免散失气味影响质量。

【性味功效】性温，味辛。消积，杀虫。

【附注】阿魏是国家重点保护的野生植物药材品种。

罗布麻叶
APOCYNI VENETI FOLIUM

本品为夹竹桃科植物罗布麻 *Apocynum venetum* L. 的干燥叶。始载于《救荒本草》。因生长于罗布泊地区，故名。多为野生。为少常用中药。

【别名】吉吉麻。

【产地】产于新疆、甘肃、青海等盐碱地及河岸等处。此外，东北、华北、河南亦有分布。

【采收加工】夏季采收，除去杂质，干燥。

【商品特征】多皱缩卷曲，有的破碎，完整叶片展平后呈椭圆状披针形或卵圆状披针形，淡绿色或灰绿色，先端有小芒尖，边缘具细齿，常反卷，两面无毛；叶柄长约4mm。质脆，易碎。

【商品规格】统货。

【品质要求】以完整、色绿者为佳。本品水分不得过 11.0%；总灰分不得过 12.0%；酸不溶性灰分不得过 5.0%；醇溶性浸出物不得少于 20.0%。

【产销行情】全国大部分地区都有经营。

【包装贮藏】麻袋、蒲包、蔑包包装。置阴凉干燥处保存。

【性味功效】性凉，味甘、苦。平肝安神，清热利水。

【附注】同科白麻属植物白麻 Poacynum henersonii（Hook. f.）Woodson 和大叶白麻 P. picyum（Schrenk）Baill. 的叶为互生，花冠宽钟状，与罗布麻叶有别，采用时宜注意鉴别。

紫 草
ARNEBIAE RADIX

本品为紫草科植物新疆紫草 Arnebia euchroma（Royle）Johnst. 或内蒙紫草 Arnebia guttata Bunge 的干燥根。前者称"软紫草"，后者称"硬紫草"。始载于《神农本草经》，列为中品。均为野生。因其根呈紫色，故名。为常用中药。

【产地】软紫草主产于新疆伊犁哈萨克族自治州、甘肃武都等地。硬紫草主产于内蒙古、甘肃。

【采收加工】春、秋两季采收。挖取根部，除去泥沙和残茎，晒干即成。忌用水洗，以免影响质量。

【商品特征】呈扭曲类圆柱形或圆锥形，表面紫红色或紫褐色。皮部疏松而厚，质极松软（软紫草）；皮部薄，质硬（硬紫草）。断面木心黄白色或黄色。气特异，软紫草味微苦、涩，硬紫草无苦味。

【商品规格】商品有硬紫草（西紫草、关紫草）、软紫草（新紫草）之分。均为统货。

【品质要求】以条粗大、色紫、皮厚者为佳。

【产销行情】紫草年生产量稳定在 80～120 吨，年销量约 150 吨左右。紫草分布面广，生产尚有一定潜力，按目前的年需求量，依靠现有资源可以满足供应。

【包装贮藏】以竹席或麻袋装，置干燥通风处保存。

【性味功效】性寒，味苦。清热凉血，化斑解毒。

【附注】1. 紫草为国家重点保护的野生植物药材品种。

2. 同科紫草 Lithospermum erythrorhizon Sieb. Et Zucc. 的干燥根商品亦称硬紫草。其特征为皮部薄，木部大，质硬。主产于东北。

黑种草子
NIGELLAE SEMEN

本品为毛茛科植物腺毛黑种草 Nigella sativa L. 的干燥成熟种子。多为栽培。本品色黑，药用其种子，故名。为维医、藏医、蒙医习用药材。

【产地】主产于新疆，普遍栽培。

【采收加工】夏、秋果实成熟时采割植株，晒干，打下种子，除去杂质，晒干。

【商品特征】呈三角状卵形，具四纵棱。表面黑色，具不规则的突起。断面白色，富油性，具特异香气。

【商品规格】统货。

【品质要求】以干燥、无杂质、色黑者为佳。本品杂质不得过5.0%；水分不得过10.0%；总灰分不得过8.0%；醇溶性浸出物不得少于25.0%。

【产销行情】多习用于维医、藏医、蒙医使用地区。现全国多数地区有销售。

【包装贮藏】麻袋、编织袋包装。置阴凉干燥处。

【性味功效】性温，味甘、辛。补肾健脑，通经，通乳，利尿。

第二十一章 藏 药

凡以西藏为主要产区或集散地的大宗商品药材均称为藏药。

藏药产区地处我国西南边疆，位于东经 78°24′~99°04′，北纬 26°44′~36°32′。西南与印度、尼泊尔、锡金、不丹、缅甸比邻，东连云南、四川，北与青海、新疆接壤。

藏药产区大部分位于青藏高原的主体，全境为高大山原，平均海拔 4000 米以上。

藏药产区北部为起伏缓和的高原，位于昆仑山、唐古拉山和冈底斯山、念青唐古拉山之间，通称为藏北高原，平均海拔在 4500 米以上。坡度平缓的丘陵间夹着许多盆地。藏北高原以南为冈底斯山与喜马拉雅山之间的藏南谷地，是雅鲁藏布江及其支流形成的河谷平原，海拔多在 4000 米以下，西高东低，以拉萨河谷平原最宽广。藏南谷地至喜马拉雅山地，海拔在 6000 米以上，是世界最高的山脉。珠穆朗玛峰位于中尼边境，海拔 8848 米，是世界最高峰。

藏药产区东部为横断山脉北段，多为东西走向逐渐转为南北走向的高山深谷，北部海拔 5000 米，山顶平缓；南部山势陡峻，海拔约 4000 米，山顶终年积雪不化，山腰有茂密的森林，山麓有四季常青的田园，构成了藏南峡谷区的绮丽景色。

藏药产区属高原气候，仅横断山区、雅鲁藏布江下游谷地和喜马拉雅南坡的部分地区受印度洋季风气候影响，较为温暖湿润，藏药产区的主要气候特点为气温偏低，降雨少，空气稀薄，日照充足。年均气温 –3℃~12℃，二月 –18℃~–36℃，七月 7℃~19℃。藏北高原气温较低，一年之中有半年冰雪封冻；藏南较为温和，极端最低温度为 –46.4℃，最高气温 32.8℃。藏北高原七月还可出现霜冻，但日照充足，一年中只有几个月适宜药用植物生长；藏南无霜期可达 120~150 天。印度洋气流直接影响的谷地，几乎没有冬天。平均降雨量在 60~1000 毫米，藏北高原多在 200 毫米以下。每年 10 月至次年 5 月，高原多西风和偏北风，为晴天少云天气。

藏药产区东部多外流河，北部多内流河，以雪水为源，下游消失在荒漠中，低处储水成湖。外流河雅鲁藏布江发源于喜马拉雅的杰玛央宗冰川，为藏药产区最大的河流，最后流入印度。其他还有怒江、澜沧江、金沙江等，均坡陡流急，水力资源丰富。西部有狮泉河，北部高原是我国湖泊最多的低区，达 1000 多个，著名的有纳水错、色林错等。喜马拉雅山麓山间盆地中，有 60 多个湖泊，以羊卓雍错、普莫雍错、玛旁雍错著名。

藏药产区地域辽阔，地形多样，生态环境和气候条件复杂，水源丰富，适宜高寒性药用动植物的生长。藏药产区的主要道地药材有冬虫夏草、红景天、雪莲花、贝母、手掌参、甘松、胡黄连、藏木香、藏茴香、波棱瓜子、翼首草等。

广 枣
CHOEROSPONDIATIS FRUCTUS

本品为漆树科植物南酸枣 *Choerospondias axillaris*（Roxb.）Burtt et Hill. 的干燥成熟果实。载于《本草拾遗》。产自江南大部分省区，外形似枣，故名。为藏医、蒙医常用药物。

【别名】广酸枣、阿玛厘。

【产地】主产于西藏、云南、贵州、湖北、湖南、浙江、广东、广西等省区。

【采收加工】秋季果实成熟时采收，阴干或晒干。亦可鲜用。

【商品特征】呈椭圆形，外形似枣，表面黑色或黑棕色，果肉薄而易剥落，果核黄棕色。种子长圆形，红棕色。种仁黄白色。味酸微甜。

【商品规格】统货。

【品质要求】以个完整、褐色或棕褐色、略有光泽者佳。本品水分不得过 13.0%；总灰分不得过 6.5%；乙醇浸出物不得少于 28.0%。

【产销行情】主销藏药、蒙药使用地区。全国多数地区亦有经营。

【包装贮藏】麻袋或编织袋包装。置阴凉干燥处保存。

【性味功效】性平，味甘、酸。行气活血，养心安神。

手 掌 参
GYMNADINIAE RHIZOMA

本品为兰科植物手参 *Gymnadinia conopsea*（L.）R. Br. 的干燥块茎。手掌参之名见于《东北药用植物志》。其形似人之手掌，故名。为少常用药物。

【产地】主产于西藏东部、青海东部、四川西部。

【采收加工】夏、秋两季采挖，除去须根及泥沙，置水中烫或煮至无白心，晒干或阴干。

【商品特征】形如手掌，表面皱缩，淡黄色至暗棕色，断面白色，胶质状。

【商品规格】统货。

【品质要求】以个大、身干、饱满、色淡黄、无杂质者为佳。本品水分不得过 12.0%；总灰分不得过 7.0%，酸不溶性灰分不得过 2.0%；乙醇浸出物不得少于 24.0%。

【产销行情】全国多数地区有经营。

【包装贮藏】麻袋或篾席包装。置通风干燥处保存。注意防潮、防霉变、防虫蛀。

【性味功效】性温，味甘、微苦。补气，生津，止咳，止血。

木 棉 花
GOSSAMPINA FLOS

本品为木棉科植物木棉 *Gossampinus malabarica*（DC.） Merr. 的干燥花。木棉花载于《本草纲目》，野生、栽培均有。药用其花，故名。为藏医习用药物。

【产地】主产于西藏、广东、广西等省区，云南、四川亦产。集散于藏药使用地区。

【采收加工】春季花盛开时采收，除去杂质，晒干。

【商品特征】干燥花朵皱缩成团，萼厚似杯状，棕褐色或紫褐色，具细皱纹，内表面灰黄色，花瓣灰褐色，密被星状毛。

【商品规格】统货。

【品质要求】以朵大、身干、无杂质者为佳。本品水溶性浸出物不得少于 15.0%。

【产销行情】多销于藏药使用地区，其他地区偶有销售。

【包装贮藏】麻袋、编织袋包装。置阴凉干燥处保存。

【性味功效】性凉，味甘、淡。清热利湿，解毒。

甘 松
NARDOSTACHYOS RADIX ET RHIZOMA

本品为败酱科植物甘松 *Nardostachys jatamansi* DC. 的干燥根及根茎。甘松始载于《本草拾遗》。《本草纲目》谓："产川西松州，其味甘，故名。"为少常用药物。

【产地】主产于西藏、青海、四川、甘肃、云南等省区。

【采收加工】春、秋两季采挖，除去泥沙和杂质，晒干或阴干。

【商品特征】根及根茎圆锥形而略弯，上端具茎叶残基，具狭长的膜质状或纤维状，外层黑棕色，内层棕黄色。根表面棕褐色，质松脆，断面粗糙，皮部深棕色，常成裂片状，木部黄白色，气特异。

【商品规格】统货。

【品质要求】以身干、无杂质者为佳。本品水分不得过 12.0%；含挥发油不得少于 2.0%。

【产销行情】全国大部分地区均有经营销售。甘松年产量 200~1000 吨不等，年销量约 100~200 吨。产品大量用于香料、香精的配制和提炼。甘松野生资源丰富，药用货源基本能满足。

【包装贮藏】麻袋、篾席包装。置阴凉干燥处保存，注意防潮、防蛀。

【性味功效】性温，味辛、甘。清热。理气止痛，开郁醒脾。

诃 子
CHEBULAE FRUCTUS

本品为使君子科植物诃子 *Termuinalia chebula* Retz. 或绒毛诃子 *Termuinalia chebula*

Retz. var. *tomentella* Kurt. 的干燥成熟果实。原名诃黎勒，始载于《唐本草》。多为野生。过去均系进口，译名诃黎勒，后缩名为诃子。为少常用中药。

【**别名**】诃子肉、诃黎勒。

【**产地**】诃子主产于云南永德、龙陵、镇康、施甸、昌宁、耿马、双江、保山、泸水、潞西、瑞丽、凤庆、景东；广东广州市郊及增城；广西南宁市邕县。绒毛诃子主产于云南承德、镇康，龙陵、瑞金等地。国外主产于印度、缅甸等国。

【**采收加工**】秋末冬初采收成熟的果实，用沸水烫5分钟，然后晒干即可。晾晒时注意不宜过多翻动，否则易由黄色变黑，表面不光滑。

【**商品特征**】呈椭圆形，两头略尖，黄棕色，具皱纹和5条纵棱，核果，种子1枚。味酸涩后甜。

【**商品规格**】按外形大小分为一、二等。其等级标准如下。

一等：直径在1.5cm以上。

二等：直径在1.5cm以下。

【**品质要求**】以肉质肥厚、坚实、个大、表面黄棕色、有光泽、味酸涩者为佳；本品水分不得过13.0%；总灰分不得过5.0%；水溶性浸出物不得少于30.0%。

【**包装贮藏**】编织袋包装。本品易吸潮发霉、生虫，应置干燥处保存。

【**性味功效**】性平，味苦、酸、涩。涩肠止泻，敛肺止咳，降火利咽。

【**附注**】诃子为国家重点保护的野生植物药材品种。

余甘子
PHYLLANTHI FRUCTUS

本品为大戟科植物余甘子 *Phyllanthus emblica* L. 的干燥成熟果实。余甘子又称庵摩勒。始载于《唐本草》。均为野生或半野生。为云南、西藏地区的常用中药。

【**产地**】云南大部分地区均产；福建莆田、惠安、安溪、南安、泉州、同安、长泰，广东普宁、潮阳，广西西南和西北部，贵州贞丰、罗甸、普安、六枝、安龙、兴龙，四川攀枝花、凉山等亦产。

【**采收加工**】冬季至次春果实成熟时采收，除去杂质，干燥。

【**商品特征**】扁球形，表面棕褐色至墨绿色，具不明显的六棱，味酸涩，回甜。

【**商品规格**】统货。

【**品质要求**】以个大、肉厚、回甜味浓者为佳；本品含没食子酸（$C_7H_6O_5$）不得少于1.2%；水分不得过13.0%；总灰分不得过5.0%；水溶性浸出物不得少于30.0%。

【**包装贮藏**】编织袋或麻袋装。置阴凉干燥处。

【**性味功效**】性凉，味甘、酸、涩。清热凉血，消食健胃，生津止咳。

波棱瓜子
HERPETOSPERMI SEMEN

本品为葫芦科植物波棱瓜 *Herpetospermum penduculosum*（Ser.）. Baill. 的干燥种子。

载于《晶珠本草》，多为栽培。本品具棱，为瓜类，故名。为藏医习用品种。

【产地】产于西藏南部、四川、云南等省区。国外主产于印度。

【采收加工】果实成熟后，摘取果实，取出种子，洗净果肉，晒干或阴干。

【商品特征】成熟种子呈楔形，外表棕褐色至黑褐色，有新月状凹陷，边缘凸起；中间有1条棱线，种皮硬，革质。味苦。

【商品规格】统货。

【品质要求】以身干、无杂质、色棕褐色或黑褐色者为佳。本品水分不得过10.0%，总灰分不得过3.0%。

【产销行情】集散于藏药使用地区。

【包装贮藏】麻袋、编织袋包装。置阴凉干燥处保存，注意防霉、防蛀。

【性味功效】性寒，味苦。泻肝火，清胆热。

独 一 味
LAMIOPHLOMIS HERBA

本品为唇形科植物独一味 *Lamiophlomis rotata*（Benth.）Kudo 的干燥地上部分。

【别名】大巴、打布巴。

【产地】主产于我国青海、西藏、四川、甘肃等藏区。

【采收加工】秋季花果期采割，洗净，晒干。

【商品特征】叶莲座状交互对生，卷缩，展平后呈扇形或三角状卵形，边缘具圆齿，表面绿褐色，背面灰绿色，脉扇形，突起。果序略呈塔形或短圆锥状。小坚果倒卵状三棱形。气微，味微涩、苦。

【商品规格】统货。

【品质要求】以植物完整、色绿褐色或灰褐色、不碎者为佳。本品含山栀苷甲酯（$C_{17}H_{26}O_{11}$）和 8-O-乙酰山栀苷甲酯（$C_{19}H_{28}O_{12}$）的总量不得少于 0.50%；水分不得过 13.0%；总灰分不得过 13.0%，酸不溶性灰分不得过 4.0%；醇溶性浸出物不得少于 20.0%。

【性味功效】性平，味甘、苦。活血止血，祛风止痛。

【附注】藏药，有小毒。

胡 黄 连
PICRORHIZAE RHIZOMA

本品为玄参科植物胡黄连 *Picrorhiza scrophulariiflora* Pennell 的干燥根茎。始载于《唐本草》，藏医药典籍《月王药珍》《四部医典》《晶珠本草》均有记载。原为进口，性味苦，寒，故名。为少常用药物。

【产地】产于西藏、青海、云南等省区。

【采收加工】秋季采挖，除去须根和泥沙，晒干。

【商品特征】圆柱形，略弯曲，表面灰棕色，具较密的环状节。断面平坦，暗棕色。味极苦。

【商品规格】统货。

【品质要求】以身干、无杂质、色灰棕色者为佳。本品水分不得过 13.0%，总灰分不得过 3.0%，乙醇浸出物不得少于 30.0%。

【产销行情】全国多数地区有销售。胡黄连年产量约 30～50 吨，年销量约 30～50 吨。20 世纪 60 年代前，药用货源依赖进口。西藏 1961 年开始收购，基本可满足药用需求。

【包装贮藏】麻袋、编织袋包装。置干燥处。

【性味功效】性寒，味苦。退虚热，除疳热，清湿热。

藏　木　香
IMULAE RADIX

本品为菊科植物藏木香 *Inula racemosa* Hook. f. 的干燥根。《蜀本草》称土木香。野生、家种均有，现多为栽培。为藏医常用药物。

【产地】产于西藏、新疆、青海、河北等省区。

【采收加工】地上部分枯萎前采挖，除去茎叶、须根和泥土，晒干或阴干。

【商品特征】干燥根呈长圆锥形，灰黄色至深棕色，上部有的具粗大疙瘩头，顶端有凹陷的茎痕。切面黄白色，可见凹点状油室及针状结晶。气香，味苦而灼辣。

【商品规格】统货。

【品质要求】以根粗壮均匀、体重坚实、香气浓郁、无须根者为佳。本品总灰分不得过 4.0%。

【产销行情】藏药使用地区有销售。

【包装贮藏】麻袋或编织袋装。本品易虫蛀、霉变、泛油，应置阴凉干燥处保存。若受潮，可晾晒。

【性味功效】性温，味苦、辛。健脾和胃，行气止痛。

藏　茴　香
CARI SEMEN

本品为伞形科植物葛缕子 *Carum carvi* L. 的干燥成熟种子。外形略似小茴香，藏药地区习用，故名。

【产地】主产于西藏、四川，西北、华北、东北等地亦产。

【采收加工】果实初熟时，采割植株，阴干或晒干，打下果实，除去杂质。

【商品特征】短圆柱形，表面黄绿色，分果背面有纵脊线 5 条。横断面中心黄白色，具油性。气香，味麻辣。

【商品规格】统货。

【品质要求】以粒大、均匀、饱满、色黄绿、香气浓者为佳。本品杂质不得过 4.0%，总灰分不得过 10.0%。

【产销行情】集散于藏药使用地区。

【包装贮藏】麻袋、布袋或编织袋装。为防气味散失，置阴凉干燥处，避光、避风保存。

【性味功效】性温，味甘、辛。健脾开胃，行气止痛。

藏 菖 蒲
ACORI CALAMI RHIZOMA

本品为天南星科植物藏菖蒲 *Acorus calamus* L. 的干燥根茎。《神农本草经》原名菖蒲。《图经本草》分为水菖蒲、石菖蒲，藏菖蒲指水菖蒲。藏药使用地区习用，故名。为藏医习用药物。

【别名】菖蒲、水菖蒲、建菖蒲。

【产地】产于西藏拉萨、林芝、波密等地。此外，湖北、湖南、辽宁、四川等省区亦产。

【采收加工】秋冬两季采挖，除去须根和泥土，晒干。

【商品特征】扁圆柱形，条状。黄棕色，节明显，背面节处密集黄色的毛状物，腹面有圆形根迹。断面白色，显粉性。气香，味辛。

【商品规格】统货。

【品质要求】以条粗大、断面色类白、香气浓者为佳。本品水分不得过 8.0%，总灰分不得过 8.0%，含挥发油不得少于 2.0%。

【产销行情】多集散于藏药使用地区，有的地区自产自销。

【包装贮藏】麻袋或竹篓装。本品易虫蛀、霉变，应置阴凉干燥通风处。若受潮霉变，可撞刷除霉，再晒干。

【性味功效】性温，味苦、辛。温胃，消炎止痛。

翼 首 草
PTEROCEPHALI HERBA

本品为川续断科植物翼首草 *Pterocephalus hookeri* C. B. Clarke Hoeck 的干燥全草。《四部医典》《晶珠本草》均有记载。为藏药习用品种。

【产地】产于西藏、青海、四川、云南等省区。

【采收加工】夏末秋初采挖，除去杂质，阴干。

【商品特征】根为圆柱形或圆锥形，棕褐色，外皮易脱落。叶灰绿色，两面被毛。头状花序近球形。花白色至淡红色。味苦。

【商品规格】统货。

【品质要求】以身干、根棕褐色、叶灰绿色、无杂质者为佳。本品水分不得过 12.0%，总灰分不得过 15.0%，酸不溶性灰分不得过 6.0%。

【产销行情】集散于藏药使用地区。

【包装贮藏】麻袋、篓包或编织袋装。置通风干燥处保存，注意防热、防潮。

【性味功效】性寒，味苦，有小毒。解毒除瘟，清热止痢，祛风通痹。

第二十二章　进口药

凡全部或大部分靠国外进口的大宗商品药材称为进口药。

我国药材的来源，除大部分靠国产外，尚有一部分需进口。早在汉代张骞出使西域时，就引进了安石榴、苏合香等外来药。唐代药物的内外交流兴盛，引进了胡椒、阿魏、番木鳖、诃黎勒、豆蔻等药材。时至今日，尚有 50 余种药材主要靠进口。

近年来中药进口有了较大的增长。中药商品进口额达 6.3 亿美元。我国进口的中药品种以药材为主，近年主要进口品种有西洋参（美国、加拿大）、沉香（印尼、马来西亚、越南、柬埔寨）、肉桂（越南、柬埔寨、斯里兰卡）、海马（马来西亚、新加坡、日本）、蛤蚧（越南、泰国）、丁香（斯里兰卡）、肉豆蔻（泰国、印尼、马来西亚、印度、缅甸）、草果（越南）、荜茇（印度、越南、菲律宾）、胖大海（泰国、印尼、缅甸）、番红花（西班牙、伊朗、希腊）、番泻叶（印度）、乳香（索马里、埃塞俄比亚）、没药（索马里、埃塞俄比亚）、阿魏（阿富汗、伊朗、印度）、血竭（印尼、马来西亚）、苏合香（土耳其、伊朗、索马里、印度）、牛黄（美国、澳洲、尼泊尔、印尼、加拿大、阿根廷）、龙涎香（太平洋和南洋群岛）、安息香（印尼、泰国、越南、伊朗）、燕窝（泰国、马尔加什、马来西亚、印尼）、马钱子（泰国、印尼、越南）、芦荟（南非）、大风子（泰国）。

原国家食品药品监督管理局于 2004 年 5 月 8 日印发《关于颁布儿茶等 43 种进口药材质量标准的通知》（国食药监注〔2004〕144 号），颁布经原国家食品药品监督管理局修（制）订的儿茶、方儿茶、西洋参、高丽红参、西红花、牛黄、羚羊角、泰国安息香、苏合香、乳香、没药、血竭、藤黄、沉香、檀香、丁香、母丁香、小茴香、荜茇、广天仙子、豆蔻、槟榔、肉豆蔻、大腹皮、大风子、西青果、诃子、胖大海、芦荟、猴枣、弗郎鼠李皮、胡黄连、肉桂、番泻叶、马钱子、玳瑁、石决明、天竺黄、穿山甲、海狗肾、海马、蛤蚧、海龙等 43 种进口药材的质量标准。

丁　香
CARYOPHYLLI FLOS

本品为桃金娘科植物丁香 *Eugenia caryophyllata* Thunb. 的干燥花蕾。始载于《名医别录》，野生与家种均有。因其形似钉，气香扑鼻，故名。为常用中药。

【别名】公丁香、丁子香、雄丁香。

【产地】主产于坦桑尼亚、马来西亚及东非沿岸国家，我国广东、海南岛、广西等亦有栽培。

【采收加工】9 月至次年 3 月间采收。花蕾由青转鲜红色时采摘，采下后除去花梗，晒干即可。

【商品特征】花蕾略呈研棒状，表面红棕色或暗棕色，顶端球形，上部有 4 枚三角状的萼片，十字形分开。质坚重，富油性，入水萼管下沉（与已去油的丁香区别）。气芳香浓烈，味辛辣，有麻舌感。

【商品规格】商品分为玫瑰子、中花公丁香、丁香三种规格。其规格等级标准如下。

1. 玫瑰子 粒长饱满，色红，油性足，全为含苞未放者。

2. 中花公丁香 粒小，色红黑，杂有开放者。

3. 丁香 梗黑色，粗糙，油性不足，杂有落苞者。

【品质要求】均以完整、个大、未开放、色红棕、油性足、香气浓郁、入水下沉者为佳。以玫瑰子质量最好。本品含丁香酚（$C_{10}H_{12}O_2$）不得少于 11.0%；杂质不得过 4%；水分不得过 12.0%。

【产销行情】年均进口约 450 吨，国内生产约 40 吨。本品历史上供销基本平衡。

【包装贮藏】用布袋、编织袋或麻袋装后，再装纸箱。本品易散气走油，应置阴凉干燥处密闭保存。

【性味功效】性温，味辛。温中降逆，补肾助阳。

【附注】母丁香为丁香的成熟果实，又名鸡舌香。功效同丁香。

马 钱 子
STRYCHNI SEMEN

本品为马钱科植物马钱 *Strychnos nnux – vomica* L. 的干燥成熟种子。原名番木鳖，始载于《本草纲目》，列入蔓草类。野生与家种均有。李时珍谓："状如马之连钱，故名。"为少用中药。

【别名】番木鳖。

【产地】主产于印度东海岸森林地带，越南、缅甸、泰国等地。

【采收加工】9~10 月果实成熟时采收，将鲜果采集后，除去果肉，取出种子，晒干即可。

【商品特征】呈扁圆纽扣状，通常一面隆起，另一面微凹。表面密被灰绿色或灰棕色绢状茸毛，边缘稍隆起，底面中心有突起的圆点状种脐。质坚硬，沿边缘剖开，可见淡黄白色胚乳，角质状，子叶心形，有叶脉 5~7 条。气微，味极苦。

【商品规格】统货。

【品质要求】均以个大饱满、质坚肉厚、色灰黄有光泽者为佳。本品含士的宁（$C_{21}H_{22}N_2O_2$）1.20%~2.20%，马钱子碱（$C_{23}H_{26}N_2O_1$）不得少于 0.80%；水分不得过 13.0%；总灰分不得过 2.0%。

【产销行情】本品一般年均进口 5 ~ 7 吨，纯销 40 ~ 60 吨。其中广东年均纯购约 10 吨，云南纯购约 15 吨，广西纯购 7 ~ 9 吨。本品毒性大。

【包装贮藏】用布袋或木箱装。置干燥处保存。

【性味功效】性寒，味苦。通络止痛，散结消肿。

【附注】1. 同属植物云南马钱 Strychnos pierrian A. W. Hill 的干燥成熟种子，曾收载于 1995 年版《中国药典》，作为马钱子药用，现作地方习用品。种子含总生物碱 2.18%，番木鳖碱占 1.33%。

2. 我国海南产的海南马钱 Strychnos hainanensis Merr. et Chun 种子含总生物碱 2.9%，主含马钱子碱和番木鳖碱。

3. 混淆品有马钱科山马钱 Strychnos nux – blanda Hill. 的干燥种子。

西 红 花
CROCI STIGMA

本品为鸢尾科植物番红花 Crocus sativus L. 的干燥柱头。始载于《本草纲目》，列为草部。均为栽培。李时珍谓："番红花出西番回回地及天方国，即彼地红蓝花也。"故名。为较常用中药。

【别名】藏红花、番红花。

【产地】主产于西班牙、希腊、阿塞拜疆及法国等。我国上海、浙江、江苏等地有少量栽培。

【采收加工】9 ~ 10 月采收。晴天早晨太阳刚出来时采集花朵，然后摘取柱头，摊放在竹匾内，上盖一张吸水纸，于 55℃ ~ 60℃ 条件下烘干，即为干红花。若再进行加工使其油润光亮，则为湿红花。

【商品特征】呈细短的绒团状，化柱色黄。柱头 3 个，红棕色，干燥疏松（干红花）或油润（湿红花）。体轻，质柔软。入水不褪色，水液金黄色澄明；上端膨胀呈喇叭状，喇叭一侧有裂缝，先端边缘有细齿。香气特异，微有刺激性，味微苦。（见彩图 26）

【商品规格】商品番红花有干红花、湿红花两种规格。以干红花（人头牌）品质为优。现商品不分等级，均为统货。

【品质要求】均以色鲜红、油性重、有光泽、体糯有特殊香味者为佳。本品含西红花苷 I（$C_{44}H_{64}O_{24}$）和西红花苷 II（$C_{38}H_{54}O_{19}$）的总量不得少于 10.0%；干燥失重不得过 12.0%；总灰分不得过 7.5%。

【包装贮藏】用铁盒、玻璃瓶或纸盒装。本品易泛油、变色，应密封，置阴凉干燥处保存。注意防潮、避光。

【性味功效】性平，味甘。活血祛瘀，凉血解毒，解郁安神。

【附注】本品为进口药材，价格昂贵，市场上发现有其伪品或掺假品。如以其他植物花丝、花冠狭条或纸浆条片等染色后伪充。

血 竭

DRACONIS SANGUIS

本品为棕榈科植物麒麟竭 *Daemonorops draco* Bl. 果实渗出的树脂经加工制成。原名麒麟竭,始载于《唐本草》。李时珍谓:"此物如干血,故谓之血竭。"为少用中药。

【别名】 血结、麒麟竭。

【产地】 麒麟血竭主产于印度尼西亚的加里曼丹、苏门答腊,印度,马来西亚等地。

【采收加工】 采集成熟果实,其外密被硬质小鳞片,鳞片间分泌的红色树脂几乎将鳞片全部遮蔽,充分干燥后,加贝壳同入笼中强力振摇,质脆的树脂块即脱落,筛去果实、鳞片、杂质,用布包起,入热水中使其软化成团,取出放冷。

【商品特征】 **1. 原装血竭** 呈扁圆四方形或不规则块片状,表面铁黑色或砖红色,常附有因摩擦而成的红粉。多有光泽。素以"外色黑似铁,粉末红如血,火烧呛鼻"为其鉴别要点。气微,味淡。

2. 加工血竭 略呈扁圆四方形。表面暗红色或黑红色,有光泽,底部平圆。质硬而脆,破碎面红色而粉末呈砖红色。

【商品规格】 过去商品分为太阳牌、金星牌、血竭花、五星牌、手牌、皇冠牌、A牌等规格。

【品质要求】 均以外色黑似铁、研粉红如血、火烧呛鼻、有苯甲酸香气者为佳。以橙红色或灰土色、粉末发黄、杂质多者为次。本品含血竭素($C_{17}H_{14}O_3$)不得少于1.0%;总灰分不得过6.0%;醇不溶物不得过25.0%。

【产销行情】 全国年均进口约10吨,因货源少,市场上一直紧缺,某些地区甚至脱销。

【包装贮藏】 纸箱装。置阴凉干燥处保存。

【性味功效】 性平,味甘、咸。活血定痛,化瘀生血,生肌敛疮。

【附注】 1. 国产血竭为百合科植物海南龙血树(柬埔寨龙血树)*Dracaena cambodiana* Pierre ex Gagnep. 含脂木质部提取的树脂,称为龙血竭。主产于我国海南、广西、云南等地。为国家重点保护的野生植物药材品种。

2. 进口的太阳牌及金星牌质量较好。杂牌血竭有 AA 牌、三 A 牌、金鱼牌、手牌等。

豆 蔻

AMOMI FRUCTUS ROTUNDUS

本品为姜科植物白豆蔻 *Amomum kravanh* Pierre ex Gagnep. 或爪哇白豆蔻 *Amomum compactum* Soland et Maton 的干燥成熟果实。始载于《名医别录》,列为果部上品。白豆蔻之名始见于《开宝本草》。现我国云南南部和海南省等地已有栽培,按产地不同分为"原豆蔻"和"印尼白蔻"。因其色白、为蔻类,故名。为常用中药。

【别名】白豆蔻、白叩、原豆蔻。

【产地】主产于越南、泰国、柬埔寨、缅甸、印度尼西亚等国。我国云南、海南等有少量引种。

【采收加工】于 10 ~ 12 月间采收。采取未完全成熟果实，干燥后去掉顶端的花萼及基部的果柄，晒干。

【商品特征】**1. 原豆蔻** 近球形，表面白色或浅黄棕色，有 3 条较深的纵向槽纹。两端有毛茸。果皮薄，体轻，质脆，内分 3 室，每室含种子约 10 粒，种子多面体形，暗棕色。种脐圆形下陷。气香，味辛凉略似樟脑。

2. 印尼白蔻 不同于原豆蔻的是本品外形较小，表面黄白带紫棕色。

【商品规格】商品分原豆蔻、印尼白蔻。均为统货，不分等级。

【品质要求】以个大、饱满、果皮薄而完整、皮色洁白、气味浓者为佳。原蔻仁含挥发油不得少于 5.0%（mL/g），印尼白蔻仁含挥发油不得少于 4.0%（mL/g）；豆蔻仁含桉油精（$C_{10}H_{18}O$）不得少于 3.0%；原豆蔻含杂质不得过 1.0%，印尼白蔻含杂质不得过 2.0%；原豆蔻含水分不得过 11.0%，印尼白蔻含水分不得过 12.0%。

【产销行情】本品多系进口，国内有少量生产。一般年均进口 1000 ~ 1400 吨，纯销约 1300 吨。

【包装贮藏】用麻袋或纸箱装。置阴凉干燥处保存，注意防虫蛀。

【性味功效】性温，味辛。化湿行气，温中止呕，开胃消食。

安 息 香
BENZOINUM

本品为安息香科植物白花树 *Styrax tonkinensis*（Pierre）Craib ex Hort. 的干燥树脂。始载于《唐本草》。多为进口，亦有国产。李时珍谓："此香避恶，安息诸邪。"故名。为少常用中药。

【别名】安悉香。

【产地】主产于印度尼西亚苏门答腊、泰国、越南、伊朗等国。国内分布于云南、广东、广西、贵州、湖南、福建等省区。

【采收加工】树干经自然损伤或于夏、秋两季割裂树干，收集流出的树脂，阴干即可。

【商品特征】呈不规则的小块状或由颗粒黏结的团块，小块状者表面黄棕色，断面乳白色；团块状者表面红棕色，嵌有白色颗粒。加热则软化熔融。气芳香，味微辛，嚼之有沙粒感。微量升华有片状或杆状结晶。

【商品规格】商品分水安息香、旱安息香等规格。

【品质要求】均以表面橙黄色、具蜡样光泽、质脆易碎、香气浓郁、嚼之有沙粒感者为佳。本品含总香脂酸，以苯甲酸（$C_7H_6O_2$）计算，不得少于 27.0%；总灰分不得过 0.50%；醇不溶物不得过 2.0%；干燥失重量不得过 2.0%。

【产销行情】多系进口，少量国产。市场上长期紧缺，价格也有上扬，全国年均需求量约 1000 千克。

【包装贮藏】以纸箱装。本品易散失香气，受热易软化熔融。由于含苯甲酸及桂皮酸，可发出大量有刺激性的气体。故应密闭，置阴凉干燥处保存，注意避光、防热。本品遇火易燃烧，保管中应注意安全。

【性味功效】性平，味苦、辛。开窍醒神，行气活血，止痛。

沉 香
AQUILARIAE LIGNUM RESINATUM

本品为瑞香科植物白木香 *Aquilaria sinensis*（Lour.）Gilg 或沉香 *Aquilaria agallocha* Roxb. 含有树脂的心材。前者为国产沉香，后者为进口沉香。始载于《名医别录》，列为上品。野生与栽培均有。本品置水中则沉，气香，故名。为常用中药。

【别名】沉香木、土沉、白木香。

【产地】国产沉香主产于海南岛，广东万宁、崖县、茂名、东方、保亭、陵水，广西陆川、博白等地，我国台湾有栽培。进口沉香主产于印度尼西亚、马来西亚、柬埔寨及越南等国。

【采收加工】全年均可采收。割取含树脂的木材，除去不含树脂的部分，阴干。

【商品特征】1. 国产沉香　多呈不规则块状或片状。可见黑褐色的含树脂部分与黄白色的木部相间，形成斑纹，其孔洞及凹窝的表面呈朽木状。质较轻，大多不能沉水，有特殊香气，味苦。火烧之有油渗出，冒浓烟，香气浓烈。

2. 进口沉香　呈不规则盔帽状、棒状或片状。表面黄棕色或灰黑色，密布断续棕黑色的细纵纹；有时可见黑棕色树脂斑痕。质坚硬而重，能沉水或半沉水。

【商品规格】商品分为国产沉香和进口沉香两类。其规格等级标准如下。

1. 国产沉香　分为一号香（质重、气浓）、二号香（质坚、香浓）、三号香（质较松、香味佳）、四号香（质浮松、香淡）、等外香。

根据取材的质量及形状又分为多种规格，如大节、中节，皆为 3～20cm 长的段；大盔、中盔、小盔，形状似武士的盔帽；修制裁下的角称"沉香角"；其边缘的杂质木称"毛香"；外部黑褐色，内心质松而色黄，香味较淡者称"速香"或"泡速香"。

2. 进口沉香　分绿油伽南香、紫油伽南香、黑油伽南香、青丝伽南香等品种。或分为全沉、落水原装、特等、一等、二等、三等、四等。

【品质要求】以体重、色棕黑油润、燃之有油渗出、香气浓烈而持久者为佳。本品醇溶性浸出物不得少于 10.0%。

【产销行情】全国年生产约 45 吨。纯购约 40 吨，纯销约 55 吨。大部分为广东所产，广西亦产一小部分。

【包装贮藏】木箱包装。本品易失油润干枯、走散香气，应密封，置阴凉干燥处保存。切忌日晒、见光和受潮。

【性味功效】性微温，味辛、苦。温中止呕，纳气平喘。

苏 合 香
STYRAX

本品为金缕梅科植物苏合香树 *Liquidambar orientalis* Mill. 树干渗出的香树脂经加工精制而成。始载于《名医别录》，列为上品。李时珍谓："此香出苏合国，因以名之。"为少常用中药。

【别名】苏合油。

【产地】主产于土耳其西南部以及叙利亚、埃及等国。现我国广西、云南有引种。

【采收加工】初夏将 3 ~ 4 年树龄的树干割伤，使其边材因受创伤而生树脂。刮取边材置沸水中共煮，滤出汁液，并压榨边材使汁液滤尽，收集于容器中，放冷后，分出树脂即可。

【商品特征】为半流动的浓稠液体，棕黄色或暗棕色，半透明。质黏稠，挑起则呈胶样，连绵不断。较水重。气芳香，味略苦辣而香，嚼之黏牙。

【商品规格】商品分为天然苏合香和精制苏合香两种规格。均为统货。

【品质要求】以黏稠似饴糖、质细腻、半透明、挑之成丝、无杂质、香气浓者为佳。本品含肉桂酸（$C_9H_8O_2$）不得少于 5.0%；酸值为 52 ~ 76；皂化值为 160 ~ 190。

【包装贮存】置白铁桶或瓶内，并灌以清水浸之，以防香气走失。放阴凉处密封保存。

【性味功效】性温、味辛。开窍，辟秽，止痛。

没 药
MYRRHA

本品为橄榄科植物地丁树 *Commiphora myrrha* Engl. 或哈地丁树 *Commiphora molmol* Engl. 的干燥树脂。始载于《开宝本草》："没药生波斯国，其块大小不定，黑色，似安息香。"后代本草多有收载，为常用中药。

【别名】末药、明没药。

【产地】主产于非洲的索马里、埃塞俄比亚，阿拉伯半岛南部及印度等地。以索马里所产没药最佳。

【采收加工】11 月至次年 2 月采集由树皮裂缝或伤口自然渗出的淡白色树脂，于空气中渐变为棕色硬块，除去杂质即成。

【商品特征】1. 天然没药　呈不规则颗粒状或黏结的团块，大小不等。表面红棕色至黑棕色。质坚脆，断面琥珀色，有光泽，与水共研成黄棕色乳浊液。气微弱而芳香，味苦而微辛。

2. 胶质没药　呈不规则块状和颗粒，多黏结成大小不等的团块。表面棕黄色至棕褐色，不透明，质坚实或疏松，有特异香气，味苦而有黏性。

【商品规格】商品按形状分为明没药、没药珠、全没药、黑香、马皮没药五种。按产地分为非洲没药、也门没药、阿拉伯没药等三种。现多分为 1 ~ 4 等及等外（5 等）。

其中以非洲没药品质最优，也门没药香气弱、品质次之。

【品质要求】均以块大、质坚脆、有油质光泽、色棕红、香气浓而持久、杂质少者为佳。本品含挥发油，天然没药不得少于 4.0%（mL/g），胶质没药不得少于 2.0%（mL/g）；天然没药杂质不得过 10.0%，胶质没药杂质不得过 15.0%；总灰分不得过 15.0%，酸不溶性灰分不得过 10.0%。

【产销行情】年均进口 70～180 吨，市场一直供不应求，时有脱销，尤其是近几年来缺口较大，价格不断上升。

【包装贮藏】塑料袋封后，置木箱内保存。本品易走失香气，遇火易燃烧，应密封，置阴凉干燥处保存。注意防热、防火。

【性味功效】性平，味辛、苦。散瘀定痛，消肿生肌。

乳 香
OLIBANUM

本品为橄榄科植物乳香树 *Boswellia carterii* Birdw. 及同属植物鲍达乳香树 *Boswellia bhaw - dajiana* Birdw. 树皮渗出的树脂。分为索马里乳香和埃塞俄比亚乳香，每种乳香又分为乳香珠和原乳香。始载于《名医别录》，列为上品。历代本草均有收载。树脂渗出，因其垂滴形似乳头，其气极香，故名。为常用中药。

【别名】滴乳香。

【产地】主产于索马里、埃塞俄比亚及阿拉伯半岛南部。土耳其、利比亚、苏丹、埃及、突尼斯、印度等地亦产。

【采收加工】春季采取，将树干的皮部由下向上顺序切伤，开一狭沟，使树脂由伤口渗出，流入沟中，数天后凝结成干硬的固体，即可从树上采取。

【商品特征】本品呈乳头状或泪滴状，有时黏结成块。表面黄白色，半透明，被有黄白色粉末，久存则颜色加深。质脆，遇热软化。破碎面有玻璃样或蜡样光泽。与水共研成白色或黄白色乳浊液，烧之有香气，显油性，冒黑烟，并有黑色残渣。具特殊香气，味微苦。

【商品规格】商品按性状分为滴乳、乳珠、原乳、乳香米、乳香末五种规格，以滴乳最佳。现在多分为原乳香、一号乳香珠、二号乳香珠、豆乳香等规格。

【品质要求】均以质脆、色淡黄、颗粒状、半透明、气芳香者为佳，色发红者质次。本品含挥发油，索马里乳香不得少于 6.0%（mL/g），埃塞俄比亚乳香不得少于 2.0%（mL/g）。乳香珠含杂质不得过 2%，原乳香含杂质不得过 10.0%。

【产销行情】本品大部分为进口，我国年均进口 150～180 吨，质优者市场供应长期偏紧，但一般未见脱销现象，价格相对稳定。

【包装贮藏】先用塑料袋封好，再置木箱内保存。本品易走失香气，遇火燃烧，受热易变软黏结成块，应密闭，置阴凉干燥处保存。注意防热、防火。

【性味功效】性温，味辛、苦。活血定痛，消肿生肌。

【附注】洋乳香为漆树科植物黏胶乳香树 *Pistacia lentiscus* L. 的树干或树枝切伤后流

出并干燥的树脂。主产于希腊，与乳香相似，但颗粒较小而圆，质脆，断面透明，玻璃样。与水共研不形成乳状液体。气微芳香，味苦。

胖 大 海
STERCULIAE LYCHNOPHORAE SEMEN

本品为梧桐科植物胖大海 *Sterculia lychnophora* Hance 的干燥成熟种子。始载于《本草纲目拾遗》。因本品遇水膨大，如海绵，故名。为常用中药。

【别名】 通大海、大海。

【产地】 主产于越南、泰国、印度尼西亚及马来西亚等国。

【采收加工】 4～6 月采收。果实开裂时，采下成熟的种子，晒干即成。

【商品特征】 呈纺锤形或椭圆形，表面红棕色或暗棕色，略有光泽，具有不规则的干缩皱纹。入水膨胀，呈棕色半透明的海绵状物。气微，味淡，嚼之有黏性。种仁麻辣。

【商品规格】 因产地不同分为新州子、暹罗子、安南子等。其规格等级标准如下。

1. 新州子 产自马来半岛。颗大而体结实，长椭圆形，外皮皱纹细密。质重，色棕黄微青。

2. 暹罗子 产自泰国。色稍黑而棕黄，颗粒略小。质较松，其皱纹较为粗松，品质稍次。

3. 安南子 产自越南。颗粒小，多为圆形，外皮粗松，黑褐色。质松易碎，多破口，品质较次。

【品质要求】 均以个大、外皮细、淡黄棕色、有细皱纹及光泽、无破碎者为佳。本品含水分不得过 16.0%；每 1kg 含黄曲霉素 B_1 不得过 5μg，含黄曲霉素 G_1、黄曲霉素 G_2、黄曲霉素 B_1 和黄曲霉素 B_2 的总量不得过 10μg。

【产销行情】 本品大部分为进口，年均进口约 250 吨。

【包装贮藏】 麻袋或编织袋装。本品易虫蛀，置阴凉干燥处保存。

【性味功效】 性寒，味甘。清热润肺，利咽开音，润肠通便。

【附注】 伪品有同科植物圆粒苹婆 *Sterculia scaphigen* Wall. 的干燥成熟种子和橄榄科植物橄榄 *Canarium album* Reausch 的成熟果实，应注意鉴别。

番 泻 叶
SENNAE FOLIUM

本品为豆科植物狭叶番泻 *Cassia angustifolia* Vahl 或尖叶番泻 *Cassia acutifolia* Delile 的干燥小叶。始载于《饮片新参》，引入我国药用主要在清代以后，以后的文献也多有记载，较早期的著作也有称本品为旃那叶或泻叶的。多为野生。因其系进口，其性泻下，故名。为较常用中药。

【产地】 主产于印度、埃及、苏丹等国。现我国广东、湖南、云南西双版纳等地亦有栽培。

【采收加工】狭叶番泻叶在开花前摘下叶片，阴干后用水压机打包。尖叶番泻叶在9月间果实将成熟时，剪下枝条，摘取叶片晒干，按完整叶和破碎叶分别打包。

【商品特征】**1. 狭叶番泻叶**　呈长卵形或卵状披针形，叶基稍不对称，具稀少毛茸。叶革质，带绿色，有或无压痕条纹。气微弱而特异，味微苦，稍有黏性，用开水浸泡为茶色。

2. 尖叶番泻叶　叶基部不对称，叶片两面均有细短毛茸。叶质地薄脆，微呈革质状，无叶脉压叠线纹。

【商品规格】商品番泻叶规格较多，一般我国进口的有一级、二级和大路货三种。其商品规格等级如下。

一级：叶大而尖，色绿、无黄叶，无叶轴、小枝、破碎叶片，杂质（果实、小枝、叶轴等）不得过5.0%。

二级：叶尖、色绿，其中含有碎叶，而黄叶、杂质不得过8.0%。

大路货：圆叶不得过20.0%，梗、碎叶及杂质不得过12.0%。

【品质要求】均以干燥、叶片大而完整、色绿、梗少，无黄叶、碎叶、杂质者为佳。本品含番泻苷 A（$C_{42}H_{38}O_{20}$）和番泻苷 B（$C_{42}H_{38}O_{20}$）总量不得少于1.1%；杂质不得过6.0%；水分不得过10.0%。

【产销行情】全国年均进口20~50吨，历史上供求基本平衡，近年来市场上偏紧，价格也有所上升。

【包装贮藏】竹席装，再用小压机打包。本品易发霉变质，应置阴凉干燥处保存，注意防潮。

【性味功效】性寒，味甘、苦。泻热行滞，通便，利水。

【附注】1. 耳叶番泻叶为同属植物耳叶番泻 Cassia auriculata L. 的干燥小叶。常混在进口狭叶番泻叶中。本品含蒽醌苷量极微，应注意区别。与上述两种叶的不同点为：小叶片卵圆形或倒卵圆形，先端钝或微凹陷。表面被有极多灰白色短毛。

2. 卵叶番泻叶为同属植物卵叶番泻 Cassia obovata Coldon 的干燥小叶，又称意大利番泻叶。叶片倒卵形，具棘尖，被短毛。本品含蒽醌总量约3.8%。

燕　窝
COLLOCALIAE NIDUS

本品为雨燕科动物金丝燕 Collocalla esculenta L. 及同属多种燕用唾液与绒羽等混合凝结所筑成的巢窝。原名燕蔬菜，载于《本草纲目拾遗》。因药用为其巢窝，故名。燕窝既是中药，又是名贵菜肴之佳品。

【别名】燕根、燕菜。

【产地】主要分布于东南亚一带及太平洋各岛屿上。国外主产于印度尼西亚、泰国、缅甸、日本等国。国内主产于海南省。

【采收加工】一般2、4、8月份采集，采集时要尽量保持巢之完整，阴干或低温干燥即成。

【商品特征】**1. 白燕** 略呈半月形，一边较平坦，一边隆起，无绒羽或带少数绒羽。表面类白色，背面有较整齐的波状纹理，丝状物沿长径分层排列，中央可见互相交织而成的不规则的、粗细不均匀的半透明细丝状物。质硬而脆，易碎，断面角质状。气微，味甘。用水浸泡后变柔软并膨胀，形成糊状溶液。

2. 血燕 间杂深红色或红褐色血丝，其余特征与白燕相似。

3. 毛燕 特征与白燕相似，主要不同点为杂有灰黑色细羽毛及附着物，色较深。

【商品规格】商品上分为白燕（官燕）、毛燕、血燕三种规格。以色白、绒羽少者为佳。

【产销行情】多系进口，少量国产，市场上长期紧缺，价格上也有上扬。

【包装贮藏】用瓷坛或铁盒包装，内垫防潮纸。置室内阴凉干燥处保存，防压，防潮，防蛀。

【性味功效】性平，味甘。滋阴润燥，补益中气。

【附注】由于价格高，市场上曾出现用琼脂、银耳加工的伪品，应注意鉴别。

檀 香
SANTALI ALBI LIGNUM

本品为檀香科植物檀香 *Santalum album* L. 的干燥心材。始载于《名医别录》，列为下品。历代本草均有收载。檀为善木，故字从檀，檀为善意，其气味芳香，故名。为少常用中药。

【别名】白檀木、白檀、黄檀。

【产地】主产于印度孟买、澳大利亚悉尼，以及印度尼西亚马来半岛等地。

【采收加工】本品全年均可采收，采伐木材后，切成段，除去边材即为檀香。

【商品特征】呈圆柱形或条块状，表面黄白色或浅黄棕色，光滑细密，横切面呈棕黄色，显油痕。质致密而坚实，极难折断，折断后呈刺状。气芳香，火烧香气更加浓郁；味淡，嚼之微有辛辣感。

【商品规格】商品檀香有黄、白两种。其规格分白皮散枝（习称老山香，主要来源于印度）、雪梨（来源于澳洲）、新山香（来源于印度尼西亚，又称西香）、线香、片统、粉统等。均为统货。

【品质要求】以体重、质坚、香气浓郁、燃烧其烟可直线上升者为佳。一般以粗大的干材所加工的老檀香为最佳。本品含挥发油不得少于 3.0%（mL/g）；水分不得过 12.0%。

【包装贮藏】木箱或铝皮箱包装。本品具有强烈特异而持久的芳香气，易散失香气，应置阴凉干燥处密封保存。防潮、防风吹，以免走失香气，有损质量。

【性味功效】性温，味辛。行气温中，开胃止痛。

第二十三章 中成药

中成药有多种分类方法，在商品流通过程中，依据流通环节不同，常用贮存分类法和销售分类法两种。贮存分类法适用于中成药商品的仓库管理，以便分类保管养护。一般按中成药剂型不同，分成若干小类，如丸剂类、片剂类、口服液类、注射液类、膏剂类、颗粒剂类等等。销售分类法适用于中成药商品的营销管理。把中成药商品按管理方式分成处方药物与非处方药物两大类，按临床各科用药种类及功能的不同，再分成内科用药、妇科用药、外科用药、儿科用药和五官科用药五类。由于内科病种多而复杂，用药品种繁多，又依据内科疾病的性质或种类等不同，再分成若干小类。

2009 年 8 月颁布的《关于建立国家基本药物制度的实施意见》和《国家基本药物目录管理办法（暂行）》提出，政府举办的基层医疗卫生机构全部配备和使用基本药物，其他各类医疗机构也都必须按规定使用基本药物。国家发改委制定基本药物全国零售指导价格；基本药物全部纳入基本医疗保障药品报销目录。

为更好地说明各类中成药的特点，现把我国目前临床常用而疗效较好的部分中成药商品列举如下，以供广大医药工作者、经营者和消费者选用或销售时参考。

十全大补丸

【品名简释】本品是以党参等十种药物配制成的滋补性丸剂，故名。

【处方来历】系宋代《太平惠民和剂局方》的十全大补丸方。现行《中国药典》收载。

【药物组成】党参、炒白术、茯苓、炙甘草、当归、川芎、酒白芍、熟地黄、炙黄芪、肉桂。

【剂型规格】蜜丸。大蜜丸，每丸重9g；水蜜丸每袋6g或每瓶装30g、60g等。

【质量要求】为棕褐色至黑褐色的水蜜丸或大蜜丸；气香，味甘而微辛。按显微鉴别法鉴别组方的十味药物；薄层色谱法鉴别白芍（芍药苷）、当归、黄芪（黄芪甲苷）。大蜜丸水分不得超出 15.0%，重量差异不得超出 ±6.0%，水蜜丸水分不得超过 12.0%，溶散时限不得超出 1 小时。按高效液相色谱法测定，本品含酒白芍以芍药苷（$C_{23}H_{28}O_{11}$）计，水蜜丸每1g 不得少于0.55mg，大蜜丸每丸不得少于3.6mg。应符合现行《中国药典》规定。

【包装贮藏】大蜜丸用蜡壳或铝塑泡罩包装；水蜜丸用塑料瓶、玻璃瓶或复合膜袋包装。密封。

【功能主治】 温补气血。用于气血两虚，面色苍白，气短心悸，头晕自汗，体倦乏力，四肢不温，月经量多。

【用法用量】 口服。水蜜丸一次6g，大蜜丸一次1丸，一日2~3次。

【注意事项】 ①内有实热、阴虚火旺者不宜服用。②孕妇慎用。③感冒者慎用。④服药期间饮食宜选清淡易消化食物，忌食辛辣、油腻、生冷食物。

【附注】 除蜜丸外，还有浓缩丸（《卫生部药品标准·中药成方制剂》第七册收载，每8丸相当于原生药3g，口服，一次8~10丸，一日3次），功效近似。

除丸剂外，还有合剂、口服液、煎膏剂、酒剂、颗粒剂、片剂、糖浆剂等。

九味羌活丸

【品名简释】 本品是以羌活为主药，共九味药物配制而成的丸剂，故名。

【处方来历】 为元代王好古《此事难知》中九味羌活汤方。现行《中国药典》收载。

【药物组成】 羌活、防风、苍术、细辛、川芎、白芷、黄芩、甘草、地黄。

【剂型规格】 水丸。每袋装6g、9g。

【质量要求】 为棕褐色水丸；气香，味辛、微苦。按显微鉴别法鉴别白芷、防风、甘草、黄芩、地黄；薄层色谱法鉴别苍术、川芎、羌活、甘草。水分不得超过9.0%。溶散时限不得超过1小时。按重量法测定，含挥发性醚浸出物不得少于0.30%；按高效液相色谱法测定，每1g含黄芩以黄芩苷（$C_{21}H_{18}O_{11}$）计，不得少于5.0mg。应符合现行《中国药典》规定。

【包装贮藏】 塑料袋或铝塑复合膜袋装。密封，防潮。

【功能主治】 疏风解表，散寒除湿。用于外感风寒夹湿所致的感冒，症见恶寒、发热、无汗、头重而痛、肢体酸痛。

【用法用量】 姜葱汤或温开水送服，一次6~9g，一日2~3次。

【注意事项】 ①本品用于风寒夹湿、内有郁热证，风热感冒或湿热证慎用。②服药期间，忌食辛辣、生冷、油腻食品。

【附注】 同方中成药商品还有九味羌活颗粒（每袋装5g、15g）、九味羌活片（每片重0.5g）、九味羌活口服液（每支装10mL）、九味羌活喷雾剂（每瓶装20mL）。

三金片

【品名简释】 本品因处方组成含金樱根、金刚刺（菝葜）、金沙藤三味中药，故名。

【处方来历】 研制方。现行《中国药典》收载。

【药物组成】 金樱根、菝葜、羊开口、金沙藤、积雪草。

【剂型规格】 片剂。规格：①薄膜衣小片，每片重0.18g（相当于饮片2.1g）；②薄膜衣大片，每片重0.29g（相当于饮片3.5g）；③糖衣小片（片芯重0.17g；相当于饮片2.1g）；④糖衣大片（片芯重0.28g；相当于饮片3.5g）。

【质量要求】为糖衣片或薄膜衣片，除去包衣后显棕色至黑褐色；味酸、涩、微苦。按薄层色谱法鉴别金樱根、积雪草（积雪草苷）、菝葜（薯蓣皂苷元）、羊开口。检查崩解时限不得超过1小时。按高效液相色谱法测定，每片含积雪草以羟基积雪草苷（$C_{48}H_{78}O_{20}$）计，小片不得少于0.22mg；大片不得少于0.35mg。应符合现行《中国药典》规定。

【包装贮藏】铝塑泡罩包装。密封贮藏。

【功能主治】清热解毒，利湿通淋，益肾。用于下焦湿热所致的热淋、小便短赤、淋沥涩痛、尿急频数；急慢性肾盂肾炎、膀胱炎、尿路感染见上述证候者。

【用法用量】口服。小片一次5片，大片一次3片，一日3~4次。

【注意事项】①淋证属于肝郁气滞或脾肾两虚者慎用。②服药期间忌烟酒及辛辣、油腻食物。③服药期间注意多饮水，避免劳累。

【附注】除片剂外，还有胶囊、颗粒剂。

1. 胶囊剂　每粒装0.35g。口服。一次2粒，一日3~4次。

2. 颗粒剂　每袋重14g（相当于原药材10.5g）。开水冲服。一次14g，一日3~4次。

川贝枇杷糖浆

【品名简释】本品是以川贝母、枇杷叶为主药配制成的止咳糖浆剂，故名。

【处方来历】经验方。现行《中国药典》收载。

【药物组成】川贝母流浸膏、枇杷叶、桔梗、薄荷脑。

【剂型规格】糖浆剂。每支装10mL，一盒10支；每瓶装100mL、120mL、150mL等。

【质量要求】为棕红色的黏稠液体；气香，味甜、微苦、凉。按薄层色谱法鉴别枇杷叶。相对密度应不低于1.13。按气相色谱法测定，本品每1mL含薄荷脑（$C_{10}H_{20}O$）应不少于0.20mg。符合现行《中国药典》规定。

【包装贮藏】玻璃瓶或塑料瓶包装。密封，置阴凉处。

【功能主治】清热宣肺，化痰止咳。用于风热犯肺、痰热内阻所致的咳嗽痰黄或咯痰不爽、咽喉肿痛、胸闷胀痛；感冒、支气管炎见上述证候者。

【用法用量】口服。每次10mL，一日3次。

【注意事项】①外感风寒者慎用。②服药期间饮食宜清淡，忌食辛辣食物。

【附注】1. 除糖浆剂外，还有颗粒剂、片剂、口服液，功效近似。

（1）颗粒剂：每袋装3g，口服，一次3g，一日3次。

（2）片剂：基片重0.2g，口服，一次3片，一日3次。

（3）口服液：口服。一次10mL，一日3次。

2. 此外，类似品种还有市售川贝枇杷糖浆，《卫生部药品标准·中药成方制剂》第二十册收载，与本品组方不同，由七味药物组方。功效止嗽祛痰，用于风热咳嗽，痰多上气或燥咳。每瓶装150mL，一次15mL，一日3次，小儿减半。

马应龙麝香痔疮膏

【品名简释】 本品命名以企业名称加上主药麝香、主治病名痔疮，以及性状为软膏命名。

【处方来历】 研制方。现行《中国药典》收载。

【药物组成】 人工麝香、人工牛黄、珍珠、煅炉甘石粉、硼砂、冰片、琥珀。

【剂型规格】 软膏剂。每支 10g，一盒 1 支；或每支 2.5g，一盒 5 支。

【质量要求】 为浅灰黄色或粉红色的软膏；气香，有清凉感。按显微鉴别法鉴别珍珠；理化鉴别法鉴别炉甘石、硼砂；薄层色谱法鉴别人工牛黄（胆酸）。按气相色谱法测定，每 1g 含冰片以龙脑（$C_{10}H_{18}O$）计，不得少于 19mg。按滴定法测定，每 1g 含煅炉甘石粉以氧化锌（ZnO）计，不得少于 60.0mg。应符合现行《中国药典》规定。

【包装贮藏】 采用药用聚乙烯－铝－聚乙烯复合软膏管包装。避光，密闭贮藏。

【功能主治】 清热燥湿，活血消肿，祛腐生肌。用于湿热瘀阻所致的各类痔疮、肛裂，症见大便出血，或疼痛、有下坠感；亦用于肛周湿疹。

【用法用量】 外用。涂擦患处。

【注意事项】 ①孕妇慎用。②本品不可内服。③服药后如出现皮肤过敏反应或月经不调者需及时停用。④忌食辛辣、油腻食物及海鲜等发物。

六味地黄丸

【品名简释】 本品以地黄为主药，由六味中药配制而成的丸剂，故名。

【处方来历】 为宋代钱乙《小儿药证直诀》方。现行《中国药典》收载。

【药物组成】 熟地黄、酒萸肉、牡丹皮、山药、茯苓、泽泻。

【剂型规格】 蜜丸。大蜜丸每丸重 9g，每盒 10 丸。水蜜丸每袋装 6g，小蜜丸每袋装 9g；或每瓶装 36g、60g、120g。

【质量要求】 为棕黑色的水蜜丸、棕褐色至黑褐色的小蜜丸或大蜜丸；味甜而酸。按显微鉴别法鉴别组方六味药物；薄层色谱法鉴别牡丹皮（丹皮酚）、泽泻。大蜜丸丸重差异不得超出 ±6%，水分不得超出 15.0%；小蜜丸水分不得超出 15.0%，水蜜丸水分不得过 12.0%，小蜜丸和水蜜丸的溶散时限不得超出 1 小时。按高效液相色谱法测定，含酒萸肉以马钱苷（$C_{17}H_{26}O_{10}$）计，水蜜丸每 1g 不得少于 0.70mg，小蜜丸每 1g 不得少于 0.50mg，大蜜丸每丸不得少于 4.5mg；含牡丹皮以丹皮酚（$C_9H_{10}O_3$）计，水蜜丸每 1g 不得少于 0.90mg，小蜜丸每 1g 不得少于 0.70mg，大蜜丸每丸不得少于 6.3mg。应符合现行《中国药典》规定。

【包装贮藏】 大蜜丸蜡壳或铝塑泡罩包装。小蜜丸和水蜜丸用玻璃瓶、塑料瓶或铝塑复合膜袋装。密封，置室内阴凉干燥处。

【功能主治】 滋阴补肾。用于肾阴亏损，头晕耳鸣，腰膝酸软，骨蒸潮热，盗汗遗精，消渴。

【用法用量】 口服。水蜜丸一次 6g，小蜜丸一次 9g，大蜜丸一次 1 丸，一日 2 次。

【注意事项】①体实及阳虚者慎用。②脾虚、气滞、食少纳呆者慎用。③感冒者慎用。④服药期间饮食宜清淡，忌辛辣、油腻之品。

【附注】1. 此外还有浓缩丸、片剂、硬胶囊剂、软胶囊剂、颗粒剂、煎膏剂、口服液等产品。

（1）浓缩丸：每8丸重1.44g，相当于饮片3g，口服，一次8丸，一日3次。

（2）颗粒剂：每袋装5g。开水冲服，一次5g，一日2次。

（3）胶囊：每粒装0.3g或0.5g。口服，一次1粒（0.5g装）或一次2粒（0.3g装），一日2次。

2. 以六味地黄丸为基础加减配制生产的地黄类产品还有桂附地黄丸、知柏地黄丸、杞菊地黄丸、麦味地黄丸、明目地黄丸等。

六神丸

【品名简释】本品是由牛黄等六味中药配制而成的丸剂，对热毒聚集引起的咽喉肿痛有神奇疗效，故名。

【处方来历】来自清代雷允上诵分堂药铺（雷允上制药厂前身）的秘方。《卫生部药品标准·中药成方制剂》第十八册收载。

【药物组成】牛黄、珍珠、麝香、冰片、蟾酥、雄黄。

【剂型规格】水丸，每1000粒重3.125g，每管10粒、30粒。每盒10管。

【质量要求】黑色有光泽的小水丸，味辛辣。按气相色谱法鉴别法鉴别麝香酮；检查装量差异不得超过±12.0%；按薄层色谱法扫描进行含量测定，含胆酸不得少于1.0%。应符合《卫生部药品标准·中药成方制剂》规定。

【包装贮藏】用玻璃管、塑料管或小瓷瓶包装。密封。

【功能主治】清热解毒，消肿利咽，化腐止痛。用于烂喉丹痧，咽喉肿痛，喉风喉痛，单双乳蛾，小儿热疖，痈疡疔疮，乳痈发背，无名肿毒。

【用法用量】口服，一日3次，温开水吞服；1岁每服1粒，2岁每服2粒，3岁每服3~4粒，4~8岁每服5~6粒，9~10岁每服8~9粒，成人每服10粒。

另可外敷在皮肤红肿处，以丸十数粒，用冷开水或米醋少许，匙中化散，敷搽四周，每日数次，常保湿润，直至肿退。如红肿已将出脓或已穿烂，切勿再敷。

【注意事项】①孕妇禁用，阴虚火旺者、老人、儿童及素体脾胃虚弱者慎用。②忌烟、酒及辛辣食物。③过量易中毒，少数人可致过敏反应。④疮疡化脓者不可外敷。⑤本品中含雄黄，不宜与酶制剂、硫酸亚铁、亚硫酸盐、腌制食品同服，不宜与硫酸盐类药物（硫酸奎宁、硫酸阿托品）同服。⑥本品含蟾酥、雄黄有毒药物，不宜过量、久用。⑦外用，不可入眼。

【附注】本品可用于治疗白血病、恶性肿瘤及带状疱疹等证。

云南白药（散剂、胶囊剂）

【品名简释】原名曲焕章百宝丹，1995年更名为云南白药。本品系黄白色的散剂，一直为云南省特产的中成药，故名。

【处方来历】云南著名草药医师曲焕章的经验方。现行《中国药典》收载。

【药物组成】略。

【剂型规格】①散剂，每瓶装4g，保险子1粒。②胶囊剂，每粒装0.25g，保险子1粒。

【质量要求】1. 散剂 为灰黄色至浅棕黄色的粉末；具特异香气，味略感清凉，并有麻舌感。保险子为红色的球形或类球形水丸，剖面呈棕色或棕褐色；气微，味微苦。按显微鉴别法鉴别粉末及保险子；按薄层色谱法鉴别人参皂苷 Rg_1、三七皂苷 R_1 和云南白药对照提取物。装量差异不得超出 ±7.0%，水分不得超过9.0%。按高效液相色谱法测定每1g含人参皂苷 Rg_1（$C_{42}H_{72}O_{14}$）不得少于 3.0mg。符合现行《中国药典》规定。

2. 胶囊剂 为硬胶囊，内容物性状同散剂。按显微鉴别法鉴别粉末及保险子；按薄层色谱法鉴别人参皂苷 Rg_1、三七皂苷 R_1 和云南白药对照提取物。内容物水分不得超过9.0%，装量差异不得超出 ±10.0%。按高效液相色谱法测定每粒含人参皂苷 Rg_1（$C_{42}H_{72}O_{14}$）不得少于 0.75mg。符合现行《中国药典》规定。

【包装贮藏】用小玻璃瓶或铝塑泡罩包装。密封，置干燥处。

【功能主治】化瘀止血，活血止痛，解毒消肿。用于跌打损伤，瘀血肿痛，吐血、咳血、便血、痔血、崩漏下血，手术出血，疮疡肿毒及软组织挫伤，闭合性骨折，支气管扩张及肺结核咳血，溃疡病出血，以及皮肤感染性疾病。

【用法用量】刀、枪、跌打诸伤，无论轻重，出血者用温开水送服；瘀血肿痛与未流血者用酒送服；妇科各症，用酒送服，但月经过多、血崩，用温水送服。毒疮初起，服0.25g，另取药粉，用酒调匀，敷患处，如已化脓，只需内服。其他内出血各症均可内服。

口服。散剂，一次0.25~0.5g；胶囊剂，一次1~2粒；一日4次（2~5岁按1/4剂量服用，6~12岁按1/2剂量服用）。凡遇较重的跌打损伤可先服保险子1粒，轻伤及其他病症不必服。

【注意事项】①孕妇禁用。②经期及哺乳期妇女慎用。③服药一日内，忌食蚕豆、鱼类及酸冷食物。

【附注】除散剂、胶囊剂外，还有云南白药橡胶膏剂、酊剂、气雾剂、创可贴等。

1. 橡胶膏剂 规格 6.5cm×10cm 或 6.5cm×4cm。功能活血散瘀，消肿止痛，祛风除湿。用于跌打损伤，瘀血肿痛，风湿疼痛等症。外用，贴患处。

2. 酊剂 每瓶装 30mL、50mL、100mL。功能活血散瘀，消肿止痛。用于跌打损伤，风湿麻木、筋骨及关节疼痛、肌肉酸痛及冻伤等症。口服：常用量一次3~5mL，一日3次；极量一次10mL。外用，取适量擦揉患处，每次3分钟左右，一日3~5次，可止血消炎；风湿筋骨疼痛，蚊虫叮咬，Ⅰ、Ⅱ度冻伤可擦揉患处数分钟，一日3~5次。酒精过敏者禁用。

3. 气雾剂 每瓶重50g、85g；气雾剂保险液：每瓶重30g、60g、100g。功能与酊剂相似，用于跌打损伤、瘀血肿痛、肌肉酸痛及风湿性关节疼痛等症。外用，喷于伤患处，一日3~5次。凡遇较重闭合性跌打损伤者，先喷云南白药气雾剂保险液，若剧烈疼痛仍不缓解，可间隔1~2分钟重复给药，一天使用不得超过3次。喷云南白药气雾剂保险液间隔3分钟后，再喷云南白药气雾剂。只限于外用，使用时勿近明火，切勿受热，置阴凉处保存。

片仔癀

【品名简释】本品内服对全身发黄的湿热证有卓效；此片用温开水调化外敷对疔毒走癀也有显著疗效。故名。

【处方来历】经验方。本品原为明末亦都一太医的秘方。后来间接传授给漳州馨苑茶店老板龙仔（原名曾延侯）。现行《中国药典》收载。

【药物组成】牛黄、麝香、三七、蛇胆等。

【剂型规格】锭剂，每粒重3g。

【质量要求】类扁椭圆形块状，块上有一椭圆环。表面棕黄色或灰褐色，有密细纹，可见霉斑。质坚硬，难折断。折断面微粗糙，呈棕褐色，色泽均匀，偶见少量菌丝体。粉末呈棕黄色或淡棕黄色，气微香，味苦、微甘。干燥失重不得过13.0%，丸重差异不得超出±8.0%。薄层色谱法鉴别三七（三七、人参皂苷 Rb_1、人参皂苷 Rg_1、三七皂苷 R_1）、蛇胆（胆红素、胆酸、去氧胆酸）。含量测定采用气相色谱法，每1g含麝香以麝香酮（$C_{16}H_{30}O$）计，不得少于0.27mg。应符合现行《中国药典》规定。

【包装贮藏】用纸盒包装。密封，置干燥处保存。

【功能主治】清热解毒，凉血化瘀，消肿止痛。用于热毒血瘀所致急慢性病毒性肝炎，痈疽疔疮，跌打损伤及各种炎症。

【用法用量】口服，每次0.6g，8岁以下儿童每次0.15~0.3g，每日2~3次；外用研末用冷开水或食醋少许调匀涂在患处（溃疡者可在患处周围涂敷之）。每日数次，常保持湿润，或遵医嘱。

【注意事项】孕妇忌服。

【附注】胶囊剂：每粒0.3g。内容物为棕黄色的颗粒及细粉；气香，味苦、微甘。薄层色谱鉴别及含量测定同锭剂。干燥失重不得过13.0%，装量差异不得超出±10.0%，崩解时限不得超过30分钟。每粒含麝香以麝香酮（$C_{16}H_{30}O$）计，不得少于0.07mg。应符合现行《中国药典》规定。口服，一次2粒，1~5岁儿童一次1粒；一日3次，或遵医嘱。

牛黄上清丸

【品名简释】本品是以牛黄为主药配制而成的丸剂，具有清除上焦实热的作用，故名。

【处方来历】由明代朱橚《医学入门》牛黄上清丸加减而来。现行《中国药典》收载。

【药物组成】人工牛黄、薄荷、菊花、荆芥穗、白芷、川芎、栀子、黄连、黄柏、黄芩、大黄、连翘、赤芍、当归、地黄、桔梗、甘草、石膏、冰片。

【剂型规格】丸剂。大蜜丸每丸重6g；水丸每16粒重3g。

【质量要求】为红褐色至黑褐色大蜜丸或棕黄色至深棕色水丸；气芳香，味苦。按显微鉴别法鉴别黄连、黄芩、甘草、连翘、黄柏、栀子、地黄、大黄、菊花、薄荷、石膏；薄层色谱法鉴别大黄、黄连（盐酸小檗碱）、当归。大蜜丸水分不得过15.0%，丸重差异不得超出 ±7.0%；水丸水分不得过9.0%，丸重差异不得超出 ±10.0%，水丸溶散时限不得超过1小时。按高效液相色谱法测定，含黄芩以黄芩苷（$C_{21}H_{18}O_{11}$）计，大蜜丸每丸不得少于15mg，水丸每1g不得少于3.5mg。应符合现行《中国药典》规定。

【包装贮藏】蜡壳或铝塑泡罩包装。密封。

【功能主治】清热泻火，散风止痛。用于热毒内盛、风火上攻所致的头痛眩晕、目赤耳鸣、咽喉肿痛、口舌生疮、牙龈肿痛、大便燥结。

【用法用量】口服。水丸一次3g；大蜜丸一次1丸，一日2次。

【注意事项】①对本品过敏者禁用。②孕妇慎用。③阴虚火旺所致的头痛眩晕、牙痛咽痛不宜用。④本品寒凉，易伤胃气，小儿、年老体弱、大便溏软者慎用。⑤服药期间饮食宜清淡，忌食辛辣油腻食物。⑥不宜在服药期间同时服用温补性中成药。

【附注】**1. 胶囊剂**　每粒装0.3g。口服。一次3粒，一日2次。

2. 片剂　薄膜衣片，每片重0.265g。口服。一次4片，一日2次。

乌鸡白凤丸

【品名简释】本品组方主要药物为乌骨鸡，因毛色洁白也有"白凤"之称，为丸剂，故名。

【处方来历】研制方，由明代龚廷贤《寿世保元》卷七的乌鸡丸加减而成。现行《中国药典》收载。

【药物组成】乌鸡（去毛爪肠）、鹿角胶、鳖甲（制）、牡蛎（煅）、桑螵蛸、人参、黄芪、当归、白芍、香附（醋制）、天冬、甘草、地黄、熟地黄、川芎、银柴胡、丹参、山药、芡实（炒）、鹿角霜。

【剂型规格】丸剂。大蜜丸每丸重9g，小蜜丸每袋装9g，水蜜丸每袋装6g，每瓶装36g、48g、60g。

【质量要求】为黑褐色至黑色的水蜜丸、小蜜丸或大蜜丸；味甜、微苦。按显微鉴别法鉴别人参、白芍、山药、当归、熟地黄、甘草、黄芪、天冬、川芎、鳖甲、鹿角霜、乌鸡；薄层色谱法鉴别丹参（丹参酮II_A）、白芍（芍药苷）。蜜丸水分不得超出15.0%，大蜜丸重量差异不得超出 ±6.0%；水蜜丸水分不得超过12.0%；小蜜丸和水蜜丸溶散时限不得超过1小时。高效液相色谱法测定含白芍以芍药苷（$C_{23}H_{28}O_{11}$）计，水蜜丸每1g不得少于0.35mg，小蜜丸每1g不得少于0.22mg，大蜜丸每丸不得少于2.0mg。应符合现行《中国药典》规定。

【包装贮藏】大蜜丸以蜡壳或铝塑泡罩包装。小蜜丸和水蜜丸用铝塑复合膜袋或玻璃瓶、塑料瓶包装。密封。

【功能主治】补气养血，调经止带。用于气血两虚，身体瘦弱，腰膝酸软，月经不调，崩漏带下。

【用法用量】口服。水蜜丸一次6g，小蜜丸一次9g，大蜜丸一次1丸，一日2次。

【注意事项】①月经不调或崩漏属血热实证者慎用。②服药期间少食辛辣刺激食物。③服药后出血不减，或带下量仍多者请医生诊治。

【附注】除丸剂外，还有片剂、胶囊剂等。

1. 胶囊剂　每粒装0.3g。口服。一次2~3粒，一日3次。

2. 片剂　每片重0.5g。口服。一次2片，一日2次。

气滞胃痛颗粒

【品名简释】本品可用于肝郁气滞、胸痞胀满、胃脘疼痛，且为颗粒剂，故名。

【处方来历】研制方。现行《中国药典》收载。

【药物组成】柴胡、延胡索（炙）、枳壳、香附（炙）、白芍、炙甘草。

【剂型规格】颗粒剂。每袋装5g。

【质量要求】为淡棕色至棕黄色颗粒；具特异香气，味甜、微苦辛。按薄层色谱法鉴别白芍（芍药苷）、延胡索（延胡索乙素）。高效液相色谱法测定每袋含白芍以芍药苷（$C_{23}H_{28}O_{11}$）计，不得少于7.5mg。应符合现行《中国药典》规定。

【包装贮藏】铝箔复合膜包装。密封。

【功能主治】疏肝理气，和胃止痛。用于肝郁气滞，胸痞胀满，胃脘疼痛。

【用法用量】开水冲服。一次5g，一日3次。

【注意事项】①孕妇慎用。②肝胃郁火、胃阴不足所致胃痛者慎用。

【附注】除颗粒剂外，还有片剂，功效近似。

1. 薄膜衣片　每片重0.5g，口服，一次3片，一日3次。

2. 糖衣片　片芯重0.25g，口服，一次6片，一日3次。

双黄连口服液

【品名简释】本品是以金银花（双花）、黄芩、连翘三味中药制备的口服液剂，故名。

【处方来历】研制方。现行《中国药典》收载。

【药物组成】金银花、黄芩、连翘。

【剂型规格】口服液。每支装10mL或20mL。

【质量要求】为棕红色的澄清液体；味甜，微苦。按薄层色谱法鉴别黄芩（黄芩苷）、金银花（绿原酸）、连翘。按高效液相色谱法测定，本品每1mL含黄芩以黄芩苷（$C_{21}H_{18}O_{11}$）计，不得少于10.0mg；每1mL含金银花以绿原酸（$C_{16}H_{18}O_9$）计，不得少于0.60mg；每1mL含连翘以连翘苷（$C_{27}H_{34}O_{11}$）计，不得少于0.30mg。应符合现行《中国药典》规定。

【包装贮藏】玻璃瓶包装。密封，避光，置阴凉处。

【功能主治】疏风解表，清热解毒。用于外感风热所致的感冒，症见发热、咳嗽、咽痛。

【用法用量】口服。一次 20mL，一日 3 次；小儿酌减或遵医嘱。

【注意事项】①风寒感冒慎用。②服药期间忌服滋补性中药，饮食宜清淡，忌食辛辣食物。③服用本品后有出现全身皮肤瘙痒、皮疹等不良反应的报道。

【附注】剂型多样，除口服液外，还有合剂、颗粒剂、胶囊、片剂、糖浆剂等，功效均近似。

1. 合剂 每瓶装 100mL、200mL。口服，一次 10mL，一日 3 次；小儿酌减或遵医嘱。

2. 颗粒剂 每袋装 5g 相当于净饮片 15g；或相当于净饮片 30g（无蔗糖）。口服或开水冲服。无糖颗粒，一次 5g，一日 3 次；6 个月以下，一次 1.0～1.5g；6 个月至 1 岁，一次 1.5～2.0g；1～3 岁，一次 2.0～2.5g，3 岁以上儿童酌量或遵医嘱。含糖颗粒，服用量加倍。

3. 胶囊 每粒装 0.4g。口服，一次 4 粒，一日 3 次；儿童酌减或遵医嘱。

4. 片剂 每片重 0.53g。口服，一次 4 片，一日 3 次；小儿酌减或遵医嘱。

5. 糖浆剂 每瓶装 100mL。口服，一次 20mL，一日 3 次；小儿酌减或遵医嘱。

6. 双黄连栓 每粒重 1.5g。直肠给药。小儿一次 1 粒，一日 2～3 次。疏风解表，清热解毒。用于外感风热所致的感冒，症见发热、咳嗽、咽痛；上呼吸道感染、肺炎见上述证候者。

生脉饮

【品名简释】本品是以人参为主药配制而成的口服液，对心悸气短、脉微自汗的气阴两亏之证有显著的益气复脉作用，又名生脉口服液。

【处方来历】来源于金代李杲《内外伤辨惑论》卷中的生脉散方。现行《中国药典》收载。

【药物组成】红参、麦冬、五味子。

【剂型规格】合剂，每支装 10mL（相当于原生药 4g，其中红参 1g）。

【质量要求】为黄棕色至淡红棕色的澄清液体；气香，味酸甜、微苦。按薄层色谱法鉴别红参（人参二醇、人参三醇）、麦冬。相对密度应不低于 1.08，pH 值应为 4.5～7.0，装量差异不得少于标示量。符合现行《中国药典》规定。

【包装贮藏】玻璃瓶包装。密封，置阴凉处保存。

【功能主治】益气复脉，养阴生津。用于气阴两亏，心悸气短，脉微自汗。

【用法用量】口服。一次 10mL，一日 3 次。

【注意事项】①脾胃虚弱，呕吐泄泻，腹胀便溏、咳嗽痰多者慎用。②感冒病人不宜用。③服用本品同时不宜服用藜芦、五灵脂、皂荚或其制剂。④宜饭前服用。⑤服药期间饮食宜清淡，忌辛辣、油腻之物。⑥在治疗期间，心绞痛持续发作，宜加用硝酸酯类药。若出现剧烈心绞痛、心肌梗死，见有气促、汗出、面色苍白者，应及时急诊救治。

【附注】除合剂外，还有颗粒剂、胶囊剂、注射液。

1. 颗粒剂　每袋装 10g。口服，一次 10g，一日 3 次。

2. 胶囊剂　每粒装 0.3g、0.35g。口服，一次 3 粒，一日 3 次。现行《中国药典》含量测定项下规定，每粒含红参以人参皂苷 Rg$_1$（C$_{42}$H$_{72}$O$_{14}$）和人参皂苷 Re（C$_{48}$H$_{82}$O$_{18}$）的总量计，不得少于 0.45mg。

3. 注射液　每支装 10mL、20mL。功能益气养阴，复脉固脱。用于气阴两虚所致的脱证、心悸、胸痹，症见心悸气短，四肢厥冷，面白汗出，脉微细；休克、心肌梗死、病毒性心肌炎见上述证候者。肌内注射，一次 2～4mL，一日 1～2 次。静脉滴注一次 20～60mL，用 5% 葡萄糖注射液 250～500mL 稀释后使用，或遵医嘱。对本品过敏或有严重不良反应病史者禁用，寒凝血瘀胸痹心痛者不宜用，过敏体质者慎用。不能与其他注射剂混合使用。

4. 生脉饮（党参方）收载于《卫生部药品标准·中药成方制剂》第十册，由党参、麦冬、五味子组方而成，组方配伍比例不同于生脉饮。

归脾丸

【品名简释】脾主运化，为后天之本，气血生化之源。本品有补气血、养心脾作用；其证治中心，归结于脾，故名。

【处方来历】研制方。在宋代严用和《济生方》归脾汤基础上加减改变剂型而成。现行《中国药典》收载。

【药物组成】党参、炒白术、炙黄芪、炙甘草、茯苓、制远志、炒酸枣仁、龙眼肉、当归、木香、大枣（去核）。

【剂型规格】蜜丸。大蜜丸每丸重 9g，每盒 10 丸。水蜜丸每袋装 6g、小蜜丸每袋装 9g；或每瓶装 36g、54g、60g、90g、120g 等。

【质量要求】为棕褐色的水蜜丸、小蜜丸或大蜜丸；气微，味甘而后微苦、辛。按显微鉴别法鉴别组方药物茯苓、炒酸枣仁、炙黄芪、炙甘草、木香和白术；薄层色谱法鉴别党参、黄芪（黄芪甲苷）、远志、当归、木香。大蜜丸丸重差异不得超出 ±6%，水分不得超出 15.0%；小蜜丸水分不得超出 15.0%，水蜜丸水分不得过 12.0%，小蜜丸和水蜜丸的溶散时限不得超出 1 小时。按高效液相色谱法测定，含炙黄芪以黄芪甲苷（C$_{41}$H$_{68}$O$_{14}$）计，水蜜丸每 1g 不得少于 0.10mg，小蜜丸每 1g 不得少于 57μg，大蜜丸每丸不得少于 0.52mg。应符合现行《中国药典》规定。

【包装贮藏】大蜜丸蜡壳或铝塑泡罩包装。小蜜丸和水蜜丸用玻璃瓶、塑料瓶或铝塑复合膜袋装。密封。

【功能主治】益气健脾，养血安神。用于心脾两虚，气短心悸，失眠多梦，头昏头晕，肢倦乏力，食欲不振，崩漏便血。

【用法用量】用温开水或生姜汤送服。水蜜丸一次 6g，小蜜丸一次 9g，大蜜丸每次

1 丸，一日 3 次。

【注意事项】①阴虚火旺者慎用。②服药期间忌食辛辣、生冷、油腻食物。

【附注】除蜜丸外，剂型还有浓缩丸（每 8 丸相当于原生药3g），每袋装 6g、9g，每瓶装 60g、120g。口服，一次 8 丸，一日 3 次。此外还有合剂，口服，一次 10 ~ 20mL，一日 3 次，用时摇匀。

冰硼散

【品名简释】本品是以冰片、硼砂为主药配成的散剂，故名。

【处方来历】明代陈实功《外科正宗》卷二方。现行《中国药典》收载。

【药物组成】冰片、硼砂（煅）、朱砂、玄明粉。

【剂型规格】散剂。包装规格多，每瓶（支）装 0.6g、1.5g、2g、3g 等。

【质量要求】为粉红色的粉末；气芳香，味辛凉。按理化鉴别法鉴别硼砂、玄明粉、朱砂，按高效液相色谱法鉴别冰片。水分不得超过 9.0%。按滴定法测定，本品每 1g 含朱砂以硫化汞（HgS）计，应为 40 ~ 60mg；按气相色谱法测定每 1g 含冰片以龙脑（$C_{10}H_{18}O$）和异龙脑（$C_{10}H_{18}O$）的总量计，不得少于 30mg。符合现行《中国药典》规定。

【包装贮藏】玻璃瓶或塑料瓶包装，密封贮藏。

【功能主治】清热解毒，消肿止痛。用于热毒蕴结所致的咽喉肿痛，牙龈肿痛，口舌生疮。

【用法用量】吹敷患处，每次少量，一日数次。

【注意事项】①孕妇及哺乳期妇女禁用。②虚寒性溃疡禁用。③用药期间，忌食辛辣食物。④不宜长期大剂量使用，以免引起蓄积中毒。

红花油

【品名简释】因本品为近似红花颜色的澄明油状液体，故名。

【处方来历】研制方。《卫生部药品标准·中药成方制剂》第十四册收载。

【药物组成】丁香罗勒油、水杨酸甲酯、姜樟油、肉桂油、桂皮醛、柠檬醛、冰片。

【剂型规格】搽剂。每瓶装 6.5g、16g 或 27g。

【质量要求】为红棕色的澄明液体，气特异，味辛辣。不应有酸败、异臭及变色的现象。按气相色谱法测定含丁香酚不得少于 38.0%；含水杨酸甲酯不得少于 33.5%（mL/mL）。

【包装贮藏】棕色玻璃瓶装。密封，避光。

【功能主治】驱风药。用于风湿骨痛，跌打扭伤，外感头痛，皮肤瘙痒。

【用法用量】外用。涂擦患处，一日 4 ~ 6 次。

【注意事项】皮肤、黏膜破损处禁用。

【附注】1. 复方丁香罗勒油（红花油）　《卫生部药品标准·中药成方制剂》第

八册收载，由血竭、配制桂叶油、丁香罗勒油、黑油、水杨酸甲酯组方而成，为红棕色澄清液体，具丁香的特异香气。驱风镇痛，用于风湿骨痛，感冒头痛等。外用，涂搽患处。

2. 正红花油Ⅱ　曾用名：正红花油。收载于《化学药品地标升国标》第二册，由水杨酸甲酯、桂叶油、桂油、香茅油、松节油、辣椒油、血竭组方而成，呈红色油状液体，气清香。用于关节酸痛，扭伤肿胀，跌打损伤，轻微烫伤及蚊虫叮咬。外用，取适量涂擦患处。

地奥心血康胶囊

【品名简释】本品以地奥心血康为原料，为用于心血管疾病的胶囊剂，故名。

【处方来历】研制方。现行《中国药典》收载。

【药物组成】地奥心血康（薯蓣科植物黄山药或穿龙薯蓣的根茎提取物）。

【剂型规格】胶囊剂。每粒含地奥心血康100mg。

【质量要求】为硬胶囊，内容物为浅黄色或棕黄色颗粒和粉末；味苦。按显微鉴别法鉴别黄山药皂苷。水分不得过11.0%。崩解时限不得超过30分钟。重量法测定每粒含甾体总皂苷以甾体总皂苷元计，不得少于35mg；按高效液相色谱法测定每粒含伪薯蓣皂苷（$C_{51}H_{82}O_{21}$）不得少于15.0mg。应符合现行《中国药典》规定。

【包装贮藏】铝塑泡罩包装。密封贮藏。

【功能主治】活血化瘀，行气止痛，扩张冠脉血管，改善心肌缺血。用于预防和治疗冠心病，心绞痛以及瘀血内阻之胸痹、眩晕、气短、心悸、胸闷或胸痛。

【用法用量】口服。一次1~2粒，一日3次。

【注意事项】①有出血倾向者禁用。②孕妇及经期妇女慎用。③过敏体质者慎用。④治疗期间，心绞痛持续发作，宜加用硝酸酯类药。如果出现剧烈心绞痛、心肌梗死，应及时急诊救治。

【附注】除胶囊剂外，还有片剂，功效近似。片剂，每片含地奥心血康100mg（相当于甾体总苷元35mg）。口服。一次1~2片，一日3次。

补中益气丸

【品名简释】本品具有良好的补中益气作用，又为丸剂。故名。

【处方来历】金代李杲《脾胃论》补中益气汤方。现行《中国药典》收载。

【药物组成】炙黄芪、党参、炙甘草、炒白术、当归、升麻、柴胡、陈皮。

【剂型规格】蜜丸。小蜜丸每100丸重20g，每瓶装36g、60g或每袋装6g；大蜜丸，每丸重9g，每盒10丸。

【质量要求】为棕褐色至黑褐色的小蜜丸或大蜜丸；味微甜、微苦、辛。采用显微鉴别法鉴别组方各药，按薄层法鉴别甘草（甘草酸单铵盐）、陈皮（橙皮苷）。水分不得超过15.0%，小蜜丸溶散时限不得超过1小时。含量测定采用高效液相色谱法，含炙黄芪以黄芪甲苷（$C_{41}H_{68}O_{14}$）计，小蜜丸每1g不得少于0.20mg；大蜜丸每丸不得少于

1.80mg。应符合现行《中国药典》规定。

【包装贮藏】小蜜丸用玻璃瓶、塑料瓶包装，或铝塑复合膜袋包装；大蜜丸铝塑泡罩包装。密封。

【功能主治】补中益气，升阳举陷。用于脾胃虚弱、中气下陷所致的泄泻、脱肛、阴挺，症见体倦乏力，食少腹胀，便溏久泻、肛门下坠或脱肛、子宫脱垂。

【用法用量】口服。小蜜丸一次9g，大蜜丸一次1丸，一日2~3次。

【注意事项】①阴虚内热者禁用。②有恶寒发热表证时不宜用。③宜空腹或饭前服，亦可在进食时同服。④服药期间忌生冷油腻食物。⑤高血压患者慎服。

【附注】除蜜丸外，丸剂剂型还有水丸（每50粒重3g，每袋装6g）、浓缩丸（每8丸相当于原生药3g）。口服，水丸一次6g，一日2~3次。此外还有颗粒剂（每袋装3g），口服，一次3g，一日2~3次。

其他剂型还有片剂、煎膏剂、合剂等产品。

龟龄集

【品名简释】本品滋补作用显著，服后可如龟一样的长寿，故名。

【处方来历】清代恬素《集验良方》中鹤龄丹方加减而来。现行《中国药典》收载。

【药物组成】红参、鹿茸、海马、枸杞子、丁香、穿山甲、雀脑、牛膝、锁阳、熟地黄、补骨脂、菟丝子、杜仲、石燕、肉苁蓉、甘草、天冬、淫羊藿、大青盐、砂仁等。

【剂型规格】胶囊剂。每粒装0.3g，每瓶30粒或每板12粒。

【质量要求】为硬胶囊，内容物为棕褐色的粉末；气特异，味咸。按显微鉴别法鉴别砂仁、鹿茸、穿山甲、海马；薄层色谱法鉴别淫羊藿（淫羊藿苷）、补骨脂（补骨脂素）、红参（人参皂苷 Rg_1、人参皂苷 Re、人参皂苷 Rb_1）。内容物水分不得超过9.0%，装量差异不得超出 ±10.0%。浸出物测定含挥发性醚浸出物不得少于0.25%。按高效液相色谱法测定每粒含红参以人参皂苷 Rg_1（$C_{42}H_{72}O_{14}$）和人参皂苷 Re（$C_{48}H_{82}O_{18}$）的总量计，不得少于60μg。应符合现行《中国药典》规定。

【包装贮藏】塑料瓶或铝塑泡罩包装。密封贮藏。

【功能主治】强身补脑，固肾补气，增进食欲。用于肾亏阳弱，记忆减退，夜梦精溢，腰酸腿软，气虚咳嗽，五更溏泻，食欲不振。

【用法用量】口服，一次0.6g，一日1次，早饭前2小时用淡盐水送服。

【注意事项】①孕妇禁用。②阴虚火旺者慎用。③忌食生冷、刺激性食物。④伤风感冒时停服。

妇科千金片

【品名简释】本品为治疗妇科疾病的片剂，组方中有千金拔和金樱根，故名。

【处方来历】研制方。现行《中国药典》收载。

【药物组成】千斤拔、金樱根、穿心莲、功劳木、单面针、当归、鸡血藤、党参。

【剂型规格】片剂。每片重 0.32g，每盒 72 片、108 片。

【质量要求】为糖衣片或薄膜衣片，除去包衣后显灰褐色；味苦。按薄层色谱法鉴别当归、穿心莲（脱水穿心莲内酯、穿心莲内酯）、党参。检查崩解时限不得超过 1 小时。按高效液相色谱法测定每片含穿心莲以脱水穿心莲内酯（$C_{20}H_{28}O_4$）和穿心莲内酯（$C_{20}H_{30}O_5$）的总量计，不得少于 0.80mg。应符合现行《中国药典》规定。

【包装贮藏】铝塑泡罩包装。密封贮藏。

【功能主治】清热除湿，益气化瘀。用于湿热瘀阻所致的带下病、腹痛，症见带下量多、色黄质稠、臭秽，小腹疼痛，腰骶酸痛，神疲乏力；慢性盆腔炎、子宫内膜炎、慢性宫颈炎见上述证候者。

【用法用量】口服。一次 6 片，一日 3 次。

【注意事项】①孕妇慎用。②气滞血瘀证、寒凝血瘀证者慎用。③饮食宜清淡，忌辛辣食物。④糖尿病患者慎用。

【附注】除片剂外，还有胶囊剂，功效近似。胶囊，每粒装 0.4g。口服。一次 2 粒，一日 3 次。

板蓝根颗粒

【品名简释】本品是由板蓝根制成的颗粒剂，故名。

【处方来历】研制方。现行《中国药典》收载。

【药物组成】板蓝根。

【剂型规格】颗粒剂。每袋装 5g（相当于饮片 7g）、10g（相当于饮片 14g）、3g（无蔗糖，相当于饮片 7g）。

【质量要求】为浅棕黄色至棕褐色的颗粒；味甜、微苦或味微苦（无蔗糖）。按薄层色谱法鉴别板蓝根。水分不得超过 6.0%。应符合现行《中国药典》规定。

【包装贮藏】塑料袋或复合膜袋装。密封。

【功能主治】清热解毒，凉血利咽。用于肺胃热盛所致的咽喉肿痛、口咽干燥、腮部肿胀；急性扁桃体炎、腮腺炎见上述证候者。

【用法用量】开水冲服。一次 5～10g（含糖型），或一次 3～6g（无蔗糖型），一日 3～4 次。

【注意事项】①风寒感冒，表现为恶寒重，发热轻，无汗，鼻塞流清涕，口不渴，咳吐稀白痰者不宜用。②阴虚火旺之喉痹、乳蛾者不宜用。③老人及素体脾胃虚弱者慎用。④忌烟酒及辛辣、生冷、油腻食物。

【附注】除颗粒剂外，还有茶剂、片剂、含片、咀嚼片、硬胶囊剂、软胶囊剂、口服液、糖浆剂等。茶剂，每块重 10g、15g；开水冲服，一次 1 块，一日 3 次。

穿心莲片

【品名简释】本品为穿心莲一味药制成的片剂，故名。

【处方来历】研制方。1968 年广东汕头制药厂研制而成，现行《中国药典》收载。

【药物组成】穿心莲。

【剂型规格】片剂。小片每片相当于饮片 1g，大片每片相当于饮片 2g。

【质量要求】为糖衣片或薄膜衣片，除去包衣后显灰褐色至棕褐色；味苦。按薄层色谱法鉴别穿心莲。崩解时限不得超过 1 小时。按高效液相色谱法测定每片含脱水穿心莲内酯（$C_{20}H_{28}O_4$）计，小片不得少于 4.0mg，大片不得少于 8.0mg。应符合现行《中国药典》规定。

【包装贮藏】玻璃瓶、塑料瓶、塑料袋或铝塑泡罩包装。密封。

【功能主治】清热解毒，凉血消肿。用于邪毒内盛，感冒发热，咽喉肿痛，口舌生疮，顿咳劳嗽，泄泻痢疾，热淋涩痛，痈肿疮疡，毒蛇咬伤。

【用法用量】口服。小片一次 2～3 片，一日 3～4 次；大片一次 1～2 片，一日 3 次。

【注意事项】①风寒感冒发热、虚火上炎喉痹、口舌生疮者慎用。②泄泻、痢疾属脾胃虚寒者慎用。③老人、儿童及素体脾胃虚弱者慎用。④服药期间忌食辛辣、油腻食物。⑤治疗急性咽炎、痈肿疮疡时，可适当配合使用外用药物。⑥治疗毒蛇咬伤时，应配合其他抢救措施。

【附注】除片剂外，还有水丸、胶囊剂等，功效近似。

复方丹参片

【品名简释】本品是以丹参为主药，与其他药物共同配制成的片剂，故名。

【处方来历】研制方。现行《中国药典》收载。

【药物组成】丹参、三七、冰片。

【剂型规格】片剂。①薄膜衣小片，每片重 0.32g（相当于饮片 0.6g）；②薄膜衣大片，每片重 0.8g（相当于饮片 1.8g）；③糖衣片（相当于饮片 0.6g）。

【质量要求】为糖衣片或薄膜衣片，除去包衣后显棕色至棕褐色；气芳香，味微苦。按显微鉴别法鉴别三七；薄层色谱法鉴别丹参（丹参酮 II_A）、冰片、三七（三七皂苷 R_1、人参皂苷 Rb_1、人参皂苷 Rg_1）。崩解时限不得超过 1 小时。按高效液相色谱法测定每片含丹参以丹参酮 II_A（$C_{19}H_{18}O_3$）计，规格①、规格③不得少于 0.20mg；规格②不得少于 0.60mg；每片含丹参以丹酚酸 B（$C_{36}H_{30}O_{16}$）计，规格①、规格③不得少于 5.0mg；规格②不得少于 15.0mg。应符合现行《中国药典》规定。

【包装贮藏】玻璃瓶、塑料瓶包装或铝塑泡罩包装。密封贮藏。

【功能主治】活血化瘀，理气止痛。用于气滞血瘀所致胸痹，症见胸闷、心前区刺痛；冠心病心绞痛见上述证候者。

【用法用量】口服。薄膜衣小片或糖衣片，一次 3 片；薄膜衣大片，一次 1 片，均为一日 3 次。

【注意事项】①孕妇禁用。②对本品过敏者禁用。③本品含有活血化瘀药，妇女月经期慎用。④肝肾功能异常者慎用。⑤寒凝血瘀胸痹心痛者不宜用。⑥个别人服药后胃脘不适，宜饭后服用。⑦服用本品少数可出现胃肠道症状或皮疹，偶有月经过多现象。⑧治疗期间，心绞痛持续发作，宜加用硝酸酯类药。如果出现剧烈心绞痛、心肌梗死等，应及时救治。

【附注】除片剂外，还有胶囊、颗粒剂、滴丸等。

1. **胶囊剂**　每粒装 0.3g。口服。一次 3 粒，一日 3 次。

2. **颗粒剂**　每袋装 1g。口服。一次 1g，一日 3 次。

3. **滴丸剂**　每丸重 25mg，薄膜衣滴丸每丸重 27mg。吞服或舌下含服。一次 10 丸，一日 3 次。28 天为一疗程或遵医嘱。

急支糖浆

【品名简释】本品为糖浆剂，可用于急性支气管炎及慢性支气管炎急性发作，故名。

【处方来历】研制方。现行《中国药典》收载。

【药物组成】鱼腥草、金荞麦、四季青、麻黄、紫菀、前胡、枳壳、甘草。

【剂型规格】糖浆剂。每瓶装 100mL 或 200mL。

【质量要求】为棕黑色的黏稠液体；味甜、微苦。按薄层色谱法鉴别金荞麦（阿魏酸、原儿茶醛）、麻黄（盐酸麻黄碱）、枳壳（柚皮苷）。相对密度应不低于 1.17，pH值应为 4.0～5.5。按高效液相色谱法测定每 1mL 含枳壳以柚皮苷（$C_{27}H_{32}O_{14}$）计，不得少于 0.35mg。应符合现行《中国药典》规定。

【包装贮藏】聚酯塑料瓶包装。密封贮藏。

【功能主治】清热化痰，宣肺止咳。用于外感风热所致的咳嗽，症见发热、恶寒、胸膈满闷、咳嗽咽痛；急性支气管炎、慢性支气管炎急性发作见上述证候者。

【用法用量】口服。一次 20～30mL，一日 3～4 次；儿童 1 岁以内一次 5mL，1～3岁一次 7mL，3～7 岁一次 10mL，7 岁以上一次 15mL，一日 3～4 次。

【注意事项】①孕妇慎用。②寒证者慎用。③心脏病、高血压病者慎用。④服药期间饮食宜清淡，忌食辛辣食物。

柏子养心丸

【品名简释】本品是以柏子仁为主药制成的丸剂，方中柏子仁具有养心安神的作用，故名。

【处方来历】明代王肯堂《证治准绳·类方》柏子养心汤方。现行《中国药典》收载。

【药物组成】柏子仁、党参、炙黄芪、川芎、当归、茯苓、制远志、酸枣仁、肉桂、醋五味子、半夏曲、炙甘草、朱砂。

【剂型规格】蜜丸。大蜜丸每丸重 9g，水蜜丸每袋装 6g、12g，小蜜丸每袋装 9g，或每瓶装 36g、54g、60g、90g、120g。

【质量要求】为棕色的水蜜丸、棕色至棕褐色的小蜜丸或大蜜丸；味先甜而后苦、微麻。采用显微鉴别法鉴别除制远志外的十二味药物，薄层色谱法鉴别黄芪（黄芪甲苷）、川芎，高效液相色谱法鉴别肉桂（桂皮醛）。大、小蜜丸水分不得超过15%，水蜜丸不得超过12%。大蜜丸重量差异不得超过±6.0%。小蜜丸和水蜜丸溶散时限不得超过1小时。应符合现行《中国药典》规定。

【包装贮藏】大蜜丸以蜡壳或铝塑泡罩包装。小蜜丸和水蜜丸用铝塑复合膜袋包装或玻璃瓶、塑料瓶包装。密封。

【功能主治】补气，养血，安神。用于心气虚寒，心悸易惊，失眠多梦，健忘。

【用法用量】口服。水蜜丸一次6g，小蜜丸一次9g，大蜜丸一次1丸，一日2次。

【注意事项】①肝肾功能不全者禁用。②保持精神舒畅，劳逸适度。③不宜饮用浓茶、咖啡等兴奋性饮品。④宜饭后服用。⑤本品含有朱砂，不可过量、久用，不可与溴化物、碘化物同服。

【附注】除蜜丸外，还有浓缩丸及片剂。现行《中国药典》收载，片剂采用高效液相色谱法测定，每片含当归和川芎以阿魏酸（$C_{10}H_{20}O_4$）计，应不得少于45μg；滴定法测定，每片含朱砂以硫化汞（HgS）计，应为30.0～38.0mg。片剂，口服，一次3～4片，一日2次。

保和丸

【品名简释】本品具有消食和胃之功，以保和命名，"和"字寓意和其不和之处，重新调整机体的阴阳平和。

【处方来历】由元代朱丹溪《丹溪心法》卷三的保和丸加味改制而成。现行《中国药典》收载。

【药物组成】焦山楂、六神曲（炒）、半夏（制）、茯苓、陈皮、连翘、炒莱菔子、炒麦芽。

【剂型规格】大蜜丸。每丸重9g，每盒10丸。

【质量要求】为棕色至褐色的大蜜丸；气微香，味微酸涩、甜。按显微鉴别法鉴别茯苓、焦山楂、半夏、陈皮、连翘、炒麦芽、炒莱菔子；薄层色谱法鉴别连翘、陈皮（橙皮苷）。水分不得超出15.0%，重量差异不得超出±6.0%。高效液相色谱法测定每丸含陈皮以橙皮苷（$C_{28}H_{34}O_{15}$）计，不得少于7.0mg。应符合现行《中国药典》规定。

【包装贮藏】蜡壳或铝塑泡罩包装。密封。

【功能主治】消食，导滞，和胃。用于食积停滞，脘腹胀满，嗳腐吞酸，不欲饮食。

【用法用量】口服。一次1～2丸，一日2次；小儿酌减。

【注意事项】服药期间宜进清淡易消化饮食，忌暴饮暴食及油腻食物。

【附注】水丸：口服。一次6～9g，一日2次；小儿酌减。

珍珠明目滴眼液

【品名简释】本品以珍珠液主药，与其他药物共同配制成滴眼液，具有清肝明目的功能，故名。

【处方来历】研制方。《卫生部药品标准·中药成方制剂》第十七册收载。

【药物组成】珍珠液、冰片。

【剂型规格】滴眼液。每支装 8mL、10mL、12mL、15mL。

【质量要求】为无色澄明液体；有冰片香气。按化学鉴别法鉴别。pH 值应为 4.5 ~ 7.0。照气相色谱法测定含冰片（$C_{10}H_{18}O$）不得低于 0.02%。

【包装贮藏】塑料瓶包装。密闭保存。

【功能主治】清肝，明目，止痛。能改善眼胀、眼痛、干涩不舒、不能持久阅读等，用于早期老年性白内障、慢性结膜炎、视疲劳见上述证候者。

【用法用量】滴入眼睑内，滴后闭目片刻，一次 1 ~ 2 滴，一日 3 ~ 5 次。

【注意事项】①使用本品时要排除物理或化学方面的刺激。②检查是否需要佩戴合适的眼镜。③检查是否有其他慢性全身性疾病的存在，如糖尿病等。

消渴丸

【品名简释】本品可用于气阴两虚所致的消渴病，为丸剂。故名。

【处方来历】研制方。现行《中国药典》收载。

【药物组成】葛根、地黄、黄芪、天花粉、玉米须、南五味子、山药、格列本脲。

【剂型规格】包衣浓缩水丸。每 10 丸重 2.5g（含格列本脲 2.5mg），每瓶装 30g。

【质量要求】为黑色的包衣浓缩水丸；味甘、酸、微涩。采用显微鉴别法鉴别组方药物黄芪、南五味子、山药，薄层法鉴别葛根（葛根素）、黄芪（黄芪甲苷）、南五味子（五味子甲素）。水分不得超过 9.0%，溶散时限不得超过 2 小时。格列本脲含量均匀度应符合规定。含量测定采用高效液相色谱法，每 10 丸含葛根以葛根素（$C_{21}H_{20}O_9$）计，不得少于 18.8mg；含格列本脲（$C_{23}H_{28}ClN_3O_5S$）应为标示量的 80.0% ~ 120.0%。应符合现行《中国药典》规定。

【包装贮藏】塑料瓶包装。密封。

【功能主治】滋肾养阴，益气生津。用于气阴两虚所致的消渴病，症见多饮、多尿、多食、消瘦、体倦乏力、眠差、腰痛；2 型糖尿病见上述证候者。

【用法用量】口服。一次 5 ~ 10 丸，一日 2 ~ 3 次。饭前用温开水送服。或遵医嘱。

【注意事项】①本品含格列本脲（优降糖），严格按处方药使用，下列情况应禁用：1 型糖尿病患者；2 型糖尿病患者伴有酮症酸中毒、昏迷、严重烧伤、感染、严重外伤和重大手术者；孕妇、哺乳期妇女；肝肾功能不全者；白细胞减少、粒细胞缺乏、血小板减少等患者；对磺胺类药物过敏者。②阴阳两虚消渴者慎用。③服药期间忌食肥甘、辛辣食物，控制饮食，注意合理的饮食结构；忌烟酒。④服用本品时禁止加服磺酰脲类抗糖尿病药。⑤体质虚弱、高热、老年患者、有肾上腺皮质功能减退或垂体前叶功能减退者慎用。⑥用药期间应定期测定血糖、尿糖、尿酮体、尿蛋白、肝肾功能和血象，并进行眼科检查。

逍遥丸（水丸）

【品名简释】本品具有疏肝解郁的作用，治疗肝气郁滞，可以使肝郁疏解，气血和畅，以逍遥命名，寓意无拘无束，悠然自得。

【处方来历】研制方。由宋代《太平惠民合剂局方》逍遥散加味改剂而成。现行《中国药典》收载。

【药物组成】柴胡、当归、白芍、炒白术、茯苓、炙甘草、薄荷。

【剂型规格】水丸。每袋装6g、9g、12g或每瓶装60g、100g、250g等。

【质量要求】为黄棕色至棕色的水丸，或为黑棕色的水丸；味甜。按显微鉴别法鉴别茯苓、白芍、炒白术、炙甘草、柴胡；薄层色谱法鉴别当归、甘草、白芍（芍药苷）。水分不得超出9.0%，溶散时限不得超过1小时。按高效液相色谱法测定每1g含白芍以芍药苷（$C_{23}H_{28}O_{11}$）计，不得少于2.5mg。应符合现行《中国药典》规定。

【包装贮藏】玻璃瓶、塑料瓶或复合膜袋包装。密封。

【功能主治】疏肝健脾，养血调经。用于肝郁脾虚所致的郁闷不舒、胸胁胀痛、头晕目眩、食欲减退、月经不调。

【用法用量】口服。一次6~9g，一日1~2次。

【注意事项】①凡肝肾阴虚所致的胁肋胀痛，咽干口燥，舌红少津者慎用。②忌辛辣生冷食物，饮食宜清淡。

【附注】除水丸外，还有大蜜丸、小蜜丸、浓缩丸、颗粒剂等。

1. 大蜜丸 每丸重9g。口服。一次6~9，一日1~2次。
2. 颗粒剂 每袋装15g、4g、5g、6g。开水冲服。一次1袋，一日2次。

速效救心丸

【品名简释】本品为速效剂型，用于冠心病、心绞痛能快速起效，故名。

【处方来历】研制方。《卫生部药品标准·中药成方制剂》第十八册收载。

【药物组成】川芎、冰片。

【剂型规格】滴丸剂。每粒重40mg。

【质量要求】为棕黄色的滴丸；气凉，味微苦。按化学鉴别法鉴别冰片；薄层色谱法鉴别川芎。溶散时限不得超过10分钟。按气相色谱法测定每丸含冰片应为5.4~6.6mg。

【包装贮藏】瓷瓶包装。密封，置阴凉干燥处保存。

【功能主治】行气活血，祛瘀止痛，增加冠脉血流量，缓解心绞痛。用于气滞血瘀型冠心病、心绞痛。

【用法用量】含服。一次4~6粒，一日3次；急性发作时，一次10~15粒。

【注意事项】①孕妇禁用。②气阴两虚、心肾阴虚之胸痹心痛者慎用。③有过敏史者慎用。④忌食生冷、辛辣、油腻食物，忌烟酒、浓茶。⑤伴中重度心力衰竭的心肌缺血者慎用。⑥治疗期间，心绞痛持续发作，宜加用硝酸酯类药。如果出现剧烈心绞痛、心肌梗死等，应及时救治。

桂附理中丸

【品名简释】本品为以肉桂、附子为主药，配以理中丸方中的药物制成的丸剂，故名。

【处方来历】宋代陈言《三因极一病证方论》方。现行《中国药典》收载。

【药物组成】肉桂、附片、党参、炒白术、炮姜、炙甘草。

【剂型规格】蜜丸。大蜜丸，每丸重 9g。水蜜丸，每 10 丸重 0.24g，每袋 10g 或每瓶装 60g、120g 等。

【质量要求】为棕褐色至棕黑色的水蜜丸、小蜜丸或大蜜丸；气微，味甜而辛辣。按显微鉴别法鉴别肉桂、党参、炒白术、炮姜、甘草；薄层色谱法鉴别肉桂（桂皮醛）、甘草，并检查乌头碱限量。大蜜丸水分不得超出 15.0%，重量差异不得超出 ±6.0%，水蜜丸水分不得超过 12.0%，溶散时限不得超出 1 小时。按高效液相色谱法测定含肉桂以桂皮醛（C_9H_8O）计，水蜜丸每 1g 不得少于 0.15mg；小蜜丸每 1g 不得少于 0.10mg；大蜜丸每丸不得少于 0.90mg。应符合现行《中国药典》规定。

【包装贮藏】大蜜丸用蜡壳或铝塑泡罩包装。水蜜丸用铝塑复合膜袋或玻璃瓶、塑料瓶包装。密封。

【功能主治】温肾助阳，温中健脾。用于肾阳衰弱，脾胃虚寒，脘腹冷痛，呕吐泄泻，四肢厥冷。

【用法用量】用姜汤或温开水送服。大蜜丸，一次 1 丸，水蜜丸每次 5g，一日 2 次。

【注意事项】孕妇慎用，有湿热症者慎用，高血压病、心脏病、肾病、咳喘、浮肿患者应在医师指导下服用。

桂枝茯苓丸

【品名简释】本品是由桂枝、茯苓等药物共同配制成的丸剂，故名。

【处方来历】汉代张仲景《金匮要略》桂枝茯苓丸方。现行《中国药典》收载。

【药物组成】桂枝、茯苓、牡丹皮、赤芍、桃仁。

【剂型规格】大蜜丸。每丸重 6g。

【质量要求】为棕褐色的大蜜丸；味甜。按显微鉴别法鉴别茯苓、桂枝、桃仁；薄层色谱法鉴别桂枝（桂皮醛）、牡丹皮（丹皮酚）、芍药苷。水分不得超出 15.0%，重量差异不得超出 ±7.0%。按高效液相色谱法测定每丸含桂枝以肉桂酸（$C_9H_8O_2$）计，不得少于 72μg；每丸片含牡丹皮以丹皮酚（$C_9H_{10}O_3$）计，不得少于 6.0mg。应符合现行《中国药典》规定。

【包装贮藏】铝塑泡罩包装，蜡壳或塑料球壳包装。密封贮藏。

【功能主治】活血，化瘀，消癥。用于妇人宿有癥块，或血瘀经闭，行经腹痛，产后恶露不尽。

【用法用量】口服。一次 1 丸，一日 1~2 次。

【注意事项】①孕妇禁用。②体弱、阴道出血量多者禁用。③素有癥瘕、妊娠后漏下不止、胎动不安者需遵医嘱，以免误用伤胎。④经期及经后 3 天禁用。⑤忌食生冷、肥腻、辛辣食物。

【附注】除大蜜丸外，小蜜丸、水蜜丸、包衣浓缩水丸，还有胶囊剂。

1. 包衣浓缩水丸　素丸每 10 丸重 2.2g（大丸）或 1.5g（小丸）。口服，大丸一次 6 丸，小丸一次 9 丸，一日 1~2 次。

2. 胶囊剂　每粒装 0.31g。口服。一次 3 粒，一日 3 次。饭后服。前列腺增生疗程 8 周，其余适应证一般疗程 12 周，或遵医嘱。

清开灵胶囊

【品名简释】由中医"温病三宝"之一的安宫牛黄丸改制，能清热解毒，镇惊开窍。

【处方来历】研制方。根据清代吴鞠通《温病条辨》安宫牛黄丸方改制而成。现行《中国药典》收载。

【药物组成】胆酸、珍珠母、猪去氧胆酸、栀子、水牛角、板蓝根、黄芩苷、金银花。

【剂型规格】硬胶囊剂。每粒装 0.25g（含黄芩苷 10mg）。

【质量要求】为硬胶囊，内容物为浅棕色至棕褐色的粉末；味苦。薄层色谱法鉴别胆酸、猪去氧胆酸、金银花（绿原酸）、栀子（栀子苷）。崩解时限不得超过 30 分钟。按高效液相色谱法测定每粒含胆酸（$C_{24}H_{40}O_5$）应为 5.2~7.8mg；每粒含栀子以栀子苷（$C_{17}H_{24}O_{10}$）计，不得少于 0.50mg；每粒含黄芩苷（$C_{21}H_{18}O_{11}$）应为 9.0~11.0mg。照氮测定法测定每粒含总氮（N）应为 3.9~5.9mg。应符合现行《中国药典》规定。

【包装贮藏】铝塑泡罩包装。密封贮藏。

【功能主治】清热解毒，镇静安神。用于外感风热时毒、火毒内盛所致高热不退、烦躁不安、咽喉肿痛、舌质红绛、苔黄、脉数者；上呼吸道感染、病毒性感冒、急性化脓性扁桃体炎、急性咽炎、急性气管炎、高热等症属上述证候者。

【用法用量】口服。一次 2~4 粒，一日 3 次。儿童酌减或遵医嘱。

【注意事项】①孕妇禁用。②体虚、便溏者慎用。③服药期间忌辛辣刺激性食物。

【附注】除硬胶囊外，还有软胶囊、颗粒剂、滴丸、片剂、泡腾片、口服液等，功效近似。此外，还有注射液。

1. 颗粒剂　每袋装 3g（含黄芩苷 20mg）。口服。一次 3~6g，一日 2~3 次；儿童酌减或遵医嘱。

2. 片剂　每片重 0.5g（含黄芩苷 20mg）。口服。一次 1~2 片，一日 3 次。儿童酌减或遵医嘱。

银杏叶胶囊

【品名简释】本品为银杏叶提取物经加工制成的胶囊剂，故名。

【处方来历】现代方。现行《中国药典》收载。

【药物组成】银杏叶。

【剂型规格】胶囊剂。①每粒含总黄酮醇苷9.6mg，萜类内酯2.4mg；②每粒含总黄酮醇苷19.2mg，萜类内酯4.8mg。

【质量要求】为硬胶囊，内容物为浅棕黄色至棕褐色的颗粒和粉末；味微苦。按薄层色谱法鉴别银杏叶提取物。崩解时限不得超过30分钟。按高效液相色谱法测定总黄酮醇苷的色谱峰，槲皮素与山柰酚的峰面积比应为0.8～1.3；每粒含总黄酮醇苷，规格①不得少于9.6mg，规格②不得少于19.2mg；高效液相色谱法测定萜类内酯，每粒含萜类内酯以白果内酯（$C_{15}H_{18}O_8$）、银杏内酯A（$C_{20}H_{24}O_9$）、银杏内酯B（$C_{20}H_{24}O_{10}$）和银杏内酯C（$C_{20}H_{24}O_{11}$）的总量计，规格①不得少于2.4mg，规格②不得少于4.8mg。应符合现行《中国药典》规定。

【包装贮藏】塑料瓶或铝塑泡罩包装。密封。

【功能主治】活血化瘀通络。用于瘀血阻络引起的胸痹心痛、中风、半身不遂、舌强语謇；冠心病稳定型心绞痛、脑梗死见上述证候者。

【用法用量】口服。规格①一次2粒，规格②一次1粒，均一日3次或遵医嘱。

【注意事项】①月经期及有出血倾向者禁用。②孕妇慎用。③忌食生冷、辛辣、油腻食物，忌烟酒、浓茶。④治疗期间，心绞痛持续发作，宜加用硝酸酯类药。若出现剧烈心绞痛、心肌梗死，见气促、汗出、面色苍白者，应及时救治。

【附注】除胶囊剂外，还有片剂、滴丸、口服液等。

1. 片剂　每片含总黄酮醇苷9.6mg，萜类内酯2.4mg，口服，一次2片，一日3次或遵医嘱。或每片含总黄酮醇苷19.2mg，萜类内酯4.8mg，口服，一次1片，一日3次或遵医嘱。

2. 滴丸　滴丸每丸重60mg，薄膜衣丸每丸重63mg。口服。一次5丸，一日3次或遵医嘱。

3. 口服液　每支装10mL。口服。一次10ml，一日3次，或遵医嘱。一个疗程4周。

银翘解毒丸

【品名简释】本品是以金银花、连翘为主药配制的丸剂，具良好的清热解毒作用，故名。

【处方来历】清代吴鞠通《温病条辨》银翘散方。现行《中国药典》收载。

【药物组成】金银花、连翘、薄荷、荆芥、淡豆豉、牛蒡子（炒）、桔梗、淡竹叶、甘草。

【剂型规格】浓缩蜜丸。每丸重3g。

【质量要求】为棕褐色的浓缩蜜丸；气芳香，味微甜而苦、辛。按显微鉴别法鉴别金银花、桔梗；薄层色谱法鉴别连翘、荆芥、薄荷（薄荷脑）、甘草、桔梗、金银花（绿原酸）。水分不得超过15.0%，丸重差异不得超出±8.0%，溶散时限不得超过2小时。按高效液相色谱法测定每丸含牛蒡子以黄芩苷（$C_{27}H_{34}O_{11}$）计，不得少于7.5mg。应符合现行《中国药典》规定。

【包装贮藏】用蜡壳或铝塑泡罩包装。密封。

【功能主治】疏风解表，清热解毒。用于风热感冒，症见发热头痛、咳嗽口干、咽喉疼痛。

【用法用量】丸剂，用芦根汤或温开水送服。一次1丸，一日2~3次。

【注意事项】①风寒感冒，表现为恶寒重，发热轻，无汗，头痛，鼻塞，流清涕，喉痒咳嗽者不宜用。②孕妇慎用。③忌烟、酒及辛辣、生冷、油腻食物。④不宜在服药期间同时服用滋补性中成药。

【附注】还有水蜜丸、浓缩丸。除丸剂外，还有颗粒剂、片剂、胶囊剂、合剂等。

1. 颗粒剂　每袋装15g或2.5g（含乳糖）。开水冲服。一次15g或5g（含乳糖），一日3次；重症者加服1次。

2. 片剂　薄膜衣片每片重0.52g。口服。一次4片，一日2~3次。

3. 胶囊剂　每粒装0.4g。口服。一次4粒，一日2~3次。

麻仁润肠丸

【品名简释】本品为以火麻仁为主药配制的丸剂，具有润肠通便的功效，故名。

【处方来历】研制方。由汉代张仲景《伤寒论》麻子仁丸方去枳实、厚朴，加陈皮、木香。现行《中国药典》收载。

【药物组成】火麻仁、炒苦杏仁、大黄、木香、陈皮、白芍。

【剂型规格】大蜜丸。每丸重6g。

【质量要求】为黄褐色的大蜜丸；气微香，味苦、微甘。按显微鉴别法鉴别大黄、陈皮、白芍；薄层色谱法鉴别大黄、木香、火麻仁、陈皮、白芍。水分不得超过15.0%；重量差异不得超出±7.0%。按高效液相色谱法测定每丸含大黄以总大黄酚（$C_{15}H_{10}O_4$）和总大黄素（$C_{15}H_{10}O_5$）的总量计，不得少于4.0mg；以结合蒽醌中的大黄酚（$C_{15}H_{10}O_4$）和大黄素（$C_{15}H_{10}O_5$）的总量计，不得少于2.0mg。应符合现行《中国药典》规定。

【包装贮藏】大蜜丸用蜡壳或铝塑泡罩包装。密封。

【功能主治】润肠通便。用于肠胃积热，胸腹胀满，大便秘结。

【用法用量】口服。大蜜丸一次1~2丸，一日2次。

【注意事项】孕妇忌服；虚寒性便秘慎用；忌食辛辣香燥刺激性食物。

【附注】除大蜜丸外，还有水蜜丸、小蜜丸、软胶囊剂，功效相似。水蜜丸，每10粒重1.6g。软胶囊，每粒装0.5g。

颈复康颗粒

【品名简释】本品为颗粒剂，用于治疗颈椎病，故名。

【处方来历】研制方。现行《中国药典》收载。

【药物组成】羌活、川芎、葛根、秦艽、威灵仙、苍术、丹参、白芍、地龙（酒炙）、红花、乳香（制）、黄芪、党参、地黄、石决明、煅花蕊石、关黄柏、炒王不留行、燀桃仁、没药（制）、土鳖虫（酒炙）。

【剂型规格】颗粒剂。每袋装 5g。

【质量要求】为黄褐色至棕褐色的颗粒；味微苦。按薄层色谱法鉴别关黄柏、黄芪（黄芪甲苷）、白芍（芍药苷）、丹参（丹参素钠）。检查水分不得过 7.0%。高效液相色谱法测定每袋含葛根以葛根素（$C_{21}H_{20}O_9$）计，不得少于 8.0mg。应符合现行《中国药典》规定。

【包装贮藏】纯铝复合膜袋包装。密封。

【功能主治】活血通络，散风止痛。用于风湿瘀阻所致的颈椎病，症见头晕、颈项僵硬、肩背酸痛、手臂麻木。

【用法用量】开水冲服。一次 1～2 袋，一日 2 次。饭后服用。

【注意事项】①孕妇禁用。②脾胃虚弱者慎用。③消化道溃疡、肾性高血压患者慎服或遵医嘱。④如有感冒、发烧、鼻咽痛等患者，应暂停服用。

鼻渊舒口服液

【品名简释】本品为可用于浊涕长流、呼吸不利、头痛脑胀等鼻渊表现的口服液，故名。

【处方来历】研制方，原方由著名中医专家熊雨田根据祖传秘方加减而来。现行《中国药典》收载。

【药物组成】苍耳子、辛夷、薄荷、白芷、黄芩、栀子、柴胡、细辛、川芎、黄芪、川木通、桔梗、茯苓。

【剂型规格】合剂（无糖型）。每支装 10mL。

【质量要求】为棕黄色至棕褐色的液体；具有特异香气，味甜、微苦。按薄层色谱法鉴别栀子（栀子苷）、川芎、黄芩（黄芩苷）、黄芪（黄芪甲苷）。相对密度应不低于 1.08 或不低于 1.04（无蔗糖），pH 值应为 5.0～7.5。按高效液相色谱法测定每 1mL 含栀子以栀子苷（$C_{17}H_{24}O_{10}$）计，不得少于 2.0mg。应符合现行《中国药典》规定。

【包装贮藏】玻璃瓶装。密封贮藏。

【功能主治】疏风清热，祛湿通窍。用于鼻炎、鼻窦炎属肺经风热及胆腑郁热证者。

【用法用量】口服。一次 10mL，一日 2～3 次，7 日为一疗程。

【注意事项】①肺脾气虚或气滞血瘀者慎用。②孕妇慎用。③服药期间戒烟酒，忌辛辣食物。④本品含细辛、苍耳子，不宜过量、久用。

【附注】胶囊剂：每粒装 0.3g。口服。一次 3 粒，一日 3 次。

藿香正气水

【品名简释】本品是以藿香为主药配置的酊剂，能治疗外感风寒、内伤湿滞等不正之气所致病证，具很好的解表化湿作用，故名。

【处方来历】研制方。根据宋代《太平惠民和剂局方》藿香正气散改制而成。现行《中国药典》收载。

【药物组成】苍术、陈皮、厚朴（姜制）、白芷、茯苓、大腹皮、生半夏、甘草浸膏、广藿香油、紫苏叶油。

【剂型规格】酊剂。每支装 10mL。

【质量要求】为深棕色的澄清液体（贮存略有沉淀）；味辛、苦。按薄层色谱法鉴别苍术、陈皮（橙皮苷）、厚朴（厚朴酚、和厚朴酚）、广藿香油（百秋李醇）、白芷（欧前胡素、异欧前胡素）、甘草（甘草酸铵）。含乙醇量应为 40%~50%。按高效液相色谱法测定本品每 1ml 含厚朴以厚朴酚（$C_{18}H_{18}O_2$）及和厚朴酚（$C_{18}H_{18}O_2$）总量计，不得少于 0.58mg；每 1ml 含陈皮以橙皮苷（$C_{28}H_{34}O_{15}$）计，不得少于 0.18mg。符合现行《中国药典》规定。

【包装贮藏】玻璃瓶或塑料瓶包装。密封。

【功能主治】解表化湿，理气和中。用于外感风寒、内伤湿滞或夏伤暑湿所致的感冒，症见头痛昏重、胸膈痞闷、脘腹胀痛、呕吐泄泻；胃肠型感冒见上述证候者。

【用法用量】口服。一次 5~10mL，一日 2 次，用时摇匀。

【注意事项】①孕妇禁用。②外感风热所致的感冒不宜用。③阴虚火旺者不宜用。④饮食宜清淡。⑤不宜在服药期间同时服用滋补性中成药。

【附注】剂型多样，除酊剂外，还有丸剂、片剂、口服液、颗粒剂、硬胶囊剂、软胶囊剂等，功效均近似。

1. 口服液 每支装 10mL，口服，一次 5~10mL，一日 2 次，用时摇匀。

2. 软胶囊 每粒装 0.45g，口服，一次 2~4 粒，一日 2 次。

附：原卫生部颁布的《国家基本药物目录》（2012 年版）收载的 203 个中成药品种

1. 内科用药

（1）解表剂：九味羌活丸（颗粒）、感冒清热颗粒（胶囊）、正柴胡饮颗粒、柴胡注射液、银翘解毒丸（颗粒、胶囊、软胶囊、片）、芎菊上清丸（颗粒、片）、牛黄清感胶囊、小儿宝泰康颗粒、祖卡木颗粒、小儿热速清口服液（颗粒）、防风通圣丸（颗粒）、玉屏风颗粒。

（2）泻下剂：麻仁润肠丸（软胶囊）。

（3）清热剂：黄连上清丸（颗粒、胶囊、片）、牛黄解毒丸（胶囊、软胶囊、片）、牛黄上清丸（胶囊、片）、一清颗粒（胶囊）、板蓝根颗粒、疏风解毒胶囊、清热解毒颗粒、小儿化毒散（胶囊）、保济丸（口服液）、藿香正气水（口服液、软胶囊）、十滴水、双黄连合剂（口服液、颗粒、胶囊、片）、银黄口服液（颗粒、胶囊、片）、茵栀黄口服液（颗粒）、复方黄连素片、连花清瘟胶囊（颗粒）、小儿泻速停颗粒、香连丸。

（4）温里剂：附子理中丸（片）、香砂养胃丸（颗粒、片）、香砂平胃丸（颗粒）、理中丸、参麦注射液、生脉饮（颗粒、胶囊、注射液）、稳心颗粒。

（5）化痰、止咳、平喘剂：通宣理肺丸（颗粒、胶囊、片）、寒喘祖帕颗粒、蛇胆川贝液、橘红丸（颗粒、胶囊、片）、急支糖浆（颗粒）、养阴清肺丸（膏、颗粒）、二母宁嗽丸（颗粒、片）、润肺膏、强力枇杷露、小儿消积止咳口服液、清宣止咳颗粒、小儿肺咳颗粒、蛤蚧定喘丸（胶囊）、桂龙咳喘宁胶囊（片）。

（6）开窍剂：安宫牛黄丸、清开灵颗粒（胶囊、片、注射液）、安脑丸（片）、苏合香丸、礞石滚痰丸。

（7）扶正剂：补中益气丸（颗粒）、参苓白术散（丸、颗粒）、健儿消食口服液、醒脾养儿颗粒、香砂六君丸、安胃疡胶囊、归脾丸（合剂）、健脾生血颗粒（片）、六味地黄丸（颗粒、胶囊）、知柏地黄丸、杞菊地黄丸（胶囊、片）、生血宝合剂（颗粒）、金匮肾气丸（片）、四神丸（片）、济生肾气丸、八珍丸（颗粒、胶囊）、消渴丸、贞芪扶正颗粒（胶囊）、参芪降糖颗粒（胶囊、片）。

（8）安神剂：天王补心丸（片）、柏子养心丸、枣仁安神颗粒（胶囊）。

（9）止血剂：槐角丸。

（10）祛瘀剂：血栓通胶囊（注射液）、注射用血栓通（冻干）、血塞通胶囊（注射液）、注射用血塞通（冻干）、丹参注射液、银杏叶胶囊（片、滴丸）、银丹心脑通软胶囊、麝香保心丸、脑心通丸（胶囊、片）、诺迪康胶囊、血栓心脉宁胶囊、参松养心胶囊、益心舒颗粒（胶囊、片）、冠心苏合丸（胶囊、软胶囊）、地奥心血康胶囊、通心络胶囊、灯盏花素片、脑安颗粒（胶囊、片、滴丸）、脉血康胶囊、血府逐瘀丸（口服液、胶囊）、复方丹参片（颗粒、胶囊、滴丸）、速效救心丸、心可舒胶囊（片）、脉络宁注射液、平消胶囊（片）。

（11）理气剂：逍遥丸（颗粒）、丹栀逍遥丸、护肝片（颗粒、胶囊）、气滞胃痛颗粒（片）、胃苏颗粒、元胡止痛片（颗粒、胶囊、滴丸）、三九胃泰颗粒（胶囊）、加味左金丸。

（12）消导剂：保和丸（颗粒、片）、六味安消散（胶囊）、小儿化食丸（口服液）。

（13）治风剂：川芎茶调丸（散、颗粒、片）、正天丸（胶囊）、松龄血脉康胶囊、丹珍头痛胶囊、正天丸（胶囊）、养血清脑丸（颗粒）、消银颗粒（片）、润燥止痒胶囊、华佗再造丸、小活络丸、复方风湿宁胶囊（片）。

（14）祛湿剂：风湿骨痛胶囊（片）、追风透骨丸、五苓散（胶囊、片）、肾炎康复片、尿毒清颗粒、癃清片（胶囊）、三金片、癃闭舒胶囊、尪痹颗粒（胶囊、片）、风湿液、普乐安胶囊（片）。

（15）调脂剂：血脂康胶囊。

（16）固涩剂：缩泉丸（胶囊）。

2. 外科用药

（1）清热剂：消炎利胆片（颗粒、胶囊）、季德胜蛇药片、连翘败毒丸（膏、片）、如意金黄散、地榆槐角丸、排石颗粒、马应龙麝香痔疮膏、内消瘰疬丸。

（2）温经理气活血剂：小金丸（胶囊、片）。

（3）活血化瘀剂：脉管复康片（胶囊）、京万红软膏。

3. 妇科用药

（1）理血剂：益母草膏（颗粒、胶囊、片）、少腹逐瘀丸（颗粒、胶囊）、茜芷胶囊、葆宫止血颗粒、妇科十味片。

（2）清热剂：妇科千金片（胶囊）、花红片（颗粒、胶囊）、宫炎平片（胶囊）、妇炎消胶囊、金刚藤糖浆、保妇康栓。

（3）扶正剂：艾附暖宫丸、乌鸡白凤丸（胶囊、片）、八珍益母丸（胶囊）、更年安片（胶囊）、坤泰胶囊。

（4）散结剂：乳癖消颗粒（胶囊、片）、桂枝茯苓丸（胶囊）、乳块消颗粒（胶囊、片）、宫瘤清胶囊（颗粒）。

4. 眼科用药

（1）清热剂：明目上清丸（片）、明目蒺藜丸、黄连羊肝丸、珍珠明目滴眼液。

（2）扶正剂：明目地黄丸、障眼明片（胶囊）、复方血栓通胶囊（片）。

5. 耳鼻喉科用药

（1）耳病：耳聋左慈丸、通窍耳聋丸。

（2）鼻病：鼻炎康片、藿胆丸（片、滴丸）、辛夷鼻炎丸、香菊胶囊（片）、辛芩颗粒。

（3）咽喉、口腔病：黄氏响声丸、清咽滴丸、口炎清颗粒、玄麦甘桔颗粒（胶囊）、口腔溃疡散、冰硼散。

6. 骨伤科用药

接骨七厘散（丸、片）、伤科接骨片、云南白药（胶囊、膏、酊、气雾剂）、活血止痛散（胶囊）、七厘散（胶囊）、消痛贴膏、颈舒颗粒、颈复康颗粒、腰痹通胶囊、舒筋活血丸（片）、狗皮膏、骨痛灵酊、通络祛痛膏、复方南星止痛膏、仙灵骨葆胶囊（片）。

附 录

附录一 中文药名索引

九画

十画

十一画

附录二 拉丁学名对照

附录三 彩图

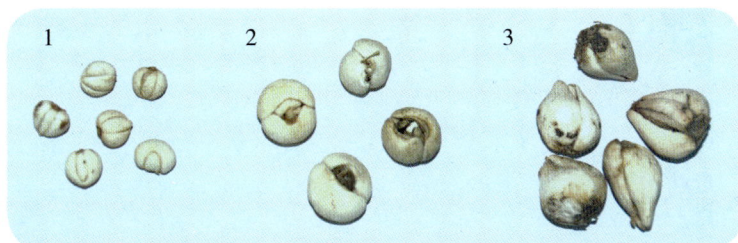

彩图 1 川贝母
（1.松贝；2.青贝；3.炉贝）

彩图 2 浙贝
（1.珠贝；2.大贝）

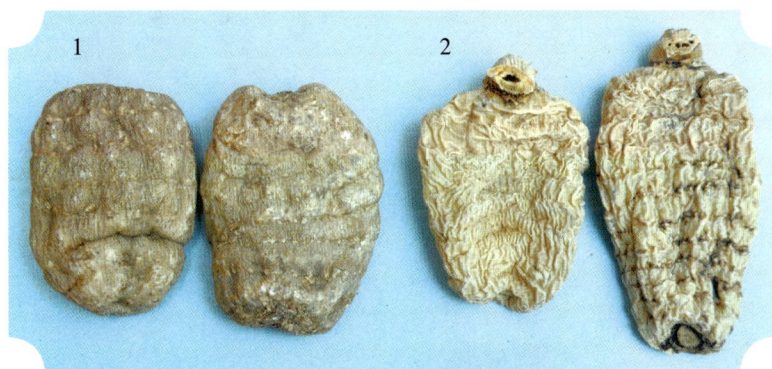

彩图 3 天麻
（1.冬麻；2.春麻）

彩图 4 天麻
（1.家种天麻；2.野生天麻）

彩图 5　冬虫夏草
（1. 大条；2. 中条；3. 小条）

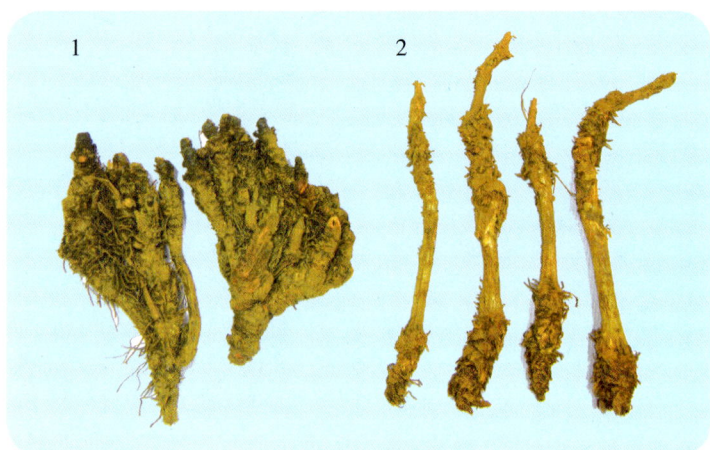

彩图 6　黄连
（1. 味连；2. 雅连）

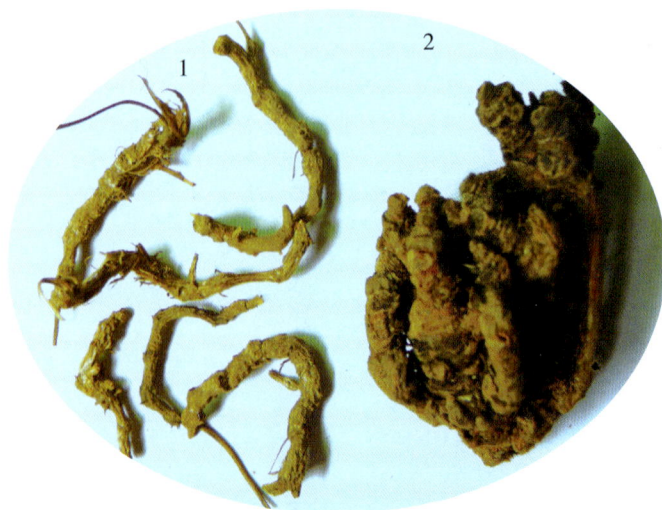

彩图 7　黄连
（1. 云连；2. 味连）

彩图8 肉桂
（1.企边桂；2.板桂；3.桂通；
4.桂心；5.桂碎）

彩图9 海马
（1.三斑海马；2.海马；
3.刺海马）

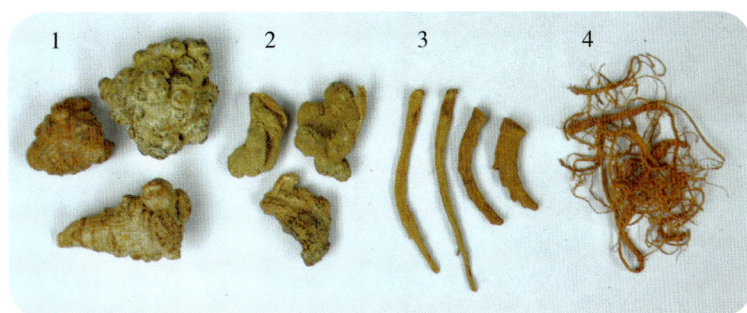

彩图10 三七
（1.40头；2.剪口；
3.筋条；4.绒根）

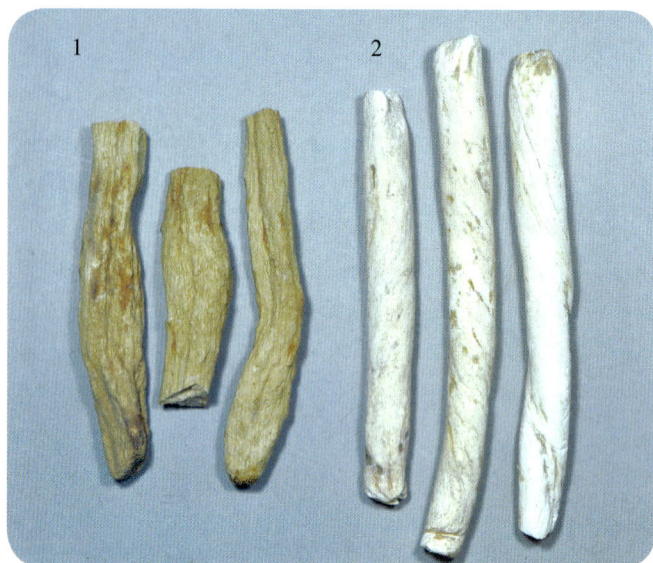

彩图 11　山药（1. 毛条；2. 光条）

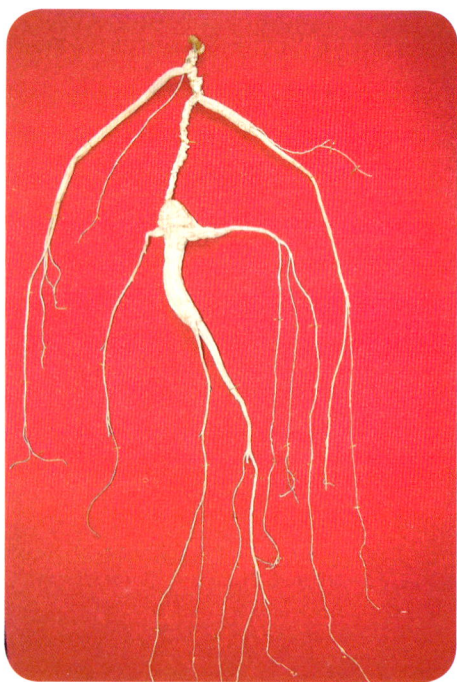

彩图 12　人参（野山参）

彩图 13　人参（1. 全须生晒参；2. 生晒参）

彩图 14 人参（1. 全须红参；
2. 边条红参；3. 普通红参；4. 红参须）

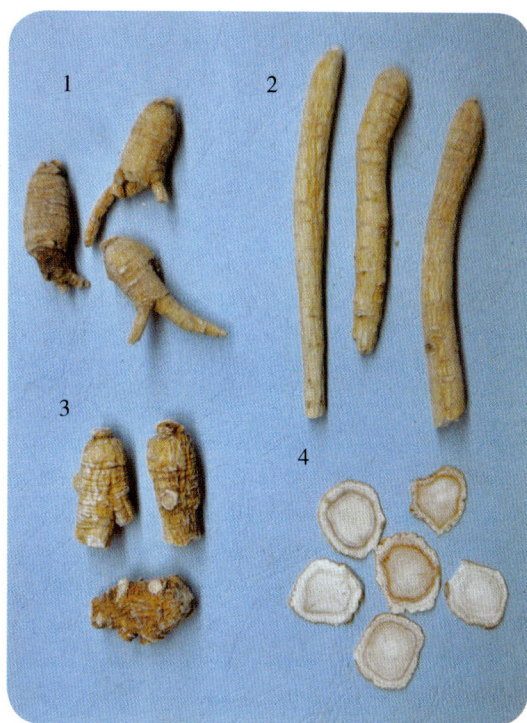

彩图 15 西洋参（1. 短枝；2. 长枝；
3. 泡粒；4. 饮片）

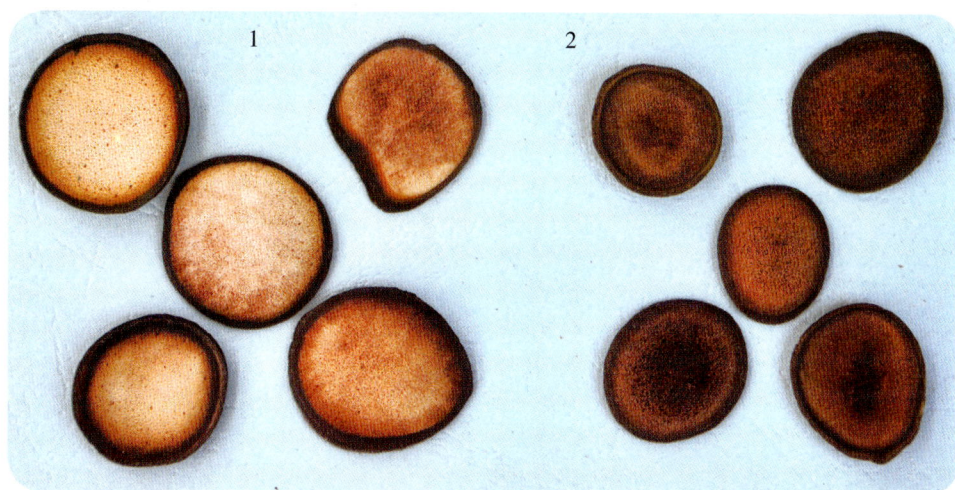

彩图 16 鹿茸（1. 排血鹿茸；2. 带血鹿茸）

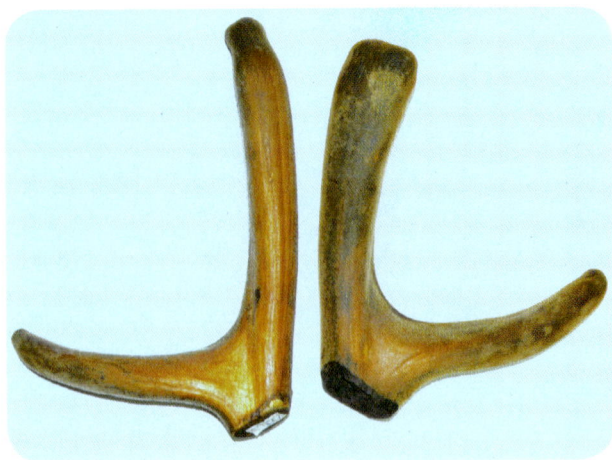

彩图 17　鹿茸（二杠花茸）

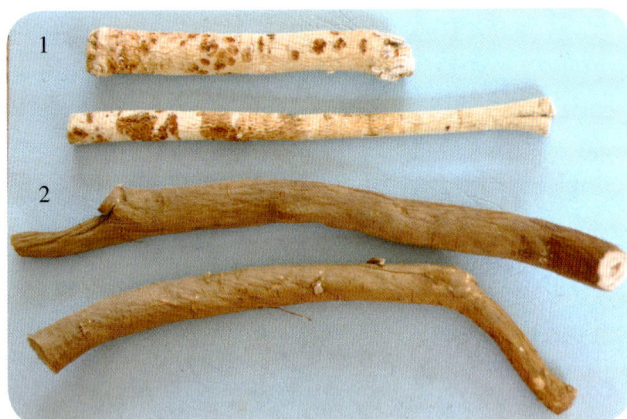

彩图 18　黄芪（1. 黄芪；
2. 梭果黄芪）

彩图 19　大黄
（1. 蛋片吉；2. 苏吉）

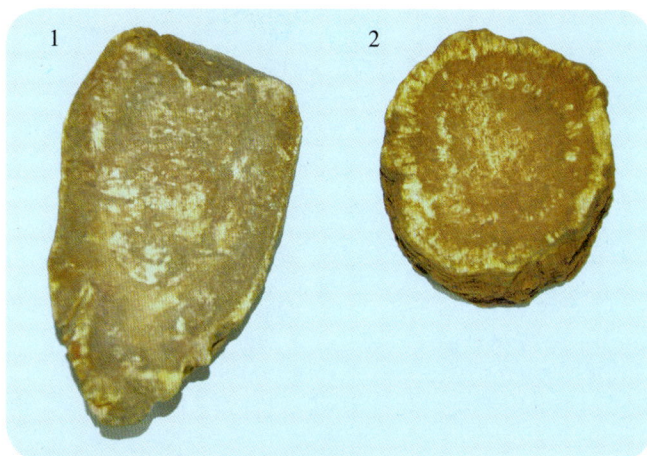

彩图 20 大黄
（1. 马蹄大黄；2. 蛋片吉）

彩图 21 蟾酥
（1. 团酥；2. 片酥；3. 棋子酥）

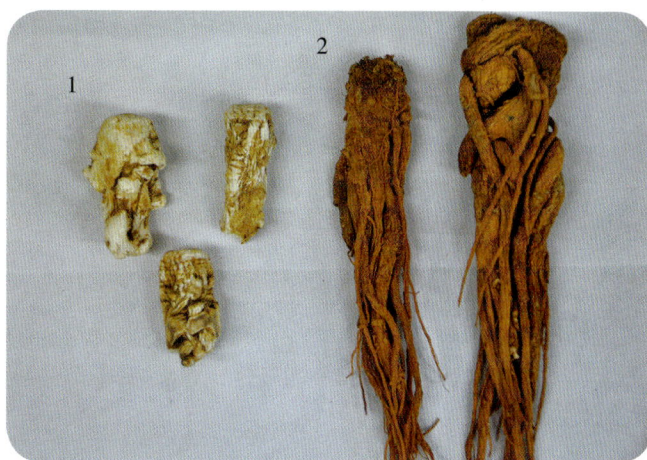

彩图 22 当归
（1. 归头；2. 全归）

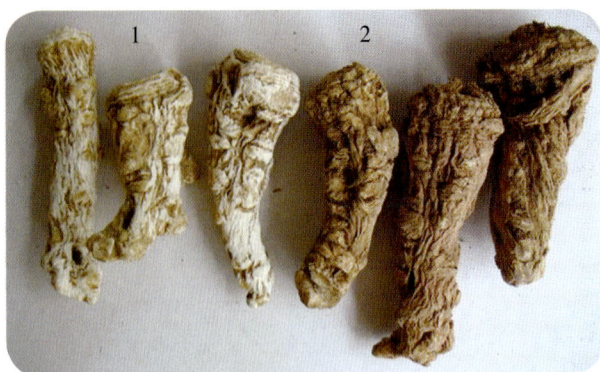

彩图 23　当归
（1. 撞皮归头；2. 原皮归头）

彩图 24　枸杞
（1. 新疆枸杞；2. 内蒙枸杞；
3. 宁夏枸杞）

彩图 25　杏仁和桃仁
（1. 苦杏仁；2. 桃仁；3. 甜杏仁；
4. 山桃仁）

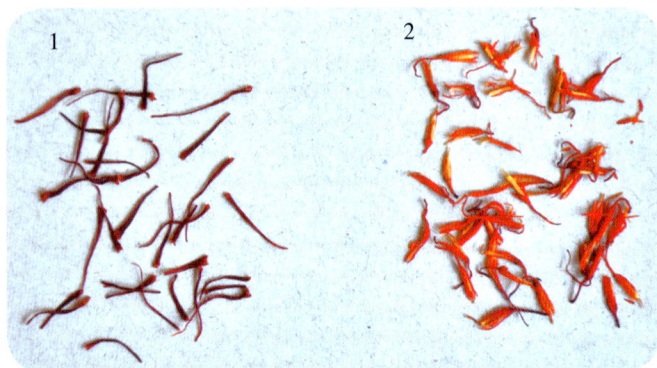

彩图 26　西红花和红花
（1. 西红花；2. 红花）